한국 분단 보고서 (2)

U.S. Reports on the Separation of Korean Peninsula

한국 분단 보고서 (2)

초판 1쇄 발행 2023년 6월 25일

소 장 | 미국연방문서보관소
역 주 | 신복룡 · 김원덕
발행인 | 윤관백
발행처 | 선인
등 록 | 제5-77호(1998.11.4)
주 소 | 서울시 양천구 남부순환로 48길 1(신월동 163-1) 1층
전 화 | 02) 718-6252 / 6257
팩 스 | 02) 718-6253
E-mail | sunin72@chol.com

정가 42,000원
ISBN 979-11-6068-825-2 94910
979-11-6068-823-8 (세트)

· 잘못된 책은 바꿔 드립니다.
· www.suninbook.com

한국 분단 보고서 (2)

U.S. Reports on the Separation of Korean Peninsula

미국연방문서보관소 소장
신복룡 · 김원덕 역주

선인

2023년판
역자 서문

1. 자료를 혼자만 보는 한국 사학계의 유산

나는 역사학을 공부한 지 50년이 넘은 지금까지도, 역사학은 "발품"이라는 생각을 품고 살았다. 지리를 모르는 역사학은 추상화이다. 『전봉준 평전』을 쓰고 돌아보니 5천 km를 달렸다. 그런 뒤로 역사학에는, 플라톤(Platon)이나 헤로도토스(Herodotus)의 교훈처럼, 건각(健脚)이 생명이라는 생각을 더욱 굳히게 되었다.

역사학도는 왜 그렇게 부지런하게 쫓아다녀야 하는가? 진부한 질문에 진부한 대답이지만, 역사학은 결국 자료의 발굴이기 때문이다. 물론 역사학에서는 이미 발굴한 자료를 재해석하여 학문에 기여하는 바도 있겠지만, 그것은 저만치 앞서간 선학이나 대가들의 노년 이야기이고, 중진 이전의 역사학도는 자료발굴자여야 한다.

여기까지야 누구나가 할 수 있는 말이다. 그러나 자료를 발굴한 다음에 어쩔 것인가? 물론 발굴자 스스로 열심히 공부하고 고민하며 해석해야 한다. 그 다음에는? 학계에 공개해야 한다. 그런데 한국의 사학계는 그렇지 못하다. 자기가 발굴한 자료는 자기의 것이라는 이상한 허욕에 사로잡혀 있다. 그리고 자기만 아는 소리를 한다. 그 자료의 지적 재산권이야 발굴자의 것이겠지만 그 자료는 학계의 공물(公物)로 공개해야 한다.

자료를 혼자 보는 한국 사학계의 풍토는 몇 가지 점에서 위험한 폐습이며, 저자는 네 가지 점에서 실수할 수 있다.

(1) 그가 자료를 본의 아니게 오역했을 수 있다. 그것은 남들만이 잡아낼 수 있다.

(2) 그가 자기만 알고 있는 자료를 의도적으로 왜곡할 수 있다.

(3) 그가 자료를 자기 구미에 맞게 선택적으로 인용하거나 은폐하거나 누락할 수 있다.

(4) 그가 자료를 멸실했을 때 그 손실을 감당할 수 없다. 『이종일(李鐘一)회고록』 분실 사건의 경우가 그렇다.

(5) 자료의 은닉은 그자체로서 학문의 기여를 포기하는 것으로서 반(反)학문적이다.

나는 비록 짧은 기간이었지만 미국국립보관소에서 공부할 때 1만5천 쪽의 사료를 복사했다. 물론 그 가운데에는 일부 무더기로 도서관에 복사를 의뢰한 것도 있다. 40년 전, 내가 직접 복사하던 시절에는 매 쪽마다 25센트 동전을 복사기에 넣어야 했다. 아침에 출근할 때는 2~3kg의 동전을 가져가 복사기에 넣어야 했다.

물론 내가 남보다 먼저 처음 본 자료, 나만 가지고 있고, 그래서 나만 알고 있는 자료가 많았다. 그러나 저작권에 문제가 없는 한 나는 그 자료를 학계에 모두 무료로 공개했다. 그 댓가로 출판사로부터 영인본 3질만 받았다. 나에게도 돈을 벌고 복사비 원가를 보충할 기회가 있었다. 그러나 나는 그렇게 하지 않았다. 그것은 내가 사는 방법이 아니었기 때문이었다. 그들 가운데 몇몇이 여기에 수록된 보고서들이다.

2. 미시사학(微視史學)과 거시사학(巨視史學)의 균형 발전

한국 언론계 중진으로 김택곤(金宅坤) 교수가 있다. 그도 1950년생이니 예전 같으면 노경(老境)이다. 전주MBC 사장과 전주JTBC 사장을 지냈으니 열심히 사신 분이다. 퇴직을 한 그가 최근에 책 한 권을 보내 주었다. 제목은 『들꽃은 꺾이고 별은 지다』(전주 : 신아출판사, 2020)였다. 제목이 낯설다 싶었는데, 알고 보니 "내 자식들이 사는 세대에 우리의 터전에는 들꽃이 만발하고 하늘엔 별이 총총한 풍경이 펴지길 바라는 소망"에서 책을 쓰고 싶었으나, 현실은 그렇지 못한 비감함을 가슴에 담고 이름을 그렇게 지었다고 했다.

처음 내가 이 책을 받았을 때, 좀 실례되는 표현으로, 기자들이 휑하니 미국국립문서보관소에 다녀와서 저널리즘으로 쓴 책이려니 생각하고 읽었다. 그런데 다 읽고 나니 한국현대사의 안 보이던 부분이 많이 보여 신기하게 여기면서, "기자의 눈과 강단 사학의 눈이 많이 다르구나." 하는 생각을 했다.

그러고 잊고 있었는데, 1년이 지나자 김택곤 선생으로부터 750쪽 짜리의 대작이 왔다. 아마 첫 번째 책이 마음에 흡족하지 않았던 것 같다. 책 이름은 『미국 비밀 문서로 읽는 한국 현대사 : 1945~1950』(서울 : 맥스교육, 2021)인데 부제는 「우리가 몰랐던 해방 · 미군정 · 정부 수립 · 한국전쟁의 기록」이었다. 우선 그 방대함이 가위를 누르는 듯했다.

책을 다 읽고 나서 나는 좀 의아했다. 내가 40년 전에 간 곳을 그가 20년 전에 갔으며, 내가 본 것과 그가 본 것도 같은데, 왜 이리 한국 현대사의 “그림”이 다를까 하는 점이었다. 그의 글이 좀 센티멘털하고 로맨틱하며, 민초들의 삶에 초점을 맞춘 것도 알겠고, 그가 본디 저널리스트라는 것을 감안해도, 나의 글과 그의 글이 너무 달랐다.

결국 내가 얻어낸 답인즉, 김택곤 교수와 나의 차이는 미시사학(微視史學)과 거시사학(巨視史學)의 차이였다. 우리의 강단 사학이 그동안 너무 거대 담론에 매몰되어 있는 동안 보지 못했던 것을 김택곤 교수는 본 것이다. 나도 한국의 미시사학에 대해서는 읽을 만큼 읽었고, 볼 만큼 보았다고 생각했고, 그래서 나온 것이 『해방 정국의 풍경』(2017)인데, 나는 김택곤 교수에 미치지 못했다.

물론 한국현대사에서 거시 담론은 중요하다. 식민지 시대, 해방, 군정, 냉전, 분단, 한국전쟁, 그리고 그 치유 과정이라는 큰 그림은 중요하고 알아야 한다. 그러나 거시사학이 중요하다고 해서 미시사학이 “소소한 이야기”로 여겨지는 것은 위험한 일이다.

어쩌면 그런 시각이 『펠로폰네소스 전쟁사』의 거대한 모습을 그린 투키디데스(Thucydides)보다, 율리우스 카에사르(Julius Caesar)의 사소한 삶의 버릇을 기록한 『플루타르코스 영웅전』이 역사에서 더 소중한 주목을 받게 만들었을 수도 있고, 더 많은 삶의 지혜를 배울 수 있다.

김택곤 교수는 한국전쟁에 참전하여 겪은 포로 생활고 귀환하는 과정에서 18년의 고통을 겪은 한국계 2세 에녹 리(Enoch Lee) 일병의 생애를 통하여 전쟁이 우리 “개인”을 어떻게 파괴했는가를 연민의 눈길로 그리는 것으로 결론에 대신하고 있다. 나는 언제인가 한국의 현대사학계가 그의 자료를 볼 수 있는 날이 오기를 바란다. 아마도 한국현대사 연구의 좋은 미답(未踏)의 오솔길이 될 것이다.

3. 150년에 걸친 미국과 한국의 은원(恩怨)

내가 청년 시절이던 1966년에 미국의 존슨(L. B. Johnson) 대통령이 한국을 방문했다. 시청 앞에 환영대를 만들고 150kg의 거구가 단상으로 올라갈 때 서울의 어느 여자 대학 학생들이 발걸음마다 국화 송이를 뿌렸다. 나는 그것을 보며 속이 메스꺼웠다. 그가 신축한 워커힐에서 잔다고 김현옥(金玄玉) 서울시장은 한양대학교 앞에서부터 워커힐까지 날밤을 새워가며 비포장도로를 포장하느라고 건국대학교는 많은 불편을 겪었지만 큰 덕을 보았다. 그러나 존슨 대통령은 용산 미8군 숙소에서 잤다. 건국대학교에는 투덜거리는 사람 절반, 희죽거리는 사람이 절반이었다.

언제인가는 미국에서 높은 사람이 온다고 동대문운동장에서 환영대회를 열었는데, 잔디를 깔지 않았던 그 시절에 어느 여대생들이 한복을 차려 입고 맨바닥에서 큰절을 올린 적이 있었다. 나는 그때도 속이 많이 부글거렸다.

그러다가 1979년에 카터(J. Carter) 대통령이 왔다. 들리는 소문에 따르면, 카터가 듣거나 말거나 박정희(朴正熙) 대통령은 핵 무장의 의지를 밝혔고, 카터는 미군 철수로 응수했다. 그 소식이 알려지자 열혈한 반공 청년들이 미국 대사관 담벼락에 올라가 "철군 반대"라 혈서로 쓴 플래카드를 흔들면서 시위한 적이 있었다. 그 시절에는 그것이 애국인 줄 알았다.

그러던 것이 1982년 3월의 소위 부산 미국문화원 방화 사건을 계기로 미국은 한국인의 마음속의 응어리로부터 구체적 미움의 대상으로 우리 앞에 다가오기 시작했다. 이제 한국의 청년 지식인들은 한국전쟁에서 한국이 미국에 진 채무와 미국의 도덕적 하자를 별개의 것으로 파악하기 시작했고, 한국 현대사에서의 미국의 실책과 악의를 적시(摘示)하기 시작했는데 그때부터 미국을 바라보는 시각이 바뀌었다.

결국 이와 같은 시각의 변화에 따라 수정주의니 전통주의니 하는 현대사의 논쟁도 미국을 정죄(定罪)하느냐 묵인하느냐의 문제로 압축되었다. 이러한 현상은 부분적으로는 한국 현대사의 이데올로기의 미성숙 때문이기도 하지만, 한국사에서의 미국이라는 변인(變因)이 얼마나 뿌리 깊이 작용하고 있는가를 보여주는 대목이기도 하다. 한국 사회에서는 미국을 어떻게 보느냐에 따라서 좌우익이 결정되는데, 이를테면 친미주의자는 우파이고 반미주의자는 좌파로 분류된다.

어디에도 그 근거가 없는 이 분류법은 암울했던 우익의 시대에 실정법에 우선하는 준거였으며, 반미는 곧 반국가적이요, 따라서 국가보안법의 저촉 사항이 되었기 때문에 어떠한 이유로도 미국을 비난할 수 없음은 물론이고 미국인이 미국을 비난하는 수위(水位) 정도로 미국을 비난하는 것조차도 금기로 되었다. 자기의 조국에 대해 어떤 시각을 가졌느냐의 문제는 미국을 어떻게 생각하느냐의 문제보다 중요하지 않았다. 이것은 참으로 어이없는 스펙트럼이었다.

자, 그러면 우리가 가야 할 길은 어디인가? 한국의 역사를 관통하는 중화(中華) 질서는 지금도 여전히 막강하다. 그러니 무역이나 해양 주권은 통일 문제에서 중국은 부동의 변수이다. 중국은 한국을 통일하는 데 힘이 될 수는 있으나 통일할 의지가 없다. 미국은 한반도의 통일을 바라고 있지만 통일할 여력이 없다.

그러나 통일이 그렇게 중요하다고 해서 이제 우리가 노론(老論) 시대의 모화(慕華)로 돌아갈 수는 없다. 우리의 호오(好惡)나 선택 의지와 관계없이 우리의 운명은 친미적일 수밖에 없다. 미국에 가서 느끼는 혐한 감정(Korea hate)은 중국에 가서 느끼는 모욕감에 못지않다. 미국에서의 한국인의 지위는 흑인이나 히스패닉보다 아래이다.

그러나 미국인의 가슴에는 최소한의 청교도(Puritanism)의 양심이 살아 있어, 중국처럼 동태에 납을 넣어 무게를 늘려 팔거나 톱밥을 염색하여 고춧가루로 우리에게 팔지는 않는다. 대중무역고가 아무리 높다 해도 언제까지 이렇게 살 수는 없지 않은가?

그래서 어쩔 수 없이 "너는 엄마를 더 사랑해, 아빠를 더 사랑해?" 하는 이 유치한 게임에서 "둘 다 사랑해." 하는 아이의 곤혹스러운 대답과는 달리, 미국으로 돌아설 수밖에 없다 하더라도 우리가 총명을 잃지 않고 기억해두어야 할 명제가 있다.

그것은 다름이 아니라, 한국현대사에서는 "미국은 우리에게 누구인가?"라는 질문은 의미가 없으며, "한국은 미국에 누구인가?"라는 질문에 대한 답변에 따라 한미 관계가 결정된다고 하는 사실이다. 이제까지 한미 관계가 방황한 것은 이를 잘못 판단했기 때문이다.

4. 우리는 현대사를 너무 소홀히 다루었다

"역사는 어차피 현대사이다."라고 크로체(B. Croce)가 말한 것에 고개가 끄덕여지는 것은 사실이지만, 그것은 현실(Sein)이 그렇다는 뜻이었지, 마땅히 그래야(Sollen) 한다는 뜻은 아닐 것이다. 인간은 가까운 영광과 가까운 상처를 더 많이 기억하게 되고, 그래서 자신이 사는 시대가 역사에서 가장 격동기였다는 착시(錯視) 속에 산다. 아마도 이것은 기억의 오류와 한계 때문일 것이다.

본받을 일은 아니지만, 북한의 『조선전사』는 모두 33권인데, 1~15권까지가 김일성(金日成)의 전사(前史)이고, 16~30권이 김일성의 치적이고, 31~33권이 김일성 이후의 역사이다. 역사가 이토록 현대사를 주목하는 것은 전적으로 정치적 수요(需要) 때문이다. 자신의 통치 행위를 합리화하고 선전하는 도구로서는 역사적 사실을 인용하는 것보다 더 효과적인 방법이 없다. 여기에서 역사의 우상화 작업이 터를 잡는다.

역사학도들에게도 현대사 연구는 매력적이고 유혹적이다. 우선 사료 처리에서 어학의 어려움이 없다. 고대사를 전공하는 이들에게 부여되는 라틴어나 한자에 대한 부담으로부터 자유롭다. 이런 점에서 현대사 연구는 꾀를 부리기가 쉽다. 한 나라의 언어로 쓴 자료로 쓴 두 나라 사이의 전쟁사가 허다한 세상이다.

역사학은 일차적으로 어학을 도구로 하여 단단한 무장을 요구한다. 청일전쟁(淸日戰爭)을 전공한 고(故) 문희수(文熙洙) 교수는 한국어 · 영어 · 프랑스어 · 독일어 · 일본어 · 중국어를 이해한 세계 유일의 학자였으나 러시아어를 모르고서는 청일전쟁을 입체적으로 이해할 수 없다고 생각하여 러시아어를 공부하다 원고를 탈고하지 못하고 세상을 떠났다. 그의 노력과 자세에 견주면 나는 아직 멀었다.

현대사 연구를 유혹하는 또 다른 진원지는 정치권이다. 곧 역사학은 진영의 논리로부터의 유혹을 뿌리치기 어렵다. 집권 세력은 돈으로 유혹할 수 있고, 삶이 고달픈 역사학자는 그 유혹을 거절하기 어렵다. 정권이 바뀌면 중고등학교 역사 교재가 바뀌는 이 허망한 나라에서 돈과 권력의 유혹으로부터 지조를 지키는 데에는 때로는 검투사와 같은 용기가 필요하다.

자연과학은 권력으로부터 위협을 받아 진실을 왜곡하기가 쉽지 않지만, 역사학은 그 가운데에서도 사회과학사는 권력 앞에서 가장 취약한 학문이다. 그래서 역사학계에는 영혼의 노숙자(spiritual homeless)가 흔히 있다. 어느 특정 진영의 교사 비율이 18.2%에 지나지 않지만, 그 진영의 교재가 98%를 넘는 것은 이념의 경도나 충성심이 아니라 저작권료와 채택료와 같은 생계의 문제가 달려 있기 때문이다.

역사가 그 시대의 이념을 초극(超克)하는 일이 쉽지야 않겠지만, 저작권료나 채택료의 유혹과 정치권에서 제시하는 진영의 논리에서 제시하는 학예직 기관장을 미끼로 하는 유혹에서 벗어나지 않는 한(限), 한국 역사학의 미래는 암울하다.

그러므로 한국 역사학이 바로 서려면, 정치권이 손을 떼야 하고, 역사학자가 그들에게 권력의 지분으로 학예직 기관장 하나 달라고 징징거리지 말아야 한다. “한 명의 내 쪽 교육감을 만들기 위해 소쩍새는 봄부터 그리 울었나 보다.” 그 울음은 우리 세대에 끝나야 하지만 그럴 가능성은 희박하다. 그래서 이 서문은 우울한 글이 되고 말았다.

2023년 한국전쟁 기념일에
옮긴이를 대신하여
신 복 룡 씀

2023년판
역자 서문

해제(解題)를 겸하여

"만약 …… 했더라면"이라는 식의 논리 전개는 역사학을 공부하는 학자들로서는 수없이 부딪치는 가설이면서도 때로는 무의미하고 허망한 자문(自問)으로 그치는 경우가 흔히 있다. 특히 한국의 해방정국사를 공부하다 보면, 하필이면 그 여러 가지의 선택적 수순 가운데 유독 불행한 쪽으로만 흘러간 사실을 읽으면서 아쉬움, 회한, 그리고 끝내는 분노로 붓을 놓고 망연자실할 때도 있다.

예컨대, "분할선이 39°선이나 40°선이었더라면……," "미국이 소련의 대일전 참전을 요구하지 않았더라면……," "차라리 신탁통치를 수락했더라면……," "미소공동위원회가 결렬되지 않았더라면……," "한국전쟁 당시 북위 40°에서 북진을 멈췄더라면……," 등등의 가정이 그것이다.

그러나 그러한 가정들은 한낱 지난날의 아쉬움일 뿐, 역사는 어떤 면에서는 이미 그렇게 갈 수밖에 없도록 운명지워진 냉혹함이 있었다. 다음에 실린 미국의 정책 보고서들은 위에서 제시된 역사적 가정에 대한 대답을 주는 데 도움이 될 것이다.

1. 제1장 「미국의 한반도 분할 결정에 관한 보고서」(1953)

- P. 맥그래드 작성

이 글은 맥그래드(Paul McGrath)가 쓴 *U.S. Army in the Korean Conflict*를 완역한 것이다. 이 글은 Washington, D. C. 의 연방문서보관소(NARA : Modern Military Branch)의 Record Group 407(Manuscript)에 소장된 것으로, 작성 당시에는 "기밀 문서"(confidential)로 되어 있다가 해제(No. 710731)된 것이다.

필자 맥그래드는 미국 국방성 전사편찬실(Office of the Chief of Military History : OCMH, Department of Defense)의 중위(Lieutenant)로서 1953년 6월 2일에 안보 정보(Security Information)를 위해 펜타곤에서 이 보고서를 작성한 것으로 되어 있다. 전문(全文)은 67쪽이다.

미국의 정가에서 한국의 분할 점령에 관한 정책 결정이 어떻게 이루어졌는가에 관한 연구는 비교적 많이 알려져 있으나 그 내용이 한결같이 일치되는 것은 아니다. 특히 당시 3성조정위원회(SWNCC)에서 분단이 어떻게 결정되었는가에 관해서는 당시 회의 참석자들의 증언이 서로 다르다. 한국에 알려진 자료는 그 회의의 마지막 생존자인 러스크(Dean Rusk) 대령의 증언을 중요시하고 있으나, 이 보고서는 그 당시의 또 다른 증인인 본스틸(Charles H. Bonsteel, Ⅲ) 대령의 증언을 중요시하고 있다.

이 글의 앞부분에 "제1권 제1부"[Vol. I, Part I]라고만 기록되어 있고 그 후의 권차가 없는 것으로 보아 이것은 미완의 원고인 것으로 보이며, 아마도 후편은 한국전쟁에 관한 것으로 여겨진다. 그러나 손더스키(Michael C. Sandusky)가 그의 저서인 『미국이 그은 38°선』(*America's Parallel,* Alexandria, Va. : Old Dominion Press 1983,

p. 357)에서 한반도 분할 연구의 중요한 자료로 지목하고 있는 이 자료는 당시 미국의 분할 목적과 군부의 입장을 가장 가까이 밀착 취재한 것으로서의 가치를 지니고 있다. 앞으로의 어떤 연구 서적도 분단 전야의 상황을 이보다 더 소상하게 기록한 책이 나오기는 어려울 것이다.

부록인 『일반명령 제1호』(General Order No. 1)는 분단을 결정하던 당시의 상황을 이해하는 데 도움을 줄 것이다. 이것은 미국연방문서보관소(National Archives)의 Record Group 332, Box 45에 담겨 있는 것이다.

2. 제2장 「소련의 대일 참전 보고서」(1955)

- 미국 국방성 작성

한국의 분단이 어렴풋이 현실로 나타나기 시작한 것은 제2차 세계 대전의 종전이 임박할 무렵에 소련이 대일전(對日戰)에 참전한 때로부터였다. 이 당시 미국은 대일전의 전략에서 오판과 실수를 저지르고 있었다. 미국은 1946년 말까지 전쟁은 계속될 것이며, 그 동안에 13개 사단(57만 명)의 병력이 필요하다고 판단했다. 소련군이 베를린을 선점하고자 치른 피해와 일본군 가미카제[神風] 자살 특공대를 목격한 미국은 두려움을 느끼고 있었고, 전쟁의 허무와 반전사상에 사로잡혀 있었다.

이러한 계제에 태평양에서 인명의 손실을 최소화한다는 전략 목표에 충실하려면 미국은 소련의 참전을 유도하는 길밖에 없었다. 미국으로서는 한국이 계륵(鷄肋, hot potato)과 같았지만, 소련으로서는 한국이 철갑상어알(caviar)과 같았던 터에, 소련은 미국

보다 정확한 형세 판단에 입각하며 종전 1주일을 앞두고 참전함으로써 러일전쟁(1904) 이후의 숙원을 풀었다. 이와 같은 역사적 맥락을 생각할 때 소련의 대일 참전은 한국분단사 연구에서 매우 중요한 의미가 있다.

이 보고서는 미국 국방성이 작성한 *The Entry of the Soviet Union into the War against Japan : Military Plans, 1941~1945* (Washington, D. C. : U.S. Department of Defense, 1955, Manuscript)를 번역한 것이다. 역자가 과문한 탓이 아니라면, 한국의 정치학계에서 분단의 문제를 학술적으로 처음 거론한 글은 이용희(李用熙)의 「38°선 획정고(劃定考) : 소련 대일참전사(對日參戰史)에 연(沿)하여」, 『아시아학보 제1집 : 이선근(李瑄根) 박사 화갑 기념 논총, 서울 : 아시아학술연구회, 1965, pp. 409~446)가 아닌가 생각된다.

이 글은 분단의 정치적 편의주의(便宜主義)를 주장한 논문으로서 한국 분단연구사에서 의미 있는 논문이었는데, 그 논지와 주석(註釋)으로 미루어볼 때 이 보고서를 토대로 하여 쓴 것으로 보이며, 그 논문이 발표됨으로써 이 보고서에 관심이 높아지기 시작했다. 이 보고서의 집필 의도는 소련이 대일전에 참전하게 된 경위를 기술한 것이지만, 결과적으로 이 글이 후세에 시사(示唆)하는 가치는 "소련의 참전이 한국의 분단에서 어떤 의미를 갖는 것인가?"라는 질문에 대한 대답을 주는 가장 기본적인 자료라는 데 있다.

3. 제3장 「신탁통치에 관한 보고서」(1947)

- 한국에 관한 성간(省間)위원회 작성

이 보고서는 워싱턴 국립문서보관소의 Record Group 332, Box

29 & 65에 수록된 *Trusteeship*(Third Draft Manuscript)을 번역한 것이다. 특히 부록으로 함께 실려 있는 「신탁통치협정」(안)은 미국의 구상을 가장 잘 보여주고 있다. 이 부록은 국립문서보관소의 Record Group 165 : *ABC 014 Japan* 가운데 1947년 3월 31자 *Report of the Special Inter-Departmental Committee on Korea*의 *Appendix C : Draft Trusteeship Agreement for Korea*를 번역한 것이다. 원문은 1·2·3안으로 나뉘어 있으나, 1안은 초안이며 3안이 최종 보고서이기에 여기에서는 3안만을 번역했다. 이 보고서의 작성자와 작성 일자는 밝혀져 있지 않지만 원안 보고서의 작성 일자로 추정했다.

"신탁통치의 실시 여부와 한국의 분단은 어떠한 함수 관계를 맺는 것일까?" 하는 질문은 "찬탁·반탁 여부의 그 어느 쪽인가에 따라서 한국의 역사가 어느 방향으로 흘러갔을까?"라는 질문에 대해 중요한 대답을 줄 수 있다. 예컨대 한국민이 자주적인 의사에 따라 신탁통치를 수락했더라면 분단은 이루어지지 않을 수도 있었다는 논리도 가능하다.

그러나 이러한 노선 싸움에서 어느 쪽이 옳았냐 하는 것은 부차적인 논쟁이며, 그 어느 쪽이었든 간에 남북이 통일된 의지로 그 어느 한쪽을 일관되게 추진했더라면 분단의 비극을 모면할 수 있었다. 물론 그러한 의견 통일이 애당초 불가능한 것이었고 숙명적이었다면 더 할 말이 없지만, 역사를 공부하노라면 그러한 아쉬움은 흔히 나타난다.

이 보고서가 가지는 의미는 소련과 미국, 또는 그 밖의 영국이나 중국이 전후 처리 과정에서 한국 문제를 어떻게 처리하려고 구상했는가를 보여주는 자료가 될 것이다.

4. 제4장「한국의 독립 능력에 관한 보고서」(1945)

- 토인비(Arnold J. Toynbee) 작성

한국의 근현대 외교사를 읽다 보면, 영국의 정책을 이해하기가 가장 어렵다. 외교로서 한 시대를 풍미했으나 이미 식민지의 대부분을 잃은 노(老)제국은 음험하고 교활했다. 말할 때마다 세력 균형 정책이라 하지만 그들의 이익선(利益線)은 양자강(揚子江) 남쪽에 있었기 때문에 청일전쟁 이래 영국이 한반도의 이익에 직접적으로 연루되는 일은 드물었지만, 청일전쟁과 러일전쟁을 거쳐 제2차 세계 대전의 전후 처리 과정에서 영국은 한반도 문제에 다소의 이해(利害)를 가지고 있었다.

한국의 해방전후사에서 영국의 관심은 미국 외교 정책의 종속변수였다. 국제 사회에서의 위상은 떨어졌다고는 하지만 처칠(Winston Churchill)이라고 하는 거물의 후광과, 같은 문명권으로서 미국의 비호로 "4대 강국의 하나로 자리를 차지한다는 것"은 의미 있는 일이었다. 그러나 그들로서는 지난날만큼 정보를 가지고 있지 않았다.

이에 외무성은 한국에 관한 실정을 파악할 수 있는 보고서의 작성을 외무성 조사국(Research Department, Foreign Office)에 지시했고 이 임무는 토인비(Arnold J. Toynbee)에게 부과되었다. 지금이야 대가로서 새삼 그의 이력을 소개할 필요가 없지만, 그는 옥스퍼드대학을 마치고 영국 외무성의 국제문제연구소 연구원으로 재직하면서 한국위원회의 위원장 직책을 맡고 있었다.

한국의 역사에 관한 연구가 그리 발달하지 않았던 외무성은 국제 회의의 자료가 필요하게 되자 역사학을 전공한 토인비에게 한국의 독립에 관한 영국의 정책 자료의 작성을 의뢰했다. 이에 따라 1945년 1월 31일에 작성되어 2월 14일에 이 보고서(외무성 문서 번호 : 371/46468)를 외무성에 제출했는데, 그가 우선 한 국가가 독립하려면 갖추어야 할 조건을 제기하는 대목에서는 그의 안목이 뛰어났으며, 글도 분석력이 높았다.

그러나 토인비의 이 보고서를 이해하는 데에는 각별한 주의가 필요하다. 먼저 그의 판단이 한국을 독립시켜야 한다는 것인지 독립을 시킬 수 없다는 것인지 그의 논지를 파악하기가 쉽지 않다. 그런데 그의 글을 읽고 나면, 결론인즉, "한국을 해방할 수는 있을지언정 독립을 시킬 수는 없다."라는 것이었다.

그러므로 "강대국의 교도가 상당 기간 필요하며, 그 기간을 지난 다음에 한국 전통 사회의 향촌 민주주의의 유습을 되살리면 독립할 수 없는 것도 아니다."라는 결론을 내리고 있다. 뒷날 영국의 한반도 정책을 돌아보면, 토인비의 이 보고서가 어느 정도 영향력을 발휘했는지를 엿볼 수 있다.

5. 제5장 「미소공동위원회에 관한 보고서」(1947)
– 미소공위 미국 측 대표단 작성

미국과 소련의 최고 당국자는 물론 한국의 지도자들에게 남북 분단이 하나의 현실로 구체화하기 시작했고, 결국은 분단을 기정사실로 받아들이기 시작한 것은 미소공동위원회가 결렬되어 가는 시기와 일치하고 있다. 따라서 "미소공동위원회의 결렬과 그 결렬의 책임은 누구에게 있는가?" 속칭해서 "누가 판을 깼는가?"라는 질문은 한국 분단의 외세 책임론을 구명하면서 원초적으로 풀어야 할 문제였다.

이 보고서는 워싱턴연방문서보관소의 Record Group 332, Box 66에 소장된 *Report of US Delegation on US-USSR Joint Commission*(20 Aug 1947)을 번역한 것이다. 이 보고서는 본문이 29쪽인 데 견주어 주(註)가 146쪽이라는 점에서 매우 특이하다. 이는 이 보고서가 차라리 자료집이며 동시에 미소공동위원회의 회의록임을 의미하는 것이고, 그런 점에서 그의 객관성이 높다고 볼 수 있다.

6. 제6장 「한국의 정치·군사 상황에 관한 보고서」(1947)

- A. C. 웨드마이어 작성

한국전쟁은 어떻게 하여 일어났는가? 좀더 원초적인 질문을 한다면, 1949년에 미국은 왜 한국에서 철군했는가? 이에 대한 대답은 그리 간단하지 않다. 한국전쟁의 발발 원인을 "김일성(金日成)의 적화야욕"이나 "고요히 잠든 일요일 새벽……" 하는 식으로 설명하려는 전통적 측면에서 본다면 위의 질문은 매우 의미 없는 것이 될 수도 있고, 또 그 대답도 매우 간명할 수 있다.

그러나 미국의 정보자유법(FOIA)에 따라 비밀이 해제된 미국 연방문서보관소의 각종 기밀 문서를 읽으면 읽을수록 한국전쟁의 개전 이유는 미궁으로 빠져들지 않을 수가 없다. 미국은 북한의 남침을 정확히 인지하고 있었다.

그럼에도 불구하고 미국은 왜 한국에서 철군했으며, 세계의 어디에서인가 전쟁이 일어나지 않는다면 미국은 경제적(군수 산업)으로나 국민적 사기의 면에서 매우 어려움을 겪게 된다는 미국의 『안보 각서 제68호』(NSC-68, April 14, 1950)의 논조는 무엇을 의미하는가?

이러한 질문들을 원초적으로 이해하려면 트루먼(H. S. Truman) 대통령이 한반도의 정치 · 군사 · 경제 상황을 확인하고자 특사로 파견한 웨드마이어(Albert C. Wedemeyer)의 『한국 보고서』를 읽는 것이 무엇보다도 긴요하다. 이 보고서의 공식 명칭은 *Report to the President Submitted by Lt. Gen. A. C. Wedemeyer : Korea,* September 1947(USGPO, Washington, D. C., 1951)이다. 여기에 번역된 글은 이 보고서의 전문이다.

웨드마이어 중장은 위와 같은 임무를 띠고 1947년 8월 26일 서울에 도착하여 열흘 정도 머물면서 군정청 고위 관리는 물론 주로 한국의 우익 지도자들을 만난다. 그가 만난 지도자로는 이승만(李承晩) · 김구(金九)를 비롯해서 안재홍(安在鴻) · 김성수(金成洙) · 윤치영(尹致瑛) · 한경직(韓景職) 등이 있었다.

이들은 서면이나 구두로 한국에서의 내란의 가능성에 대한 깊은 우려를 표시했다. 그는 9월 초, 도쿄(東京)와 하와이를 거쳐 귀국한 다음 9월 9일에 이 보고서를 완성하여 대통령에게 제출했고, 이것은 대통령의 결심에 결정적인 역할을 했다.

웨드마이어(1897~1990) 장군은 오마하(Omaha) 출신으로서 미국육군사관학교(1919), 참모학교(1936), 독일 육군대학(1938)에서 수학했고, 중위(1919)로 임관된 뒤 1951년에 중장으로 예편할 때까지 주로 아시아 전구(戰區)에서 복무했으며, 미 육군 2군사령관(1946~1947)에서 퇴임한 직후 한국과 중국에 대통령 특사로 파견되었다가, 임무를 마친 뒤에는 육군 작전국(1947~1948)에서 복무했으며, 6군 사령관(1949~1951)을 끝으로 퇴역했다.

이 보고서가 가지는 가치는 1947년, 곧 미국이 한국에서의 철군을 결정하에 앞서 대한 인식(對韓認識)이 무엇인가를 이보다 더 극명하게 설명하고 있는 것은 없다는 점이다. 웨드마이어의 방한은 사실 확인을 위한 방문(fact-finding visiting)이었기 때문에 그의 기술(記述)은 냉혹한 판단으로 일관되어 있다.

그리고 트루먼이 이 글을 읽고 어떠한 결심을 했을까 하는 점은 첫머리에 실린 그의 「파한(派韓) 지시 공문」에 잘 나타나 있다. 보고서의 원문에는 「중국편」이 게재되어 있으나 이 번역문에서는 이를 생략하였다. 본문 가운데 「삭제」는 번역자가 삭제한 것이 아니라 애초부터 미국의 국익을 위하여 공개할 수 없는 부분들이다.

7. 제7장 「한국의 군정에 관한 잠정 지침」(1947)

- 합동민정위원회(JCAC) 작성

한국에게 미국은 어떤 의미를 갖는 것일까? 이 문제는 한국현대사, 곧 해방정국사를 푸는 중요한 키 노트가 되어 있으므로 이 분야를 연구하는 학자들에게는 늘 회자(膾炙)되어 온 질문이었다. 이 질문은 얼핏 보면 매우 중요하고도 핵심적인 것처럼 보이지만, 실상 한국 현 대사를 천착하다 보면 이는 참으로 무의미하고 덧없는 것이었다는 사실을 발견하게 된다.

한 한국인으로서, 그리고 한국학을 공부하는 한 사람으로서 참으로 역겹고 시인하고 싶지 않은 일이지만, 한국에서 미국이 중요한 만큼 미국은 한국이 중요하지 않았으며, 여기에서부터 한국 현대사의 비극은 잉태되기 시작했다.

이 보고서는 1947년 2월에 작성된 비밀문서로서, 미국의 대한(對韓) 정책의 "잠정"(Interim) 지침이라고는 하지만, 실은 해방 정국에서 미국의 대한 정책의 골격을 이루고 있다. 그리고 한국은 그 자체로서는 전략적 가치가 거의 없다는 견해를 견지하고 있다.

이 보고서의 일관된 논조는 해방으로부터 한국전쟁에 이르는 중요한 10년간의 미국의 기본 지침으로 흔들림이 없었음을 보여주고 있다.

이 보고서는 1947년 2월 17일에 민정(民政)합동위원회(JCAC) 명의로 작성되었지만, 집필자들은 한국에 관한 성간(省間)특별위원회의 요원들이었다. 이들은 3성조정위원회의 요청으로 이 보고서를 작성했다.

이 보고서의 명칭은 *Interim Directive for Military Government in Korea : Report of the Special Inter-Departmental Committee on Korea* 이며 미국 연방문서보관소의 현대전사실(Modern Military Branch)의 Record Group 165, *ABC 014 Japan*에 소장되어 있다. 전문(全文)은 119쪽이며, 그 가운데 본문은 34쪽이고, 부록이 85쪽이다. 이 글에서는 부속 문서인 부록을 생략했다.

8. 제8장 「주한 미군정의 구조」(1948)

- 후랭켈(Ernst Fraenkel) 작성

하지(John R. Hodge)가 한반도에 상륙했을 때, 그에게는 한국에 관한 작은 핸드북 한 권만 있었을 뿐 다른 자료가 없었다. 미국 Georgetown University의 맥도널드(D. MacDonald) 교수와의 대담에 따르면, 일부 도쿄에서 파견된 장교들은 『대영백과사전』(*Encyclopaedia Britanica*)의 한국 편을 복사하여 비행기에서 읽고 여의도 공항에 도착했다.

그렇다고 해서 태평양사령부로부터 어떤 지침이 있었던 것도 아니다. 하지는 한 신생 국가의 창설에 자신이 이바지할 수 있는 기회를 얻었다는 점에 강렬한 긍지와 소명감을 가지고 있었던 인물임이 틀림없다.

그러나 하지가 "군인 중의 군인"(Soldier of the Soldiers)이라는 칭송을 받았다고는 하지만, 그는 어디까지나 정글전의 영웅이자 점령군 사령관으로서의 명성을 누렸을 뿐이지 막상 군정사령관(Commander of the Occupational Army)으로서 적임이었는지에 대해서는 다른 의견이 많다. 그는 정치적 술수를 모르는 충직한 무골이었을 뿐이다. 그는 여러 차례 태평양사령부에 지침을 요구했지만, 사령관의 재량만 강조할 뿐이지 명증한 대답을 얻지 못했다.

일이 어렵게 되자 하지는 24군단 정보 참모 웨컬링 준장(John Weckerling)에게 독자적으로 한국의 점령 지침의 작성을 전문가에게 의뢰하도록 했다. 이에 웨컬링 장군은 태평양사령부에서 고문으로 활약하던 후랭켈(Ernst Fraenkel : 1898~1975) 박사에게 이 작업을 의뢰했고, 후랭켈은 1948년 5월에 가서야 보고서를 작성하여 상신했다.

이 보고서는 워싱턴 국립문서보관소(WNRC) Recod Group 332, Box 21에 담겨 있다. 웨컬링이 상부에 보고한 일자는 1948년 5월 22일이다.

후랭켈은 독일계 유대인 변호사이자 정치학자였다. 그는 1916~1918, 제1차 세계 대전 중에 독일 육군에서 복무했다. 후랭켈은 나치 정권의 표적이 된 유대인들을 위한 형사 변호인으로 일했다. 후랭켈은 한때 독일 정부의 법무장관으로 일하다가 나치의 등장과 함께 영국을 거쳐 1939년에 미국으로 이민하여 그 나라의 정치, 특히 다원주의와 견제와 균형에 대한 존경심을 키우기 시작했다.

미국에서 후랭켈은 시카고대학교 로스쿨에서 미국 법률을 공부하고 1941년에 졸업했다. 이 기간에 그는 독일에서 가져온 원고를 수정하여 나치 정권의 정치 구조에 관한 『이중 국가』(*Dual State,* 1941)라는 책을 저술하여 명성을 얻었다. 1945년부터 후랭켈은 미국 정부의 고문이 되어 극동, 특히 미국의 대한 정책의 수립에 관여했으나, 정부와 뜻이 맞지 않았다.

더욱이, 한국전쟁으로 말미암아 자기의 신생 국가 건설의 꿈이 깨어지자 고문직을 사직하고 독일로 돌아가 독일 자유베를린대학(Freie Universität Berlin)의 교수가 되어 케네디연구소(John F. Kennedy Institute for North American Studies)를 설립하고 활약하다가 베를린에서 죽었다.

9. 제9장 「미국의 대한 정책」(1948)

– 4성조정위원회 작성

이 보고서를 작성한 부서는 4성조정위원회였다. 미국이 제2차 세계 대전을 치르면서 공군의 위력을 깨닫게 되자, 종전의 전쟁성 · 해군성을 두고 공군을 전쟁성 아래 육군항공대로 두었던 것을 개편하여 공군성을 창설하고, 국방성(Department of National Defense)을 재편하여 육군성(Department of Army) · 해군성(Department of Navy) · 공군성(Department of Air Force)의 3성으로 나누었다.

그리고 지난날의 국무성(Department of State)과 함께 전시 내각의 대표로 유지하던 3성조정위원회(SWNCC : State-War-Navy Coordinating Committee)를 4성조정위원회(SANACC : State-War-Navy-Air Force Coordinating Committee)로 만든 것이니, 이는 3성조정위원회의 후신이라 할 수 있다.

이 보고서는 작성 일자가 주는 함의가 중요하다. 이 문서가 작성된 것은 1948년 1월 15일이었다. 미국과 소련은 한국에서의 철군 문제를 놓고 많은 실랑이가 있었지만, 최종적으로 확정된 철군 일자는 1948년 9월 15일부터 1949년 1월 15일이었다. 이 약속도 지켜지지 않아 결국 1949년 6월 29일에 철군이 완료되었다. 그러니까 이 보고서는 철군을 앞둔 미국의 정책적 고뇌를 문서로 만든 "한국의 군사적 가치에 관한 미국 최고 수뇌부의 최종 보고서"라 할 수 있다.

미국 대사관 담장에 올라가 "미군 철수 결사 반대"를 혈서로 쓴 사람들이나 "혈맹의 우방"을 구두선처럼 되뇌는 사람들이 들으면 섭섭하여 펄쩍 뛸 일이지만 역사적으로 미국은 한국의 운명에 그리 애달파하지 않았다.

우리는 흔히, "미국은 우리에게 누구인가?"라고 묻지만, 그것은 부질없는 질문이며 우리가 진실로 고민해야 할 질문은 "한국은 미국에게 누구인가?"라는 질문이다. 그동안 한미 관계에 관하여 양국 지도자들 사이에 수많은 수사(修辭)가 오고 갔지만, 그것은 돌아서면 허사(虛辭)였다.

군사 문제야 나의 전문이 아니지만, 그동안 한미 관계를 공부하면서 보고 들은 바에 따르면 한미 관계는 늘 미 · 일 관계의 종속변수였다. 한국전쟁이 일어나자 맥아더(Douglas MacArthur)는 전용기를 타고 6월 29일 아침에 오산비행장에 도착했다. 그는 비행기에서 내려와 북쪽 하늘을 바라보며 독백하듯이 말했다.

"한국이 공산화되면 일본은 어찌 되나?"("And what of Japan?" 『회고록』, 333쪽)

이 말이 미국의 진심이었다. 그리고 이 말이 주는 의미가 예사롭지 않다. 이것은 미국의 기본 전략, 곧 "최후의 승리는 해전에 있다"는 마한(Alfred Mahan)의 전략으로부터 조금도 변함이 없었다. 이 점은 극동의 정세가 어떻게 바뀌어도 변함이 없을 것이다. 수양산(首陽山) 그늘이 강동 80리를 덮듯이, 아직도 한미 관계는 맥아더의 그늘을 벗어나지 못하고 있다.

그렇다면 우리는 어디로 가야 하나? 미국은 일본을 위해 한국을 버리는 일이 있겠지만 한국을 위해 일본을 희생하는 일은 없을 것이다. 이 원칙은 1882년의 한미수호조약이 체결된 이후 변함없는 기조였다. 지난날이 그렇듯이 앞으로도 이 함수 관계는 변함이 없을 것이다.

미국은 1866년(셔먼호 사건), 1871년(신미양요), 1904~05년(러일전쟁), 1904년(을사조약), 1910년(한일합방), 1919년(3 · 1운동), 1948년(미군 철수)에 우리를 버렸다. 한국전쟁 때 도와준 것으로 허물을 다 덮을 수는 없다. 그러므로 우리는 미국이 다시 우리를 버리더라도 더 이상 상처받지 않도록 내공을 쌓아야 한다. 그리고 그런 미국을 원망할 것도 없다.

그렇다 하더라도 우리가 미국을 버리기는 어렵다. 혈맹의 우방이라는 수사가 아무리 빈번하게 인용되더라도 러시아와 중국의 거수(巨獸) 앞에서 한국은 아직 비빌 언덕이 없다. 우리에게는 젤렌스키(Bladimir Zelenskyy) 같은 지도자도 없고, 사무라이[侍] 같은 우국심도 없으며, 핀란드 같은 청렴도 없다. 청년들에게 조국을 위해 죽으라고 부탁할 명분도 없고, 죽을 젊은이도 없다.

지금 이대로라면 해방정국보다 나을 것이 없다. 아마도 "이게 나라냐?" 하는 젊은이의 자조(自嘲)가 없어지려면 향후 1세기는 더 걸릴 것이다. 그때가 되면 우리도 유럽의 강소국들처럼 "금년이 고비이다"라는 말을 해마다 되풀이하지 않으며 평화롭고 풍요롭게 살 수 있을 것이다.

10. 제10장「아시아의 위기 : 미국 외교 정책의 시험대」(1950)
- 애치슨(Dean Acheson)의 전국기자클럽 연설문

세계 현대 전쟁사에서 한국전쟁만큼 개전의 이유에 대한 논쟁이 격렬한 전쟁이 없었다. 더욱이 한국에서는 그 개전의 이유를 놓고 좌우의 진영 싸움으로 확산하였는데 그 중심에는 늘 애치슨(Dean Acheson)의 전국기자클럽(National Press Club, NPC)에서 한 연설이 자리를 잡고 있었다.

그런데 한국전쟁은 우파 학자들의 통상적인 주장으로 되어 있는 김일성의 남침 야욕이라는 반공 교육의 논리만으로는 설명될 수 없는 미스터리가 있다. 일부 수정주의자의 좌파 이론을 인용하지 않는다고 할지라도 우파의 자료만으로는 한국전쟁의 개전 이유를 선명하게 설명하기가 어렵다.

이 글은 특히 애치슨의 연설 가운데에서, "가장 탁월할 뿐만 아니라 역사상 가장 논쟁의 여지가 많았던"(Tang Tsou, 1963) 전국기자클럽의 연설문의 전문이다. 우리 현대사 연구를 보면, 다 아는 듯하지만, 원문을 보지 않고 쓴 논문이 의외로 많다. 애치슨의 1950년도 연설이 한국전쟁을 일으켰다는 등, 이러니 저러니 하지만, 내가 과문한 탓인지, 그 전문을 통독하고 분석한 한국인의 논문을 나는 아직 보지 못했다.

한 역사학자가 어떤 사실(史實)을 논증하면서 학문적으로 이바지할 수 있는 길은 세상에 알려지지 않았던 사실을 발굴하거나 아니면 기존의 이론들을 재해석하는 것이라면, 이 글은 전적으로 후자에 속한다. "역사는 해석학"(E. H. Carr)이라는 것이 이 글의 기본적인 논지이다.

그렇다면 이 연설은 어떤 계기로 세상에 나오게 되었는가? 워싱턴 정가의 관례상 국무장관이 새로이 취임하면 그는 전국기자클럽에서 점심을 함께 나누면서 간단한 연설을 하고 교환(交驩)하는 것이 하나의 의무처럼 되어 있었다. 애치슨은 1949년 1월 7일 국무장관에 취임한 지 1년이 지난 1950년 1월 12일이 되어서야 이 자리를 마련했다.

연설의 주제는 「아시아의 위기 : 미국 정책의 한 시험대」(Crisis in Asia : An Examination of U.S. Policy)였는데 그 뒤 20년이 지난 1969년, 애치슨은 그의 회고록에서 연설의 제목이 「중국의 위기 : 미국 정책의 한 시험대」(Crisis in China : An Examination of U.S. Policy)라고 잘못 기억하고 있는 것으로 보아 그의 주된 관심은 중국이었든가 아니면 그가 이 연설에 대하여 깊은 관심을 두지 않았으리라는 느낌이 든다. 이 연설문은 Department of State *Bulletin*(*DSB*), Vol. XXII, No. 551(January 23, 1950), pp. 111~118에 전문이 실려 있다.

애당초 애치슨은 연설문을 준비하면서 케난(George F. Kennan, Younger) 등 보좌관으로부터 연설문 초안을 받았으나 마음에 들지 않아 모두 받아들이지 않고 스스로 초안을 쓰기 시작했다. 그는 1월 5일부터 초안 작성을 시작하여 1월 8일(종일), 9일, 10일, 11일, 그리고 연설이 있은 12일 아침까지 작업한 다음에야 가까스로 초안을 마칠 수 있었다.

이 연설문은 참모들의 도움을 받지 않은 애치슨 자신의 목소리였다. 애치슨이 즉흥 연설의 형식을 취하고 있다고 하는 사실은 그의 구어적(口語的) 연설문으로 짐작할 수 있지만, 그는 구체적 메모를 가지고 비교적 논리적이고 조리 있게 약 7,700개의 단어에 이르는 긴 연설을 했다.

그러나 이 글은 문어체의 논리를 갖춘 것이 아니라, 구어체의 잡담까지 곁들인 글이어서 삽입구가 많고, 길게는 한 문장이 150

단어에 이르러 이 번역에는 일치된 문장을 만들기가 어렵다는 점을 독자들이 양지하기를 바란다.

11. 제11장 「북한군 노획 문서」(1950)

- UN군 사령부 작성

이제 와서 한국전쟁을 두고 남침이냐 북침이냐 하는 철 지난 타령을 할 때는 아니지만, 개전 이유 또는 누가 먼저 발포했는가에 대해 역사상 가장 논쟁이 많았고, 서로 할 말이 있었던 전쟁이 곧 한국전쟁이었다. 개전 일자, 곧 1950년 6월 25일의 첫 발포 일자로 따지자면 북한이 먼저 발포한 것은 더 이상 숨길 수 없다.

그러나 전쟁의 성격을 따지면서 실질적인 개전이 언제냐? 라고 물으면서, 1949년에 이미 전투는 시작되었고, 1950년 6월 25일 이전에 쌍방 전사자가 10만 명을 넘었다는 사실을 내세우며, 내전이냐 침략 전쟁이냐로 비화하면 논리가 어렵게 된다.

개전 책임자에 대해서는 아직 논리가 정리되지 않았다. 스탈린(J. Stalin)의 세계 공산화 전략에 김일성(金日成)은 하나의 졸(卒, pawn)이었다는 논리와, 김일성이 스탈린을 설득하여 전쟁을 일으켰으니 김일성이 개전 책임자라는 나의 논리 가운데에서 내 주장이 밀리고 있는 것이 사실이다. 나의 논리, 곧 한국전쟁은 김일성이 선도한 내란일 수 있다는 주장이 김일성에게 면죄부를 줄 수 있다는 논리(金暎浩)가 가능하지만, 김일성이 개전 책임자라는 나의 논리와 김일성은 하수인이었다는 스탈린 주도설 가운데 어느 주장이 더 김일성에게 면죄부를 주는 논리일까?

여기에 실린 두 편의 자료는 개전 전야에 인민군 야전 부대에 하달된 지도부의 정찰명령서와 작전명령서로서 적어도 1950년 6월 25일 상황에서 누가 먼저 발포했는가를 보여 주는 중요한 문서이다. 그런데 북한의 주장처럼 이것마저 진위의 시비가 벌어진다면 문제는 더 복잡해진다.

이 진위 논쟁이 일어나자 UN 주재 미국 부대사인 그로스(Ernest Gross)가 제시한 반박문이 신통치는 못하지만, 그래도 미국으로서는 할 말을 한 것으로서의 가치가 있기에 여기에 싣는다. 이 문건에 대한 단편적인 북한의 반응은 들었지만, 내 공부가 부족한 탓인지, 아직 문건으로 완성된 것을 보지 못하여 싣지 못했다. 강호의 동학(同學)들 가운데 도와주실 분이 있으면 고맙겠다.

이 문건을 번역하면서 나는 군사 전문 용어에 관하여 캐나다에서 활약하고 있는 민간인 군사전문가인 이정환(李廷桓) 선생의 도움을 많이 받았다.

2023년 한국전쟁 기념일에
옮긴이를 대신하여 고쳐 씀
신 복 룡

차례

약어 및 암호표

A

AA : Anti-Aircraft

AAA : Anti-Aircraft Armament

AAAA : Army Anti-Aircraft Armament

AAF : Army Air Forces

ABC File : American-British Conversation File, NA

A/C/A : Assistant Chief of Army

AF : Allied Forces

AF : Admiral of the Fleet

AFPAC : Allied Forces, Pacific Area Command

AFPAC : Air Forces, Pacific

AG File : Adjutant General's File

AGWD = TAG

ARGONAUT : Yalta Conference

ASCOM : Army Service Command

B

BGS MS : Brig. Gen. Svensson's Unpublished Manuscript

BLACKLIST : 일본 점령 계획

C

CAC : Coast Artillery Corps

CAD : Civil Affairs Division, DW

CAMPUS : 일본 점령 계획

CASA : Civil Affairs Staging Area(민정 요원 보충대)

CBI : China-Burma-India Theater

CCRRI : Central Council for the Rapid Realization of Independence (獨促中央會)

CCS : Combined Chiefs of Staff, UN

C(omm) G : Commanding General

CG : Coast Guard

Chief of S&P : Chief of Strategy and Planners

CIC : Counter Intelligence Corps

CIC : Combined Intelligence Committee

C-in-C : Commander in Chief

CINCAFPAC : Commander in Chief, Army [Air] Forces, Pacific

CINCPAC : Commander in Chief, Pacific

CINCSWPA : Commander in Chief, Southwest Pacific Area

CM : Cable Message

Col : Colonel

[Conf] : Confidential

CORONET : 일본 도쿄 평야 침공 계획

CP : Command(ing) Post

CPKI : Committee for Preparation of Korean Independence(建準)

C/S : Civil Service

CsofS : Chiefs of Staff

CTO : Corps Tactical Operation

D

DA : Department of Army

DAFR : *Documents on American Foreign Relations*

Doc : Document

DS : Department of State

DSB : Department of State *Bulletin*

DSM : Department of State Meeting

DSM : Distinguished Service Medal

dtd : dated

DW : Department of War

E

EUREKA : Teheran Conference

F

FO : Field Order

FR(US) : *Foreign Relations(of the United States)*

G

GHQ : General Headquarter

GI : Government Issue

GO(#1) : General Order(No. 1)

GPO : Government Printing Office

H

H(ist.) USAFIK : *History of U.S. Armed Forces in Korea*

HR : House of Representative

HRM : Senate Hearings on the Relief of MacArthur

I

I&H Jl : *Information and Historical Journal*

I&I : Intelligence and Information

Inf Div[Regt] : Infantry Division[Regiment]

J

JANIS : Joint Army-Navy Intelligence Service

JCAC : Joint Civil Affairs Committee

JCS : Joint Chiefs of Staff

jg : Junior Grade

JIS : Joint Intelligence Staff[Service]

JLC : Joint Logistics Committee

JODK : 경성방송국 호출 부호

JPS : Joint Planners Staff

JSC : Joint Staff Committee, DW

JSP : Joint Staff Planners

JWPC : Joint War Plans Committee

K

KAMG = USAMGIK

KIG : Korean Interim Government(남조선 과도 정부)

KMG : USAMGIK

KPG : Korean Provisional Government(중경 임시 정부)

KRAI : Korean Relations and Information Section

L

LST : Landing Ship for Tanks

Lt : Lieutenant

Ltr : Letter

M

MG = USAMGIK

MILEPOST : Reserve Stocks Operation in Siberia

Min : Minutes(회의록)

MR : *MacArthur Report*

MS : Manuscript(미간행 정책 보고서)

Ms(g) : Message

N

NA : National Archives, Washington, D.C.

NIS : National Intelligence Survey

NKC : New Korean Company(新韓公社)

NSC : National Security Council

NSRRIK : National Society for the Rapid Realization of Independence in Korea(獨促)

O

OAS : Occupied Areas Section, Department of Navy

OCMH : Office of the Chief of Military History, Dept. of Defense

OCTAGON : Quebec Conference(1944)

OLYMPIC : 일본 규슈(九州) 침공 계획

OMG : Order of Military Government

OO : Operation Order

OPD : Operation Division, DW

OPO : Office of Public Opinion

OSS : Office of Strategic Service

P

PCAU : Philippine Civil Administration Unit

POLAD : Political Adviser

POW : Prisoner of War

Q

GUADRAN : Quebec Conference(1942)

R

[R] : Reference(참고 부속 문서)

ret : retired

RG : Record Group, NA & WNRC

Rpt : Representative

S

[S] : Secret

SANACC : State-Army-Navy-Air Force Coordinating Committee

S&P : Strategy and Policy Group

SCAP : Supreme Commander, Allied Powers

SEA : Southeast Asia

Sec : Secretary

SEXTAN : Cairo Conference

SFE : Section of Far East, DS

SFE : Subcommittee on the Far East, DS

SKIG : South Korea Interim Government(남조선과도정부)

SWNCC : State-War-Navy Coordinating Committee

SWPA : Southwest Pacific Area

T

T/A : Territorial Army

TAG : The Adjutant General(국방성 군무국장)

TERMINAL : Potsdam Conference

T/O&E : Table of Organization and Equipment

[TS] : Top Secret

U

UNO : United Nations Organization

UNRRA : United Nations Relief and Rehabilitation Administration

UNTCOK : United Nations Temporary Commission on Korea

USAFIK : United States Armed Forces in Korea

USAMGIK : United States Army Military Government in Korea

USAMGOK : U.S. Army Military Government of Korea

USNR : United States Naval Reserve

V

V-J Day : Victory over Japan Day

VLR Attack : Very Long Range Attack

VOCG : Verbal Order, Commanding General

W

WARCOS : Department of War, Chief of Staff

WD = DW

WDGS : War Department, General Staff
WDSCA : 전쟁성 민사처(Department of War : Section of Civil Affairs)
WNRC : Washington National Record Center, Suitland, Md.
WPD : War Plan Division

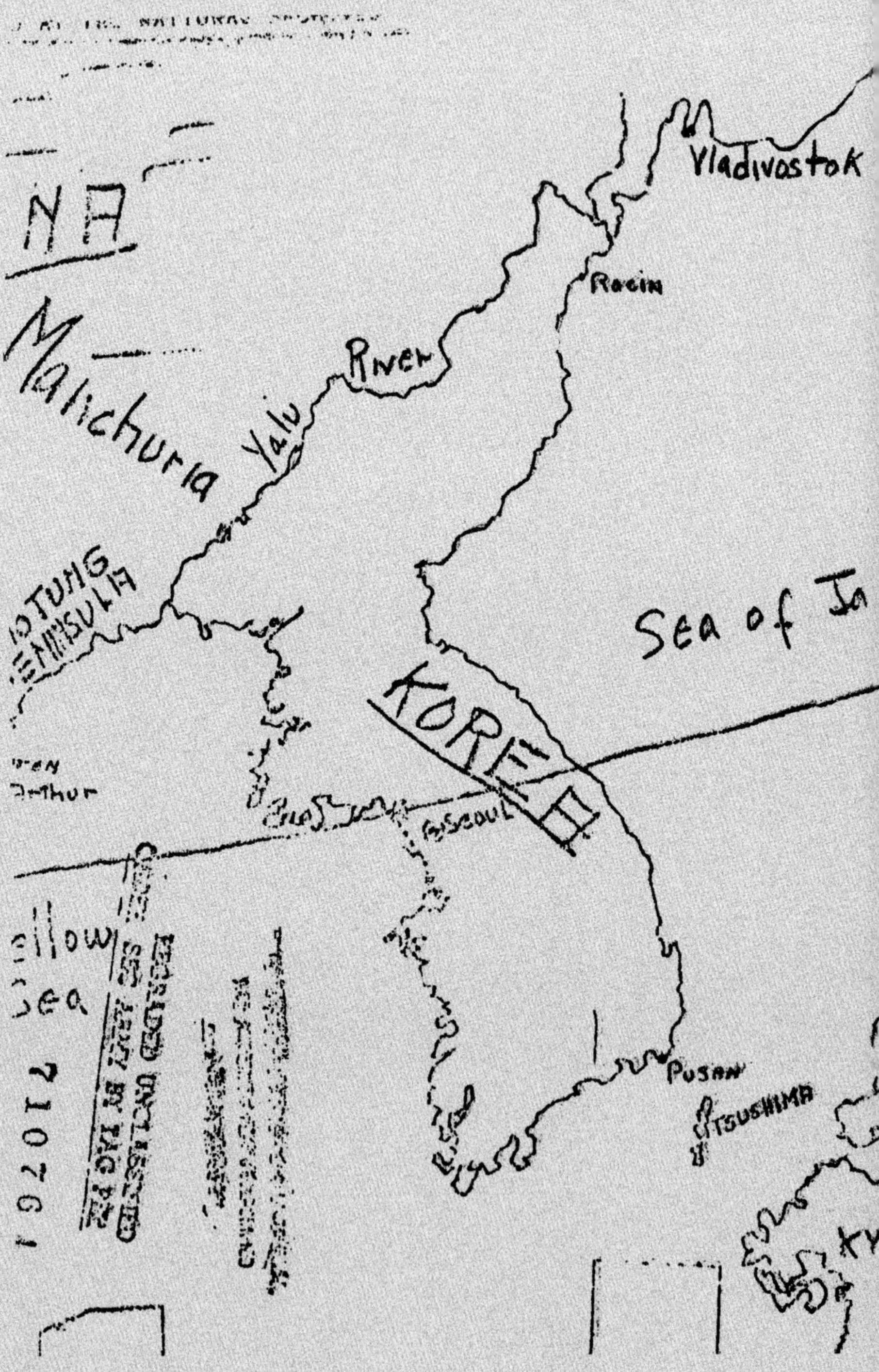
NA
Manchuria
Yalu River
Vladivostok
Racin
Sea of Ja
KOREA
SEOUL
PUSAN
TSUSHIMA
Sea

Paul McGrath "The U.S. Army in the Korean Conflict"
RG 407
Modern Military Branch,

제1장

미국의 한반도 분할 결정에 관한 보고서(1953)

- P. 맥그래스 작성

미국의 한반도 분할 결정에 관한 보고서

P. 맥그래스 작성

U.S. Army in the Korean Conflict

by Lt. Paul C. McGrath

OCMH, 1953

제1장

미국의 한반도 분할 결정에 관한 보고서(1953)

1. 개요

이 글의 목적은 제2차 세계 대전 시기에 형성된, 한반도에 대한 미국의 미미한 이익을 설명하고, 한국의 장래에 관해 3대 강국 회의의 영향력이 점차 증대하게 된 것을 논의한 다음, 1945년 소련이 태평양전쟁에 참여하게 된 것과 일반명령 제1호로 38°선이 분할된 것과의 연관성을 밝히는 데 있다.

또한 이 글은 일본군의 항복 접수를 다루었고, 한국과 미국의 정치적 · 군사적 이해(利害)를 예시해 주게 되는 고위층 수준의 협의에서 군부의 역할이 어떠했던가를 설명하고자 육군전략기획참모부(Army Strategic Planning Staff)의 활동을 자세히 밝혀 보는 데 있다.

2. 연대기

- 카이로선언(1943년 12월) : 미 · 영 · 중은 한국의 독립을 지지했다.
- 테헤란회담(1943년 12월) : 영국과 미국은 소련이 태평양전쟁에 참여할 것이라는 첫 암시를 받았다. 한국에 관한 결정은 없었다.
- 얄타회담(1945년 2월) : 소련의 대일(對日) 전쟁 참여에 대한 비밀 계획이 있었음.
- 루즈벨트 대통령 사망(1945년 4월 12일)
- 독일 패배(1945년 5월 8일)
- 스탈린은 홉킨스(Harry Hopkins)에게 일본과의 평화 모색에 관해 이야기함(1945년 5월 28일)
- 포츠담회담(1945년 7~8월) : 소련의 태평양전쟁 참여에 대한 계획이 진전됨. 미 · 영 · 중은 카이로선언을 재확인함.
- 최초의 원자탄 실험이 뉴멕시코(New Mexico)의 알라모고르도(Alamogordo)에서 성공함(1945년 7월 16일)
- 최초로 일본 히로시마(廣島)에 원자탄 투하(1945년 8월 6일)
- 소련은 일본에 선전 포고하고 포츠담선언에 동의함(1945년 8월 8일)
- 두 번째 원자탄이 일본 나가사키(長崎)에 투하(1945년 8월 9일) 소련이 대일전쟁에 참여.
- 일본이 항복을 제의(1945년 8월 10일)
- 전쟁성이 태평양의 항복 지역(surrender zones)을 규정한 일반명령 제1호의 초안을 작성하고, 3성조정위원회(SWNCC)와 대통령이 의해 승인함(1945년 8월 11~15일)
- 소련 군대가 한반도에 처음 진주(1945년 8월 12일)
- 연합군 지도자와 일본 관리가 미주리(Missouri) 함상에서 공식적인 항복 문서를 조인함(1945년 9월 2일)
- 미군, 한반도에 처음 진주(1945년 9월 8일)
- 모스코바회담(1945년 12월) : 한국에서 5년 동안 4대 강국 신탁통치에 합의

* 제2차 세계 대전의 주요한 회담의 코드명

- 1942년 퀘벡(Quebec)회담 - QUADRANT
- 1943년 카이로회담 - SEXTANT
- 1943년 테헤란회담 - EUREKA
- 1944년 퀘벡회담 - OCTAGON
- 1945년 얄타회담 - ARGONAUT
- 1945년 포츠담회담 - TERMINAL

3. 보고서

유구한 역사를 가진 단일 국가를 그처럼 간단하게 반으로 갈라놓은 38°선의 존재는 분명히 한국인들에게는 비극이었다. 정치가들이 양차대전(兩次大戰)을 꿈에도 생각하기에 앞서, 이미 강대국들은 한국을 탐내고 있었다.

소련과 일본은 위도선상의 편리한 상황을 염두에 두고 한반도의 중간을 가로질러 분할하는 문제에 관해 논의했다. 이것은 영국과 소련이 페르시아를 이익과 영향력권(zones of profit and influence)으로 분할한 방식[1]에서도 잘 드러났다. 소련과 일본에게 한반도는 지리적으로 매우 중요하다. 세계에서 중국과 가장 긴 국경선으로 인접해 있는 소련은 한반도와는 블라디보스토크 서남쪽으로 짧은 외방(外邦)의 국경선으로 연접하고 있다.

일본은 쓰시마(對馬島) 해협을 사이에 두고 한반도와 매우 인접해있다. 중국 · 소련 · 일본은 모두 오래전부터 가까운 만주와 한반도를 지배하고자 했었다. 한반도의 전략적 중요성과 한국의 많은

1) 1907년에 있었던 일임.

부동항(不凍港)은 유럽과 극동의 대사들 사이에서 중요하게 인식되고 있었다.

특별히 복잡한 문제는 아니지만, 미국이 제2차 세계 대전 이후 한반도에 개입하게 된 것은 일본의 항복과 극동에서 소련의 영향력 확대에 대한 미국의 반응이라는 더 큰 문제의 구조 속에서 이해해야 한다. 비록 루즈벨트(F. D. Roosevelt) 대통령이 일본 패망 이후 궁극적인 한국의 독립을 지지하기는 했지만, 전시(戰時)나 평화 시에 한국이 미국 외교 정책에서 뚜렷한 위치를 차지한 적은 없었다.[2]

1943년 11월 이집트의 카이로회담에서 루즈벨트 대통령 · 장개석(蔣介石) 총통 · 처칠(W. Churchill) 수상이 발표한 선언의 모호한 문장은 한반도와 38°선의 항복선에 관해 글을 쓰는 사람이 상투적으로 거론했다. 그것은 "세 강대국은 한국인들의 노예 상태에 유념하여 적절한 절차를 밟아 한국을 자유 독립된 국가로 만들 것을 결정했다."[3]는 것이다.

미국 대통령과 한국의 망명 민족주의자들은 이 성명서를 서로 다르게 이해했다. 루즈벨트 대통령은 개인적으로 한국에 대한 신탁통치를 지지하고 있었다. 그는 이미 1943년 3월 27일 국무장관 헐(Cordell Hull), 대통령 보좌관 홉킨스(Harry L. Hopkins), 영국 외상(外相) 이든 경(Sir Anthony Eden)에게 백악관에서 신탁통치에 대해 제의한 적이 있었다.

2) 일본은 1910년에 한국을 합병했으며, 이 은자의 왕국을 과거의 이름인 조선으로 바꾸어 놓았다. 일본군은 1945년까지 조선을 점령하였다. *Korea for the Koreans* ……(New York, 1943)에 있는 광범위한 참고 문헌과 *Korea : A Selected List*(Fort Belvoir, Virginia, 1950), 그리고 *Korea, A Preliminary Bibliography*(Library of Congress, Washington D. C., 1950)을 참조할 것.

3) *Documents on American Foreign Relations*(Published for the World Peace Foundation by Princeton University Press, 1945), Vol. Ⅵ, p. 233. 이후로는 *DAFR*로 표기함.

그와는 달리 한국인들은 즉시 독립하기를 바랐다. 그들은 자신의 국가가 해방되기를 바랐으며, 그 첫 단계로 중국 중경(重慶)의 임시 정부는 미국에게 외교적 승인을 요청하고, 일본을 멸망시키는 데 이바지할 있는 기회를 줄 것을 제의했다.[4)]

제2차 세계 대전 동안 미군은 한국 땅에서 전투하지 않았다. 그러나 전쟁성과 해군성의 합동참모기획처(Joint Staff Planners)는 일본이 패망할 경우에 대비하여 한반도의 장래를 고려하지 않을 수 없었다.[5)] 대체로, 1945년 이후 한·미 관계는 이 군사 기획 요원들의 제안과, 한국의 신탁통치에 대한 루즈벨트 대통령의 개인적인 관심, 제2차 세계 대전 시기의 3대 강국 회담의 결과, 불안정한 미·소 관계, 그리고 일본제국이 패망한 결과 등에 기초하고 있다.

제2차 세계 대전 초기의 군사 기획자들과 백악관, 그리고 국무성 사이의 연락은 일반인들이 생각하듯 그렇게 원활한 편은 아니었고 정규적인 것도 아니었다. 대통령이 홀로 미국의 외교 정책을 주도해 가는 우리의 정부 형태에서는 루즈벨트 대통령이 이러한 임무를 자주, 그리고 고도의 개인적인 기반 위에서 수행했다.[6)]

---

4) *The Memoirs of Cordell Hull*(New York, 1948), Vol. I, pp. 1584, 1595~1596. 또한 Statement by Acting Secretary of State Joseph C. Grew, 8 Jun 45, *DAFR*, VII, pp. 230~231 참조.

5) 1945년 여름, 연합정보위원회(Combined Intelligence Committee)는 일본이 한반도에 22만5천 명의 지상군과 550대의 전투기를 주둔시키고 있다고 보고했다. Map in p. 32(Annex to Appendix "B"), and p. 36(Appendix "D"), Minutes of the Terminal Conference, 1945[TS], filed in the Research Center, Office of the Assistant Chief of Staff, G-3, Pentagon 참조.

6) 루즈벨트의 개인 통치의 경향과 중요한 문제를 관계 부서장에게 통고 없이 개인적으로 처리하는 경향은 내각을 화나게 하였다. 예를 들어, 대통령이 홉킨스를 통해 처칠과 스탈린을 접촉했던 것을 참고할 것. See Robert E. Sherwood, *Roosevelt and Hopkins : An Intimate History*(New York, 1948), *passim* ; Henry L. Stimson and McGeorge Bundy, *On Active Service in Peace and War*(New York, 1948), pp. 555~559.

전쟁 말기까지 펜타곤의 군사 기획자들은 국가 정책에 대한 대통령의 결정이 공식적인 경로를 통해 하달되기를 기다리는 동안, 혹은 정보나 지침이 비공식적인 경로를 따라 기획자들에게 도착할 때까지는 악보 없이 귀동냥으로 곡을 연주하듯이 임기응변으로 처리해야 했다.[7)]

제2차 세계 대전 시기에 미군이 전 세계에 배치됨에 따라 작전국(OPD)의 참모차장실(Office of the Assistant Chief of Staff)의 육군기획참모(Army Planning Staff)가 외교 업무를 군사적으로 고려하는 것은 불가피했다. 그러나 경력이 오래된 군인일수록 국가 정책의 정치적·비군사적 측면에 관하여는 초연한 태도를 보이고자 했었을 것이다.

영국의 총참모회의(Imperial General Staff)와 외교국 사이에 잘 확립된 상호 협조 채널과 같은 업무 조정이 부족한 관계로 독일의 나치스가 붕괴하기 약 4개월 전까지도 미국의 합동참모회의(JCS)와 국무성 사이에는 긴밀한 공적(公的) 관계가 이루어지지 못했다.[8)]

1941~1945년의 미국처럼 한 국가가 세계적 규모의 전쟁에 연합군으로 참여할 때, 공동의 적을 패배시키고 항복시키고자 다른 주

7) John R. Deane, *The Strange Alliance : The Story of Our Efforts at Wartime Cooperation with Russia*(New York, 1947), pp. 312~317. 딘 소장(Maj Gen Deane)은 일반참모부장(Sec of the General Staff, 1942), 합참의장(Sec of the JCS, 1942~1943), 연합참모부장(Sec of the Combined Chiefs of Staff, 1943), 소련 파견 군사사절단장(1943~1945)을 역임했고, 카이로회담·테헤란회담·얄타회담·포츠담회담에 참석했다.

8) 합동참모회의와 루즈벨트 대통령 사이의 연락 체계가 다소 확립되지 않았다는 것을 알기 때문에, 영국의 합동참모사절단장(Chief of the British Joint Staff Mission)인 육군 원수 딜 경(Sir John Dill)은 미래 작전 계획에 관한 루즈벨트와 처칠 사이의 서신 사본을 마셜 장군에게 보내곤 했었다. 이러한 연락 체계는 총참모장(Secretary of the General Staff)을 통해 정보가 육군성 작전국(Army OPD)까지 하달되어 우호적인 기반에서 이뤄졌다. 이러한 비공식적 방법으로 작전국은 필수적인 정치·군사적인 상황 전개에 뒤지지 않을 수 있었다. Ray S. Cline, *The War Department, Washington Command Post : The Operations Division*(Washington, D.C., 1951), pp. 312~317.

요 동맹국들의 동의가 필요한 정치적 · 군사적 계획보다는 순수한 군사적 계획이 덜 중요시되는 경우가 많다.

그러한 맥락에서 하달된 군사 계획을 수행할 때나, 군사적 이익을 고려하여 정책을 결정할 때, 육군은 가장 순수한 의도를 가졌다고 하더라도 뒤에 논쟁거리가 될지도 모를 미묘한 외교 정책의 문제에 말려드는 것을 피할 수는 없었다. 확실히 이러한 것은 한국과 38°선의 문제에 해당하는 경우이다.

육군은 작전국의 전략정책단에 아주 유능한 몇 명의 요원을 보유하고 있었다. 이 집단 안의 정책과(Policy Section)는 뒷날 전략정책위원회(Strategic Policy Committee)로 개편되는데, 이곳에서 군사 정책을 외교 정책으로 종합하는 것을 임무로 하는 정치 · 군사 전문가의 핵심들이 양성되었다.[9)]

이들은 마셜(George C. Marshall) 장군, 핸디(Thomas T. Handy) 중장, 그리고 헐(John E. Hull) 중장 등이 위임한 행동 방침에 따라 매우 중요하고도 막대한 양의 보고서를 작성하였음에도 불구하고, 처음에는 국무성으로부터 정례적인 공식 지침을 받지 못한 채 활동하였다.[10)]

본스틸(Charles H. Bonesteel, Ⅲ) 대령의 임무는 전쟁을 승리로 이끌고, 전후 문제와 그 해결책을 모색하는 심도 있는 전략을 제시할 일단의 군사 요원들을 정책과 안에 양성하는 것이었다.[11)] 유

9) 전략정책단(Strategy and Policy Group) 단장인 링컨 준장(George A. Lincoln)과 합동참모기획처(JPS)의 육군 요원들은 장학금으로 영국의 옥스퍼드대학에 유학한 로즈 장학생(Rhodes Scholar)들이었다. 이들 외에도 로즈 장학생으로는 정책과장인 본스틸(Charles H. Bonesteel, Ⅲ) 대령, 과장보인 맥코맥(James McCormack, Jr.) 대령, 러스크(Dean Rusk) 대령 등이 있다.

10) 마셜 장군은 전시 기간에 육군참모총장(Chief of Staff of the Army)이었고, 핸디 장군은 참모차장(Deputy Chief of Staff)이었으며(1944~1947), 헐 장군은 작전국장(Chief of the Operation Division)이었다.(1944~1945)

럽과 극동에서 전쟁이 한창 진행할 때 워싱턴에서 전후 세계의 문제를 고려한 적은 거의 없었다. 이러한 경향은 3대 강국이 참석한 최고위층 회담에서 현저하게 나타났다.

테헤란회담(EUREKA)에서부터 세 지도자 사이에는 입장의 큰 차이가 나타났는데, 루즈벨트 · 스탈린 · 처칠 사이의 차이점은 주로 외교 정책에서 드러났다. 스탈린과 처칠은 전쟁 시기에 자신들이 회담 석상에서 무엇을 얻어야 하는가를 정확히 알고 있는 것 같았다. 그런데 루즈벨트 대통령은 우유부단한 면을 보였다.

이것은 아마도 미국의 막연한 외교 정책 탓이었을 것이다. 루즈벨트는 전쟁을 승리로 이끄는 것에만 신경을 썼지만, 다른 두 지도자는 전쟁에서 승리한 뒤 자국의 입장을 고려하는 견지에서 생각하였다.[12] 이러한 점이 정치적 · 군사적 문제를 다루는 몇 안 되는 군 장교들이 직면한 커다란 어려움이었다.

외교 정책과 미 군사 계획 활동을 체계적으로 조정할 수 있게 된 것은 1944년 12월, 3성조정위원회(State-War-Navy-Coordinating Committee, SWNCC)가 창설된 이후부터이다. 이 새로운 기구는 전쟁성의 맥클로이(Jothm J. McCioy) 차관보 등, 3성(三省)의 차관보를 공식적으로 소집하게 되었다.[13] 3성조정위원회와 그 상임위원회는 특수 지역 문제와, 일본의 항복 조건의 윤곽을 사전에 작성하는 것과 같은 중요한 문제들을 다루었다.[14]

군사 작전이 직접적으로 제일 중요한 요소가 되는 정치적 · 군사

11) Interview, Lt. Paul C. McGrath With Col Charles H. Bonesteel, Ⅲ, National War College, 19 Nov 52.

12) Deane, *The Strange Alliance*, pp. 43~44.

13) Cline, *Washington Command Post*, pp. 326~327.

14) James F. Byrnes, *Speaking Frankly*(New York, 1947), p. 212.

적 상황에서, 3성조정위원회의 보고서를 합동참모회의에 보낸다. 따라서 3성조정위원회의 창설로 육군 · 해군 · 육군항공대(Army Air Force) 사이에 이루어지는 합참 체제와 유사한 방법으로, 국무성은 전쟁성 · 해군성과 긴밀한 업무 관계를 맺게 되었다.[15]

육군의 견해에 관한 한, 작전국의 전략정책단(Strategy and Policy Group)의 한 직원이 동시에 합참과 3성조정위원회에 보낼 보고서를 연구하고 준비했다. 전략정책단 단장인 링컨(George A. Lincoln) 장군은 3성조정위원회의 전쟁성 전속 군사 고문이었으며, 마셜 장군이 공동의장의 1인이었을 때는 그의 전속 참모 고문이었다. 아울러 그는 합동참모회의에 공동으로 권고하는 책임을 맡은 합동참모기획처(JPS)의 육군 요원이었다.[16]

---

15) 독일과 일본이 패망한 뒤 전쟁성 장관 스팀슨이 회상한 바에 따르면, 만약 대통령이 그의 정책을 조정 · 집행하고자 전시 내각을 갖추려고 했었다면, 전쟁 내내 그것을 지속시키는 것이 유리했을 것이라고 한다. 이 기구는 처칠 수상이 의존했던 내각과 유사하며, 전쟁 외교를 위해 합참이 군사 전략상 수행했던 것을 했을 것이다. 그러나 대통령은 정치에 대한 그의 고도의 재능을 확신하여 합참에게 권한을 위임하기를 꺼렸고, 전시 내각의 의견이 그에게 영향을 미치지 못했다. 각료회의는 토론의 기회를 거의 얻지 못한, 대부분 형식적이었기 때문에 각료들은 다른 부서와의 연락과 조정의 문제를 스스로 해결해야만 했다.

스팀슨 장관은 국제 관계와 연관된 문제에 관해서 전쟁성 차관보인 맥클로이(John J. McCloy)의 도움을 받았다. 맥클로이는 국무성과 스팀슨 장관의 개인적인 연락 역할을 담당하였다. 그의 경력은 "너무 탁월하여 스팀슨은 그가 전쟁성의 업무에만 전념하도록 하느라고 애를 썼다. 그의 활동은 매우 광범위하고, 그의 관심도 다양해서 요약할 수 없을 정도이다. 5년 동안 맥클로이는 어떤 사람도 처리하지 못하는 모든 것을 처리한 사람이다." Stimson, *On Active Service*, pp. 342, 561~564. 미국의 전시 내각은 거의 활동을 하지 못한 채 명맥만 유지했었다. 그런가 하면, 3성조정위원회는 관련 부서의 장관들에게 대단히 유용한 기능을 하였고, 우수한 행정 능력이 있긴 했지만 혼자서 광대한 국제적 전쟁을 관장할 수 없었던 대통령에게는 간접적이나마 큰 도움을 주었다.

16) Ltr, Col George A. Lincoln to Col C. H. Donnelly, 19 Jul 49, filed in *JCS History Sec* 1945년의 다른 합동 기획 요원들은 카벨(Charles P. Cabell) 준장(육군 항공대), 가드너(M. B. Gardner) 소장(해군)이었다.

전략정책단, 그리고 특히 본스틸 대령의 정치군사위원회가 보고서 초안을 작성하면, 링컨 장군은 이것을 맥클로이 차관보에게 제출하여 3성조정위원회의 공식 결정이 되게 하였다.[17] 육군의 주요 기획 요원인 링컨 장군은 작전국으로 들어오는 정보 연구나, 민(民)·군(軍) 지도자들과의 개인적인 접촉을 통해서 세계 정세와 미래 정책에 관한 지식을 얻기도 했다.

링컨 장군은 퀘벡·얄타·포츠담회담에 참석하였고, 얄타회담 직후에는 세계 곳곳의 미국 장성들과 토의하고자 순회하였는데, 함대사령관 마운트바튼 경(Admiral Lord Louis Mountbatten)과 버마에서 회담하였고, 중국 주재 미군사령관 웨드마이어(Albert C. Wedemeyer) 장군, 맥아더 장군, 태평양의 니미츠(Chester W. Nimitz) 제독 등과 회담하였다.

1945년 2월 말경의 이 여행에서는 장차 있을 일본 침공 계획과 극동에서의 소련 참전이 가장 중요한 문제였다.[18] 스탈린 원수가 루즈벨트 대통령과 처칠 수상에게 독일이 패망한 직후 소련이 대일전에 참여할 것이라는 점을 처음으로 암시한 것은 1943년 테헤란회담에서였다.[19]

그러나 소련 참전의 정확한 날짜와 규모는 그 뒤로 20개월 안에 있을 회담에서 해결하기로 하였다. 1945년, 일본이 항복을 제안하

---

17) 본스틸 대령의 위원회 요원들은 JCS 보고서에 관한 전쟁성의 견해를 조정하는 표준 절차(standard procedure)를 개발했다. JCS의 보고서는 SWNCC 의제의 주제가 된다.

18) *OPD File 381, 77*에는 많은 양의 회의 기록이 수록되었다. Brig Gen George A. Lincoln to Gen George C. Marshall, 8 Mar 45 메모 참조.

19) Deane, *The Strange Alliance*, p. 41 ; Sherwood, *Roosevelt and Hopkins*, p. 843 ; H. H. Arnold, *Global Mission*(New York, 1949), p. 470. 아놀드는 제2차 세계 대전 때 육군항공대(Army Air Force)의 총사령관이었고 합동참모회의의 멤버였다. 테헤란회담은 1943년 11월 28일부터 12월 1일까지 계속되었다.

기 하루 앞서 소련이 태평양전쟁에 참여하였다는 사실 때문에 전후 미국은 한국에서 많은 문제점에 직면하게 된다.[20)]

주소 대사인 해리만(William A. Harriman)은 대통령의 지시에 따라 소련이 대일전에 참여하는 데 필요한 반대 급부를 결정하고자 1944년 소련의 스탈린과 모스크바에서 여러 차례에 걸쳐 회합했다.[21)] 이 회담에서 스탈린은 얄타 비밀의정서의 기반이 되는, 극동에서의 소련의 정치적 목적과 독일 패망 2~3개월 뒤 일본을 공격할 것이라는 소련의 약속에 대해 개괄적으로 언급하였다.[22)]

소련이 대일전에 참여한다는 최종 결정은 루즈벨트 대통령과 스탈린 원수가 1945년 2월 8일 은밀히 결정하여, 처칠 수상의 동의를 받아 1945년 2월 11일 얄타에서 3거두가 조인했다.[23)] 만약 소련

---

20) 1945년 8월 8일 소련은 대일 선전 포고를 하였고, 다음 날 전쟁에 참여하였다. Byrnes, *Speaking Frankly*, pp. 211~212. *DAFR*, Vol. VIII, pp. 848~849 참조. 포츠담회담에서 소련의 참모장은 자국이 8월 중순 이후쯤 일본을 공격할 준비가 되어 있다고 선언했다. 소련은 첫 번째 원자탄이 일본에 투하된 뒤 자신들의 계획을 즉시 변경했다. *Minutes of the Terminal Conference*, p. 314[TS]. Interview, Lt. Paul C. McGrath with Vice Admiral M. B. Gardner, Deputy Chief of Naval Operation(Air), Pentagon, 28 Jan 53.

21) 1944년 10월, 해리만 대사는 대통령 참모장인 리하이(William D. Leahy) 제독에게 스탈린이 장래 태평양에서 벌어질 작전에 참여하고 싶다는 의사를 표시하였다고 이야기하였다. Leahy, *I Was There,* p. 273.

22) Statement by William A. Harriman, *Senate Hearings on the Relief of MacArthur* (Washington, D. C., 1951), V, p. 3330. 이하 *HRM*으로 표기함. 소련은 1939년 나치 독일의 동맹으로 제2차 세계 대전에 참여하여, 단지 1941년 독일 육군의 공격을 받았을 뿐이다. 소련은 일본과 전쟁하면서 5년 이상 동안 우호적인 관계를 유지하였고, 다만 히틀러 정권이 붕괴하자 1945년 4월 5일 스탈린은 러 · 일 중립 조약을 파기하고 4개월 뒤 아시아에서 단지 며칠 동안 전쟁에 참여하였을 뿐이다.

23) *United States Relations with China*(Department of State, Washington, D. C., 1949), pp. 113~126과 부록, 이것은 『중국백서』이다. 그리고 *DAFR*, Vol. Ⅶ, pp. 348~360 ; Edward R. Stettinius *Roosevelt and the Russian* 참조. *The Yalta Conference*(Garden City, New York, 1949), pp. 92, 96 ; William D. Leahy, *I Was There*(New York, 1950), p. 318.

이 태평양전쟁에 참여하지 않았더라면, 한국의 이야기는 틀림없이 아주 달라졌을 것이며 38°선의 문제도 일어나지 않았을 것이다.

얄타에서 조인된 극동에 관한 비밀 의정서(1945. 2. 11.)[24]

3대 강국(소련 · 미국 · 영국)의 지도자들은 독일이 항복하고 유럽에서 종전이 된 뒤 2~3개월 안에 소련이 다음과 같은 조건으로 연합국의 일원으로 대일전에 참가할 것에 동의함.

(1) 외몽골(몽골인민공화국)의 현상은 그대로 유지된다.

(2) 1904년 일본의 배반 행위로 침해되었던 과거 러시아의 권리는 회복된다. 곧,

(a) 사할린의 남쪽 부분과 그 연안 도서들은 소련에 반환된다.

(b) 대련(大連)의 상업 항구는 국제화되며, 이 항구에서의 소련의 우월적 이익은 보호되며, 소련의 해군 기지로서의 여순항(旅順港 : Port Arthur)의 임대 계약은 복원된다.

(c) 대련항(大連港)으로 연결되는 동중국 철도(Chinese-Eastern Railroad)와 남만주 철도는 소련과 중국의 합작 기업에서 운영하며, 소련의 우월적 이익을 보호하고, 만주에서 중국은 완전한 주권을 보유한다.[25]

(3) 쿠릴열도(Kuril Is. : 千島列島)는 소련에 양도한다. 외몽골와 위에

이것은 루즈벨트와 트루먼의 참모장이었던 필자의 사적인 이야기로서 당시의 노트와 일기를 기초로 작성한 것임. 비록 스테티니어스(Stettinius)가 얄타회담에 참석했었지만, 루즈벨트와 스탈린의 개인적 토론에는 참여하지 못했으며, 얄타에서 조인한 조약도 보지 못했다. 이 문서는 대통령의 백악관에 안전하게 보관되어 있다. Byrnes, *Speaking Frankly,* pp. 42~43. 루즈벨트 대통령은 스탈린과 극동 문제에 대해 토의할 때 해리만과 홉킨스에게 대부분 의존하였고, 러시아어의 통역으로 국무장관 보좌관(Secretary of State's Assistant)인 볼렌(Charles B. Bohlen)의 도움을 받았다. *HRM,* V, p. 3333 ; Stettinius, *Roosevelt and the Russians*, pp. 90~95.

24) Department of State *Bulletin*, XIV(1946).

25) 1943년 1월 11일 헐(Cordell Hull) 국무장관은 중국에서의 미국의 치외법권을 포기하는 조약을 체결했다. Hull, *Memoirs*, Vol. Ⅱ, p. 583.

서 언급한 항구와 철도에 관한 합의는 장개석 총통의 동의가 필요한 것으로 이해한다. 대통령은 이 동의를 얻고자 스탈린 원수의 충고를 받아 조처를 한다. 3대 강국의 수뇌들은 소련의 이러한 요구들이 일본 패망 이후 확실히 이행될 것임을 합의한다. 그리고 소련은 중국을 일본의 속박으로부터 해방하고자 중국에 군사적인 도움을 제공하게 될 중·소 사이의 우호·동맹 조약을 국민당 정부와 체결할 용의가 있음을 천명한다.

미국의 입장에서 얄타회담(ARGONAUT)의 주요 목적은 독일을 패배시키고자 계획을 작성하는 것이었고, 또한 국제연합을 창설하는 데에 소련의 협조를 확보하자는 것이었다.[26] 극동 문제는 당시 별다른 중요성을 차지하지 못했고, 회담에서도 별로 주의를 끌지 못했다. 그러나 대일전에 소련이 참여하는 것은 군사적으로도 필요하며, 전쟁을 빨리 끝내고 미국인의 생명을 구출할 수 있는 방편으로 고려되었다.

그리고 얄타에서는 일본과 극동 문제가 토의될 때 군사적인 고려가 가장 우선했다. 미국은 이오지마(Iwo Jima, 琉黃島)와 오키나와(Okinawa)에서 유혈 침공을 개시하고자 했다. 이런 상황에서 얄타에서 합의된 대극동 공약들은 신속하고 명예롭게 대일전을 종결할 수 있기 때문에 미국 국민의 직접적인 이익을 증진하는 것으로 여겼다.[27]

---

26) Leahy, *I Was There*, p. 292 ; Byrnes, *Speaking Frankly*, p. 24 ; Sherwood, *Roosevelt and Hopkins*, pp. 843~844 ; Address by President Roosevelt to Congress, 1. Mar 45, Department of State *Bulletin*, XII(1945).

27) 1945년 7월 말 일본 육군은 본토에만 200만 명이 있었다. 그리고 한국·중국·대만에도 200만 명이 있었고, 100만 명은 서남아시아와 태평양의 섬에 분산되어 있었다. Stimson, *On Active Service*, p. 618. 따라서 얄타에서 극동 문제에 관해 고려할 때 루즈벨트 대통령의 주된 관심은 미국의 대일전 계획에만 집중되어 있었다. Sherwood, *Roosevelt and Hopkins*, p. 867. 얄타 결정을 발표하는 공보에 대한 미국 신문의 반응은 대통령에 대한 열렬한 지지였다. 그러나 회담 직후의 무성했던 확신은 한 달 만에 각성과 불안감으로 바뀌었다. *Ibid.*, pp. 869~870, 875~877.

대통령은 소련이 태평양전쟁에 참여하도록 유인하려고 결심하였다.[28] 이러한 대통령의 판단 근거는 미군, 특히 전쟁성이나 육군참모장(Army Chief of Staff) 등의 다음과 같은 가설,[29] 곧 미군이 일본의 규슈[九州]를 공격하는 동안 아시아 대륙에 주둔하고 있던 일본군 사단을 견제하려면 소련군의 참전이 필수적이라는 것이었다.[30]

분명한 것은, 원자탄이 전쟁에서 사용되기에 앞서 대통령의 결정은 주로 합참의 조언에 의존하였다는 점이다.[31] 얄타회담 5개월이 지나고, 루즈벨트 대통령 사망 3개월이 조금 지난 뒤에 뉴멕시코에서 첫 번째 원자탄의 폭발 실험이 성공했다.[32]

---

28) 대통령 일행이 얄타에 도착하기에 앞서 홉킨스는 스테티니우스 장관에게 태평양전쟁에 소련을 연합국 측으로 끌어들이는 데 필요한 일이 순조롭게 진행되고 있다고 말했다. Stettinius, *Roosevelt and the Russians*, p. 95.

29) Ernest J. King, *Fleet Admiral King : A Naval Record*(New York, 1952), p. 598. 마셜 장군의 견해는 전쟁하는 동안 루즈벨트에게 영향을 주었다. Stimson, *On Active Service*, p. 662 참조. 마셜 장군은 자신의 군사적 활동을 기록하지 않았고, 그렇게 할 계획을 하지도 않았다.

30) 태평양 육군 사령관인 맥아더 장군은 이 견해를 지지했고 대통령도 동의했으나 JCS의 해군 요원들은 동의하기를 꺼렸다. *OPD File 381*, 77, Memo, Brig Gen Lincoln to Gen Marshall, 8 Mar 45. 링컨 장군은 미군 부대의 상륙으로 말미암아 위험이 임박했으며 일본의 입장도 희망이 없다는 것을 일본인들에게 설득하게 되면 아마도 소련이 전쟁에 쉽게 참여할 것이라고 관찰했다. Memo, Gen Lincoln to Gen Hull, 4 Jun 45, in *ABC 387*, Sec 1-B[TS]. Byrnes, *Speaking Frankly*, p. 43 ; King, *Fleet Admiral King*, p. 598 ; Stettinius, *Roosevelt and the Russians*, p. 92 ; Leahy, *I Was There*, pp. 259~318 ; Stimson, *On Active Service*, pp. 617~619 ; Sherwood, *Roosevelt and Hopkins*, p. 867 ; Walter Nills, ed., *The Forrestal Diaries*(New York, 1951), pp. 12, 27, 31, 51, 55, 70. 비슷한 작전이 서유럽에서 사용되었다. 노르망디 상륙(1944. 6.) 당시 60개의 독일 사단이 프랑스와 베네룩스 국가에 주둔해 있었는데 견주어 199개의 독일 사단과 50개의 위성국사단이 소련과 동부 전선에서 대치하고 있었다. Statement by William A. Harriman, *HRM*, V, p. 3239.

31) 원자탄이 있든 없든, 리하이(Leahy) 제독은 일본 본토 공격과 일본을 패배시키는 데 소련의 참여가 필요하다는 것을 믿으려고 하지 않았다. 육군이 육·해·공 합동의 규슈 침공 작전을 제안했고, 공동의장들은 침공 계획을 승인했다고 그는 말한다. 그러나 리하이의 견해에 따르면 1944년 가을의 해군 봉쇄와 공군 공습으로 일본은 이미 패배했었다고 한다. Leahy, *I Was There*, p. 253.

비록 얄타의 비밀의정서[33]와 1945년 7월 3대 강국의 포츠담 확대 회의[34]가 소련이 대일(對日) 선전 포고를 하도록 했던 해리만 대사와 딘 장군의 모스코바 예비 교섭을 확인하는 것이라 할지라도[35] 전쟁 이후까지 한국의 정치적 장래에 관한 공식적인 결정은 없었다. 한국은 토의 과정에서 아주 미약한 관심을 끌었을 뿐이고, 극동에 관한 얄타 의정서에 전혀 언급되지 않았다.

얄타에서 루즈벨트 대통령은 한국에 대한 전후(戰後) 신탁통치의 실시를 제의했지만, 스탈린은 한국인들이 스스로 만족하는 정부를 세울 수 있다면 신탁통치의 필요성은 없을 것으로 생각했다.

---

32) 루즈벨트는 1945년 4월 12일 죽었다. 최초의 핵실험은 트루먼 대통령이 포츠담회담을 위해 독일에 머물러 있던 1945년 7월 16일 알라모고르도(Alamogordo) 군사지역에서 실행했다. Statement by Senator Brien McMahon of Connecticut, *HRM*, Ⅲ, pp. 8, 2390. 핵분열 계획은 너무나 비밀이 잘 유지되어 부통령인 트루먼조차도 실험에 대해 알지 못했고, 루즈벨트 대통령이 사망한 뒤 2주가 될 때까지 그 일에 대해 모르고 있었다. William Hillman, *Mr. President : The First Publication from the Personal Diaries, Private Letters, Papers and Revealing Interviews of Harry S. Truman, Thirty-Second President of the United States of America*(New York, 1952), p. 247.

33) 대부분의 얄타협정은 비밀이 아니어서 참가 강대국들은 즉시 이를 발표를 하였다. 그러나 극동에 관한 의정서와 국제연합 안보 회의 투표 방식은 회담 회의록의 원안 성명서에는 발표되지 않았었다. 비밀 협정의 발표는 결과적으로 미국에서 공개적인 반대를 불러일으켰고, 세 강대국 사이에 아직 발표되지 않은 내약(內約)이 남아 있을 것이라는 많은 의혹을 심어 주었다. 루즈벨트 대통령이 스탈린과 토의할 때 대부분의 대통령 공식 보좌관을 배제한 채 개인적으로 일을 처리하는 독단성과 히스(Alger Hiss)가 스테티니우스 장관 보좌역으로 얄타에 참석했다는 소식 등으로 말미암아 뒤에 전체 회담에 관한 대중적 의혹은 짙어졌다. Sherwood, *Roosevelt and Hopkins*, pp. 875~877 ; Stettinius, *Roosevelt and the Russians*, pp. 30~31, 83, 270 ; *HRM*, I-V, *passim.*

* 히스(Alger Hiss)는 당시 소련의 간첩이었다. 그가 간첩인 것이 발각된 것은 1950년이었다.(옮긴이 주)

34) 독일에서 있은 포츠담회담(1945. 7. 16.~8. 2.)에는 트루먼 대통령, 스탈린 원수, 처칠 수상[선거에서 보수당이 패배한 뒤에는 애틀리(Clement Attlee) 수상이 참석]이 참석했다. 얄타회담과 포츠담회담 사이에 스탈린 원수는 총통의 위치를 차지하였다.

35) Deane, *The Strange Alliance*, p. 47.

해리만 대사는 소련 지도자들과의 오랜 관계를 통해 얻은 경험으로 공산주의의 용어에 익숙해 있었는데, 그는 스탈린이 생각하고 있는 한국 정부는 소련의 형식을 본뜬 것이라고 예상했다.[36)]

그럼에도 불구하고 스탈린과 루즈벨트는 한국은 독립을 달성할 것이며, 만약 일본 패망 이후 과도기가 필요하다면 신탁통치를 실시할 것이라고 구두로 합의하였다. 그러나 두 지도자는 얄타에서 외국 군대가 한반도에 주둔하지 않을 것이라고 지적하였다.[37)]

얄타회담 이후 미국과 소련의 관계는 매우 위험한 상태에 이르게 되었다. 특히, 유럽 전승 기념일(VE-Day) 다음 주가 되자 샌프란시스코회의와 국제연합 계획은 무산될 상태까지 되었다. 트루먼 대통령이 1945년 5월 홉킨스를 소련에 보내기로 결정한 것은 스탈린과의 개인적 회담으로 이러한 관계를 개선할 목적 때문이었다.[38)]

대통령의 개인 요원은 스탈린과 여러 번에 걸쳐 효과적인 회담

---

36) Mills, ed., *Forrestal Diaries*, p. 56. 국무성 극동국의 스탠튼(E. F. Stanton) 씨는 다음과 같이 보고했다. "1945년 4월 19일 해리만 대사는 만약 소련이 극동에서 전쟁에 참여한다면, 만주나 북중국에 괴뢰 정부를 세울 수 있도록 중국 공산당을 지지할 것이라는 의견을 피력했다." *China White Paper*, pp. 97~98. 해리만 대사는 1945년 5월 12일 미국의 대한 정책의 명확한 윤곽에 관해 국무성의 지침을 찾고자 했다. 그러나 그의 문제는 단순한 기록으로만 남겨진 채 트루먼 대통령과의 토의로 넘겨졌다. Mills, ed., *op. cit.*, pp. 55~56.

37) Sherwood, *Roosevelt and Hopkins*, p. 863 ; Byrnes, *Speaking Frankly*, p. 221 ; Joseph C. Grew, *Turbulent Era : A Diplomatic Record of Forty Years, 1904~1945*(Boston, 1952), Vol. Ⅱ, p. 1464.

38) Sherwood, *Roosevelt and Hopkins*, pp. 885~916, 홉킨스는 대통령 특별 보좌관의 임무를 띠고 있었다. 1945년 5월, 홉킨스의 모스코바 여행은 미국 정부를 위한 마지막 임무였다. 그는 1945년 7월 2일 공직을 사퇴했다. 1945년 9월 4일 트루먼 대통령은 그에게 제2차 세계 대전 가운데 미국을 위해 현저한 업적을 이룩했다는 공로로 수훈장을 수여했다. 그리고 그는 1946년 1월 사망했다. *Ibid.*, p. 962.

을 가졌고, 결국 그의 여행은 샌프란시스코회담을 소생시키는 결실을 보게 되었다. 스탈린도 역시 한국에서 수립될 국제 신탁통치를 인정할 용의가 있음을 재확인하였다. 미국 · 중국 · 영국 · 소련은 신탁통치를 실시할 4대 강국으로 되어 있었다. 그러나 1945년 12월 모스코바 외상 회담이 있기에 앞서 이 합의가 공식화된 것이 아니었다.[39)]

곧이어 미국의 합참과 군사기획처는 일본을 항복시키고 전쟁을 끝내려는 방안을 모색하였다. 합참은 6월 14, 15, 29일 합동으로 만났고, 1945년 6월 18일에는 트루먼 대통령과 만났다. 이 회담에서 여러 결정이 채택되었다. 그 결정들은 다음과 같다.

(1) 얄타 의정서에 따라 소련이 태평양전쟁에 참여하도록 계속 노력할 것.

(2) 일본의 무조건 항복을 요청할 것.

(3) 일본 본토의 목표 지점을 점령하는 것이 태평양에서 미국의 주된 노력이 될 것이다. 이러한 목적에 도움이 되지 않는 어떠한 작전도 고려될 수 없다.

(4) 주요 작전의 성공에 도움이 될 일본군 점령 지역을 해방한다.[40)]

미국의 일본 무력 침공 계획과 소련이 동북아시아 대륙에서 일본군에게 압력을 가하는 계획이 진행됨과 함께[41)] 미국의 군사 기획자들은 1945년 6월 맥아더 장군과 니미츠 제독에게 주의를 환기

39) *Ibid.*, pp. 902~903 ; Leahy, *I Was There*, p. 381 ; Byrnes, *Speaking Frankly*, p. 111 ; "Report of the Meeting of Foreign Ministers, at Moscow, December 27, 1945," *DAFR*, Vol. Ⅷ, pp. 836~837.

40) Leahy, *I Was There*, p. 383.

41) 미국의 일본 침공 계획은 OLYMPIC과 CORONET로 알려져 있다. Marshall, Arnold, and King, *War Reports*, pp. 243~245.

시켜 갑작스럽게 적이 붕괴하는 예기치 않은 상황에 대비하라고 함으로써 사전 대책을 세워 놓았다. 그러나 일본이 가까운 장래에 항복한다는 사실이 작전국의 전략정책단으로서는 있을 법하지 않은 일인 듯했다.[42)]

전략정책단 내의 육군 기획 요원들은 소련의 전쟁 참여 여부를 떠나 일본이 조기에 항복하도록 계획을 계속해서 수립했다. 그리고 맥아더 장군과 니미츠 제독은 1945년 7월 일본이 항복할 때 이를 점령할 계획을 각각 준비하였다. 이 계획은 각각 "블랙리스트"(BLACKLIST)와 "캠퍼스"(CAMPUS)라 불린다. 한국은 아직도 점령 목표에 포함되지 않았었다.

1945년 6월과 7월 기획 요원들이 맥클로이 차관보의 의견과 부합하는 일본 항복의 요구 초안을 작성했다는 것은 대단히 중요한 사실이다. 트루먼 대통령은 이 초안을 독일의 포츠담에 가지고 갔고, 그 회담에서 영국과 소련 대표들은 이 문서를 검토했다.[43)]

비록 한국이 당시의 기획 요원들에게 가장 무관심한 존재에 불과하였지만, 포츠담회담은 여러 가지 측면에서 한국과, 미국의 한반도 진주에 직접적인 관련성이 있다. 세 지도자와 함께 많은 대표가 회합에 참석하였는데, 가장 중요한 문제들 가운데 태평양전쟁에 대한 소련의 일정표와 일본의 무조건 항복을 요구하는 선언의 발표 등이 있었다.

연합국 군사 대표들은 아시아 대륙에서 일본의 항복 가능성을 고려하였고, 만주를 가로지르는 선을 임시로 그었다. 소련은 그

42) Msg, JCS for MacArthur, Arnold, and Nimitz, 14 Jun 45, CM-OUT 17064[S] ; JWPC 390/1, 30 Jul 45, Sub ; Planning for Initial Japanese Occupation Period, filed in *ABC 014*, Sec 18-A[S].

43) Ltr, Secy Stimson to President Truman, 2 Jul 45, *ABC 387*, Sec 1-B[TS].

선 위쪽에서 일본의 항복을 접수하기로 하였다.[44)]

한국은 항복선(降伏線)에 관한 논의에 포함되지 않았고, 한국을 포위하는 것에 관한 논의도 없었다. 당시 수많은 일본군이 한국에 주둔하고 있었다. 따라서 이 지역에 대한 연합 작전의 논의가 그 뒤에 있었다.[45)]

1945년 7월 24일 소련의 참모총장 안토노프(A. B. Antonov) 장군은 소련이 전쟁을 선포한 뒤 소련군은 한반도를 공격할 것이라고 언급하였다. 이어서 그는 미국이 소련과 함께 한국 해안에서 작전을 할 수 있는지를 물었다. 이에 마셜 장군은 일본의 주요 부분을 점령하고, 남한에서 일본의 전력(戰力)이 무너질 때까지는 한반도에 대한 육·해군의 합동 작전을 예정하고 있지 않다고 대답했다.[46)]

1945년 7월 26일 참모장 사이의 협정에는 소련이 전쟁에 참여할 경우 한국·만주·동해를 미국과 소련의 공·해군 작전 지역으로 분할하는 제안이 있었다. 그러나 이 관할권(管割圈)은 일본군 항복 접수를 위해 38°선에서 한국을 분할했던 뒷날 워싱턴의 결정과

44) Interview, Lt. McGrath with Vice Admiral M. B. Gardner, 28 Jan 53, Pentagon. 가드너 제독은 해군 측 기획 참모로서 링컨 장군, 카벨 장군(Charles P. Cabell)과 함께 포츠담회담에 참석했다.

45) 한국에서의 작전에 관한 논의는 회담에서 별로 중요한 것이 아니었다. 실제로 이 회담에 참석했던 합동 기획 요원(Joint Planners) 가운데 한 사람은 한국이 군사 회담 때 논의되었다는 사실을 기억해 내지 못했을 정도이다. Interview, Lt. McGrath with Lt. Gen Charles P. Cabell, Director of the Joint Staff, JCS, Office of the Secretary of Defense, Pentagon, 27 Jan 53,

46) Tripartite Military Meeting, USA, USSR, Great Britain, 24 Jul 45, *Minutes of Terminal Conference*, pp. 320~321[TS], 미국은 한국과 요동반도를 해·공군력으로 공격할 계획이었다. *Ibid.*, p. 333[TS]. House Report No. 2495, 81st Congress, 2d Session (1950)(Report of the Committee on Foreign Affairs Pursuant to House Resolution 206), p. 3에서 인용한 팀버맨(T. S. Timberman) 장군의 말.

는 아무런 논리적 관련이 없다.[47)]

합참은 이제 소련이 한국을 공격할 계획이 있음을 알게 되었다. 더욱이 트루먼 대통령이 회담 기간에 그의 참모들에게 핵무기가 실험을 통하여 적에게 사용될 수 있음이 입증되었다고 말함으로써 일본의 항복이 빨라질 가능성을 현실적으로 고려하기 시작했다. 따라서 맥아더 장군과 니미츠 제독에게 즉시 지시를 내려, 일본이 갑자기 패망할 경우 점령 예상 지역에 한국을 포함하도록 시달하였다.[48)]

맥아더 장군은 합참에 보내는 문서에서 도쿄와 서울이 점령 우선 지역이고 부산이 두 번째 우선 지역, 그리고 한국의 서해안에 있는 군산을 세 번째 우선 지역으로 제안했었다.[49)] 며칠 뒤 작전국장 헐 장군은 미군이 한국에 진주할 가능성이 가까워짐에 따라 미군은 한국인들의 준비된 도움 없이 한반도에 진주할 상황에 놓여 있는 것과는 달리, 소련은 시베리아에서 상당수의 한국인을 훈련하고 있다는 것을 참모들은 알아야 한다고 말했다.[50)]

---

47) Meeting of the U.S. and Soviet Chiefs of Staff, 26 Jul 45, *Minutes of the Terminal Conference*, pp. 327~329[TS], 딘(Deane) 장군은 미국 JCS가 포츠담에 도착하자 다섯 개의 요청서를 제출하고 이것을 소련 참모장에게 전달해 주기를 권고했다. 두 번째, 세 번째 항은 극동에서 미국이 공·해군 작전을 위한 북쪽 경계선으로 인식하고 있는 작전선에 관한 소련의 견해를 요청하는 것이었다. 스탈린은 트루먼에 대한 각서에서 이 요청에 대답하였다. 그는 미국이 추천한 경계선에 동의하였다. Deane, *Strange Alliance*, pp. 272~274 ; Msg. Gen Marshall to Gens Wedemeyer and MacArthur, 6 Aug 45, CM-OUT 44767, filed in *ABC 387*, Sec 3[TS].

48) Paper, Sub : Japanese Capitulation, enclosed in Memo, Brig. Gen G. A. Lincoln to Col Roberts, 25 Jul 45, filed in *ABC 387*, Sec 1-B[TS], 헐 장군과 포츠담회담에 참석했던 링컨 장군은 이 보고서에서 맥아더 장군이 부산에 빠른 시일 안에 1개 사단을 상륙시킬 수 있다고 덧붙였다. 그리고 그는 다른 전략 지역으로는 서울과 청진을 손꼽았는데, "만약 소련이 점령에 참여한다면, 적어도 청진은 아마도 그들에 의해 점령될 것"이라고 했다.

49) Msg, Gen MacArthur to JCS, 27 Jul 45, CM-IN 27846, file *ABC 387*, Sec 3[TS].

한국 임시 정부는 중국의 중경에 머물면서 워싱턴에 있는 대표 이승만(李承晩)을 통해서 미국의 승인을 받고자 활동하였으며,[51] 연합국 측에 도움을 주고 싶어 했다. 1945년 중순쯤, 한국 임시 정부는 미국과 소련이 한국 문제에 관해 카이로선언에 어긋나는 합의에 도달했다고 우려하기 시작했다.

그러나 미국은 한국인들의 자유와 독립에 대한 희망에는 동정적이었지만, 한국 임시 정부가 한국의 어떤 부분에 대해서도 행정권을 행사해 보지 못했기 때문에 외교적 승인에 필요한 자격을 지니지 못했다는 견해를 가지고 있었다. 따라서 일본이 패망한 뒤에 한국인들이 수립하기를 바라는 궁극적인 정부 형태나 그 지도자들을 선택할 한국인들의 권리를 타결시켜 줄는지도 모를 행위를 피하는 것이 전쟁 중의 미국의 정책이었다.

그럼에도 불구하고 한국인들을 안심시키려고 국무장관 서리 그류(Joseph C. Grew)는 카이로선언의 공약을 이행할 미국 정부의 의지에는 아무런 변화가 없다는 부인 성명을 발표하였다.[52] 1945년 그류 장관 자신은 태평양전쟁에서 소련을 배제할 가능성이 있다고 개인적으로 믿지는 않았다.

그는 소련이 참전함으로써 극동의 한국이나 그 외 지역이 점차

50) Summary Sheet(OPD 381 CTO), signed by Lt. Gen J. E. Hull, Assistant Chief of Staff, OPD, 6 Aug 45, Sub ; Korean Participation in War against Japan, filed in *ABC 385*[S].

51) 한국 임시 정부는 제2차 세계 대전 때 중국과 자유 프랑스로부터 외교적 승인을 받았었다. *National Intelligence Survey(NIS 41), Korea*, Sec 53, *Political Dynamics* (Central Intelligence Agency, 1952), p. 53~52[Conf].

52) Statement by Joseph C. Grew, 8 Jun 45, *DAFR*, Vol. Ⅷ, pp. 230~231. 한국 임시 정부는 미국 · 중국 · 하와이의 한국인들로부터 상당한 지지를 얻었었다. 그리고 역시 일본이 점령하고 있던 한국에서도 광범위한 지지를 받고 있었다. *NIS-41*, p. 53-2[Conf].

소련의 영향권으로 들어가게 되어 일본이나 독일의 전체주의적 독재와 권력이 단순히 소련으로 이전될 뿐이라는 것을 예견했으므로 태평양전쟁에서 소련이 배제되지 않기를 바랐었다.53)

이러한 이유로 그류 장관은 극동에서 바람직한 정치적 목적을 채택하는 문제에 관하여 전쟁성의 견해를 요청했었다. 소련의 신속한 태평양전쟁 참전은 한국이 해방된 뒤 곧 4대 강국 신탁통치를 받게 된다는 소련과의 합의나 한국의 장래에 관한 카이로선언을 소련이 확실히 준수하도록 하게 하려는 미국의 노력을 방해하게 되어 미국의 이익에 심각한 영향을 미친다는 것을 군부가 깨닫고 있는지를 그는 의심하였다.54)

이에 대한 대답으로 전쟁성 장관은 그러한 약속을 확실히 해두는 것이 바람직하다는 데는 동의하였다. 그러나 소련은 동북아시아에서 일본을 패배시킬 수 있고, 미군이 도착하기에 앞서 한국 · 남부 사할린(Karafuto) · 만주 · 북중국 등지를 군사적으로 점령할 수 있다는 기본적 사실 때문에 동북아시아에서 소련을 제어할 수 있는 수단은 거의 없다고 그는 생각했다.

> "더욱이 소련은 할 수만 있다면 미국이 일본의 군사력을 실질적으로

53) Private Memo by Grew, 19 May 45, Grew, *Turbulent Era*, Vol. Ⅱ, pp. 1445~1446. 링컨 장군 역시 일본이 패망하게 되면 소련에 대한 효과적인 견제 세력이 사라지게 될 것이라고 관찰했었다. 또한 1945년 여름 극동에서 미국의 전쟁 목표가 포기되는 여부와 관계없이 소련은 적어도 아시아 대륙에서 지배적인 강대국이 될 것이라고 덧붙였다. Strategy and Policy Group Comments on "Memorandum on Ending the Japanese War," 4 Jun 45, filed in *ABC 387*, Sec 1-B[TS].

54) Memo, Grew to Secretaries of War and Navy, 12 May 45, Grew, *Turbulent Era*, Vol. II, pp. 1455~1457. 중국군이 한국 점령군 속에 포함될 것이라는 확실한 예상이 있었다. Msg, JCS to Gen Wedemeyer, 10 Aug 45, CM-OUT 47513, filed in *ABC 387*, Sec 1-B[TS].

완전히 파괴할 될 시기를 기다릴 것이며, 그러고 나서 그들이 전쟁에 조기 참전할 경우에 발생할 비용보다 훨씬 작은 비용으로 그들이 바라는 목표를 달성할 수 있을 것이다."[55]

문제의 초점은 여기에 있었다. 소련의 군사력과 전략적 상황이 기획자들에게 경직된 현실 상황을 보여주었다. 얄타에서 극동이 소련에게 양도된 것과 소련의 또 다른 당면한 목표들은 대체로 전쟁의 부산물들을 확보하면서 미국의 행위와는 관계없이 소련의 군사력으로 가능한 문제였다.[56] 이것은 참가국들이 포츠담 회담을 끝내고 자기 나라로 돌아간 1945년 8월 첫 주의 상황이었다.[57]

2주일 안에 2개의 원자탄이 일본을 강타하고, 소련은 태평양전쟁에 참여하며, 일본 천황이 일본 국민에게 항복을 명령하는 일련의 사건들이 일어나리라고는 그 아무도 예상하지 못했다.[58]

55) War Department Memo to Grew, 21 May 45, Grew, *Turbulent Era*, Vol. I, pp. 1458~1459.

56) 얄타에서의 극동 의정서에 관한 미국의 협정은 전쟁을 계속 수행하는 일본의 능력에 대한 중대한 군사적 오판에 기초하고 있지만, "그 뒤 모든 면에서 소련이 합의된 협정을 심각히 위반하는 것을 보고 과연 얄타협정이 그렇게 소련에 유리한 것으로 볼 수 있는지"에 대해 그류 장관은 의문을 표시했다. Grew, *Turbulent Era*, Vol. II, pp. 1444~1445.

57) 회담에서 미국과 소련 대표단의 관계는 우호적이었다. 그러나 다른 측면에서는 상황이 전혀 달랐다. 아놀드(A. V. Arnold) 장군은 러시아인들이 독일대사관(Reich Chancellery) 주변에 교역소를 설치했다고 언급했다. "그들은 어디선가 받은 미국 돈을 사용하였다. 아마 …… 누군가가 그 출처인데, 당신이 얘기했던 사람이다. 어떤 사람은 우리 재무부가 러시아인들에게 동판을 넘겨주어 그들이 몇 백만의 미국 달러를 마음대로 찍어 낸다고 말한다. 소련 병사들은 베를린에 오기 직전 5년 만에 처음으로 급료를 받았고, 재무부 관리들은 소련 병사들이 소련 화폐를 가져오기 바쁘게 그것을 미국 달러로 바꾸어 주었으며, 소련이 지폐를 찍자마자 거의 동시에 바꾸어 주었다. 그래서 우리가 미국에 돌아가서는 미국 병사들의 신용장이 미국에 도착했을 때 그것들을 되샀다." Arnold, *Global Mission*, pp. 587~588.

1945년 8월 첫 주 동안 펜타곤의 육군기획처는 미국이 일본 · 한국 · 중국의 연안 항구들, 그리고 대만을 점령하리라고 기대했었다. 우선 점령 대상으로 실질적으로 거론되었던 도시들은 모두 한반도 남쪽에 위치해 있었지만, 남한만을 점령하는 것에 대해서는 아무런 말도 없었다.[59]

주요 계획들은 물론 일본에 집중해 있었다. 비교적 조용하던 워싱턴의 분위기는 일본이 항복하려 한다는 라디오 뉴스로 말미암아 갑자기 깨어졌다.[60] 따라서 1945년 8월 10일, 일본의 제안에 따라 항복 조건을 매듭지으려고 미국 정부의 집행 부서에서는 혼신의 노력이 시작되었다. 한국에서의 미국의 이익은 일본의 광대한 태평양제국을 항복 받고자 구획화하는 일반적인 복합성 속에 파묻혀 버렸다.

한반도에서 일본의 항복을 받아 내기 위해 미 · 소의 두 나라 가운데 어느 나라를 선택할 것인가 하는 문제와 관련된 조처들에 관하여 출판된 모든 저술을 훑어보면, 38°선에서 두 동맹국이 항복선을 획정 짓는 결정이 "순수하게 특별한 군사적 결정"(purely *ad hoc*

58) 1945년 8월 6일 스파츠(Carl Spaatz) 장군의 전략공군대(Strategic Air Force)가 일본 히로시마의 조선소 중심부에 원자탄을 투하했다는 메시지가 당일 아우구스타(Augusta) 순양함에 도착한 것은 트루먼 대통령 일행이 유럽에서 귀향하던 바다 위에서였다. Arnold, *Global Mission*, pp. 492~493 ; Leahy, *I Was There*, p. 430. 트루먼 대통령은 1945년 8월 7일 워싱턴에 도착했다.

59) See Memo for Chief of Staff, 1 Aug 45, initialed by Gen George A. Lincoln, and attached to same, A Draft Memo by the Chief of Staff to "Theater Commanders Covering Operations upon Surrender of Japan Prior to Olympic," n.d., in *ABC 387*, Sec 3[TS]. Olympic은 1945년 10월로 예정되었던 미국의 일본 침공 계획인데, 일본이 항복하였기 때문에 불필요하게 되었다.

60) 일본이 항복을 얼마나 혐오했던가에 관한 이면사는 다음의 책을 참고할 것. Maj Gen Charles A. Willoughby, ed.-in-chief, *South West Pacific Area Series*(2 Vols. in 3 parts), Vol. Ⅱ, Japanese Operations in the SWPA, Ch. 20, "Decision to Surrender," and "The Japanese Emperor and the War."

military decision)의 결과임을 함축하고 있다.[61)]

이 말이 부분적으로는 사실이다. 그러나 이것은 듣는 이들을 오도하기 쉬운 문제이므로 보다 분명하게 하는 것이 좋을 것이다. 그 경계선은 군사적 결정 이상의 의미를 나타낸다. 비록 군사기획자들이 제안한 것이지만, 관련 육군 관리들은 활동 면에서 국무성과 전쟁성의 정치·군사 정책을 공식적으로 연계하여 책임지는 노련한 집단이었다.

더욱이 그들이 제안한 태평양 항복 지역권(Pacific surrender zones)은 세 개의 집행 부서(국무성·전쟁성·해군성)와 미국 대통령, 그리고 연합국의 몇몇 수뇌들의 승낙을 받아야만 했다. 이 문제에 대해 많은 저자들이 서로 엇갈리는 의견을 주장하는데, 1945년 8월에 육군 기획 요원이 군사적 측면에서만 항복을 고려한 것은 아니었다.

한국에 관심을 가지고 있던 기획 요원들은 일본의 항복으로 여러 연합국이 받아들일 수 있는 지역 분할이 형성된다는 점뿐만 아니라, 고(故) 루즈벨트 대통령의 견해를 좇아 카이로선언을 이행하기 위한 한국의 신탁통치 가능성에도 관심을 쏟았다.[62)]

링컨 장군과 본스틸 대령 주위의 육군 관리들은 여러 달 동안 광대한 일본제국의 항복 계획에 사로잡혀 있었다. 전쟁성이 일본

---

61) Statement by Under Secretary of State James C. Webb, 8 Jun 49, *Korean Aid, Hearings before Committee on Foreign Affairs, Eighty-First Congress, First Session on H.R. 5330. A Bill to Promote World Peace and the General Welfare, National Interest, and Foreign Policy of the United States by Providing Aid to the Republic of Korea*(Washington, D. C., 1949), p. 4 ; 그리고 *Korea, 1945 to 1948*(Department of State, Washington, D. C., 1948), p. 3 참조.

62) 카이로선언의 원칙들이 포츠담선언에서 미국과 영국이 재확인함에 따라 대일 선전 포고에서 소련은 카이로선언의 원칙을 고수했다.

의 항복을 수락하여 일본제국의 점령에 참여하는 계획을 주도하기에 앞서 일본이 항복을 제의하기를 기다렸다고 가정하는 것은 순전한 공상이다.[63]

일본의 항복 순간은 미국의 행정부와 군사 관리들에게는 뜻밖의 일이었다. 따라서 항복 문서도 급히 만들어졌다. 그러나 1945년 이전 몇 달 동안 전쟁성과 태평양 전구(戰區)에서는 이 문제에 관하여 많은 고려가 있었다. 그동안 일본에 대한 무력 침공의 중요한 계획들이 주요 의제가 되었다.

가능한 한 항복의 방향으로 좀더 많은 고려를 할 수밖에 없었다는 사실은 일본이 항복할 의사를 발표하기 하루 전 본스틸 대령이 링컨 장군에게 제출한 비망록에서 잘 입증된다. 이 보고서에서 본스틸 대령은 공인된 항복 문서나 일반명령 제1호(General Order #1), 혹은 항복 선언이 마련되어 있지 않았다는 사실을 개탄하였다.[64] 이 문서들을 준비하느라고 그는 1945년 8월 10일 이후 나흘 동안 밤늦도록 펜타곤의 불을 밝히면서 고투하였다.

미국 정부는 왜, 그리고 어떻게 해서 38°선이 한국에서의 항복선으로 채택되었는가에 대해 정확한 설명이 없었다. 결국 그러한 비밀 때문에 언론이나 의회에서 상당한 혼란이 야기되었다. 그러나 1951년 어느 때인가 국무장관은 의회에서 38°선은 하루 정도에 결정되었으며, 그 유일한 목적은 한국에서 일본군의 항복 접수를 용이하게 받는 것이었다고 말했다.[65]

---

63) Cf. Shannon McCune, "The Thirty-Eighth Parallel in Korea," *World Politics*, I(Jan 1949), pp. 223~232 ; Arthur L. Grey, Jr, "The Thirty-Eighth Parallel," *Foreign Affairs*, XXIX(Jan 1951), pp. 482~487. OPD의 합동전쟁기획위원회(JWPC)는 맥아더의 BLACKLIST 계획과 니미츠의 CAMPUS 계획을 1945년 8월 10일, 작전 실행이 임박해서 서로 조정하도록 했다.

64) Memo, Bonesteel for Lincoln, 9 Aug 45, in *ABC 387*, Sec 1-B[TS].

1949년에 상정된 대한(對韓) 원조 법안에 관한 장시간의 의회 청문회에서 오하이오의 하원의원 보리스(John M. Vorys)는 격앙하여 다음과 같이 외쳤다.

> "누가 이 38°선을 생각했는지 어느 누가 우리에게 이야기해줄 수 있을까? 우리가 읽은 자료는 모두 '전쟁성 장관이 국무성 장관에게 8월 11일 일반명령 제1호 초안을 제출했다'고만 시작할 뿐이다."

이 하원의원은 항복을 받으려는 목적으로 38°선에서 미국과 소련 간에 한국을 분할하기로 결정한 사람이 누구인가를 알고 싶어 했고, 그 사람의 정체가 왜 비밀이어야 하는지를 의심했다. 또 그는 "스팀슨 장관이 '나는 맹세코 38°선이 좋은 생각이라고 믿는다'고 말하지 않았다는 것을 나는 확실히 안다."고 덧붙였다.66)

비록 의회 위원들이 국무성 · 육군성 · 해군성, 그리고 경제협력처(Economic Cooperation Administration : ECA)의 고위 공직자들로부터 증언을 들었지만, 그들이 38선을 제안한 사람의 정체를 밝힐 수는 없었다.67)

---

65) Testimony of Dean G. Acheson, 7 Jun 51, *HRM*, Ⅲ, p. 2105. 이 분할선에 관해 화가 난 한 비평가(批評家)는 "누가 그 생각을 처음 했는지, 작고 희망 없는 국가에 죄를 저질렀다……"고 비판했다. John C. Caldwell, *The Korea Story*(Chicago, Illinois, 1952), p. 10. 그리고 Editorial, "Fruits of Yalta," *Washington Post*(31 Oct 46) ; 그리고 James Reston's Dispatch to *New York Times*(24 Oct 46) 참조.

66) *Korean Aid : House Hearings on H. R. 5330*, pp. 120~121. 또한 Statement by Under Secretary of State Webb, *Ibid.*, p. 118.

67) 육군 소장 볼트(Charles L. Bolte), 육군 소장 헬믹(Charles G. Helmick), 육군 준장 팀버맨(T. S. Timberman), 해군 소장 우드리지(E. T. Woodridge), 국무성 차관 웹(James C. Webb), 앨리슨(John M. Allison) 씨, 본드(Niles Bond) 씨, 버터워드(W. W. Butterworth) 씨, 국무성의 케난(George F. Kennan) 씨, 호프만(Paul G. Hoffman) 씨, 경제협조처의 존슨(Edgar A. J. Johnson) 박사, 그리고 그 외 한국에 관심 있는 몇몇 공무원들이 증언하였다. *Ibid.*, pp. Ⅲ~Ⅳ.

의회에서 얻고자 하는 정보를 얻지 못한 것은 군부가 의도적으로 38°선 획정의 전모를 밝히지 않고자 했음을 의미하는 것은 아니다. 사실 세부 사항은 파악하기 힘든 것이며, 전체를 종합하기란 어렵다.

제2차 세계 대전 이후 몇 동안의 직원 변동으로 한때 기획에 우선하여 참여했던 육군 관리들이 펜타곤에 남아 있지 않게 되었고, 기억들은 사라져 버렸고, 제안된 태평양 지역 항복 분할선이 합동기획처(Joint Planners) · 3성조정위원회 · 합참 · 백악관 등에는 시급한 문제였기 때문에 전쟁성 기록 보관소에 보관되었던 일반 활동 문서들이 1945년 8월에는 대체로 이용되지 않았다.

한국을 점령하는 미국의 계획은 일본이 항복 조건을 모색하고 있다는 뉴스가 워싱턴에 도달했을 때 전쟁성 기획 요원들이 직면하고 있던 큰 계획들 가운데 작고 체계가 잡히지 않은 부분에 불과했다. 대통령과 그의 가장 가까운 측근의 고문들은 태평양에서 즉시 전쟁을 종결하는 방법을 논의하였다. 펜타곤에서는 3성조정위원회와 합동 기획 요원들이 관련된 세 집행 부서가 수용할 수 있는 항복 방안을 짜내느라고 노력하면서 밤샘 회의를 하였다.

실질적으로 문서 작업(paperwork)을 시작했던 작전국에서는 본스틸 대령이 일본 항복에 관계된 복잡한 정치 · 군사적 배치를 거의 대부분 주도했던 전략정책위원회의 세 요원을 이끌었다.[68] 세계 전쟁을 즉시 종결하려면 행정 · 외교 · 군사적으로 많은 문제의 해결이 요구된다. 그 가운데서 가장 중요한 것은 일본의 많은 군사령관을 다양한 국적의 연합군 장교들에게 효과적으로 항

68) Statement by Brig Gen George A. Lincoln, "Report of Proceedings of a Board of Officers(for Award of DSM to Col Bonsteel), 6 Nov 45, in *OPD 210. 52*, Sec Ⅶ-A, Case 249[S].

복시켜 승리한 연합군이 일본제국을 공평하게 분할 점령하는 방법이었다.[69]

몇몇 임시 지침이 극동의 미군 사령관들에게 다급히 하달되었다. 1945년 8월 11일, 합참은 소위 항복 조건 지침(capitulation message)을 맥아더 장군에게 보냈다. 이 지침에서 합참은 그가 일본과 한국에서 항복 문서를 집행하고자 임명한 미국 관리임을 환기하면서 즉각적인 일본 점령이 그의 제일 중요한 책임이라고 언급했다.

한국의 서울을 비교적 빨리 점령해서 이 지역에서 일본의 항복을 접수하는 것은 맥아더의 두 번째 책임이라고 명시되었다. 미군이 관련된 작전을 용이하게 수행하고자 그 지침은 한국을 공식적으로 태평양 전구에 포함하였다.[70]

같은 날 합동참모본부는 트루먼 대통령의 지시에 따라 맥아더 장군에게 만약 대련(大連)[71]이나 한국의 항구들이 소련군에 점령되지 않는다면, 일본이 항복한 뒤 이 항구들을 점령할 준비를 미리 하는 것이 좋겠다는 대통령의 생각을 통보했다.[72]

다음날 리하이 제독은 대통령이 정치적인 관점에서 일본이 패망한 뒤, 소련 작전 구역이 아닌 중국 대륙의 항구들을 즉시 점령하는 것이 현명한 것으로 생각하고 있음을 마셜 장군에게 알려주었다.[73] 따라서 대통령이나 합동참모본부는 소련의 팽창주의를

69) 동인도와 남 · 동아시아 대륙의 대부분과 태평양의 크고 작은 섬들에서 항복선의 구분이 필요했다.

70) JCS to MacArthur, Nimitz, and Wedemeyer, WARX 47945, 11 Aug 45, *in ABC 387*, Sec 3[S].

71) 만주 남쪽의 요동반도 끝에 있는 항구.

72) JCS to MacArthur, WARX 48004, 11 Aug 45, in *ABC 387*, Sec 3[S], 대련항의 국제화는 이미 얄타비밀협정에서도 말했듯이 소련의 태평양전쟁 참전 조건의 하나였다. 미군은 결국 대련에 진주하지 않았으나 소련군은 진주했다. 그리고 대련항은 국제화라기보다 소련화되었다.

우려하여 항복의 방안이 승인되기에 앞서 맥아더 장군에게 아시아 해안에서 미군의 완충 지대를 설치하고 세력을 확고히 해줄 것을 지시했었다.

앞에서 언급한 지시문이 작성되고 있는 동안 참모 소위원회는 아주 급히 항복 방안을 준비하고 있었다. 합동 기획 요원(Joint Planners) 곧 링컨 장군과 가드너 제독[74]은 링컨 장군의 사무실에서 합동전쟁기획위원회(JWPC)의 몇몇 요원들과 만났다. 회의가 진행되는 동안 링컨 장군은 3성조정위원회가 늦게까지 회의를 하고 있던 전쟁성 차관보 맥클로이의 사무실을 들락거렸다.

한편, 1945년 8월 10일과 11일 사이의 한밤중 펜타곤에서 본스틸 대령, 러스크 대령, 그리고 맥코맥은 맥아더 장군이 9월 일본에 대해 발표할 일반명령 제1호의 초안을 작성하는 임무를 수행하고 있었다.[75]

세 대령은 가능한 항복 지역의 구분과 미국 · 영국 · 중국 · 소련군이 가장 편리한 지역에서 항복을 접수할 지역의 배정과 광범위하게 분산된 일본군의 항복을 실제로 접수할 방법, 그리고 극동에서의 소련의 위치 등을 토의했다. 그들은 링컨 장군과 상의하였는데, 극동지역을 항복선으로 분할하여 지역적인 경계를 설정하는 문구가 일반명령 속에 포함되어야 한다고 결정하였다.

처음 명령을 작성하는 책임은 본스틸 대령의 어깨에 부과되었

73) Memo, Adm Leahy to Gen Marshall, 12 Aug 45, *in ABC 387*, Sec 3[TS, Eyes Only]. 미군은 소련 지역 남쪽에 있는 중국의 몇몇 해안 지역을 점령하였다.

74) 육군 항공대(Army Air Force)의 주요 기획원인 카벨(C. P. Cabell) 장군은 항복 방법을 준비하는 동안 워싱턴에 없었다. Lt. McGrath with Gen Charles P. Cabell, Director of the Joint Staff, JCS, Office of the Secy of Defense, Pentagon. 27 Jan 53.

75) General Order #1은 SWNCC 21/5, 11 Aug 45, filed in *ABC 387*, Sec 1-B에 있는 부속문서 "B"이다.

는데, 그는 제1호 문장을 작성하는 데 30분을 소요하였다. 펜타곤이 문제의 중요성과 마감 시간이 임박했음을 강조함으로써 그는 "허둥대며"(flap) "갑작스러운 작업"(crash operation)을 하였다. 합동 기획 요원들과 3성조정위원회는 그의 작업 결과를 기다리고 있었다.

일반명령 제1호는 극동 지역에서 일본의 항복을 접수하게 될 부대와 국가들을 명시한 아주 중요한 문서이다. 본스틸 대령은 누가 일본의 항복을 접수하는가를 개인적으로 결정하여 장관에게 그 계획을 보고하였다. 이 계획은 약간의 수정을 거치게 되는데, 여기에는 최종적인 연합군의 계획이 포함되어 있었다.[76)]

본스틸 그룹이나 합동 기획 요원들 모두 자신들이 작성하고 있던 항복지역권(surrender zones)이 미칠 미래의 결과에 관하여 숙고해 볼 충분한 시간을 가지지 못했음이 틀림없다. 그러나 당시 합리적이고 즉각적이며 지능적인 결정을 할 수 있는 사람이 실제로 거의 없었으므로 그들의 전문가로서의 지정학적 경험 때문에 그 일을 맡게 되었다.

한국에 관해 가장 우선하여 고려한 것은 일반명령 제1호에 소련이 승낙할 수 있는 가능한 한 북쪽에서 항복선을 설정하는 것이었다.[77)] 소련에 대한 군사적 평가에 따르면 미군보다 먼저 소련군은 한국의 남쪽 끝까지 점령할 가능성이 확실했다.

따라서 한국 전체를 공산주의가 지배하는 것을 막으려면 미국

---

76) Statement by Gen Lincoln, "Proceedings of a Board of Officers"(for Award of DSM to Col Bonesteel), 6 Nov 45, in *OPD 210.52*, Sec Ⅶ-A, Case 249. 가드너 제독은 38°선에 관한 언급이 합동 기획 요원이 승인한 일반명령의 첫 원안에 있었다고 회고한다. Interview, Lt. Paul C. McGrath with Vice Adm M. B. Gardner, Pentagon, 28 Jan 53.

77) Interview, Lt. McGrath with Col Bonesteel, National War College, 19 Nov 52 ; Interview, Lt. McGrath with Vice Adm Gardner, Pentagon, 28 Jan 53.

이 서울의 가능한 한 북쪽에서 항복선을 설정하는 것에 대한 동의를 소련으로부터 몇 시간 이내에 확보하는 것이 절대로 필요했다.[78] 본스틸 대령이 일본의 항복을 받고자 한국을 절반으로 분할하는 제안을 결심한 것은 주로 위와 같은 상황을 깊이 고려해서였다.

전략 정책 담당자들은 한국의 역사에서 38°선과 그 이전의 관련된 사건들로부터 영향을 받았다는 학설이 있다. 사실, 1896년 일본의 야마가타 아리토모(山縣有朋)는 한국을 일본과 러시아의 세력권으로 남북 분할을 제의했었고, 러일전쟁 바로 직전인 1904년 니콜라스 2세(Nicholas Ⅱ)의 차르(Tsar) 정부는 극동군 사령관에게 지시하여 한국의 38°선 이북으로 일본군이 북진하면 어떠한 경우라도 무력으로 저지할 것을 명령했었다.

이러한 정보를 본스틸 대령은 조금도 알지 못했었다. 그는 단지 부주의로 말미암아 한국이 소련으로 넘어가는 것을 저지하는 데 관심이 있었다. 따라서 그는 소련도 따르면서 동시에 공산주의가 전 한국을 점령하는 것을 방지할 수 있는 항복 접수를 위한 군사 배치안을 결정하는 데에 심혈을 기울였다.

만약 소련이 한반도 북쪽에만 진주하는 것에 동의하지 않는다면, 당시 지구상의 어떤 국가도 그들이 남한에 진주하는 것을 저지할 입장이 아니었다. 예를 들어 가장 가까운 미국의 전투 부대는 남쪽으로 600마일이나 떨어진 오키나와군도(琉球)에 있었다.

본스틸 대령은 한국에 도착한 소련과 미국 사령관들이 서울 위쪽의 군계(郡界)에 따라 분리된 두 지역 안에서 서로 남과 북으로

78) Statement by Maj Gen Charles Bolte, *Korean Aid* : *Hearings on H.R. 5330*, pp. 140~141.

일본의 항복을 접수할 것을 제안했다. 이때는 1945년 8월 10일 한밤중이었다. 시간은 계속 지나갔다. 한국의 지역적 행정 구역을 볼 수 있는 지도가 없었으므로, 그는 자기 사무실 벽에 걸려 있는 극동 지도를 보고, 한반도를 중간에서 분할하는 북위 38°선을 주목했다.

이 선이 만약 트루먼 대통령과 스탈린 원수에게 승인되기만 한다면, 미국은 수도인 서울과 근처의 포로수용소를 차지하게 될 것이고, 나중에 4국 분할 지배(quadrapartite administration)의 형태가 될 경우에 중국과 영국에게 배당될 수 있는 충분한 한국의 영토가 확보되는 것이다.[79] 결국 본스틸 대령은 38°선을 일반명령 제1호에 삽입시키는 결정을 하기에 이르렀다.

그러나 이 분할선은 단지 한국에 주둔하고 있는 일본군이 미국과 소련의 지정된 당국에 항복할 두 지역의 경계를 표시하는 임시 군사선으로 의도된 것임이 거듭 강조되었다. 일반명령은 정치적 경계를 설정하지 않았었다. 또한 미국 기획 요원들은 한국을 두 개의 이념적 · 적대적 체제로 분할할 의도는 없었다. 그 목적은 소련이 전체 한국을 점령하기에 앞서 공인된 항복선을 획정하는 것이었다.[80]

한국 등 많은 국가가 포함된 태평양 지역에서의 항복 지역 분할권에 관한 결정은 다급히 서둘러 마련되어야 했고, 일반명령의 문장이 결정되고 타이프되는 대로 빨리 수행되어야 했기 때문에 본스틸 대령은 합동기획 요원을 재촉하여 밤샘 회의를 강행했다.

육군 기획 요원이며 작전국 전략 · 정책단장으로서 링컨 장군은

79) Interview, Lt. McGrath with Col Bonesteel, National War College, 19 Nov 52. 또한 JCS 1467/1, 13 Aug 45, in *ABC 387*, Sec I-B[R]의 별첨 부록 “A” 참조.

80) Interview, Lt. McGrath with Col Bonesteel, National War College, 19 Nov 52.

일반명령을 작성하는 처음부터 그것이 3성조정위원회와 합참으로 넘겨져 정밀 조사를 받을 때까지의 상황 진척에 대한 책임자였다.[81] 제2차 세계 대전 때의 모든 중요한 군사 정책 보고서와 마찬가지로 이 문서의 최종 결정 경로는 같았다.

이 경우 초안은 본스틸 대령과 그의 전략정책위원회가 준비하여 합동기획처를 통과하여 3성조정위원회, 합참, 그리고 번즈(James F. Byrnes, 국무성), 스팀슨(H. Stimson, 국방성), 훠레스탈(J. V. Forrestal, 해군성) 장관에게 보낸 다음 최종적으로는 대통령에게 보낸다.

이 일반명령의 초안이 8월 11일 이른 새벽에 합동기획처로 넘어가 토의될 때, 가드너 제독은 항복선을 39°선으로 옮길 것을 주장했다. 그는 항복 지역 분할권이 북쪽 39°선까지 확장되면 미군이 점령하는 군사 지역에 대련(大連)이 포함될 것이라고 지적했다. 해군성 장관 훠레스탈이 이 생각을 지지한다는 것을 기획 요원들은 알고 있었다.

그러나 링컨 장군은 소련이 대련이나 요동반도의 여타 지역을 점령하지 못하게 될 항복선을 받아들일 것 같지 않으며, 미군 부대가 소련에 앞서 만주 항구에 도착하는 데는 커다란 어려움이 있음을 들어 그 안을 거부했다. 링컨은 국무성 차관보 던 과 접촉하여 자신의 의견에 동의한다는 다짐을 얻어냈다.

던은 미국에게는 한국이 대련보다 정치적으로 더욱 중요하다고 믿었으며, 이것이 국무장관 번즈의 의견이라고 생각했었다. 이러한 협의의 결과 합동기획처가 일반명령을 3성조정위원회에 넘겼을 때 38°선은 초안에 그대로 남게 되었다.[82]

81) Ltr, Brig Gen Lincoln to Col C. H. Donnelly, 19 Jul 49, filed in *JCS History Section*.

3성조정위원회 요원들은 8월 11일과 12일 본스틸의 일반명령 초안을 검토했다. 그리고 보고서를 상부에 보내기에 앞서 합참의 군사적 견해를 듣기로 결정하였다. 링컨 장군이 이 중요 문서를 3성조정위원회에서 검토하고 있을 때, 소련은 동해안 최북단의 웅기(雄基)와 나진(羅津) 부근에서 육·해군 합동 상륙 작전으로 한반도 침공을 개시함으로써 상황은 절박하게 되었다.[83]

그 뒤 소련군은 시베리아 해안 지역에서 몰려나와 한반도의 서울 위쪽인 개성·춘천 지역까지 진출하여 기관차나 철도 차량과 같은 귀중한 장비들을 많이 약탈했다.[84] 소련 군대의 이동에 관한 보고가 워싱턴에 도착하자, 한국에서의 일본군 항복 접수에 미국이 참여하느냐의 문제에 관하여 탁상공론을 벌이기에 앞서 초안 작성된 일반명령 제1호에 대한 완전한 합의를 이루어야 할 필요성을 관련 장교들은 인식하게 되었다.

소련이 1945년 8월 12일 처음으로 한반도를 진공한 데 이어, 남만주 주요 지역으로 신속히 이동함으로써 대련을 미국의 항복 지역으로 포함할 가능성은 사라져 버렸다.

8월 11일과 14일 사이 합참에 이어 3성조정위원회도 항복 문서의 용어를 검토하는 동안, 필리핀에 있던 맥아더 장군은 항복을 접수하고자 일본으로 진주하는 문제에 관해 참모들과 협의하고

82) Interview, Lt. Paul C. McGrath with Vice Adm M. B. Gardner, 28 Jan 53. Memo, Gen Lincoln to Asst. Secy of War, McCloy, 12 Aug 45, in *ABC 387*, Sec 4[TS]; Memo for Record(signed by Lt. Col C. E. Hutchin), 14 Aug 45, in *ABC 387*, Sec 3[TS].

83) Statement by W. Wilson Butterworth, Director for Far Eastern Affairs, Department of State, 16 Jun 49, *Korean Aid : Hearings on H.R. 5330*, p. 119.

84) Statement by Maj Gen Charles Bolte, Director of Plans and Operations Division, Department of the Army, 16 Jun 49, *Ibid.*, pp. 140~141. 소련 군대가 서울에는 들어오지 않았다. 그러나 개개의 소련 병사들이 이곳에서 발견되었다.

있었다. 그는 자신의 지휘에 따라 병력을 사용하는 데에는 세 가지 우선 순위가 있음을 합참에 통보했다. 곧 일본 정부가 항복하면 일본 점령이 제일 우선이며, 한국은 두 번째 순위가 될 것이며, 중국은 제3순위가 될 것인데, 이 경우 미국의 지상군이 중국에서 주요 전투에 말려들지 않을 것임을 확실히 했다.85)

다시 워싱턴에서 1945년 8월 14일 링컨 장군 그룹은 합참과 국무성 · 전쟁성 · 해군성의 수뇌들이 납득하도록 일반명령 제1호를 재구성했다.86) 다음날 일반명령 초안의 깨끗한 사본이 백악관의 리하이 제독(Ad. W. D. Leahy) 집무실로 전달되었고, 몇 시간 안에 트루먼 대통령은 그 명령서를 승인했다.87) 동시에 대통령은 일반명령 제1호를 서명한 뒤 그 내용을 영국과 소련에 급송하여, 국가의 원수들에게 동의를 요청하도록 지시하였다.

합참은 맥아더에게 일반명령을 전송하였고, 맥아더 장군과 니미츠 제독에게 지시하여 웨드마이어 장군과 협의해서 한국의 항구

85) MacArthur to War Department, 14 Aug 45, CX 33449, in *ABC 387*, Sec 3[TS]. 맥아더 장군에게 보낸 지시문에 관해 JCS로부터 충분한 조언을 받은 웨드마이어(A. Wedemeyer) 장군은 미군을 즉시 중국에 급파해야 한다고 촉구했다. 그는 중국 작전에 배정된 낮은 우선 순위를 애석히 생각했는데, 이는 일본의 항복이 중국 공산당의 내전 확대의 호기가 될 것을 두려워했기 때문이었다. 또 그는 중국 공산당이 일본군의 무기를 얻으려고 일본군을 자신들에게 항복하도록 유도할 것으로 예상했다. 이 메시지에서 웨드마이어는 워싱턴의 당국자들에게 압력을 넣는 데 실패한 것에 대해 안타까워했는데, 이러한 실패는 중국 공산주의 운동에 중대한 의미를 내포하고 있다. *Wedemeyer to Chief of Staff of Army* : Info. Copy to MacArthur and Nimitz, 12 Aug 45[TS] : Eyes Alone to WARCOS, CM-IN-12388, in *ABC 387*, Sec 3.

86) Memo of Telephone Conversation, Gen Lincoln to Asst. War Secy McCloy, 14 Aug 45, in *ABC 387*, Sec 1-B[S].

87) Memo of Telephone Conversation, Gen Lincoln to Adm Gardner, 15 Aug 45 ; Memo of Telephone Conversation. Gen Lincoln to Asst. War Secy McCloy, 14 Aug 45, in *ABC 387*, Sec 1-B[S].

점령에 대한 일정 시간표 제출을 명령하였다.[88] 일반명령 제1호는 한국의 38°선 이북의 일본 군대가 소련군 사령관에게 항복하고, 38°선 남쪽의 군대는 미국원정대(U. S. Expeditionary Forces)의 총사령관에게 항복할 것을 명령하고 있다.[89]

트루먼 대통령의 메시지에 대한 모스코바의 반응을 기다리는 동안 잠시의 교착 시간이 있었다. 소련은 일반명령 제1호를 수락할까? 아니면 거절할까? 그것도 아니면 소련이 전 한반도를 완전히 점령하는 동안 말장난이나 하지 않을까? 소련 군대는 트루먼 대통령이 일반명령 제1호의 초안을 승인하기 3일 앞서 한국에 진주했다.

워싱턴의 기획 요원들은 소련이 한국의 어느 정도를 점령하게 될 것인지에 대해서 전혀 모르고 있었다. 그들이 소련의 응답을 기다리는 동안 링컨 장군은 던 국무성 차관보에게 "내일 아침 우리는 소련인들이 쓰시마(對馬島)에 앉아 있는 것을 발견하게 될 것입니다."라고 말했다.[90] 링컨은 가드너 제독에게 만약 소련군이 서울을 점령했다면, 그 대안으로 미국이 점령해야 할 도시는 동해의 남쪽 끝에 있는 항구인 부산이어야 한다고 제안했다.[91]

미국은 그리 오래 기다리지 않아도 되었다. 크렘린은 거의 신기하다고 할 만큼 신속하게, 스탈린은 1945년 8월 16일 트루먼에게

88) WARX 50181, JCS to MacArthur, 15 Aug 45, in *ABC 387*, Sec 3[TS]. 이 메시지는 만약 소련이 서울을 점령할 경우에 그 대안으로 점령할 항구와 시간표도 준비할 것을 지시하였다.

89) Paragraph 1, General Order #1 : enclosure "B" in SWNCC 21/5, 11 Aug 45, in *ABC 387*, Sec 1-B[S].

90) 쓰시마는 남한과 일본 사이에 있는 작은 섬이다. Memo of Telephone Conversation, Gen Lincoln to Mr. Dunn, 15 Aug 45, in *ABC 387*, Sec 1-B[S].

91) Memo of Telephone Conversation, Gen Lincoln to Adm Gardner, 15 Aug 45, in *ABC 387*, Sec 1-B[S].

개인적인 메시지를 보냈다. 그는 38°선에 관해 아무런 언급도 하지 않은 채, 트루먼의 메시지에 동의하였다. 그러나 그는 홋카이도(北海道)[92]의 북쪽 절반 부분은 소련군이 일본군의 항복을 접수할 수 있는 권한을 가질 수 있도록 "수정되어야 한다"고 요청했다. 아울러 그는 대련과 여순항이 있는 요동반도는 만주의 부분이므로 소련의 군사 지역에 포함된다고 트루먼에게 다짐했다.[93]

이 메시지는 한국에 대한 항복 지역의 문제를 해결하였고, 결국 대련에 군대를 상륙시키는 미국의 계획은 취소되었다. 트루먼 대통령은 홋카이도에 소련 군대를 주둔시키자는 스탈린의 제안을 품위 있게 회피하였고, 1945년 9월 8일 미국 군대가 남한에 도착했을 때, 대부분의 러시아인은 38°선 위쪽으로 군대를 철수함으로써 일반명령 제1호를 순순히 따랐다.[94]

한국의 38°선 남쪽의 일본 부대는 1945년 9월 9일, 미국 제24군단 사령관 하지(John R. Hodge) 중장에게 항복하였다. 그는 일반명령 제1호에 개괄되어 있는 대로 연합군최고사령관(SCAP)[95]의 명

---

92) 홋카이도는 일본 본토의 4개의 섬 가운데 가장 북쪽에 있다.

93) Msg, Stalin to Truman, 16 Aug 45, in *ABC 387*, Sec 1-B[TS]. 또한 *Minutes of Terminal Conference*(1945), p. 314 [TS] 참조.

94) 한국 점령과 미·소 관계에 관한 많은 자료가 일반참고국(General Reference Branch), 국방성 전사편찬실(OCMH), 육군성에 각각 세 개의 부피가 큰 원고로 소장되어 있다. (1) "History of United States Army Military Government in Korea,"(3 Parts in 4 Vol. : Headquarters, USAMGIK, 1946) [Conf] ; (2) "History of the Occupation of Korea,"(2 Vol. : 1948)[Conf] ; (3) "History of the United States Army Forces in Korea,"(2 Vol. : n.d.)[S] 소련의 남한 진주에 관해서는 특히 (3)의 I부 3장·4장, II부 3장 참조.

95) 맥아더 장군은 태평양 미군 총사령관이면서 일본 점령 연합군 최고사령관(SCAP)이기도 했다. 그는 1945년 9월 2일 일반명령 제1호를 발표하였고, 1945년 9월 7일에는 한국민에게 고하는 명령의 일부를 발표하였다. 서울의 항복식에서 아베 노부유키(阿部信行) 총독과 제17방면군 사령부(17th Army Area) 사령관 고즈키 요시오(上月良夫)가 일본인들을 대표하였다.

령에 따라 행동하였다. 비록 2개 사단의 점령군이 한국에 진주할 계획이었지만, 애당초 연합군 최고사령관은 3개의 보병사단을 24군단에 배치하였다. 그리고 오키나와와 필리핀에 주둔하고 있던 미국 제7사단, 40사단, 6사단이 1945년 가을, 한국 점령 임무에 가담하였다.96)

하지 장군은 남한을 3개의 군사 지역으로 분할하였다. 7사단은 대략 남한의 반이 되는 북쪽 부분을 담당하였고, 40사단은 한국의 남동 지역을, 6사단은 남서 지역을 담당하였다. 40사단 지역에는 부산이 포함되어 있는데, 이 항구를 통해 40사단은 일본 민간인과 전쟁 포로들을 철수시키고 한국 망명자들을 송환시키는 일을 총감독하였다.

1945년 9월에서 1946년 2월까지 5개월간 113만972명이 부산을 통과하였다. 40사단은 42만436명의 일본인을 본국으로 철수시켰고, 71만536명의 한국인이 귀국하는 것을 도와주었다.97) 1946년 3월까지 40사단은 한국에서의 임무를 완수하고 미국으로 돌아갔다. 그리고 6사단은 남한의 남쪽 반을 점령하는 임무를 맡게 되었다.

30년 이상 한국의 책임 있는 직위를 모두 차지했던 일본인들의 강제 출국으로 민간 정부는 끝이 났다. 이 공백기를 메우고자 하

---

* 당시의 사령관은 고츠키 요시오 육군 중장이었다. 17방면 사령부는 조선사령부를 겸임하게 되어 있었는데, 1945년 2월 6일에 19사단(羅南)과 20사단(龍山)을 재편한 것으로서, 대소 작전과 조선의 방위(철도, 압록강, 두만강의 수비)를 목적으로 하는 야전부대였다.(옮긴이 주) 朝鮮殘務處理部, 『朝鮮軍事槪要』, 森田芳夫(編), 『朝鮮終戰の記錄』(東京 : 巖南堂, 1964) 참조.

96) F056, XXIV Corps, 21 Sep 45, cited in "United States Army Forces in Korea," Par. I, Ch. VI, p. 23[Conf]. 7사단은 한국에 제일 처음 진주했고(1945년 9월 8일), 6사단은 마지막으로 철수했다.(1949년 6월 29일)

97) 40th Division, Evacuation and Repatriation in Korea(filed in the Army Library, Pentagon), and *United States Army Forces in Korea*, Par. I, Ch. VI, p. 17[Conf]. 이후로는 MS, *HUSAFIK*로 표시.

지 장군은 주한미육군(USAFIK)으로 명명된 감독 사령부를 설치하였다. 이 사령부 아래에서 주한 미군정청(美軍政廳 : USAMGIK)[98]은 임시로 민간 정부의 기능을 수행하였다.

이와 비슷한 수준에서 남한의 전술적 지배는 24군단이 담당하였다. 하지 장군은 몸소 주한 미군과 24군단을 지휘했고, 군정장관의 직함을 맡은 대리인을 통해 주한 미군정까지 그의 지배력을 확대하였다.[99] 따라서 한반도의 미군 점령은 군사적인 것이었고, 민간 업무에서는 군정이 최고의 기구였다.

주한 미군 총사령관은 군사 정부(군정장관이 대리하게 했다)의 책임을 지고 있었고, 국가 방위와 국내 치안을 유지하고자 정부와 지방 기관에 대한 군사적 지원을 담당했다.[100] 이것이 거의 3년의 잠정적인 기간에서의 절망적인 구조였다.[101] 하지 장군은 1948년 여름, 한국의 유권자들이 입헌적인 공화국을 승인하고 미군정이 남한에서 철수할 때까지 권한과 책임을 조금씩 한국인들에게 이전하였다.

38°선 이북에서 소련군은 일본인들을 한국에서 철수시켰는데, 일본으로 철수시킨 것은 아니었다. 몇몇 일본 병사들은 몇 년 동

98) USAFIK General Order #1, 4 Jan 46. "Summation of Non Military Activities in Japan and Korea," No. 4(Jan 1946), p. 281 참조. Filed in the Army Library, Pentagon, and in the Occupied Areas Reports Unit, TAG, DA, Pentagon.

99) 세 명의 군정장관이 있었다. 아놀드(Archibald V. Arnold) 육군 소장(7사단 사령관), 러취(Archer Lerch) 소장, 딘(William F. Dean) 소장이 곧 그들이다. 헬믹(Charles G. Helmick) 소장의 미군정 설명서인 *Korean Aid : Hearings on H.R. 5.330*, pp. 35~38 참조. 헬믹 장군은 부군정장관이었다가(1946~1948) 러취가 죽은 뒤 군정장관을 역임함.

100) Memo for Record, Maj Gen Orlando Ward(한국 6사단의 전임 총사령관), 21 Nov 52.

101) 이 3년 동안 쓰디쓴 각성을 한 한 관리의 견해에 대해서는 Caldwell, *The Korea Story, passim* 참조.

안 공산주의 교육을 받은 뒤 그들의 모국으로 조금씩 돌아갔지만, 그 밖의 몇 천의 병사들은 시베리아 포로수용소에서 머물거나 그곳에서 죽었다.[102)]

일본군이 사라지고 미국과 소련이 점령하게 되면 한국의 정치적 장래는 어떻게 될 것인가? 연합국은 이 문제에 대하여 전시에 특별한 합의에 이른 바가 없고 일반명령 제1호도 이에 해답을 주지 않았다. 승전국들은 한국이 자유 독립 국가가 될 것이라는 그들의 결정을 맹세했지만, "자유"와 "독립"에 대한 소련의 관념은 대부분 문명국의 언어에 있는 그러한 말에 포함된 의미와는 차이가 있었다.

적군(赤軍)의 파괴된 흔적을 따라, 제2차 세계 대전이 끝난 뒤, 공산 제국주의는 중부 유럽과 극동에서 소련의 국경을 넘어 인접 국가로 침투하였다. 동양의 광대한 지역에서 팽창적인 공산주의는 전복과 혁명과 군대를 사용하여 북극의 황무지에서부터 버마나 인도차이나의 정글에 이르기까지 그 세력을 확장하였다. 힘이 곧 정의였다. 한국도 예외는 아니었다. 고위층 회담도 도움이 되지 못했다. 오히려 전후 세계의 사람들은 국제 관계에서 네안데르탈인(Neanderthal man)의 출현을 목격했다.

북쪽이건 남쪽이건 모든 한국인은 통일·독립된 국가를 염원했다. 그리고 겉으로는 미국이나 소련도 똑같은 염원을 품었었다. 그러나 미국이나 소련 어느 국가도 다른 국가의 정치 체제가 지배하는 통일된 한국을 원치 않았다. 각각 자신들의 군사 지역에서

---

102) 한국에서 미국과 소련 지역의 활동 사이의 기본적 차이는 정부 조직과 관련이 있다. 소련 점령군은 군사 정부에 그들의 힘을 낭비하지 않았다. 소련은 처음부터 지역 경찰대를 모집했고, 소련의 정치 체제에 기반을 둔 북한 정부를 수립할 목적으로 시민 질서 체제를 복원시켰다. *North Korea : Case Study of A Soviet Satellite*(Department of State, Washington, D.C., 1951)[Conf] 참조.

미국이나 소련은 한국을 통일하고자 일했다.

그러나 목적은 전혀 달랐다. 소련은 한국에 공산주의 정부를 수립하고자 노력했고, 미국은 전 한국이 동양적 기준을 적용한 민주주의를 선택하는 것을 보고 싶어 했다. 점령 국가의 후원을 받아 남과 북은 상호 양립할 수 없는 정권으로 발전하였고, 곧 38°선으로 분리된 군사 지역들은 각자 뚜렷한 이데올로기를 갖는 두 개의 적대적인 국가의 모습을 띠기 시작했다. 따라서 38°선은 임시적인 항복선에서 적대 국가 사이의 단단한 경계선으로 변질했다.

그러나 이러한 상황 변화의 한 가지 불행한 특징은 남쪽의 비옥한 쌀농사 지대는 북쪽의 석탄과 전력을 서로 보완하는 경제적 실체로서만 가장 잘 생존할 수 있다는 사실이었다. 불행히도 38°선을 왕래하는 무역은 축소되었고, 두 점령 지역의 생활은 수입과 즉석 방편과 자선에 의존하기 시작했다.

1945년 8월, 단순한 군대 진주만으로써 한반도 전체를 점령할 수도 있었던 소련은 자신의 군대가 남쪽으로 전진하는 한계로서 38°선을 수락함으로써 실수를 저질렀는지도 모른다. 그때 만약 그들이 신중히 판단하여 하나의 실수에 대해 과오를 비난받았더라면, 그들은 실수를 즉시 깨닫고 그 이후 모든 수단을 다 동원해서라도 남한을 획득하려는 충분한 의도를 가졌을 것이라는 완벽한 증거들이 1945년 이후 공산주의 활동을 통해서 나타난다.

이러한 것은 1950년 여름의 남한에 대한 전면 공격 이전에 두 가지 방법으로 시도되었다.

(1) 소련은 소비에트의 모델에 따라 38°선 이북에 다루기 쉬운 공산주의 국가를 형성시키는 동안 북한을 국제적 관찰의 대상이 되지 못하도록 막아 버렸다.

(2) 국경 공격 · 선전 · 매수 · 테러, 그리고 남한에 대한 경제적 압력 등으로 북한 당국은 미국의 노력을 좌절시키고자 노력했고, 민주적 절차에 기초한 독립된 대한민국을 수립하려는 국제연합의 노력도 저지시키고자 노력했다.

한국인 · 미국인 · 소련인들 사이에는 38°선에서 군사적 분단을 제거하고, 통일 독립된 한국을 이루려는 만장일치의 염원이 확실히 있었다. 그러나 그 만장일치는 무산되었다. 한국인들은 소란스럽게 독립을 외치면서 국제적인 보호를 받아야 한다는 생각을 수치로 여길 뿐이었다. 그들의 생각은 그들의 역사에서 싹튼 것이다.

한국은 소련이나 미국이 국가 독립을 이루기 몇 세기 전부터 왕국(王國)이었다. 하지 장군이나 그의 정치 고문 랭던(William R. Langdon)이 한국인들의 여론에 따라 신탁통치 원칙을 포기할 것을 촉구하였지만, 미국 정부는 한국에 대해 신탁통치를 실시하는 방향으로 몹시 기울어졌다.[103)]

그러나 국무장관 번즈는 국제연합의 구도 안에서의 신탁통치는 정부의 복잡한 임무를 떠맡을 한국인들을 훈련시키는 데 가장 훌륭하게 기능할 것이라고 믿었었다. 그는 한국의 통일과 독립에 대한 구체적인 보장을 크렘린으로부터 얻을 수 있다는 조건으로 신탁통치의 구상을 포기하려 했었다.[104)]

---

103) MS, *HUSAFIK,* Par. Ⅱ, Ch. Ⅲ, p. 58. 3성조정위원회는 미국이나 소련에 의한 군사 점령이 대체될 수 있는 한 빨리 한국에 대한 신탁통치를 직접적으로 지지하는 미국의 입장을 공표했었다. SWNCC 79/1, 20 Oct 45[Conf].

104) 랭던은 미국의 대한 정책이 가설 이외의 아무런 계획 없이 소련과 협조하는 것에만 기초한다면 잘못된 것으로 생각했다. MS, *HUSAFIK,* Par. II, Ch. Ⅲ, pp. 62, 65[Conf].

소련은 한국에 대한 국제 신탁통치를 못마땅하게 생각했다. 신탁통치는 한국 전체에서 하나의 독립 정부를 갖는 통일된 국가로의 발전을 위한 국제적 협조와 감독을 의미했다. 비록 스탈린이 그 이전에도 신탁통치 문제에 대해 언약한 적이 있었지만, 소련 정부는 1945년 가을 38°선의 임시 경계선을 따라 소련군이 방벽을 구축할 때 그 본심을 드러냈다. 동시에 38°선 남쪽의 급진분자들은 국민에게 테러나 강제적인 방법을 사용했었다.

남한에 대한 소련의 합법적인 관심은 실질적으로 존재하지 않았다. 그러는 동안 넓은 서울의 소련 총영사관은 신비한 활동으로 가득 찬 장소가 되었다.[105] 하지 장군은 이 정보를 고위 당국자에게 정기적으로 보고하였고, 덧붙여서 한국에 있는 미국 당국자들 간에 장기적인 신탁통치에 반대하는 의견이 지배적이라는 것도 보고했다. 하지 장군은 워싱턴의 관리들이 적어도 암묵적으로 한국의 즉각적인 독립을 옹호한다는 인상을 받았다.[106]

그러나 국무성과 모스코바의 미국 대사관은 한국에서 외국군을 철수하는 문제에 관하여 유보하는 태도를 보였다. 이러한 곳으로부터 경고들이 제기되었는데, 예상컨대 소련이 한국에서 지배적인 영향력을 추구하고 있으며, 이러한 목표는 국제적인 어떤 후견 체제를 통하는 것보다 형식적으로 독립된 한국 정부를 수립함으로써 더욱 확실히 달성할 수 있을 것이라는 경고들이었다.

4개국 신탁통치 아래에서 소련은 단지 4개의 의결권 가운데 하나에 불과하리라고 예상할 수 있다. 소련에게 더 바람직한 것은 한국을 자신들의 피보호국으로 통제할 수 있는 임시 정부를 수립

105) MS, *HUSAFIK*, Par. Ⅱ, Ch. Ⅲ, pp. 67, 69[Conf].
106) *Ibid.*, Par. Ⅲ, Ch. Ⅲ, pp. 77, 80(Conf).

하는 것일 수도 있었다. 다른 강대국들에 비해 소련은 인접 국가에 침투해서 괴뢰 정권을 통해 그들을 지배하는 데 정교한 기술과 기구를 가지고 있다.

따라서 소련은 온갖 이타적인 의도를 가장하면서 한국에서 모든 외국 군대의 조기 철수를 주장할 것이며, 소련은 소비에트화한 한국 관료·군인, 그리고 심지어는 크렘린의 지령을 맹종하게 될 적군(赤軍)의 한국 부대까지도 포함해서 정부 기구를 북한에 즉시 수출하게 되리라는 것도 충분히 생각할 수 있다.[107] 이러한 방법으로, 알바니아와 외몽골가 공산주의의 통치하에 누렸던 "독립"을 한국도 경험하게 될 것이다.

소련은 1945년 12월, 모스크바 외상 회담에서 타협의 손짓을 하였다. 그들은 한국에서 점령군의 즉각적인 철수를 고집하지는 않았다. 오히려 그 회의에서 외교관들은 4대 강국이 5년간 신탁통치를 실시한다는 의정서를 완성하였다. 신탁통치 기간에 미소공동위원회는 한국의 민주주의적 정당·사회단체와 협의하고, 한국과도 정부의 수립을 돕게 되어 있다.

미소공동위원회의 건의는 미국·소련·중국, 그리고 영국 정부에 제출되어 검토될 예정이었다. 이러한 성격의 계획은 최소한 참가국의 우호적 의지와 신념이 절대로 필요하다. 이 회담 의정서에서 "엉뚱하게 문제가 된 것"(sleeper)은 "민주적"(democratic)이라는 말이었다. 이 한마디 단어로 말미암아 민족 통일과 독립을 갈구하던 한국인들은 좌절하게 되었다.

107) State Dept. Radio, Serial 118, to Actg Political Advisor, USAFIK, 180631/I, Rec'd, 18 Nov 45 ; State Dept. Radio, 90, 27152/2, 24군단 정치 고문에 관한 정보는, 302205/1, 30 Jan 46 ; 위의 두 자료는 MS, *HUSAFIK*, Par. Ⅱ, Ch. Ⅲ, pp. 57~58, 87~88[Conf]에서 인용.

"민주적"이라는 의미는 영어를 사용하는 사람들에게는 명백한 일이었지만, 한국 내에 있는 소련인들에게 '민주적'이라는 말이 마르크시즘을 찬성하지 않는 모든 정당과 사회단체를 배제한다는 뜻이었다. 이것은 단지 소련의 입장에서 미소공동위원회가 협조할 수 있다고 느껴지는 소수의 공산주의 단체만 허용하는 것이었다. 공동위원회의 미국인들은 그 반대로 생각했다.

1945년 12월 29일, 신탁통치 조항이 포함된 모스코바회의의 결과가 발표되자, 정치적 신념을 불문하고 모든 한국인이 분노하였다. 하지 장군은 당황하여 국무성에 자신의 노여움을 숨기지 않았다. 그는 한국인들에게 미국 정부의 체면을 유지하고자 "희생양"으로 자신을 사령관직에서 교체하라고 요청했다.[108]

맥아더 장군은 그 요청을 거절했다. 소련인들은 의기양양해서 자신들이 한국의 완전 독립을 위해 노력했음을 지적했다. 그러나 미국인들이 신탁통치를 계속 주장함으로써 회담에서의 소련의 의도는 좌절되었다.[109] 이 이후로 한국에서의 미 · 소 관계는 긴장에서 불가능의 관계로 변했다.

소련은 케이크를 손에 넣어 너무 일찍 먹어 버렸다. 그들은 신탁통치를 반대하였기 때문에 한국인들 사이에서 신임을 얻었다. 그들은 문서상의 원칙을 존중하였지만, 모스코바 협정의 4국의 체면을 완전히 무시하고 북한에 "민주" 한국의 "독립" 정부를 세웠다. 아직 초기 단계인 인민공화국의 기반을 다지려고 러시아인들은 몇 년 동안 소련연방의 시민이었던 많은 한국인 이주자들, 그리고

---

108) Personal Radio, Hodge to MacArthur, 281320/I, 28 Jan 46, cited in MS, *HUSAFIK*, Par. Ⅱ, Ch. Ⅲ, pp. 91~92[Conf].

109) Radio, Hodge to MacArthur, 012319/1, Feb 46, Cited in 카이로선언, Par. Ⅱ, Ch. Ⅲ, pp. 89~91[Conf].

만주와 북중국의 공산 지역의 시민들을 북한으로 보냈다.

미소공동위원회는 서울에서 회동했다. 그 성과는 없었으며, 있었다고 하더라도 대수롭지 않았다. 하지 장군은 소련 측 상대들 때문에 매우 바빴다. 그 소련 측 상대로는 제25적군 사령관 치스챠코프(I. M. Chistiakov) 상장, 뒷날 북한 공산 정권의 소련 대사가 된 슈티코프(Terenti F. Shtikov) 상장, 그리고 짜랍킨(Simeon C. Tsarapkin)이었다.

소련 군사 지역의 정치 고문이라는 짜랍킨의 굉장한 직위를 볼 때, 1945년에 소련이 얼마나 한국을 중요하게 여겼는가를 짐작할 수 있다. 그는 육군 중장급의 특명 전권 대사(Extraordinary Minister-Plenipotentiary)의 지위를 가진 고위 외교관이었다.[110)]

모든 한국인을 위한 정부를 수립하려는 미국 측의 시도들이 미소공동위원회에서 순조롭게 진행되지 못했고, 또 북한에서 공산주의에 반대하는 사람들이 계속 사라지게 됨으로써 공동위원회가 방해를 받게 되자 하지 장군은 모스코바회담의 조항을 이용하려고 했다. 그는 한국에서 점령군을 철수하여 한국인들 스스로 자신의 운명을 맡길 것을 지지했다.

그러나 이것은 실행할 수 없는 것이었기 때문에, 그에 대한 차선책으로서 남한 사람들이 서울에 그들 자신의 정부를 수립하도록 도와서 미군이 가능한 한 빨리 철수할 수 있도록 노력했다. 그는 남한 사람들 사이의 정치 활동을 장려했고, 미국 정부는 망명 지도자들을 한국으로 수송하였다.

해외에서 귀국한 가장 중요한 한국인은 미국에서 교육받은 이

110) Radio, Hodge to SCAP, 161600/I, 16 Jan 46, cited in MS, *HSAFIK*, Par. Ⅱ, Ch. IV, pp. 101~102[Conf].

승만(李承晩) 박사였다. 그는 1946년 10월 16일, 1910년 이래 처음으로 그의 본국으로 돌아왔다. 이승만 박사는 한국에서 훌륭한 재능을 가진 지도적 애국자로서의 명성도 가지고 있고, 남한 정치에서 제일의 위치를 차지하고자 하는 다른 한국인들에게 강력한 경쟁자가 되도록 그를 도와준 잇점인 영어도 할 수 있었다.[111] 다른 국가의 유명한 반공주의자들처럼, 이승만 박사도 1945년 이래 국제적인 인격 살인(character assassination) 운동을 견뎌 내야 했다.

또한 그는 미국 당국과 불편한 관계에 있기도 했다. 그러나 그는 실질적으로 그와 관계해야만 하는 모든 미국인의 존경을, 인색하나마, 그런대로 받게 되었다.[112] 수많은 장애물을 극복하고 나서 이승만 박사는 1948년 한국 국회에 의해 4년 임기의 초대 대통령으로 선출되었다. 그리고 1952년 대통령에 재선되었다. 이때는 헌법 개정으로 직접 선거에 의해 선출되었다.[113]

---

111) The Korean Leaders MS, *HUSAFIK*, Par. Ⅱ, Ch. I, pp. 32~41[S] 참조.

112) Lt. Paul C. McGrath, notes on a debriefing by U.S. Ambassador to Korea, John J. Muccio, G-2 War Room(2C468), Pentagon, 19 Sep 52,

113) UN의 후원 아래 한국 독립 운동의 간단한 설명에 관해서는 Ch. I, *KOREA*-1950과 *Korea's Independence*(GPO, Washington, D. C., 1947)과 *Korea, 1945 to 1948 : A Report on Political Developments and Economic Resources with Selected Documents* (Department of State, Washington, D. C., 1948) 참조.

[부록 1-1]

연합군 사령부 지시 공문 1호*

연합군 최고사령부(SCAP)
1945년 9월 2일

1945년 9월 2일자로 일본 천황, 일본제국 정부 및 일본제국 대본영(大本營)의 대표가 서명한 항복 문서의 조항에 따라 이에 첨부된 '육 · 해군 『일반명령 제1호』와 필요한 부속 문서들은 일본이 통제하고 있는 군대와 일본이 영향을 미치고 있는 민간 단체에 지체 없이 배포되어 완전하고도 철저하게 준수되어야 한다.

연합군 최고사령관의 명령에 따라
미국 육군참모장
육군 중장 서덜랜드(P. K. Sutherland)

별첨 : 육 · 해군 일반명령 제1호

* 본문에는 이 『일반명령 1호』가 없으나, 독자들의 이해를 돕고자 옮긴이가 넣었다, 대본은 NARA의 Record Group 332, Box 46에 소장된 것을 참고하였다.

[부록 1-2]

육·해군 일반명령 제1호
(General Order No. 1 : Military and Naval)

[I] 일본제국 대본영은 천황의 명령과, 천황의 모든 일본 군대를 연합군 최고사령관에게 항복시킨다는 문서에 따라, 일본에 있는 모든 사령관과 일본의 해외 주재 군대와 그들의 휘하에서 통제를 받고 있는 일본 군대들이, 이하에 명시된 바와 같이, 앞으로 연합군 최고사령관에 의해 시달될 지시에 따라, 적대 행위를 즉시 중지하고, 무장을 해제하고, 현재의 위치에 머물면서 미국 · 중국 · 영국 · 소련을 대신하여 활약하고 있는 지휘관들에게 무조건 항복할 것을 명령한다. 연합군 최고사령관에 의해 작성된 세부 지침에 따라서 위에 명기된 지휘관들이나 그들이 선임한 대표들과 즉각적인 접촉이 이루어질 것이며, 그들의 지시는 완전히, 그리고 즉각적으로 수행되어야 한다.

(a) 중국(만주 제외), 대만, 북위 16° 이북의 프랑스령 인도차이나에 있는 일본군 고위 지휘관과 모든 육 · 해 · 공군 및 지원군은 장개석(蔣介石) 총통에게 항복한다.

(b) 만주, 북위 38° 이북의 한국, 남부사할린(Karafuto), 쿠릴열도(Kurile Is.)에 있는 일본군 고위 지휘관과 모든 육 · 해 · 공군 및 지원군은 소련의 극동군최고사령관에게 항복한다.

(c)-(1) 안다만(Andamans), 니코바(Nicobars), 버마, 타일랜드, 북위 16° 이하의 프랑스령 인도차이나, 말레이, 수마트라, 자바, 소(小)순다(Lesser Sundas : Bali, Lombok, Timor 포함), 보로(Boeroe), 코람(Coram), 안본(Anbon), 카이(Kai), 아로에(Aroe), 아라후라해(Arafura Sea)의 타님바르(Tanimbar)와 그 군도, 셀레베스군도(Celebes), 할마헤라군도(Halmaheras) 및 네덜란드

령 뉴기니아에 있는 일본군 고위 사령관과 모든 육 · 해 · 공군 및 지원 부대는 동남아시아 사령부 최고사령관에게 항복한다.

(2) 보르네오, 영국령 뉴기니아, 비스마르크군도(Bismarcks) 및 솔로몬군도(Solomons)의 일본군 고위 사령관과 모든 육 · 해 · 공군 및 지원 부대는 오스트레일리아군 최고사령관에게 항복한다.

(d) 일본이 통치하고 있는 도서(島嶼)와 보닌군도(Bonins) 및 그 밖의 태평양 군도에 있는 일본제국 대본영과 고위 사령관, 모든 육 · 해 · 공군 및 지원 부대는 미국 태평양함대 사령관에게 항복한다.

(e) 일본 본토 및 부속 도서, 북위 38° 이남의 한국, 유구(琉球) 및 필리핀에 있는 일본제국 대본영과 고위 사령관 및 모든 육 · 해 · 공군과 지원 부대는 미국 태평양사령관에게 항복한다.

(f) 위에 명시된 사령관들은 항복을 받을 수 있는 연합국의 유일한 대표이며, 일본군의 모든 항복은 오직 위의 사령관이나 그의 대표자들에게만 이루어진다.

일본제국 대본영은 일본 및 해외에 있는 모든 사령관에게, 일본 및 일본의 통제를 받는 군대들이 현재 어디에 주둔하고 있든, 그들이 완전히 무장을 해제할 것과, 위에 명시한 연합국 사령관이 지시하는 시간과 장소에 원형 그대로 안전하고도 무결하게 그들의 무기와 장비를 운반할 것을 명령한다.

앞으로 지시가 있을 때까지 일본 본토의 경찰 병력은 이 무장 해제의 조항에서 예외로 한다. 경찰 병력은 그들의 위치에 남아서 법과 질서의 유지를 위한 책임을 진다. 그러한 경찰의 병력과 무장에 관해서는 별도로 규정한다.

[Ⅱ] 일본제국 대본영은 이 명령서를 받은 즉시 일본 일본의 통제를 받고 있는 지역에 관한 다음의 완전한 정보들을 연합국 사령부에 지체없이 제출해야 한다.

(a) 모든 육 · 해 · 공 · 대공(對空) 부대의 위치와 장교 · 사병의 병력을 기재한 문서들.

(b) 모든 육 · 해군 및 민간인 항공기의 숫자, 위치, 상태에 관한 완전한 정보를 기재한 문서들.

(c) 일본 및 일본의 통제를 받고 있는 모든 해상(海上) · 해저(海底)의 현역 · 퇴역 건조 중인 함대의 위치 · 상태 및 이동 여부에 관한 문서들.

(d) 지금은 일본에 소속되어 있지만, 지난날 국제연합 회원국의 소유였던 것을 포함하여 일본 및 일본의 통제를 받고 있는 현역 · 퇴역 · 건조 중인 총톤수 100톤 이상의 상선(商船)에 관한 문서들.

(e) 광물 광산의 위치와 구조 및 그곳으로 향하는 육 · 해 · 공로상의 장애물과 거기에 안전하게 도달할 수 있는 통로가 표시된 지도를 포함한 완벽하고도 소상한 정보.

(f) 비행장, 수상(水上) 비행 기지, 방공(防空) 시설, 항구 및 해군 기지, 병참 기지, 영구 및 잠정적 육 · 해군 요새 방축과 기타 요새화된 지역 등을 포함한 모든 군사 시설의 위치와 내역.

(g) 국제연합군과 민간인을 억류하고 있는 모든 수용소나 기타 장소의 위치.

[Ⅲ] 일본군과 민간 항공국은 모든 일본의 육 · 해군 및 민간 항공이 별도의 지시가 있을 때까지 지상 · 해상 · 함상에 머물러 있음을 확실히 해야 한다.

[Ⅳ] 일본 및 일본의 통제를 받는 각종의 군함과 상선들은 연합군 최고사령관의 별도 지시가 있을 때까지 손상을 입지 않은 상태에서 취역하지 않고 보존해야 한다. 해상에 있는 모든 함대는 손상을 입지 않은 상태에서 즉시 인도하며, 모든 폭약을 바다에 버려야 한다. 해상에 있지 않은 함대는 각종의 폭약을 즉시 안전한 장소로 하역한다.

[Ⅴ] 책임 있는 일본 및 일본의 통제를 받는 군대 및 민간 당국은 다음의

사항을 준수해야 한다.

(a) 일본의 모든 광물 · 광산 및 육 · 해 · 공로상의 장애물들은 그것이 어디에 있든, 연합군 최고사령관의 지시에 따라서만 이동해야 한다.

(b) 항해를 위한 모든 보조물은 즉시 보수되어야 한다.

(c) 위 (a)항의 지시가 이루어질 때까지 모든 안전로는 개방되어 있어야 하고 선명하게 표지(標識)되어 있어야 한다.

[Ⅵ] 책임 있는, 일본 및 일본의 통제를 받고 있는 군대 및 민간 당국은 연합국 최고사령관의 앞으로 지시가 있을 때까지 다음 사항을 손상 없이 원형대로 확보해야 한다.

(a) 모든 무기, 탄약, 폭약, 군사 장비, 저장물과 보급물, 그리고 모든 종류의 전쟁 무기와 전쟁 물자(단 본 명령서 (Ⅳ)에 특별히 명시된 것은 예외로 한다).

(b) 육 · 해 · 공로상의 모든 운송 수단과 통신 시설 및 장비.

(c) 비행장, 해상 비행 기지, 방공(防空) 설비, 항구 및 해군 기지, 병참 기지, 영구적 · 일시적인 육상 · 연안상의 요새와 성채 및 요새화된 지역, 그리고 그와 같은 요새 · 시설 · 설비의 계획서와 도면(圖面)을 포함한 모든 군사 장비 및 시설.

(d) 전쟁 물자의 생산 · 사용이나 생산 · 사용을 용이하게 할 목적으로 이루어진 모든 공장, 생산 시설, 상점, 연구 기관, 실험실, 시험소, 기술 자료, 특허, 계획서 및 발명품과 그들의 작동과 관련하여 군사적 · 준군사적 기관의 용도를 위해 사용되거나 계획된 기타의 물자와 재산.

[Ⅶ] 일본제국 대본영은 위 [Ⅳ]의 (a), (b), (c)항에 명시된 물품의 숫자, 유형, 소재지를 명기한 완전한 목록을 연합군 최고사령관에게 이 명령서를 받은 즉시 지체 없이 제출해야 한다.

[VIII] 모든 무기 · 화약 및 전쟁 물자의 제조 · 보급을 이 시간 이후 중지해야 한다.

[IX] 일본 및 일본이 통제하는 기관에 억류되어 있는 국제연합군 및 민간인 군속의 포로에 관하여 :

(a) 적절한 음식, 거처, 의복, 의약품 등을 제공하는 데 긴요한 보급과 행정을 포함하여 일본 및 일본이 통제하는 기관에 억류되어 있는 국제연합군 및 민간인 군속 포로의 안전과 편의를 연합국 최고사령관이 책임을 인계할 때까지 완전하게 제공한다.

(b) 국제연합군 및 민간인 군속 포로의 장비, 매점(賣店, PX), 기록, 무기, 탄약을 포함하여 그들의 숙영지와 억류 장소는 그들의 고위 지휘관이나 군인 및 민간인 군속 포로의 대표들에게 즉시 인계해야 한다.

(c) 군인 및 민간인 군속은 연합군 최고사령관이 지시하는 바에 따라 그들이 연합국 당국에 안전하게 인도될 수 있는 안전한 장소로 호송해야 한다.

(d) 일본제국 대본영은 국제연합군 및 민간인 군속 포로의 위치를 포함하여 그들의 완전한 명부를, 이 명부를 받은 즉시 지체 없이 연합군 최고사령관에게 제출해야 한다.

[X] 모든 일본 및 일본이 통제하는 군인 · 민간 당국은 연합군이 점령한 일본 및 일본이 통제하는 지역을 지원해야 한다.

[XI] 일본제국 대본영과 그곳에서 활동하는 일본 관리들은 연합군 점령사령관이 지시하는 바에 따라 일본의 민간인이 소유하고 있는 모든 무기를 수거 · 제출하도록 준비해야 한다.

[XII] 일본인 및 일본이 통제하고 있는 군 · 민 관리와 민간인들은 연합군 최고사령관과 기타의 연합국 군 당국에서 발표한 본 명령서와 모든

부속 지시를 철저하고도 신속하게 준수해야 한다. 이 명령서나 이에 부속된 지시 규정의 준수를 늦추거나 실패할 경우와 연합국에 해로운 것이라고 연합군 최고사령관이 판정한 행위를 자행하면 연합국 군 당국과 일본 정부의 단호한 즉결 재판에 회부될 것이다.

[XIII] 일본제국 대본영은 본 명령서의 [II], [VIII], [IX]-(d)에 필요한 자료가 제공될 수 있는 일자와 시간에 관하여 연합군 최고사령관에게 즉시 조언해야 한다.

제2장

소련의 대일 참전 보고서(1955)

- 미국 국방성 작성

소련의 대일 참전 보고서

미국 국방성 작성
1955. 9.

The Entry of the Soviet Union
into the War against Japan :
Military Plans, 1941~1945,
U.S. Department of Defense, 1955

제2장

소련의 대일 참전 보고서(1955)

의회와 언론인들의 질의에 따라 국방성의 부서들은 소련의 대일전(對日戰) 참전에 관한 자신들의 문서철을 조사하라는 명령을 받았다. 이 조사에는 가장 관련 깊은 문서철의 연구와, 성(省, Department)의 사료 부서(historical agency)들이 축적해 둔 정보의 평가도 포함된다. 이 보고서는 이 자료들에 근거한다.

이 보고서는 진주만 기습으로부터 일본이 항복하기까지의 기간에 소련의 대일전 참전 문제에 대한 중요한 공적인 군사적 충고도 다루고 있다. 제2차 세계 대전 동안 전략·기획 기능은 워싱턴에 집중되었기 때문에, 이 문서는 주로 워싱턴의 고위 군사 활동을 다루고 있다. 어떤 주제에 대한 태평양 지역 사령관의 견해나 충고는 이용할 수 있는 정도까지 포함하였다.

주제의 어떤 부분들은 이미 그 이전에 출판된 글 속에 상세히 다루어졌기 때문에, 이 글에서는 장황한 되풀이와 동일한 자료를 길게 제시하는 것을 피하였다. 국방성의 기록에는 소련의 대일전 참전에 대한 완전한 전말이 포함되어 있지 않다. 그것은 이 주제의 다양한 측면들이 전쟁성과 해군성이 아닌 타부서의 관리들에 의해 처리되었기 때문이다.

국방성 기구들이 예정하고 있는 역사적 자료들의 편찬은 이 보고서를 작성할 수 있는 시간 안에 가능하기보다는 좀더 철저하게 서류를 조사한 뒤에 더 상세히 사건을 밝힐 것이다.

1. 진주만 기습 이후

일본이 진주만을 공격한 뒤 조성된 태평양에서의 중요한 군사적 상황으로 말미암아 현지와 워싱턴에서는 소련의 대일전 참전에 따라 파생될 잇점을 진지하게 고려하였다. 루즈벨트 대통령은 1941년 12월 8일 소련 대사 리트비노프(M. M. Litvinov)와의 대담을 통해 소련의 참전이 바람직하다는 것을 간접적으로 제안하였다.[1)]

같은 날 이에 대해 헐(Cordell Hull) 국무장관과 리트비노프 대사 사이에 토의가 있었고,[2)] 역시 같은 날 장개석(蔣介石) 총통도 소련 정부에 이를 제안했다.[3)] 그리고 1941년 12월 10일 맥아더(D. MacArthur) 장군도 마셜(George C. Marshall) 장군에게 이를 제안했다. 맥아더 장군의 메시지는 다음과 같다.

> 싱가포르에서 필리핀과 극동까지 이어진 적국의 막대한 해·공군력(海空軍力)의 편중은 일본 본토를 취약하게 하였다. 이곳에서 수집한 정확한 정보에 따르면, 소련의 참전이 가장 큰 두려움이라는 것이다. 지금이 소련

---

1) World Peace Foundation, *Documents on American Foreign Relations, 1941~1942* (Boston, 1952), Vol. Ⅳ, pp. 609~610.
2) Cordell Hull, *The Memoirs of Cordell Hull*(New York, 1948), Vol. Ⅱ, p. 1111.
3) Charles F. Romanus and Riley Sunderland, *Stilwell's Mission to China*(Washington, D. C., 1953), pp. 50~51.

참전의 가장 좋은 기회이며, 북쪽에서 일본에 대해 직접적인 공격을 가하게 되면 큰 타격을 주게 될 뿐만 아니라 일본의 남진 정책의 목표로부터 가해지는 압력이 즉시 경감될 것이다.

마일즈(Miles)로 알려진 기사(騎士, Knight)가 입수한 정보에 따르면 일본의 목표물에 대하여 대규모로 공중 공격을 하게 되면 현재 넓게 분산한 공군력을 급습할 수 있을 뿐만 아니라 그들의 노출된 유류 공급소의 상당수를 파괴할 것이라고 한다. 일본이 군대를 넓게 분산하여 초전(初戰)의 공중 작전에 전념하는 동안이 성공할 수 있는 절호의 기회이다.[4]

같은 날 마셜 장군은 전쟁성 장관인 스팀슨(Henry L. Stimson)과 맥아더 장군의 제안을 토의했다. 그러나 리트비노프가 이미 극동 지역의 전쟁에서 자신의 정부는 중립을 지키고 싶다는 의사를 비공식적으로 피력했기 때문에, 소련 측에서는 참전 압력을 미국의 나약함의 표시로 판단할 수도 있을 것으로 스팀슨은 느꼈다.[5]

12월 11일, 소련 대사는 국무장관에게 소련은 "일본에 대항해 미국과 협조할 입장이 아니며, 소련은 대규모의 대독전(對獨戰)을 치르고 있으므로 일본의 공격을 자초할 수는 없다.[6]"고 공식 통보했다.

그럼에도 불구하고 그다음 날 대통령은 민간 군사 고문들과 함께 그 문제를 더 조사한 뒤 장개석 총통이 제안하였듯이 대일 공동 연합 작전 계획을 준비하는 것은 싱가포르나 중경(重慶), 모스코바에서 회담을 통해 가장 잘 달성될 수 있을 것으로 판단했다.

소련은 중경과 모스코바회담에 참석할 예정이었으나, 스탈린 원

4) Msg, Gen MacArthur to Gen Marshall, No. 198, 10 Dec 41.

5) Min, Conf between Sec Stimson, Gen Marshall, Gen Gerow, Gen Handy, and Mr. Bundy, 10 Dec 41.

6) Hull, *Memoirs,* Vol. Ⅱ, p. 1111.

수가 중국 정부에 소련은 당시 시점에서 극동의 전쟁에 참여할 수 없다고 언명한 뒤 중경 회담에 소련 대표는 참석하지 않았다. 그리고 대통령이 제안한 모스코바회담은 일련의 확정되지 않은 메시지로 퇴색했다.[7)]

1941년 12월 15일, 마셜 장군은 일본에게 추가적인 압력을 가할 각국과 가질 교섭의 현 상황을 맥아더 장군에게 다음과 같이 요약하여 전달했다.

대통령은 정보를 교환하고 특히 동아시아에서 일본과 그 동맹국들을 패퇴시키는 데 가장 효과적으로 이용될 지상 · 해상 작전을 숙의하고자 12월 17일 이전에 중경에서 중국 · 영국 · 네덜랜드 · 미국 · 소련의 군사 대표 회담을 개최할 것을 장개석 총통에게 제안했습니다. 그 회담에서 구체적인 예비적 계획을 합의하고 이 계획이 12월 20일까지 극비로 자신에게 전달될 수 있기를 대통령은 희망했습니다.

브레트(George H. Brett) 소장은 매그루더(John Magruder) 준장을 대동하고 인도에서 오던 길에 미국 대표로 임명되었습니다. 브레트 장군은 회담에서 전개된 상황이나 사실과 충분히 일치하는 한 토론의 자리에서나 계획서 작성 시에 전쟁성의 견해를 지지하라는 지시를 받았습니다. 그에게 통고된 전쟁성의 견해는 다음과 같습니다.

"[관련] 강대국들은 지나치게 확대된 일본 전선을 이용하도록 각기 최대한 노력해야 하고, 일본 전선의 모든 부분에 대해 가능한 한 빨리 연합 행동을 해야 하며, 가능한 최대한으로 그 전선을 더욱 확대해야 한다.

이러한 작전의 결과 어느 한 부분에 일본의 힘이 집중되는 것을 막을 수 있으며, 일본의 비축품과 자원이 더 빨리 고갈될 수 있을 것이다. 해상

7) 이 교섭의 논의에 대해서는 Romanus and Sunderland, *Stiliwell's Mission to China*, pp. 51~52, and Maurice Matloff and Edwin M. Snell, *Strategic Planning for Coalition Warfare ; 1941~1942*(Washington, D. C., 1953), pp. 85~87 참조.

이든, 공중이든, 육상이든, 방위 면에서 공격을 확실히 격퇴하는 데 필요한 군대를 보유한 각국 정부는 단호한 조처를 취해야 한다. 그리고 연합국 사이의 가능한 최대한의 협조가 이루어져야 한다."

대통령은 영국에 요청하여 싱가포르에서 12월 17일에 중국 · 미국 · 네덜랜드 장교들의 육군 · 해군 회담을 개최하여 남쪽 지역에 대한 그들의 상황 판단에 따라 작전 계획을 작성하여 보고하도록 했습니다. 브링크(F. G. Brink) 중령이 육군성의 대표로 직접 임명되었는데, 그 이유는 귀하[맥아더]와 그[브링크]와의 통신의 비밀이 불확실하기 때문이었습니다. 브링크 중령이 회담에 참여하는 데 정보가 될 수 있도록 대통령은 자신이 전반적으로 동의하는 귀하의 요약된 견해를 브링크 중령에게 제공하였습니다.

호주 기지에서 귀하의 부대까지 중요한 물자를 공급하고자 장거리 B-24 비행기를 활용하며, 아프리카를 경유해서 이동하도록 되어 있는 필리핀에 공군 증원 부대를 파견하고자 하는 것이 전쟁성의 의도인데, 브링크 중령은 이러한 사실을 이미 알고 있습니다.

또한 그는 서태평양의 전체적 방위 구조상 필리핀에서의 성공의 중요성을 회담에서 제안하도록 지시받았습니다. 그는 공중 수송을 보강하고자 필리핀과 호주 기지 사이에 제한된 해상 교통을 다시 설치해야 할 중요성을 강조할 것입니다.

회담에 앞서 브링크 중령은 해군성이 임명한 미국 해군 대표와 협의할 예정인데, 이는 미국의 대표들이 제출하는 제안이 가능한 한 합의적이어야 하기 때문입니다. 그는 회담 결과에 대해 즉시, 극비리에 급송으로 회담의 전체 보고서를 제출하며, 만약 비밀이 보장된다면 그의 보고서의 사본을 귀하에게 제출하라는 지시를 받았습니다. …….

만약 비밀을 지킬 수 있다면, 각 회담의 주제에 관한 귀하의 견해를 중경과 싱가포르에 있는 미국 대표단에게 전달하십시오. …… 비슷한 성격의 회담들이 워싱턴과 모스크바에서 열리고 있습니다.

12월 13일과 14일자의 귀하의 메시지를 대통령이 검토했습니다. 그는 필리핀의 전략적 중요성을 충분히 인식하고 있으며, 귀하를 지지하는 결정이 흔들린 적이 없으며, 앞으로도 흔들리지 않을 것임은 거듭 말할 필요도 없습니다.

문제는 태평양에서 해군의 패배로 말미암아 복잡하게 되었습니다. 그러나 12월 14일자 귀하의 보고서에서 제안되었던 폭격기와 추격기의 증강은 속히 이행될 것입니다. 귀하는 상황을 분석하여 우리에게 충고해 주기 바랍니다.

수신 여부를 알려주기 바라며

마셜 드림[8]

1941년 12월 말에서 1942년 1월 초 동안 워싱턴에서 만났던 영국과 미국의 참모부는 당분간 대일전에 참전하지 않는다는 소련의 결정을 주목했다. 연합군의 거대 작전을 시작하면서 참모부는 독일이 "여전히 제1의 적"이며, "독일을 패퇴시키는 것이 승리의 요체"라는 것을 재확인했다. 그러므로 "다른 전투 지구에서 아주 중요한 이익을 지키는 데 필요할 정도의 최소 부대만을 대독(對獨) 작전에서 전용(轉用)해야 했다." 극동에 관해서 참모부는 다음과 같이 합의했다.

호주 · 뉴질랜드 · 인도의 안전을 지켜야 하고, 중국의 전쟁 노력을 지지한다. 그다음에 대일(對日) 공격상 우월한 위치를 확보해야 한다. 따라서 우리의 직접적 목적은 다음의 지역을 지키는 것이다.

(1) 하와이와 알라스카
(2) 싱가포르, 동인도 요새, 필리핀
(3) 랭군과 중국으로 통하는 길
(4) 시베리아의 연해주

위의 지역을 지키는 데 필요한 최소 부대는 상호 토의해야 할 문제이다.[9]

8) Msg, Gen Marshall to Gen MacArthur, No. 787, 15 Dec 41.

따라서 1941년 말 소련의 대일전 참전 문제는 해결된 것이 아니라 연기되었다. 동시에 시베리아 연해주를 지키는 문제의 중요성이 연합군의 목표로서 인식되었다.

2. 1942년

1942년 중의 태평양전쟁에 소련이 참여하는 문제가 간헐적으로 워싱턴에서 제기되었는데, 그 이유는 일본이 소련을 공격할지도 모른다는 가능성과, 육군항공대(Army Air Forces)가 시베리아에 공군 기지를 설치하는 데 따른 이점 때문이었다. 일본의 공격에 대적하고, 또 시베리아로부터 공중 공격을 개시하려는 군사 계획에는 극동에서의 소련의 역량에 관한 구체적인 정보가 필요한데 소련 정부는 이를 작성하지 않았다. 따라서 태평양전쟁에 소련이 참여하는 문제에 대한 고려는 결론을 보지 못한 채 남겨 두었다.

소련에 대한 일본의 공격 가능성은 1942년 봄부터 점점 관심을 끌게 되었다.[10] 당시 일본은 태평양과 동남아시아에서 승리하였기 때문에 군사력의 기동성은 증가하고 있었다. 1942년 3월 4일, 대통령은 합동참모본부(JCS)에 지시하여 태평양전쟁에 소련이 참여하는 문제를 재검토하도록 하였다.

> 금년 봄에 소련과 일본 사이에 전쟁이 확실히 일어난다고 할 수 없지만, 항상 전쟁 가능성은 분명히 있다. 만약 일본이 남서태평양 지역에서 봉쇄

9) US-Br Csofs Memo, Sub : American-British Grand Strategy, approved 31 Dec 41.
10) 이 계획 활동의 논의에 대해서는 Matloff and Snell, *Strategic Planning for Coalition Warfare* ; 1941~1942, pp. 142~146.

부대(containing force)만 남겨 둔 채 비교적 많은 병력과 비행기를 그곳에서 철수하게 된다면 전쟁 가능성은 높아진다. …… 만약 전쟁이 일어날 경우, 연합참모부(United Staffs, *sic*)가 미국이나 영국의 입장에 대해 한두 번의 회의를 개최한다면 이것은 좋은 일이라고 나는 생각한다.

이것은 물론 여러 각도에서 검토되어야 한다. 예를 들어 ;

(1) 연합국이 공격할 경우 남쪽 지역에서부터 시작해야 일본이 그쪽으로 더 많은 군대를 보내게 될 것이다.

(2) 일본에 대한 다양한 공격을 감행하려면 미국과 소련이 중국 영토를 활용하는 점도 고려해야 한다.

(3) 캄차카와 시베리아로 가는 알류산열도(Aleutians)의 길을 개설하는 점도 고려해야 한다. 시베리아로 가는 길은 여름이면 훨씬 더 북쪽의 길(Wrangel Island)을 지나 시베리아 북극 해안으로 가서 거기서부터 남쪽에 이르는 길을 이용하는 소련군에게 군수품을 제공할 수도 있다.[11)]

합참은 1942년 3월 30일, 대통령에 대한 답신에서 소련의 계획과 소련의 군대에 대한 더 많은 정보가 있어야 대통령이 제안한 문제에 대답할 수 있다고 보고했다.

3월 4일, 대통령은 스타크(Harold R. Stark) 장군과 마셜(G. Marshall) 장군에게 각서를 보내어 소련과 일본 사이에 전쟁이 일어날 경우에 연합국이 취해야 할 조처를 검토하라고 지시했다. …… 국제연합이 취할 행동에 필요한 현실적인 계획을 수립하기에 앞서 소련군의 계획과 전력에 대한 정보가 필요하다는 결론에 도달하게 된 합동참모기획처(Joint Staff Pianners, JSP)는 이것을 연구의 주제로 고려하게 되었다.

일본의 전투력을 시베리아에서 다른 곳으로 돌리고자 미군이 남서태평양에서 행동을 취하는 것 이외에 (이는 우리의 기존 전쟁 작전들과 부합하

11) JCS 16, Note by Secys, Sub : United Nations Action in Case of War between Russia and Japan, 6 Mar 42.

는 한 어느 경우에도 사용될 방법임) 시베리아와 그 주변에서 미군의 무력을 사용할 가능성은 미군이 진공해서 작전할 수 있는 육·해·공군 기지를 소련군이 유지할 수 있는 능력에 달려 있다.

우리는 시베리아와 만주국에 있는 다양한 종류의 부대 전력을 알지 못한다. 또한 소련이 해안 지역을 지키려고 계획하는지, 혹은 적극적인 전선을 유지하고자 서쪽으로 퇴각하려고 계획하는지도 모른다. 미군의 장교들이 소련의 무력과 계획에 대해 완전한 정보를 확보한 뒤, 이 정보의 유효성이 시베리아 지구의 소련군과 장비에 대한 신중하고도 철저한 조사로 입증되지 않는다면 미국이 시베리아에서 적극적인 작전을 수행하는 것은 현명하지 않다.

현재까지 우리의 군사 당국자들이 소련군에 관한 빈약한 자료 외에 어떤 것도 얻는다는 것이 불가능하다. 그리고 만약 소련이 더 많은 정보를 제공한다 하더라도 그것은 의심스러운 것들이다. 이러한 정보를 얻을 수 있는 유일한 방법은 미국과 소련의 정치 당국자들 사이의 직접적인 협정을 통해서 가능하다.

위의 사실에 비추어 볼 때 대통령은 소련과 완전한 군사적 협조를 하는 협정을 맺을 수 있도록 소련 정부와 방법을 모색해야 한다는 의견이 조심스럽게 제기되고 있다. 만약 그러한 협정이 맺어진다면, 미군 장교들이 시찰을 목적으로 시베리아로 파견될 수 있고, 그들이 돌아온 뒤에는 참모 사이의 대화를 가질 수 있다. 협조의 문제는 그러한 대화와 현실적인 계획이 수립되는 동안에 검토될 수 있을 것이다.[12)]

합참의 비망록은 아무런 논평 없이 회송되었다. 소련을 원조하는 문제는 1942년 5월 초 대통령과 맥아더 장군 사이에 교환된 메시지에도 역시 언급되어 있다. 5월 6일, 대통령은 전쟁성이 맥아더 장군의 증강 요청을 지원해 주지 못한 것을 설명하는 전신문을 보냈다.

---

12) Memo, Gen Marshall and Adm King to Pres, 30 Mar 42.

대전략(grand strategy)의 문제에서, [대통령이 다음과 같이 썼다] 나는 소련군이 금년 봄과 여름 동안 여타의 25개 국제연합국이 달성한 결과를 전부 합한 것보다 더 많은 추축국의 병력을 사살하고 더 많은 군수품을 파괴하고 있다는 단순한 사실을 외면하기는 힘들다고 생각합니다. 그러므로 우리가 제공할 수 있는 모든 군수품을 그들에게 지원해 주고 독일의 지상군과 공군력을 소련 전선에서 이동하려는 계획을 진행함으로써 1942년의 소련의 위대한 노력을 지원하는 것이 전적으로 논리적인 것 같습니다.

대통령은 맥아더 장군에 대하여 다음과 같이 요청하면서 메시지를 끝냈다.

…… 일본이 인도와 실론에 대한 대규모 작전을 계속할 것인지 혹은 캘커타 라인쯤에서 정지할 것인지에 대한 개인적인 예상을 들려주기를 바랍니다. 또한 호주나 뉴질랜드에 대해 전면적인 공격이 시작될 것인지에 대해서도 개인적인 견해를 들려주기를 바랍니다.[13]

이 요청에 대하여 5월 8일 맥아더 장군은 극동에서의 현재의 전쟁 상황을 검토하고, 유럽에서 태평양으로 전략을 재편성하여 자신의 휘하 부대를 증강해 줄 것을 간청했다.

…… 나는 호주와 태평양 지역에 대한 적절한 안보책을 마련함으로써 지속적인 정면 방어(frontal defense)를 유지하고 [일본군이] 남쪽으로 더 진격하지 못하도록 측면 위협을 유지하는 것이 가장 중요하다고 생각합니다. 그런 다음에 최대한 빠른 공격이나, 아니면 적어도 적의 계획과 병력의 배치에 위협적인 영향을 끼치기에 충분한 초전 공격이 뒤따라야 합니다.

이와 같은 공격은 즉각적인 전략 상황의 필요에 직면할 수도 있으며, 미

13) Msg, Pres to Gen MacArthur, 6 May 42, CM-OUT 1131.

국이 전적으로 책임지고 있는 유일한 전지(戰地)에서 적절한 노력을 제공함으로써 미국 대중의 여론을 만족시킬 수도 있을 것입니다.

나는 소련의 전선이 매우 중요하다는 사실에 대해서는 대통령과 의견을 같이합니다. 이것은 너무도 중요하여 그곳에 대한 최대한의 지원을 방해할 수 있는 것은 아무것도 없습니다. 그러나 제2전선에 대한 필요성이 자명하므로 우리는 소련에 제한된 지원만을 할 수밖에 없습니다.

여기에서 제2전선이라 함은 태평양 전구를 의미합니다. 태평양 전구가 아닌 어떤 다른 곳에서도 지원이 그렇게 성공적으로 시작될 수 없으며, 다른 곳에서는 소련을 지원할 수가 없을 것입니다. 우리가 소련을 지원하면 소련은 시베리아의 자원을 유럽 전선의 직접 지원에 활용하고, 태평양을 공격할 때 동맹국과 합류함으로써 지금 일본이 소련에 행사하고 있는 시베리아의 압력은 즉시 감소할 것입니다.

더욱이 그런 전략은 호주와 인도를 방어할 것인데, 이는 인도에 대한 최상의 방어는 인도양에서보다는 태평양에서 확보될 수 있기 때문입니다. 그리고 그것은 전 미국의 열렬한 심리적 지원을 얻을 것입니다.[14)]

그러나 이 권고는 채택되지 않았다. 일본이 미드웨이호(Midway)를 공격하고 1942년 6월 초, 알류산열도를 공격함에 따라 태평양 전쟁에서의 소련의 역할에 대한 더 많은 논의가 진행되었다. 일본의 공격은 6월 3일 더취 하버(Dutch Harbor)에 대한 공중 공격으로 시작되었다.

다음날 일본군은 키스카(Kiska)와 애투군도(Attu Islands)에 상륙했다. 미드웨이 전투의 결과 미군에 대한 적군의 위협은 감소했다. 그러나 알류산열도를 점령하는 것은 소련에 대한 공격의 전주곡일 수 있다는 가능성이 남아 있었다. 이것은 결과적으로 소련과의 긴밀한 군사적 협조가 바람직하다는 것을 의미했다. 더욱이 알

14) Msg, Gen MacArthur to Gen Marshall, 8 May 42.

래스카와 시베리아를 통과하는 대여 비행기의 인도를 원활하게 하는 데 필요한 추가 정보도 필요했다.

1942년 6월 15일, 합참은 대통령에게 미 · 소군 참모 회의에 대하여 스탈린의 승인을 얻도록 요청했다. 대통령은 이 제안을 수락하고 6월 17일, 스탈린 원수에게 다음과 같은 전문을 급송했다.

> 알래스카와 북태평양의 상황은 일본이 아마도 소련 해안 지역에 대한 작전을 수행할 준비를 하고 있다는 명백한 증거가 제시될 정도로까지 진전되고 있습니다. …… 그러한 공격이 전개될 경우, 시베리아에 적절한 비행장을 이용할 수 있다면 우리의 공군력으로 귀국을 도울 준비가 되어 있습니다. …… 그러한 작전을 신속하게 성취하려면 소련과 미국 사이에 신중한 조정이 있어야 합니다.
>
> 미국의 비행기가 알래스카에서 북러시아를 거쳐 귀국의 서부 전구까지 이동하는 문제를 귀하가 승인했다는 사실을 리트비노프(M. Litvinov)로부터 듣고 매우 기뻤습니다. 태평양 지역의 새로운 위험에 대처하려면 알래스카와 시베리아 지역의 기존 시설들에 관한 구체적인 정보를 교환하고, 우리의 공동이익에 본질적인 문제들에 관한 해 · 육 · 공군의 공동 대표들 사이의 비밀 참모 회의를 즉시 시작해야 한다고 나는 믿습니다.
>
> 이 문제는 매우 급한 것으로 생각되기 때문에 우리의 회담 참가자들은 구체적 계획을 만들 수 있고 행동을 시작할 수 있는 권한을 가져야 합니다. 귀하와 내가 지명한 대표들이 모스코바와 워싱턴에서 즉시 만나기를 제안합니다.[15]

6월 23일까지 회신이 없자 대통령은 알래스카와 시베리아를 통해 비행기를 인도할 경우의 유리한 점을 강조하는 두 번째 전문을 보냈다.

---

15) Msg, Pres to Marshall Stalin, 17 Jun 42.

6월 17일자로 귀하에게 급송한 메시지에 덧붙여 말씀드리건대, 우리가 지금 하고 있는 것처럼 아프리카를 통해 무기를 인도하는 대신 만약 시베리아나 알래스카를 통해서 무기의 인도가 이루어질 수 있다면, 소련에 비행기를 전달하는 데 굉장히 긴 시간을 절약할 수 있다는 점을 강조하고 싶습니다.

지금은 바다로 운반되고 있는 단거리 비행기들의 수송은 시베리아를 통과하는 육상 수송로를 설치함으로써 이행될 수 있을 것입니다. 만약 놈(Nome)에 있는 우리의 항공로와 연계하고자 비행장 · 항공 시설물 · 일기 관측 시설물이 설치될 수 있다면, 나는 미국의 수송원이 곧 귀국의 바이칼호(湖)에서 비행기를 인도하도록 하겠습니다.

블라디보스토크 지역으로 갈 수 있는 비행장과 시베리아로 향한 항공로들 사이의 연결은 쉽게 이루어질 수 있습니다. 그러므로 일본이 귀국의 해안 지역에 대한 공세를 펼 경우, 우리의 공군 부대들은 귀국을 돕도록 신속히 그 지역으로 이동할 수 있습니다.

시베리아를 경유해서 바이칼호까지 항공로를 건설하는 문제를 검토한 나의 관점에서 보건대, 비행장을 건설하는 데 필요한 가솔린이나 기계와 같은 막대한 공급품들은 북극해로 흘러 들어가는 어떤 강을 활용하여 수로로 동시베리아로 수송될 수 있을 것이 명백합니다. 이러한 수로에 의한 이동은 이 강물이 얼기 전인 앞으로 몇 주 안에 완료되어야 할 것입니다. 빨리 행동해야 할 필요성 때문에 6월 17일자의 나의 급전에 대한 귀하의 대답을 받기에 앞서 이 서신을 귀하에게 다시 보냅니다.

만약 귀하가 그 중요성과 급박성에 동의한다면, 이러한 항공로의 개설을 서두르는 데 필요한 비행장과 항해 시설을 건설하는 데 필요한 공급품과 장비의 수량을 조사하는 탐사 목적으로 알래스카로부터 미국의 비행기 한 대가 지정된 항공로를 따라 비행하는 것을 허락해 줄 것을 요청합니다. 이 비행을 담당하는 사람은 절대로 군인이거나, 민간인 복장을 한 군인이 아니게 모든 주의를 할 것입니다. 그들은 실제로 민간 기업의 대표로서 여행을 할 것입니다.

이 탐사 비행은 6월 17일자 본인의 급전에서 권고했던 우리 육 · 해 · 공군 공동 대표들 사이의 토의를 대신하지는 않을 것입니다. 그 탐사 비행은 군사 대표들이 관련 문제들에 대해 좀더 명확하고 구체적인 지식을 가지고 토의할 수 있도록 하고자 활용될 것입니다. 물론 귀국의 1~2명의 관리, 혹은 놈의 관리들이 동승할 수도 있습니다.[16]

스탈린 원수는 그의 회신에서 일본의 시베리아 침공 가능성에 대한 언급을 회피한 채 알래스카로부터 오는 대여 무기의 항로 문제에 관해서만 언급했다. 그는 비행장에 관한 작업이 이미 진행하고 있으며, 제안한 시베리아 횡단 탐사 비행은 소련 조종사가 비행기를 운전하며, 미국 대표단은 이에 동승해야 할 것으로 느껴진다고 주장했다.

스탈린은 군사 대표 회담에 관해서, "이것이 필요한 한 정보 교환의 목적"이라는 조건으로 동의했다. 그 회의는 워싱턴이 아니라 모스코바에서 열려야 하는데, "왜냐하면 이것은 단지 한 달에 인도될 수 있는 비행기 숫자의 문제에 불과함이 확실하기 때문이다."[17]

대통령은 자신의 제안에 대한 이러한 부분적인 승낙을 근거로 일을 계속 진전하기로 결정했다. 그는 7월 6일, 모스코바에 갈 미국 대표로 육군항공대의 브래들리(Follett Bradley) 소장이 임명되었음을 스탈린 원수에게 통보했다.

브래들리 장군은 미국의 육군과 해군 수행원들의 도움을 받았다. 비록 소련 정부는 시베리아 횡단 항공로의 논의에만 동의했지만, 만약 일본에 대한 공동 대응의 문제가 소련 관리들에 의해

16) Msg, Pres to Marshall Stalin, 23 Jun 42.

17) Msgs, Amb Standley to Sec State, Nos. 227 and 231, 2 Jul 42. 이 정보는 소련 기록으로 번역되었다. 더욱이 스탈린과 스탠들리(W. H. Standley) 대사 사이의 대화로 분류되었다. William H. Standley and Arthur A. *Ageton, Admiral Ambassador to Russia*(Chicago, 1955), pp. 248~250 참조.

제기된다면 미국 대표들은 이를 조정하고 결정할 권한을 위임받았다.[18]

1942년 여름에 소련은 독일에 남러시아의 영토를 상실했으나 브래들리 장군은 알라스카 - 시베리아 항공로를 개설하는 데 별 진전을 볼 수 없었다. 마침내 10월 6일, 그는 시베리아 공군 기지의 조사를 위한 스탈린의 허락을 얻어냈다. 스탈린 원수는 "비록 일본과 소련이 중립 협정(neutrality pact)을 체결했지만, 소련의 어느 누구도 일본의 성명을 믿지 않으며, 일본은 언제라도 공격할 수 있을 것으로 믿는다."고 지적했다.[19]

브래들리 장군은 이 조사를 하기에 앞서 추가적인 지침이 필요하다고 인식하고 1942년 12월 초 워싱턴으로 돌아갔다. 합참은 그 문제를 검토한 뒤 미국이 시베리아에 3개의 중(重)폭격대를 파견할 준비가 되어 있음을 브래들리 장군이 스탈린 원수에게 통고하도록 대통령에게 건의했다. [스탈린 원수에게 보내는 루즈벨트 대통령의 서한 형식으로 작성된]이 건의안은 12월 30일에 발송되었다.

> 일본이 극동에서 소련을 공격할 경우, 소련 당국이 군수품과 장비를 제공하고 적절한 작전 시설들이 사전에 준비된다면, 미국은 가능한 한 빨리 약 100대의 4발 폭격기로 무장한 미 공군을 지원할 준비가 되어 있습니다. 우리의 부대 지원은 전적으로 항공 수송이어야 하므로, 소련 정부가 폭탄 · 연료 · 윤활유 수송 · 대피호 · 열료(熱料), 그리고 그 외 기타 자원들과 같은 품목들을 공급할 필요가 있을 것입니다.
>
> 비록 우리는 일본이 소련을 공격할 것이라는 실증적인 정보를 가지고

18) 브래들리(F. Bradley) 사절단의 토의와 그 결과적 교섭에 대해서는, Matloff and Sihell, *Strategic Planming for Coalition Warfare : 1941~1942,* pp. 339~346 참조.

19) Msg, Maj Gen Bradley to Cofs, 5[6] Oct 42, CM-IN 2940.

있지는 않지만 결국에는 그럴 가능성이 보입니다. 그러므로 이러한 급박함에 대비하려면 10월 6일자로 귀하가 브래들리 장군에게 허락한 극동의 공군 시설물의 조사는 지금 당장 이루어져야 하며, 11월 11일 귀하의 허락에 따라 브래들리 장군과 코롤렌코(Korolenko) 장군 사이에 시작된 논의를 계속할 것을 제안하는 바입니다.

만약 귀하가 이에 동의한다면 이 논의에 나의 완전한 신임을 받고 있는 브래들리 장군을 계속 지명하자는 것이 나의 뜻입니다. 그는 미국을 대표하여 자신의 조사에 근거해서 극동 지구에서 미 · 소 연합 작전의 모든 단계를 조사하고 또한 필요할 때는 귀국을 돕도록 배치할 우리 공군의 구성과 병력의 숫자를 추천할 권한을 부여받을 것입니다. 아울러 적대 상황이 발생할 경우에 그는 우리 부대가 즉시 효과적인 참전을 할 수 있도록 보장하는 데 필요한 실제 사전 준비의 정도를 결정할 것입니다. ……[20]

1943년 1월 5일, 스탈린 원수는 다음과 같은 답신을 보냈다.

극동에 관한 귀하의 전신을 받았습니다. 소련을 위해 극동에 100대의 폭격기를 보내고자 하는 귀하의 의도에 감사를 표합니다. 그러나 현재 우리가 폭격기의 지원을 바라는 곳은 우리가 전쟁에 참여하고 있지 않은 극동에서가 아니라, 독일과 격렬하게 전투를 치르고 있는 소 · 독 전선입니다. (우리는 충분한 비행사를 확보하고 있기 때문에) 이러한 비행기들이 도착한다면, 미국의 조종사가 없더라도 남서(南西), 혹은 중앙 전선에서 히틀러(A. Hitler)에 대한 투쟁에서 이 비행기들은 매우 중요한 역할을 담당할 것입니다.[21]

1943년 1월 8일, 대통령은 극동에서의 미국의 원조 조건을 명료하게 하려고 노력했다. 그 원조는 비행기만이 아닌 공군 부대를

20) Draft Msg with Memo, JCS to Pres, 30 Dec 42.

21) Msg, Marshall Stalin to Pres, 5 Jan 43.

포함하는 것이라는 점을 다시 한번 지적하면서 대통령은 다음과 같이 언급했다.

> 100대의 비행기에 관한 우리의 제의는 일본과 소련 간에 실제 전투가 벌어질 때 해당하는 상황입니다. 독소 전선에서 전개되고 있는 귀국의 전투도 마찬가지이겠지만, 그러한 상황에서 우리는 태평양 전구의 우리의 공군 부대를 재편성함으로써 조직화된 100대의 비행단이 동시베리아에 집중될 수 있다고 계산했습니다. 왜냐하면 그곳에서 소·일 전투가 벌어지면 태평양 지구 어디에서든지 우리의 공군력을 감축할 수 있기 때문입니다.
>
> 나의 무선 통신은 오직 가능성에 대한 예비적 보호 계획의 성격을 띤 것이었습니다. 나는 소련의 관리들과 브래들리 장군의 조사와 논의를 즉각 제안하는 바입니다. 그러한 예비적 조사와 사전 계획에 의해서만 시베리아에서 전투가 발생했을 경우 이성적으로 신속한 원조를 제공할 수 있을 것입니다.
>
> …… 브래들리 장군과 그의 일행이 조사와 참모 회의를 위해 지체 없이 극동으로 가야 한다는 12월 30일자 본인의 제안에 조속한 답신을 준 것을 고맙게 생각합니다.[22]

스탈린 원수는 그 제의를 오해한 것이 아니라 거절했다는 것이 1943년 1월 13일자의 그의 전문에 명백히 나타나 있다.

> 폭격 편대를 극동에 파견하는 문제에 관한 나의 지난번 전문에서 우리에게는 비행사가 충분하므로 우리가 원하는 것은 비행 부대가 아니라, 조종사를 제외한 비행기만이라는 것을 분명히 했었습니다. 이것이 첫째로 지적하고자 하는 점입니다.
>
> 둘째로, 우리가 귀국의 비행기를 필요로 하는 곳은 소련이 전쟁 상태에

22) Msg, Pres to Marshall Stalin, 8 Jan 43.

있지 않은 극동에서가 아니라 항공 지원이 특히 절실한 곳인 소련·독일 전선입니다.

나는 브래들리 장군이 극동과 소련의 다른 지역의 군사 시설물을 조사해야 한다는 귀하의 제안을 전혀 이해할 수 없습니다. 미국의 군사 시설물은 미국 조사자들만 조사할 수 있는 것과 마찬가지로 소련의 군사 시설물들은 소련의 조사자들에 의해서만 조사될 수 있다는 것이 명백합니다.[23]

이 답신의 결과로 브래들리의 조사는 취소되었다. 일본에 대한 폭격의 임무를 위해 시베리아의 공군 기지를 활용하려던 계획은 당분간 중지되었다. 소련의 태도로 볼 때 알류샨열도 - 캄차카반도 - 쿠릴열도를 경유해서 일본으로 접근하는 북쪽 항로를 가까운 장래에 설치할 가능성도 역시 희박했다. 그럼에도 불구하고 북쪽 항로의 잠재적 활용은 미국 군사 계획의 한 요인으로 남아 있었다.

3. 1943년

1943년, 미국과 영국, 그리고 소련 사이에 벌어진 논쟁은 주로 연합군의 대(對)독일 전쟁 노력을 조정하는 문제에 집중되었다. 연합국 측의 4대 강국 회의는 1943년에 네 번 개최되었는데, 첫 번째는 1월에 카사블랑카(Casablanca)에서, 두 번째는 5월에 워싱턴에서, 세 번째는 8월에 퀘벡에서, 그리고 네 번째는 11월과 12월에 카이로·테헤란에서 열렸다.

이 네 번의 회담에서 태평양전쟁에 소련이 참여하는 문제는 거의 관심을 기울이지 않았다. 군사 기획자들은 계속해서 대일전에

23) Msg, Marshall Stalin to Pres, 13 Jan 43.

궁극적인 소련의 지원을 희망했고, 테헤란회담에서 스탈린 원수는 독일이 패망한 뒤에야 그러한 지원이 가능할 것이라고 언급했다. 야전 사령관들은 자신들의 특별한 전구(戰區)가 직접 영향을 받지 않는 한 전략 계획을 작성하는 데 참여하지 않았다.

1943년 1월의 카사블랑카 회담은 대독 전쟁을 승리로 이끌기 위한 연합군의 전략이 주요 관심사였다. 대일전에 대한 논의는 1943년에 이행될 작전에 집중되었는데, 여기에서는 소련이 참전할 가능성이 거의 없는 것처럼 보였다.

1943년에 미국이 북태평양에서 계획한 목적을 언급하면서 합참은 일본과의 전쟁 시에 일본의 더 이상의 팽창을 견제하고, 소련을 지원하고자 알류산열도는 가능한 한 방어해야 한다는 데 동의하는 정도를 넘지 않았다.[24)]

연합참모부(Combined Chiefs of Staff)가 회담의 결과를 트루먼 대통령과 처칠 수상에게 제출하려고 초안을 작성하였고 스탈린 원수에게도 보내고자 요약된 서한을 작성하였는데, 이는 부분적으로 다음과 같다.

> 유럽 지역에서 초전에 확실한 승리를 거두려면 독일의 패배에 전력을 집중한다는 것이 우리의 정확한 전략이라는 점에는 의심할 여지가 없다. 동시에 태평양과 극동에서 주도권을 확보하고, 중국을 보존하고, 일본이 귀국의 해안 지역과 같은 그 밖의 지역으로 공격을 확대하는 것을 방지하고자 일본에 충분한 압력을 행사해야 한다.[25)]

24) CCS 168, Memo by JCS, Sub : Conduct of the War in the Pacific Theater in 1943, 22 Jan 43.

25) CCS 165/2, Memo by CCS, Sub : Draft Telegram from the President of the United States and the Prime Minister of Great Britain to Premier Stalin, 22 Jan 43.

그 이전의 결정들이 제한된 가용(可用) 자원을 가지고 성취할 수 있다고 입증된 것보다 더 많은 작전을 수행할 수 있도록 동맹국들을 보장해 주었다는 사실이 1943년 5월의 영·미 워싱턴회담이 열리게 된 부분적인 이유였다. 새로운 회담에서 승인된 연합군의 전략은 대일전에 소련의 참여가 바람직하다고 주장한다.

I. 전체 목적

소련과 다른 동맹국들이 협력하여 가능한 한 빠른 시일 안에 추축국(樞軸國)으로부터 무조건 항복을 받아낸다.

Ⅱ. 전쟁 수행을 위한 전체적 전략 개념

(1) 소련과 다른 동맹국들이 협력하여 가능한 한 빠른 시일 안에 추축국의 무조건 항복을 받아낸다.

(2) 동시에 다른 태평양 관련국들과 협조하여 일본의 군사력을 지속해서 감소시키고, 종국적으로는 일본이 항복할 수밖에 없는 상황을 조성하려면 일본에 대해 무제한의 압력을 유지하고 확대한다. 연합참모부는 작전을 개시하기에 앞서, 그러한 확대가 우리의 전반적인 목표에 미칠 영향을 고려한다.

(3) 유럽에서 추축국이 패배함과 동시에 다른 태평양국 및 가능하다면 소련과도 협력하여 가능한 한 빠른 시일 안에 일본의 무조건 항복을 이끌어내도록 미국과 영국의 모든 자원을 활용한다.[26)]

북태평양에서의 작전에 관해서 연합참모부는 알류샨열도에서 일본을 추방하기로 결정했으나 당분간 북쪽 항로를 통해 일본을 공격하자는 제안을 거부했다.

26) CCS 242/6, Memo by CCS, Sub : Final Report to the President and Prime Minister, 25 May 43(copy for info to CINC, SWPA).

> 우리의 현재의 전략 개념은 알류산열도 서쪽에서 더 이상의 수륙 양면 작전을 계획하지 않고 있다. 그곳의 우리 부대는 시베리아 지역인 캄차카 반도에서 소련의 지원을 받아 작전 상황이 유리하게 될 때까지는 방어 역할만 담당할 것이다.[27]

루즈벨트 대통령과 처칠 수상은 전체적인 전략 개념을 승인하고, 또한 알류샨열도에서 일본군을 추방한다는 연합참모부의 결정을 수락했다. 알류산열도를 확보하려는 작전은 계획대로 이행되었다.

1943년 5월 11일, 애투군도에 상륙이 시작되었다. 뒤에 미군 부대가 키스카에 상륙할 때인 8월 중순, 적군이 그 움직임을 예상하고 떠나는 것을 발견했다.

키스카 작전이 시작되는 동안 루즈벨트 대통령과 처칠 수상은 그해의 세 번째 회담을 하고자 퀘벡에서 만났다. 이 회담에서도 군부의 기획자들은 5월 워싱턴회담에서 채택하였던 전쟁 수행을 위한 전체적 전략 개념을 재확인했다. 일 · 소 전쟁의 가능성에 대하여 합참은 다음과 같은 상황 분석을 제출하였다.

> 일본과 소련 사이에는 기본적인 이익의 갈등이 있다. 일본은 시베리아 동부의 지배를 확보하지 않는다면 완전한 전략적 안전을 확보할 수 없다. 소련은 그 지역을 보유할 의지가 단호하며, 그 지역이 전략적으로 안전하려면 아시아 대륙과 남사할린에서 일본을 궁극적으로 추방할 필요가 있다. 그러나 현재 일본이나 소련은 적에 대한 자신들의 전력을 집중하고자 서로 전쟁을 회피하려고 한다.
>
> 소련은 어느 단계에서 대일전에 개입하려고 할 것 같지만, 자기 나라에

27) CCS 239/1, Note by Secys, Sub : Operations in the Pacific and Far East in 1943~1944, 23 May 43(copy for info to CINC, SWPA).

대한 독일의 위협이 제거되기 전까지는 개입하지 않을 것이다. 독일의 위협이 사라진 뒤에야 소련은 자신의 이익에 따라 결정할 것이며, 적은 비용을 들이고도 일본이 패망할 것이라는 계산이 설 때 개입할 것이다.[28)]

퀘벡회담의 군사적 결과는 회담 마지막 날에 루즈벨트 대통령과 처칠 수상에게 요약·보고되었다. 일본에 대한 장기 전략을 취급하고 있는 연합참모부 보고서 부분에는 다음과 같은 내용이 포함되어 있다.

모든 관점에서 판단하건대, 독일이 패망한 직후 가능한 한 빨리 일본을 패배시킬 작전을 마련해야 하며, 그것은 독일이 패망한 뒤 12개월 이내에 일본을 패망시킨다는 것을 근거로 하여 계획을 세워야 한다. 신속한 진행을 보장할 구체적 작전에 관한 결정은 좀더 검토되어야 한다. ……[29)]

아마도 소련이 관여하게 될지도 모를 1944년의 구체적 작전들로는 파라무쉬루(Paramushiru)와 쿠릴열도에 대한 작전들뿐이었지만, 연합참모부는 그러한 작전을 고려하는 데에만 동의했을 뿐이다. 이 회담에서 태평양전쟁에 소련의 참전을 보장하는 조처를 논의하지는 않았다. 또한 루즈벨트 대통령과 처칠 수상은 퀘벡에서 합의한 결정을 요약하여 스탈린 원수에게 보내는 통지문에서도

28) CCS 300, Memo by JCS, Sub : Estimate of the Enemy Situation, 1943~1944, Pacific-Far East Area, 6 Aug 43(Contents for info to CINC, SWPA), 소련의 입장에 대한 좀더 심층적인 분석은 Robert E. Sherwood, *Roosevelt and Hopkins : An Intimate History* (New York, 1948), pp. 748~749에 나타나 있다. 발표된 인용문의 주요 자료는 국방성 문서철에서는 발견되지 않았다. 그리고 비록 위에서 인용된 CCS 300과 JCS 506, p. 21에 인용된 일반 협정에 있다 하더라도 공식적인 공적 입장은 아닌 듯하다.

29) CCS 319/5, Note by CCS, Sub : Final Report to the President and Prime Minister, 24 Aug 43(copy of relevant extracts for info to CINC, SWPA).

이 문제를 언급하지 않았다.

쿠릴열도에 대한 군사 작전은 퀘벡회담 직후에 고려되기 시작하였다. 그러나 니미츠 제독과 의논한 결과, 1944년에 쿠릴열도에서 지속적인 작전을 전개하게 되면 다른 태평양 지역에서 예정된 공격 작전을 심각하게 방해하게 될 것이라는 사실이 곧 명백해짐으로써 결국 그 계획은 중지되었다.

스탈린 원수는 퀘벡에서 루즈벨트 대통령 및 처칠 수상과의 회담 초청에 따를 수 없게 되자, 모스코바에서 외상 회담을 소집할 것을 제의했다. 이 회담이 1943년 10월에 열리기에 앞서 대통령은 해리만을 신임 소련 대사로 임명했고, 딘 소장을 모스코바회담의 미국 대표의 일원으로 지명했다.

딘 소장은 미국 군사 사절단장으로 모스코바에 계속 머물렀다. 합참은 딘 소장에게 보내는 지시에서, 독일을 패배시키는 데 소련의 역할이 절대적이라는 사실과 아울러 다음의 중요성도 지적했다.

> 독일이 패망한 뒤 미국과 영국이 훨씬 적은 경비로 신속하고도 완전하게 일본을 패배시키는 데 필요한 것으로서, 소련의 완전한 대일전 참전이 미국에게는 커다란 중요성이 있다.[30]

모스코바회담은 1943년 10월 19일에 개막하여 주로 유럽의 정치 문제를 다루었다. 군사 문제에 관한 토의는 유럽의 제2전선의 문제와 독일을 목표로 한 왕복 폭격에 사용하고자 소련에 기지를 설치하는 문제들을 중심으로 진행되었다. 소련 대표단은 자국 정부

30) JCS 506, Note by Secy, Sub : Instructions Concerning Duty as Military Observer at American-British-Soviet Conference, 18 Sep 43.

가 태평양전쟁에 참여하는 시기가 점차 임박했음을 공식적으로 언급했다. 딘 장군은 10월 31일에 다음과 같이 보고했다.

> 스탈린 씨는 어제 저녁, 회담의 마지막을 기념하여 보도를 차단한 채 만찬을 주최했다. 분위기는 완전히 협조적이었으며, 나는 헐(C. Hull) 씨가 회담에서 이와 관련하여 큰일을 했다고 생각한다. 만찬이 끝난 뒤, 1921년에 일본이 시베리아를 관통하는 매우 긴 영화를 본 것은 의미 있는 일이었다. 이것은 분명히 반일(反日) 선전이었으며, 우리는 모두 이것이 일본에 대한 그들의 태도를 우리에게 보여주는 간접적인 방법이라는 것을 느꼈다.
> 몰로토프(V. M. Molotov), 비신스키(A. Y. Vashinsky : *sic*), 그리고 다른 사람들과의 개인적인 대화를 통해 우리는 독일이 패망하는 대로 그들이 태평양전쟁에 참여할 것임을 암시하는 좀더 직접적인 진술을 들었다.[31]

스탈린은 회담에서 "동맹국이 대독일전을 승리로 이끈 뒤 소련은 대일전에 참여할 것이라고 분명히 말함으로써 자신을 놀라고 기쁘게 했다고 헐 장관은 보고했다.[32] 그러나 그러한 언약은 회담 의정서에 포함되지 않았다. 그리고 1943년 11월 초, 몰로토프 씨도 해리만 씨에게 비슷한 확약을 했다.[33]

루즈벨트 대통령과 처칠 수상, 그리고 스탈린 원수의 회담이 마침내 1943년 11~12월 가운데 테헤란에서 열리기로 되었는데, 이는 루즈벨트 대통령과 처칠 수상이 카이로에서 장개석 총통과 만난 자리에서 이미 예정된 것이었다.

이 회담을 진행하면서 연합참모부는 1943년 5월 워싱턴회담에서 승인된 전쟁 수행을 위한 전반적인 전략을 변동 없이 재확인했

31) Msg, Maj Gen Deane to JCS, 31 Oct 43, CM-IN 655.
32) Hull, *Memmoirs,* Vol. Ⅱ, pp. 1113, 1309~1310.
33) Msg, Amb Harriman to Gen Marshall, 2 Nov 43, CM-IN 1946.

다.[34] 합참에 제출된 미국의 첩보 평가에 따르면 퀘벡회담 이후 일본·소련 관계는 별로 변화가 없으며, 명백한 상황이 발생하지 않거나 공개적인 위협이 조성되지 않는 한 중립이 지속적으로 유지될 것으로 예상되었다.[35]

테헤란회담에 앞서 연합참모부는 많은 문제 가운데 앞으로 있을 소련 대표와의 회담을 토의했다. 해리만 대사와 딘 장군은 독일이 무너진 뒤 소련이 대일전에 미국·영국과 합류할 의도가 있지만, 개전 준비를 완료하기에 앞서 일본과 전쟁을 일으키는 것을 두려워하고 있다는 의견을 합참에 제시했다.[36]

결국, 합참은 소련의 군사 지도자들과 토의할 가장 중요한 문제의 목록을 작성하였으며, 영국의 합참이 이를 수락했다. 이 목록에서 다섯 항목이 일본에 관한 것이다.

(1) 일본에 관한 전투 정보를 제공하도록 소련에 요청한다. 만약 그들이 이에 동의한다면, 모스코바의 군사 사절단을 통해 구체적인 문제를 질의한다.

(2) 지금 미국의 영토에서 소련 잠수함 부대의 기지를 설치하는 것이 바람직하다고 생각하는지에 대한 대답을 요청한다.

(3) 쿠릴열도의 북쪽에 대한 공격을 개시하는 것이 가능하다면 소련이 직접, 혹은 간접으로 어떤 지원을 할 수 있는지에 대한 대답을 요청한다.

(4) 만약 가능하다면 소련이 미국 해군에게 어떤 항구를 대여할 수 있는지 질의하며, 우리가 운영할 해군 특수 부대(Naval Task Force)의 규모와

34) 본서 p. 136 참조. CCS 380/2, Note by Secys, Sub : Basic Policies for the Next United States-British Staff Conference, 6 Nov 43(contents for info to CINC, SWPA) 참조. Approved 22 Nov 43.

35) 본서 p. 135 참조, CCS 300/2, Memo by JCS, Sub : Estimate of Enemy Situation, 1944-Pacific-Far East, 18 Nov 43(copy for info to CINC, SWPA)

36) Min, JCS 127th and 129th Mtgs, 22 and 24 Nov 43.

크기를 결정하게 될 항구들에 대한 자료를 군사 사절단에게 제공해 줄 것을 요청한다.

(5) 만약 가능하다면 대일 작전을 수행할 수 있도록 우리 공군에게 어떤 공군 기지를 사용하도록 할 것인지, 그리고 연료나 폭격기 등을 포함한 어떤 물품을 공급할 수 있을지에 대해 질의한다. 이 기지에게 어떤 항로가 제공될 것인가?37)

비록 군사 참모들은 테헤란에서 대일전에 관하여 전혀 논의하지 않았지만, 스탈린 원수는 1943년 11월 28일에 있었던 첫 번째의 동맹국 전쟁 지도자 회담에서 그 문제를 언급했다. 대통령이 연합군의 작전을 검토하고 태평양에서의 미군의 작전을 자세히 언급하자 스탈린 원수는 다음과 같이 대답했다.

…… 대통령이 첫 번째 언급한 부분에 관해서 우리 소련은 태평양에서 귀하의 성공을 기원합니다. 불행히도 우리는 서부 전선에 너무 많은 군대를 투입하여 지금까지 어떠한 대일 작전도 수행할 수가 없으므로 당장은 미국을 도울 수 없습니다. 지금 동부에 있는 우리의 부대는 방어에만 만족할 뿐입니다. 그러나 그 부대가 공격 작전을 전개하려면 3배로 증강되어야 합니다. 독일이 패망할 때까지는 이러한 상황이 달성될 수 없을 것입니다. 그다음에 우리는 공동 전선을 구축함으로써 승리할 것입니다.38)

다음날인 11월 29일에 대통령은 합참이 준비한 질의서를 스탈린 원수에게 전달했다. 이 글에서 그는 태평양전쟁에 소련의 궁극적인 참여를 위한 합동 계획을 지금 당장 착수하는 것이 절실히 필

37) JCS 606/2 Rpt by JPS, Sub : Collaboration with the USSR, 25 Nov 43. Approved with minor ed. changes by CCS, 26 Nov 43.

38) Min, 1st Plen Sess, USA, Gr Brit, and USSR, 28 Nov 43,

요하다고 언급했다.

스탈린 원수는 그가 모스코바로 돌아간 뒤 극동 문제를 검토할 것을 약속했다. 12월 말, 몰로토프는 일본에 관한 정보를 제공할 수는 있지만, 나머지 문제들은 더 검토해야 하고, '현재로서는' 대답할 수가 없다고 해리만 대사에게 통고했다.[39]

테헤란에서 카이로로 돌아온 뒤 연합참모부는 더 깊은 조사와 준비를 위한 기초로서 일본의 패망을 위한 전체적인 계획을 원칙적으로 승인했다. 이 계획은 본토를 침공하지 않고서도 해상과 하늘을 봉쇄하고 공중폭격을 함으로써 일본을 패망시킬 있는 가능성을 고려하고 있으나 필요하다고 입증되면 침공의 가능성에 대비하여 계획을 확대할 준비를 해야 한다고 지적했다. 독일이 1944년에 패망하리라는 가능성과, 그 바로 직후 소련이 대일전에 참여할 것이라는 가능성도 포함되어 있었다. 따라서 그러한 상황의 전개에 따른 이점을 확보하고자 준비해야 했다.

그 계획의 전반적인 개념에 따르면 대일전의 주된 노력은 태평양에서 이루어지는데, 뉴기니아 - 네덜란드령(領) 동인도제도 - 필리핀을 잇는 축을 따라 일본이 지배하는 섬들을 통해 중앙태평양을 가로질러 일시에 전진하는 것이었다.

북태평양 · 남태평양 · 중국, 그리고 동남아시아 지구에서의 작전은 단순히 주력 작전을 지원하는 것이었다. 그러나 "소련이 전쟁에 참여하는 경우 북태평양의 작전은 좀더 큰 중요성을 띨 수도 있고, 주요 부대의 재배치가 있을지도 모른다."[40]

---

39) Deane, *The Strange Alliance*, pp. 226~227 ; Sherwood, *Roosevelt and Hopkins : An Intimate History*, pp. 784~785.

40) CCS 417, Rpt by CPS, Sub : Over-All Plan for the Defeat of Japan, 2 Dec 43(copy far info to CINC, SWPA).

계획의 부록 I은 소련이 전쟁에 참여할 가능성에 대비하여 만든 참고 사항으로, 그 내용은 다음과 같다.

(1) 우리는 소련에게 가능한 한 빨리 참전하도록 촉구해야 한다. 그들이 언제 참여하겠다고 제의할 것인지, 참여할 때 무엇을 제안할 것인지, 우리가 무엇을 도와주기를 바라는지 등에 대해 우리에게 말하도록 요청한다.

(2) 한편, 중앙·남서태평양의 작전과 상충되지 않는 한, 1944년 봄이나 혹은 초여름까지는 [소련의 참전을 지원하도록] 준비하고 있어야 한다. 그렇게 함으로써 다음과 같은 방법으로 소련을 지원할 수 있다.

(a) 해로와 공로를 통한 태평양 횡단 노선으로 물자를 수송함으로써 소련을 지원할 수 있다.

(b) 캄차카반도에 대한 소련의 방위와 수단이 적절하다고 확신시킴으로써 소련을 도울 수 있다. 만약 소련이 그곳에서 우리 부대의 지원을 바란다면, 특히 항공편으로 부대를 그곳으로 이동할 준비를 해야 한다.

(c) 유럽의 동부 전선과 서부 전선으로부터 차출된 비행기와 공군 부대를 제공함으로써 소련을 도울 수 있다.

(3) 소련과의 회담이 마련된다면, 그때는 작전을 위해 다음과 같은 계획을 준비해야 한다.

(a) 캄차카반도와 해안 지역에 들어가 기지를 구축한다.

(b) 북부 쿠릴열도를 확보하고 이를 유지하며 해안 지역으로 통하는 해로를 개설한다.

(c) 시베리아 기지로부터 공군 부대를 발진시켜 작전을 전개한다.

(4) 소련이 전쟁에 참여할 경우 그 외의 다른 곳에서 전개하는 우리의 작전에 적합하도록 준비하고자 우리는 상황을 지속적으로 검토한다.

또 계획의 부록에는 중국이나 시베리아로부터 B-29 비행기를 사용하기 위한 개요도 있다.[41]

41) *Ibid.*

1944년 대일전에서 수행할 구체적인 작전을 다룬 문서에서 합참은 다음과 같이 언급했다.

> (1) 가능한 한 빨리 대일전에 소련이 참전하도록 모든 노력을 강구해야 하며, 그 경우에 대비하여 계획을 수립해야 한다는 데 우리는 동의한다.
>
> (중략)
>
> (5) 북태평양 : 소련이 협조할 경우 쿠릴열도와 소련 영토에 진입할 준비를 위해 알류샨열도에 기지 시설과 방어 시설을 확장하는 것이 북태평양 계획에 포함되어야 한다. 일본 어선을 공격하는 것을 포함하여 해군의 해상과 잠수함 작전이 수행될 것이다. 쿠릴열도와 일본 북부에 대한 장거리 전략 폭격을 감행할 준비를 해야 한다.[42]

1943년 말 군사 기획자들은 독일이 패배한 뒤에야 소련이 태평양전쟁에 참여할 것이라고 믿을 만한 근거를 가지고 있었다. 막상 그런 때가 되었을 때 소련이 과연 실제로 참전할 것인지, 또는 어떤 조건하에서 참전할 것인지에 대해서는 여전히 알려지지 않았다. 더욱이 그 댓가로 무엇을 원할 것인가 하는 정치적인 문제가 정부 수뇌들이 해결해야 할 문제로 남아 있었다.[43]

---

42) CCS 397(rev), Memo by JCS, Sub : Specific Operations for the Defeat of Japan, 1944, 3 Dec 43(copy for info to CINC, SWPA).

43) 테헤란에서 스탈린 원수는 루즈벨트 대통령과 처칠 수상에게 소련은 사할린 전부와 쿠릴열도, 그리고 대련항과 같은 태평양의 난류 항구로의 통로를 바란다고 말했다. 국무성의 부정확한 교정쇄로 인쇄한 Msg, Amb Harriman to Pres, 15 Dec 44, *The Conferences at Malta and Yalta*, 1945(hereinafter : *Malta-Yalta Galleys*), Pt. I, pp. 52~53 참조. 또한 Sherwood, *Roosevelt and Hopkins : An Intimate History*, pp. 791~792.

4. 테헤란에서 얄타까지(1944년)

1) 대일전의 개념에 대한 재언명

소련이 대일전에 궁극적으로 참여하리라는 것이 테헤란에서 약속됨에 따라, 미국의 군사 기획자들은 중앙태평양과 남서태평양 지역에서 미군이 신속하게 전진한다는 점에 맞추어 일본을 패배시킬 전반적인 계획을 1944년 봄에 계속 검토했다.

마침내 기획자들은 해상·공중 봉쇄와 집중적인 공중 폭격이 "일본의 저항력과 의지를 저하할 수 있으나" 일본이 조기에 무조건 항복하리라는 점을 보장할 수 없다는 결론을 내림으로써 본토 침공의 필요성을 납득하게 되었다.

1944년 7월 11일에 합참은 이 수정 개념을 인정했다. 그에 따라서 계획상 다음과 같은 작전 일정을 재가하였다.

> (1) 일본의 봉쇄와 공중 폭격을 확대하고 유리한 상황을 조성하고자 유구열도, 보닌열도(Bonins) 및 중국의 동남해안을 따라 동시에 전진한다.
>
> (2) 적의 주력군과 교전하여 이를 고정시키고, 유리한 전술적 상황을 만듦으로써 일본의 능력을 약화하고자 규슈(九州)에 대한 수륙양용 공격을 한다.
>
> (3) 규슈로부터 지속적인 압력을 가함으로써 지원을 받으면서 도쿄 평야를 관통하는 수륙 양면 공격을 전개하여 일본의 산업 중심지에 대한 결정적인 타격을 가한다.[44]

44) JCS 924, Rpt by JPS, Sub : Operations Against Japan Subsequent to Formosa, 30 Jun 44, and Decision Amending JCS 924, 11 Jul 44(copy for info to CINC, SWPA).

이 계획에는 1945년 4월 1일부터 6월 30일까지의 기간을 보닌열도와 유구열도 침공 기간으로 설정하였다. 아울러 이 기간에 일본 본토에 대한 공중 공격도 강화하기로 했다. 최종 단계는 1945년 10월 1일 규슈 공격으로 시작하여 1945년 12월 말 혼슈(本州)의 도쿄 지역에 대한 공격에서 최고조에 달하는 것으로 잠정적으로 계획하였다.

이 작전 개념에 나타나고 있는 일본의 패배에는 "소련의 적극적 참전이 전제되어 있지 않았다." 그러나 일본이 소련의 시베리아군을 공격함으로써 소련이 분쟁에 말려들 가능성이 있었다. 그럴 경우에 소련은 "다른 연합국의 도움이 없이도 자신의 영토를 지키고, 관동군을 억제할 정도의 능력은 있을 것으로" 기획자들은 판단했다. 그러나 좀더 우호적인 상황에서 소련군이 기여한다면 그것은 특별한 가치를 가질 수도 있었다.

> 우리가 규슈를 침공하기 이전이나 혹은 동시에 소련이 만주에 진공하게 되면 일본군이 한국이나 북중국으로 이동하는 것을 상당히 저지하게 될 것이며, 모든 일본군은 아시아 대륙에 잔류해야 할 필요성이 있게 될 것이다. 소련의 그러한 작전은 우리의 규슈 침공과 궁극적으로 감행할 일본 중심부의 공격을 이롭게 할 것이다.[45]

더욱이 소련은 미국 전략 폭격기들이 캄차카반도와 아무르강 계곡의 비행장에서 작전하는 것을 허용할 것이며, "따라서 일본에 대한 그러한 공격을 가능케 하는 명령과 기지의 수를 증대시킬 수 있을 것이다." 그러한 작전을 펴는 데는 시베리아로 가는 해로를

45) *Ibid.*

개설 · 확보하려면 북태평양에서 미국 해군의 작전이 필요할 것이라고 합참은 믿었다.[46]

새로운 전체적인 설명에 동의한 합참은 연합참모부의 승인을 얻기 위해 이를 영국 측에 제출했다.

> 현재까지의 우리의 성공, 우리의 공군력과 해군력의 우세, 또한 독일이 패배한 뒤 예상되는 부대의 이용 가능성 등을 고려할 때 우리의 작전 개념은 …… 일본의 산업 중심 지구로의 진격을 상정해야 한다고 우리는 믿게 되었다. 지속적으로 공중 폭격을 하고, 일본의 해군과 공군력을 파괴함으로써 일본을 패배시킬 수도 있지만, 이렇게 되면 아마도 견딜 수 없을 정도로 지체될 것이다. 따라서 미국의 합참은 전체 목표를 다음과 같이 수정할 것을 권고한다.
>
> 일본의 무조건 항복을 강요하려면,
>
> (1) 해상과 공중을 봉쇄하고, 집중적인 공중 폭격을 감행하여 일본의 공군 · 해군력을 괴멸시킴으로써 일본의 저항력과 의지를 약화한다.
>
> (2) 일본의 산업 중심 지구의 목표물을 공격하여 이를 점령한다.[47]

1944년 9월의 퀘벡회담에서 영국의 합참은 일본을 패망하도록 수정한 전체 전략에 동의했다. 일본 본토의 침공 목표는 루즈벨트 대통령과 처칠 수상의 승인을 얻었다.[48] 이 회담에서 연합참모부는 대일전의 종전예정일을 확정하는 문제를 논의했다. 그 유일한 목적은 군수품의 생산 일정과 병력 배치를 위한 지침을 제공하는

46) *Ibid.*

47) CCS 417/3, Memo by JCS, Sub : Over-all Objective in the War Against Japan, 11 Jul 44(copy for info to CINC, SWPA).

48) CCS 417/9, Note by Secys, Sub : Over-all Objective in the War Against Japan, 11 Sep 44 ; CCS 680/2, Note by Secys, Sub : Report to the President and Prime Minister, 16 Sep 44(copy for info to CINC, SWPA).

데 있었다.

영국의 합참은 독일이 패망한 뒤 2년이 지나서 종전될 것이라고 분석하였다. 그러나 1년을 예상하고 있던 합참은 이를 절충하여 18개월을 제시하면서 이 기간은 "전쟁의 과정에 따라 정기적으로 확인하는 가운데 조정될 수도 있다"고 생각했다. 합참의 의안을 연합참모부가 채택하여 루즈벨트 대통령과 처칠 수상의 승인을 받았다.[49]

2) 미·소 공동 계획의 문제점

비록 승인된 전체 계획이 "소련의 적극적인 참전을 조건으로 하지는 않았지만" 그들의 참전은 이미 테헤란에서 약속했던 것이다. 태평양에서의 미국의 작전을 소련의 예상된 행동에 맞추어 조정하려고 워싱턴의 군사 기획자들은 극동에서의 소련의 능력과 의도에 대한 구체적 정보가 필요했다.

모스크바에서 이러한 정보를 얻으려는 딘 장군의 노력은 1944년 초까지도 별다른 성과를 얻지 못했다. 그해 1월에 워싱턴의 군사 기획자들은 딘 장군이 소련 관리들에게 제출할 질문의 목록을 준비하여 그에게 보냈다. 그러나 소련의 반응은 계속 실망스러운 것이었다.

1944년 전반기에 극동 문제에 관하여 소련과 미국이 어떤 체계적인 논의를 하는 것이 불가능한 것 같았다. 2월 초 스탈린 원수는 소련이 대일전을 선포한 뒤 미국이 시베리아에서 비행 작전을 하

49) CCS 678/1, Note by Secys, Sub : Planning Date for the End of the War Against Japan, 20 Sep 44.

는 것이 허용될 것이라고 해리만 대사에게 말했다.[50] 그러나 그 활동의 구체적 사항에 대해 소련의 공군 장교들과 토의할 기회가 없었다.

4월이 되자 소련은 자국의 전략공군을 증강하고자 500대의 중(重)폭격기의 인도를 요청했지만, 이 문제에 대한 교섭은 진전을 보지 못했다. 그 뒤 1944년 6월 10일, 스탈린 원수와의 면담에서 해리만 대사는 좀더 고무적인 태도를 확인했다.

> 어제(6월 10일) 저녁 스탈린과의 대화에서 대일전에 소련이 참여하는 문제에 대해 상당히 구체적으로 논의했습니다. …… 나는 소련의 극동에 우리의 폭격기를 주둔시키는 문제를 거론하면서 공급에 필요한 계획을 합의하고 수행하는 데 어떠한 시간도 낭비되어서는 안 된다는 것을 각하와 우리 합참은 믿고 있다고 언급했습니다.
>
> 그는 이것이 바람직하다는 데 동의했고, 절대로 비밀을 지켜야 한다고 강조했습니다. 덧붙여서 그는 이것이 공군의 문제에 국한된 것이 아니라, 지상과 해상 작전도 역시 고려되어야 한다고 말했습니다.
>
> 그는 블라디보스토크와 소비에트스카야 가반(Sovietskaya Gavan) 사이에 12개의 비행장이 있는데 그들은 새로 만들 중폭격기에 적합하며, 우리는 그들 가운데 6~7개를 사용할 수 있다고 설명했습니다. 그리고 필요하다면 금속 활주로(metal strips)도 좀더 제공할 수 있다고 합니다.
>
> 2월 스탈린과 대화한 이래 판단컨대 소련은 왕복 비행 폭격기용 비행장을 준비하면서 우리로부터 습득한 경험을 활용하여 극동에서 중폭격기 용 기지 건설을 계속해 왔음이 명백합니다. 스탈린은 일본이 이제는 방해하지 않는 이 시점에 태평양 경로를 활용하여 연료나 기타 군수품을 저장하는 작업을 즉시 시작하는 것이 바람직하다는 데 동의했습니다.

---

50) Msg, Amb Harriman to Pres, 2 Feb 44. 이 교섭의 완전한 토의에 대해서는 Deane, *The Strange Alliance*, pp. 229~235 참조.

의정서에 정해진 약속을 깨뜨리지 않으면서 이 비축이 이루어질 수 있도록 하려면 다음에 시베리아의 북부를 경유하는 호송이 재개될 수 있기를 바란다고 저는 설명했습니다. 스탈린은 영국이 이 토의에 참여할 것인지에 관해 물었습니다.

이 토의는 딘 장군과 그의 공군 수행원인 왈쉬(Walsh) 장군, 해군 수행원인 올슨(Olsen) 제독과 적격한 소련 장교들 사이에 진행되어야 하며, 영국은 주간 폭격기(day bomber)를 보유하고 있지 않기 때문에 지금 영국을 포함할 필요는 없다고 저는 말했습니다.

태평양전쟁의 전체 전략이 고려될 때인 마지막 단계에는 물론 영국을 포함할 것입니다. 그도 이 토의는 즉시 시작되어야 한다고 동의했습니다. 나는 그에게 정확한 날짜를 강요할 수 없었습니다. 그러나 그는 "빠를수록 좋다"고 말하면서 오래 지체되지는 않을 것이라는 점을 확실히 하였습니다.

스탈린은 우리가 소련 공군에 중폭격기를 제공하는 문제를 제기했습니다. 소련의 극동 기지에서의 우리의 작전에 관해 합의가 이루어진 뒤 가을부터 아널드 장군이 그들을 인도할 준비를 이미 해 놓았다고 저는 설명했습니다. 우리는 그들에게 비행기를 제공할 뿐만 아니라, 폭격 비행이나 전술 작전 시 소련의 승무원들을 미국에서 훈련하게 하거나, 소련에 교관을 파견함으로써 소련 승무원의 훈련에 도움을 주고자 합니다.

그는 소련의 훈련된 비행사와 항공사만이 차출될 것이기 때문에 교관을 소련에 오도록 하는 것이 더 좋다고 말했습니다. 물론 이것은 나중에 이행될 수 있는 구체적인 것들입니다.[51]

앞으로 회담에 대비하여 합참은 7월 5일, 딘 장군에게 다음과 같이 추가로 지시하였다.

처음 토의에서, 우리는 미국 중폭격기의 작전을 서두를 그것과 시베리

51) MSG, Am Ahriman to Pres, 11 Jun 44.

아와 해안 지역의 기지에서 장거리 전투기를 호위해 주기 바란다는 것을 귀하는 강조해야 합니다. 우리가 이 계획을 원활하게 수행하려면 비행장의 위치 상태 · 능력 · 이용 가능성 · 대공 시설과 전투기 등의 공중 방어 시설 · 소모품의 공급 · 정비 · 수리 · 주택 문제 등을 포함한 병참 능력 등에 관한 구체적 정보가 필요합니다.

최초의 미국 공군을 동시베리아로 공수 · 이동하기 위한 조속한 준비의 필요성과, 비행장 시설과 소모품 공급 수준의 조속한 증강을 귀하는 강조해야 합니다. 활용될 공군의 규모는 지원하는 병참 능력에 주로 달려 있습니다. 모든 항공 문제에 대한 구체적인 자료들이 6월 23일 아놀드 장군에 의해 그의 WAR 56070으로 귀하에게 발송되었습니다.

우리는 약간의 대공(對空) 요원을 제외하고는 시베리아에서 지상군을 활용하는 문제를 고려하고 있지 않습니다. 왜냐하면 이용할 수 있는 모든 지상군은 태평양에서 우리의 작전을 수행하는 데 필요하기 때문입니다. 우리가 지금 가지고 있는 동시베리아에 대한 빈약한 정보에 따르면 우리가 이용할 수 있는 모든 시설은 그 지역에서의 미국 공군의 노력에 대한 병참 지원이 있을 때 최상으로 활용될 것이라고 합니다.

이 지역에서 전개될 작전 계획에는 해안 지역으로의 해로를 개설하고 확보하려는 해군 작전들이 포함될 것입니다. 귀하의 탐색 토의는 이러한 목적에 맞는 정보를 다루어야 할 것입니다. ……[52]

이러한 희망적인 준비에도 불구하고, 1944년 9월 23일, 해리만과 영국 대사가 스탈린에게 퀘벡회담의 결과를 통고하려고 갈 때까지도 모스코바에서 중요한 회합은 이루어지지 않았다. 그날 스탈린은 대일전에 관한 미국과 소련의 참모 회담의 전망을 다시 언급했다.

52) Msg, JCS to Maj Gen Deane, 5 Jul 44, CM-OUT 60689.

영국 대사와 저는 오늘 저녁 스탈린과 가장 만족스러운 회담을 하였습니다. 우리는 퀘벡 결정에 관한 각하와 수상의 메시지를 그에게 전달했습니다. …… 태평양전쟁을 토의하면서 저는 각하의 메시지에 언급된 계획들은 영국과 미국의 자원을 활용하는 것이라고 설명했습니다.

스탈린은 우리가 소련의 도움 없이 일본을 패망시키기를 바라는지, 아니면 테헤란에서 제안했던 것처럼 아직도 소련의 참전을 바라는지를 물었습니다. 영국 대사와 저는 소련 참전은 바람직하지만, 스탈린 원수가 토의를 시작할 준비가 될 때까지는 소련의 자원을 활용할 계획을 세울 수 없다는 것을 그에게 확실히 밝혔습니다.

그러자 그는 테헤란에서 각하에게 밝힌 자신의 태도에 변함이 없다고 언급했습니다. 소련은 독일이 패망한 뒤 대일전에 참전할 준비가 되어 있습니다. 그는 일본을 패퇴시킬 계획은 무엇이며, 특히 동맹국들은 소련에게 어떠한 부분을 맡기고 싶어 하는지를 물었습니다.

딘 장군이 소련의 대일전 참전을 위한 계획에 대해 소련군 참모와 토의할 권한을 위임받았다고 저는 설명했습니다. 그는 그것은 바람직한 일이며, 그 토의가 며칠 내로 진행될 수 있다고 말했습니다. 나는 해안 지역에 있는 공군 기지의 활용에 관해 우리가 과거에 나누었던 대화를 언급했으며, 이에 대해 스탈린은 그것은 가장 중요한 문제가 아니라고 말했습니다.

또 그는 25~30개 사단의 적군(赤軍)이 극동으로 이동할 필요가 있다고 말했습니다. 그가 테헤란에서 확언한 후에도 우리의 계획에 소련의 참전을 고려하지 않았다는 것에 대해 그는 다소 놀랐으며, 특히 우리가 소련에게 어떤 역할을 해주기를 원하는지에 대해 알고 싶어 하는 것 같았습니다. 그는 참전할 준비가 되어 있으며, 협조할 의사가 있다는 사실을 많이 암시하였지만 초대받지 않은 참전(uninvited participant)은 바라지 않았습니다.

소련의 제안을 기다리기보다는 우리가 만약 소련이 하고 싶어 하는 작전을 제안한다면 소련으로부터 더 많은 협조를 얻을 것이 명백합니다. 이러한 새로운 상황 때문에 딘 장군은 과거에 자신이 접수했던 것보다 더 구체적으로 지시해줄 것을 요구하는 전신을 합참에 보냈습니다.

저는 스탈린이 지적한 과정을 따를 것과, 딘 장군이 적어도 우리의 태평양 전략을 소련군 참모와 폭넓게 토의하고, 바람직한 소련 참전에 대한 모든 방법을 제안할 권한을 위임받아야 한다고 강력히 주장하는 바입니다.[53]

1944년 9월 28일, 이러한 급전을 받고서 대통령은 해리만 대사에게 "나는 태평양전쟁에 관한 테헤란협정의 어느 것에 대해서도 한번도 의심하지 않았다."[54]고 답신했다. 이틀 뒤 처칠 수상에게 보내는 대통령 메시지에는 "스탈린이 지금 동방에서 우리를 도울 그의 의향에 관하여 우리가 어떤 의심을 하고 있는지에 대해 민감하다"는 의견이 피력되었다.[55] 대통령은 10월 4일, 스탈린에게 다음과 같은 전문을 보냈다.

…… 나는 이 점[對日戰]에 관해 귀하가 우리에게 했던 약속을 완전히 신뢰한다는 것을 다시 한번 언급하고 싶습니다. 우리 3국은 성공적인 대독전(對獨戰)을 수행하고 있으며, 우리에게 큰 적이듯이 소련에게도 큰 적이라고 확신하는 국가를 쳐부수는 데 우리는 성공적으로 협조할 수 있습니다.[56]

태평양전쟁에서의 구체적인 역할에 대한 스탈린의 요청에 응하여 합참은 딘 장군이 제출한 일련의 목적들을 약간 수정하여 9월 28일 승인했다.

53) Msg, Amb Harriman to Pres, 23 Sep 44.

54) Msg, Pres to Amb Harriman, 28 Sep 44.

55) Msg, Pres to Prime Minister, 30 Sep 44.

56) MSG, Pres to Amb Harriman, 4 Oct 44. Printed in Malta-Yalta Galleys, Pt. I, p. 339.

2. 소련 참전의 광범한 전략적 개념은 우선순위에 따라 다음과 같은 목표들에 맞추어져야 한다.

(a) 시베리아 횡단 철도와 블라디보스토크반도를 확보한다.

(b) 해안 지역과 캄차카반도에서 대일 작전을 위한 미 · 소 전략 공군부대(American and Soviet Strategic Air Forces)를 조직한다.

(c) 일본 본토와 아시아 대륙 사이의 통신선을 저지한다.

(d) 만주의 일본 지상군과 공군을 궤멸시킨다.

(e) 소련의 참전이 포함하게 될 태평양 공급로를 확보한다.

(1) 미국은 페트로파블로브스크(Petropavlovsk)를 해군 지원과 공급 기지로 사용하고 캄차카반도 지역을 공군 기지로 사용한다.

(2) 남부사할린과 홋카이도를 비행기로 무력화시킨다.

(3) 니콜라에프스크(Nikolaevsk) · 마가단(Magadan) · 페트로파블로브스크, 그리고 소비에트스카야 가반(Sovietskaya Gavan) 등의 항만시설과 이곳으로부터의 내륙 수송을 개선한다.

(4) 남부사할린을 군사 점령한다.

(5) 상황에 따라 미국의 해군과 소련의 해군이 협조한다.[57]

군사 참모 회담은 다시 실현되지 못했지만, 1944년 10월, 처칠 수상의 모스코바 방문으로 대일전에 소련이 참여하는 문제를 토의할 새로운 기회가 제공되었다. 그 문제는 10월 14일, 처칠 수상과 스탈린 원수, 그들의 고문, 그리고 모스코바 주재 미국 대표들이 참여한 회담에서 논의되었다.

이든(Anthony Eden) 외상이 영국 대표단을 이끌며 다음날에도 토의는 계속되었고, 10월 17일 미국과 소련 대표들이 가진 별개의 회의에서도 토의는 계속되었다. 이 회담에서 스탈린 원수는 합참이 제안한 소련 극동군의 임무 사항들을 수락했다.

57) Msg, JCS to Maj. Gen Deane, 28 Sep 44, CM-OUT 38050.

그리고 유럽의 전쟁이 종료된 지 약 3개월쯤 후에 대일전을 시작할 것이라고 언급했으며, 해안 지역과 캄차카반도의 공군 기지에 대한 미국의 요청과 페트로파블로브스크의 해군 기지 사용과 이 지역들에 대한 소규모 미군 조사단의 급파 요청을 수락했다.

그러나 동시에 스탈린은 시베리아에 보유하고 있는 비축품의 증강(MILEPOST 작전)을 위해 장비와 식량 및 연료를 요구했는데, 그 총 물량은 고체 화물이 86만 톤이었고, 20만6천 톤이 액체 화물이었다. 그는 미국과 소련의 참모들이 이러한 것을 이행하려는 구체적인 계획을 즉시 진행하자는 제안을 환영했다.[58)]

로버츠(Frank N. Roberts) 준장이 이끄는 미국 기획 장교의 특별부대가 모스코바에 파견되었음에도 불구하고, 예정된 참모 회의는 또다시 열리지 못했다. 이 회의들은 시베리아의 물품 공급 계획인 '마일포스트'(MILEPOST) 작전에 중점을 두었다.

그러나 12월 14일, 스탈린 원수는 쿠릴열도와 남(南)사할린의 병합, 지난날 만주에서 확보했던 러시아 권리의 회복, 그리고 외몽골의 현상 승인 등을 포함하여 소련의 참전에 대한 정치적 요구 사항들을 해리만 대사에게 자세히 밝혔다.[59)]

한편 12월 16일 해안 지역의 공군 기지에 대한 미국의 요청은 이용 가능한 모든 시설물이 소련군에게도 필요한 것이기 때문에

58) 이 논의에 대해서는 (1) Msg, Amb Harriman to Pres, 10 Oct 44 ; (2) Msg, Amb Harriman to Pres, 11 0ct 44 ; (3) Msg, Pres to Amb Harriman, 11 Oct 44 ; (4) Msg, Amb Harriman to Pres, 15 Oct 44 ; (5) Msg, Maj Gen Deane to JCS, 15 Oct 44 ; (6) Msg, Amb Harriman to Pres, 15[16] Oct 44 ; (7) Msg, Amb Harriman to Pres, 17 Oct 44 ; (8) Msg, Maj Gen Deane to JCS, 17 Oct 44 참조(모두 *Malta-Yalta Galleys*, Pt. I, pp. 339~347에서 인쇄), 또한 Deane, The *Strange Alliance*, pp. 244~249 참조.

59) Msg, Amb Harriman to Pres, 15 Dec 44(*Malta-Yalta Galleys*, Pt. I, pp. 352~353에서 인쇄).

양보할 수 없다고 안토노프(A. I. Antonov) 장군이 딘 장군에게 통고함으로써 군사적 차원에서 중요한 차질이 생겼다. 미국은 과거 스탈린 원수의 확언을 뒤집는 이러한 행위에 대해 항의했지만, 결정을 번복시키지 못했다.[60]

3) 소련 참전의 재고

아무리 모스코바에서의 진행이 교착되었다고 하더라도 1944년 가을의 군사 행동으로 미군은 일본 본토 방위선의 주변까지 진군하고 있었기 때문에 워싱턴 측에서는 태평양전쟁의 최종 단계를 위한 계획을 계속해야만 했다.

합참이 고려한 기획 문서들 가운데 11월에 제출되었던 소련의 대일전 참전에 관한 연구도 들어 있었다.[61] 그 문서는 일본의 무조건 항복을 앞당기는 것이 바람직하지만 소련의 참여가 필수적인 것은 아니라고 지적했다. 그러므로 태평양에서 미국의 주요한 노력들을 희생하면서까지 소련에 지원할 필요는 없었다.

> 현재의 전쟁 계획을 통해서 볼 때 전쟁에 소련이 참전하지 않고서도 일본의 패망은 성취될 수 있다는 확실한 신념이 있다. 우리의 주요 노력은 우리의 부대와 자원에 대한 보호가 제일의 임무이므로 이러한 임무에 방해되는 어떠한 지원도 소련에게 제공될 수 없다고 추측할 수 있다.
>
> 그러나 우리의 관점에서 볼 때 가능한 한 가장 빨리 일본을 패망시키고

60) Msg, Maj Gen Deane to JCS, 16 Dec 44. 또한 Deane, *The Strange Alliance*, pp. 259~260 참조. 소련 정부에 대한 좀더 끈질긴 접근 호소에 대해서는, Ltr, Maj Gen Deane to Gen Marshall, 2 Dec 44(*Malta-Yalta Galleys*, Pt. I, pp. 409~410) 참조.

61) JCS 1176, Rpt by JPS, Sub : Russian Participation in the War Against Japan, 23 Nov 44(copy for info to CINC, SWPA).

자 투입될 부대의 전력에 도움이 되려면 소련이 조속히 참전하는 것이 전반적으로 바람직하다고 인정된다.

시간, 부대와 자원의 이용 가능성, 그리고 통신선 등의 한도 내에서 소련의 참전을 고무하고 그들이 전쟁에 참여하기 전과 후에 어느 정도의 지원을 제공하는 방법을 강구할 수 있는 길이 있을 것이다. ……[62]

이 문서는 소련이 자국의 이익 때문에 반드시 전쟁에 참여할 것이라고 인지했으며, 그 시기는 미국의 병참 작전 지원에 따라서 영향을 받을 수도 있다고 암시했다.

극동과 전후(戰後) 세계 정치에서의 이익 때문에 소련은 반드시 대일전에 참여하게 될 것이다. 일본이 선제 공격을 하지 않는다면, 소련의 참전 시기에 영향을 미치는 요인 가운데 가장 중요한 것은 자국의 이익일 것이다.

그러나 우리의 병참과 작전 지원, 특히 극동에서 소련의 보급 수준을 증강하기 위한 지원은 소련의 참전 시기에 중요한 영향을 미칠 것으로 예상된다. 다음의 두 가지 주요한 조건 가운데 어느 하나라도 만족한다면, 어느 경우에도 소련은 아마도 전쟁에 참여할 것이다.

(1) 시베리아에 있는 소련의 전력을 볼 때 관동군에 대한 작전에서 성공할 가능성이 충분하다고 여겨질 경우.

(2) 태평양에서의 우리의 위치가 일본의 신속하고도 결정적인 패배를 의미하는 것으로 여겨질 경우.[63]

기획자들은 다음과 같은 점을 고려했다 : 소련의 참전 효과는, 소련이 참전하지 않았을 경우 일본의 방위에 활용되었을 적의 부대와 자원을 북중국과 만주로 이동하여 소모하도록 하고, 일본에서 만주로의 병력 이동도 야기할 수 있다는 점이다.[64]

---

62) *Ibid.*

63) *Ibid.*

64) *Ibid.*

그러나 최적의 상황에서 소련의 참전이 이루어졌을 때만 이익이 발생될 것이다.

소련이 강력한 공격을 개시하고 유지할 준비가 되었을 때 이루어진다면 소련의 참전은 가장 효과적일 것이다. 만약 적대 관계가 그 이전에 발생한다면 일본은 주도권을 잡아 시베리아 횡단 철도를 차단하려고 공격할 수 있다. 그러한 행동은 소련의 공격적인 행동을 지체시키거나 저지할 정도로 소련의 균형을 상실시킬 것이며, 생각컨대 소련 극동군의 심각한 패배를 초래할 수도 있다.

소련이 이와 같은 곤란을 겪게 되면 만주에서 일본군의 보강을 지연시키거나 저지시킬 정도의 충분한 위협은 사라지게 될 것이다. 따라서 일본은 본토 방위를 위해 그들의 병력을 거의 그대로 유지할 수 있을 것이다. 그렇게 되면 우리도 또한 소련의 지원 요청을 받게 될 것인데, 이는 우리의 최종적인 일본 본토 공격 준비에 대해 실질적으로 영향을 미치게 될 것이다.

그러므로 소련의 참전 시기는 그 결과가 우리의 작전에 이로운지의 여부를 결정짓는 데 결정적일 만큼 중요하다. 이런 관점에서 볼 때 일본은 비껴갈 수 없는 분쟁을 자신에게 유리한 상황에서 유발하고자 소련에 대한 적대 행위를 재촉할 가능성도 항상 존재한다.

우리의 주요 노력에 최대한의 지원을 제공하려면 만주에 대한 소련의 공격과 일본에 대한 공중 공격은 적어도 우리가 규슈(九州)를 침공하기 3개월에 앞서 시작되어야 한다. 이것은 일본 경제 구조의 추가적인 붕괴를 초래할 것이며, 우리가 일본에 상륙할 때 관동군은 틀림없이 최대한 만주에 몰두하고 있을 것이다.

그리고 우리의 침공이 있기에 앞서 일본에서 만주로 부대 이동이 있을지 모른다. 만약 소련의 공격이 일본 본토 침공과 동시에 혹은 그 뒤에 시작된다면, 적은 어느 정도 본토를 보강할 수 있는 역량을 확보하게 될 것이다.

본토가 더욱 중요하다는 점과 어느 기간에, 이를테면 아마도 일본에 대한 전투 결정이 내려질 때까지는 최소한의 군대로 소련의 진격을 지연시킬 수 있는 자국의 능력에 비추어 볼 때 일본이 그렇게 할 것으로 예상할 수 있다.

우리가 일본을 침공하기에 앞서 소련이 참전할 때 우리는 최대 이점을 얻을 수 있다. 소련의 입장은 그와 반대이다. 만약 우리의 최초의 점령이 시작되고, 만주의 일본군이 일본을 보강하고자 이동하기 시작한 뒤 그들이 공격한다면 그들로서는 최대한의 군사적 이익을 얻을 것이다.[65]

결론적으로 그 문서는 소련의 참전과 관련하여 다음과 같은 미국의 지침을 제공했다.

32. 다음과 같이 결론을 내린다.

대일전에 소련이 참전하는 것에 대한 우리 정책의 기본 원칙은,

(1) 우리는 공격 작전에 참여할 수 있는 소련의 능력에 부합되는 범위 내에서 그들이 최대한 빨리 참전하기를 바란다. 그리고 대일전에 대한 우리의 노력을 저해하지 않는 한, 가능한 최대의 지원을 제공할 준비가 되어 있다.

(2) 소련 극동군의 임무는, 다른 경우라면 일본 방위에 동원되었을 일본군의 병력과 자원을 북중국과 만주에 전념하도록 하고자 만주에 대한 전면적 공격을 감행하며, 일본 본토에 대한 집중적 공중 작전을 수행하고, 일본과 아시아 대륙 사이의 통신선을 차단하는 것이어야 한다고 우리는 생각한다.[66]

기본적 원칙은 전반적으로 승인되었지만 이러한 원칙에 따라 미국이 선택할 수 있는 다양한 행동 방법들은 1944년 12월과 1945

65) *Ibid.*
66) *Ibid.*

년 1월에 상당히 더 심층적인 검토를 해야 했다. 소련의 의도나 역량에 대한 정보 부족 때문에 쿠릴열도와 캄차카반도, 그리고 해안 지역에서 전개될 미래의 작전에 대한 구체적 분석은 불가능한 것으로 입증되었다.

이러한 이유에서 얄타회담에 앞서 최종적인 군사적 조사가 1945년 1월 24일 합참의 승인을 받았는데, 이것은 소련으로부터의 추가적 정보가 절실히 필요함을 강조하면서, 극동에서 소련을 지지하는 미국의 모든 행위는 일본의 조기 패망에 전체적으로 기여할 것인가 하는 관점에서 평가되어야 한다고 경고했다.

> 우리는 다음과 같이 결론을 내렸다.
>
> (a) 우리는 소련과의 교섭에서 가능한 한 빨리 다음의 사항을 결정해야 한다.
>
> (1) 소련의 대일전 참전의 관점에서 볼 때, 특히 자국의 병참 역량에서 볼 때 최적의 시기에 대한 어떤 새로운 요소들.
>
> (2) 적대 관계가 시작된 뒤 소련의 작전에 관한 최신 정보.
>
> (3) 시베리아 대륙에서의 소련의 작전이 전쟁 발발 뒤 태평양 보급 경로에 의존하게 될 정도.
>
> (4) 해안 지역에 주둔하는 공군에 대한 소련의 평가가 소련의 전략 공군을 포함하는지의 여부와 만약 그렇다면 그 전력과 구성, 그리고 적대 관계 이전의 기지 개발을 위한 소련의 계획.
>
> (5) 지상 방어군과 공군, 그리고 경(輕)해군이 주둔할 수 있는 캄차카반도의 잠재력, 그리고 전쟁에 참전하기에 앞서 그러한 부대가 사용할 기지 개발에 대한 소련의 능력과 의도.
>
> (6) 캄차카반도의 방어, 특히 지상군에 대해 미국의 지원 요구가 만약 있다면 그 내용은 무엇인가?
>
> (b) 우리는 다음의 사항들을 실행해야 한다.
>
> (1) 소련의 대일전 참전에 대해 다음의 기본 원칙들을 말해야 한다.

a. 소련의 대일전 참전에 대한 우리 정책의 기본 원칙들은 다음과 같다.

(i) 우리는 소련이 자국의 능력에 따라 가능한 한 빨리 공격 작전에 합류하고자 참전하기를 바란다. 그리고 일본에 대한 우리의 주요 조치에 방해가 되지 않는다면 우리는 가능한 한 최대한의 지원을 제공할 준비가 되어 있다.

(ii) 소련 극동군의 임무는, 만약 소련의 참전이 없는 경우라면 일본 방위에 동원되었을 일본군 병력과 자원을 북중국과 만주에 묶어 놓도록 만주에 대한 전면 공격을 감행해야 하는 것이라고 우리는 생각한다. 아울러 시베리아에 주둔하고 있는 미국의 전략 공군과 협력하여 일본 본토에 대한 집중적인 공중 작전을 감행하고, 일본과 아시아 대륙 사이의 통신을 차단해야 한다고 생각한다.

b. 이러한 원칙들 이외에도 우리의 전쟁 의지에 방해가 되지 않는 한, 우리는 가능한 한 최대한의 보급품을 인도해야 한다.

c. 우리는 다음과 같은 행동 방법들의 일부 혹은 전부를 이행하는 데 대한 가능성 · 실행성 · 바람직함 · 필요성 등을 결정하고자 소련과 즉시 교섭한다.

(i) 페트로파블로브스크의 해군 기지가 있는 캄차카반도에 공군과 해군 부대를 설치한다.

(ii) 동시베리아에 미국의 전략 공군을 주둔시킨다.

(ii) 캄차카반도와 동시베리아 사이의 항공 수송로를 개설한다.

(iv) 시베리아로의 북태평양 통신선을 개설한다.

(v) 소련 잠수함과 해군 경비정이 알류샨열도의 우리 기지에서 작전을 수행하는 것을 허락한다.

(2) 오호츠크해와 아무르강(Amur River : 黑龍江)의 항구에 이르는 해로를 개설하고자 하는 우리의 작전은 엄청난 비용이 들고, 남쪽에서의 일본에 대한 우리의 전쟁 노력이 희생될 것임을 소련에게 지적한다. 또한 수단의 제한성 때문에 1945년 북태평양에서의 수륙 양면 작전의 가능성은 희박하다.

(3) 만약 우리가 단지 제한된 용량의 해로를 개설하고자 어려운 군사 행

동을 수행해야 한다면, 미국과 소련은 해로의 활용으로 일본을 조속히 패망시킬 것을 보장해야 함을 강조한다.

(4) 만약 미군 병력과 자원의 전환에 따라서 보급로가 개설되고 유지된다면, 이러한 노력을 완전히 활용하도록 우리는 미국의 전략 공군이 동시베리아에 주둔하는 것에 소련이 동의할 것을 분명히 기대한다. ……67)

동일한 결론들이 설명 자료를 보강하여 1945년 1월 23일자 비망록으로 합참이 대통령에게 공식적으로 전달했다. 또한 합참은 "국과 소련 간에 협조가 더 효과적이고 신속하게 이루어지도록 하는데 필요한 행정적인 조치를 스탈린 원수가 취해 달라고 요청할 것"도 제안하였다.

만약 비망록에서 다루어진 문제들이 곧 있게 될 회담에서 제기가 된다면, "폭넓은 기반에서" 토의하도록 주제를 선정해야 하지만 구체적인 사항은 미국과 소련의 참모 대표들 사이에 개별적으로 처리되어야 한다고 제의했다.68)

일본의 무조건 항복을 위한 현재의 미국의 작전 계획 상황은 1945년 1월 22일, 연합참모부용으로 다음과 같이 요약되었다.

1. 합의된 일전의 전체 목적은 다음과 같이 언급되었다.

일본의 무조건 항복을 반드시 성취하려면 :

(1) 해상과 공중 봉쇄를 단행하고 집중적인 공중 폭격을 감행하여 일본의 공군과 해군력을 궤멸시킴으로써 일본의 저항력과 의지를 약화한다.

(2) 일본의 산업 중심 지구를 침공해서 목표물을 점령한다.

---

67) JCS 1176/6, 24 Jan 45를 JCS 결정에 따라서 수정한 JCS 1176/6, Rpt by JPS, Sub : Russian Participation in the War Against Japan, 18 Jan 45(*Malta-Yalta Galleys*, Pt. I, pp. 361~365).

68) Memo, Gen Marshall for JCS to Pres, 23 Jan 45(*Malta-Yalta Galleys*, Pt. I, pp. 368~371).

2. 미국의 합참은 대일전 계획의 기반으로 다음과 같은 사항들을 채택하였다.

곧 태평양에서의 주된 노력을 위한 작전 개념은 다음과 같다.

(1) 유리한 상황을 조성하고자 일본에 대한 봉쇄와 공중 폭격을 확대할 수 있는 추가적인 지점을 확보하도록 오키나와 작전을 따른다.

(2) 적의 주력군을 봉쇄하거나 궤멸시킴으로써 일본의 전력을 더욱 약화하고, 유리한 전술적 상황을 조성하고자 봉쇄와 공중 폭격을 더욱 강화할 목적으로 규슈를 공격한다.

(3) 도쿄 평야를 통해 산업 중심 지역을 결정적으로 공격한다.

3. 다음의 상황과 작전 시기는 미국 참모부와 야전 사령관들이 준비한 계획들로 이뤄졌다.

목적	예정일
• 필리핀 [루존(Luzon), 민도로(Mindoro), 레이테(Leyte)]에서 작전을 계속함.	-
• 이오지마(Iwo Jima)	1945년 2월 19일
• 유구열도의 오키나와의 확보와 그곳으로부터의 전선 확대	1945년 4월 1일~8월

4. 유럽으로부터의 재배치가 언제 시작될 수 있을지 정확한 날짜가 확정될 때까지 구산(衢山)·영파(寧波) 지역에서 지점을 확보하는 작전 계획과 1945년 겨울과 1946년에 혼슈·규슈의 침공 계획은 계속될 것이다.

5. 소련의 대일 참전이 임박해졌을 때 오호츠크해의 해로를 유지하고 방위하는 작전의 필요성과 비용에 대한 조사가 진행되고 있다. 지금까지의 조사에 따르면 1945년의 유리한 기후 동안에 그러한 목적을 위해 쿠릴열도에 지점을 확보하는 문제는 충분한 자원이 부족하므로 가능성이 희박하다. 캄차카 기지로부터의 해로를 유지하고 방위하는 가능성만이 더 조사 중이다.

6. 미국의 합참은 또한 유럽에서의 전쟁이 연장되어 넉넉히 1946년까지는 일본 침공의 연기가 필요할 경우에 대비하여 대일 군사 행동 계획의 검토와 준비를 지시했다.[69]

5. 얄타에서 포츠담까지(1945년)

1) 얄타회담

얄타회담이 1945년 2월 4일 개막되었을 때, 미국의 기획자들은 소련이 독일 패망 약 3개월 뒤에 대일전에 참전할 것이라는 확약을 이미 그 이전, 곧 1943년 11월과 1944년 9월과 10월에 받았었다.[70] 회담에서 해결해야 할 것들은, 첫째 소련 개입의 정치적 조건과, 둘째 미국의 계획과 소련의 작전을 조정하는 군사적 문제들이었다.

첫 번째는 정치적 수뇌들의 문제였다. 이것은 해리만 대사와 몰로토프, 그리고 두 명의 통역관이 함께한 루즈벨트 대통령과 스탈린 원수 사이의 회담에서 해결되었다.[71] 합의된 조건은 1944년 12월 15일, 스탈린 원수가 해리만 대사에게 윤곽을 밝힌 것과 본질적으로 동일했다.

곧, 외몽골의 현상 유지 · 만주에서 과거 러시아의 권리 회복 · 대련항의 국제화와 남부사할린의 반환, 그리고 쿠릴열도의 병합 등이었다.[72] 장개석 총통의 동의를 획득해야 한다는 약정을 포함해서, 최종적인 합의 성명서는 1945년 2월 10일, 해리만 대사와 몰로토프가 작성하여 다음 날 루즈벨트 대통령과 처칠 수상, 그리고

69) CCS 417/11, Memo by JCS, Sub : Operations for the Defeat on Japan, 22 Jan 1945(*Malta-Yalta Galleys*, Pt. I, pp. 367~68). 뒤에 Appendix B of CCS 776/3, copy for info to CINC, SWPA(*Malta-Yalta Galleys*, Pt, II, p. 708)이 됨.

70) 본서 pp. 137~138, 150 참조.

71) Min, Mtg Pres with Marshall Stalin, 8 Feb 45(*Malta-Yalta Galleys*, Pt. II, pp. 659~663).

72) 본서 p. 148 참조. JCS는 2월 4일 소련의 제안을 해리만 대사가 보고하는 자리인, 대통령과 그의 정치 · 군사 보좌관의 예비회합에 참석하였다.(Min, Mtg Pres with Advisors, 4 Feb 45, *Malta-Yalta Galleys*, Pt. II, pp. 500~502)

스탈린 원수의 승인을 받았다.[73)]

군사적 측면에서는 얄타회담이 구체적 결과들을 많이 얻지는 못했지만, 군사기획자들은 태평양에서 미 · 소 공동의 군사적 대응에 관한 구체적 기본 정보를 얻게 되었다. 소련 관리들에게 질의할 문제들은 얄타회담 이전에 마련되었고, 2월 4, 5, 7, 8일의 합참 회의에서 재검토되었다.[74)] 소련 관리들은 2월 5일과 6일 두 번의 3자 군사 회담에서 "극동의 전쟁을 정부 수뇌에 의해 고려될 때까지" 이 문제의 토의를 거절했다.[75)]

이 문제는 2월 8일, 루즈벨트 대통령과 스탈린 원수와의 회담에서 제기되었다.[76)] 그리고 8일과 9일, 미 · 소 참모장 회의에서 최종적으로 상세하게 논의되었다.[77)] 일반적으로 합참이 찾고자 했던 정보는 지난해에 모스코바에서 딘 장군이 여러 차례 제기했었지만, 소련 관리들의 대답을 듣지 못했던 문제들과 관련된 것이었다. 그러나 얄타에서 소련 대표단은 좀더 협조적이었다. 소련 관리들이 준 대답은 다음과 같다.

(1) 작전 계획의 변화 : 그해 초하루에 시행하기로 계획했던 군대 이동의 연기를 제외하고는 변동이 없다. 이 부대들은 지금 동부 전선의 중앙 지구에 주둔하고 있어서 연기되었다.

73) Memo, Sub : Conversations Regarding the Entry of the Soviet Union into the War against Japan, 10 Feb 45, and Agreement Regarding Entry of the Soviet Union into the War against Japan(*Malta-Yalta Galleys*, Pt. Ⅱ, pp. 758~761, 826~827).

74) Min, JCS 187th~190th Mtgs, 4, 5, 7, 8 Feb 45(*Malta-Yalta Galleys*, Pt. Ⅱ, pp. 498~499, 524~525, 603~604, 632~633).

75) Min, 1st and 2nd Tripartite Military Mtgs, 5 and 6 Feb 45(*Malta-Yalta Galleys*, Pt. II. pp. 536, 574).

76) Min, Mtg Pres with Marshall Stalin, 8 Feb 45(*Malta-Yalta Galleys*, Pt. II, p. 659).

77) Min, Mtgs Amer and Sov Csofs, 8 and 9 Feb 45(*Malta-Yalta Galleys*, Pt. II, pp. 652~658, 711~717).

(2) 태평양 보급로의 필요성 : 스탈린 원수는 태평양 해양 보급로가 식료품과 석유 제품을 인도하는 데에 특히 필요할 것이라고 언급했다. 아마 약간의 항공 수송도 필요하겠지만, 선적량이 적기 때문에 해양로가 제일 중요하다.

(3) 미국 공군 기지 : 콤소몰스크(Komsomolsk)와 니콜레브스크(Nikolevsk) 지역의 항공 기지를 미국 공군이 사용토록 할 것이다. 지금 지형 조사가 행해질 수 있다.

(4) 미국의 캄차카 방위 : 캄차카반도는 본토에서 매우 멀리 떨어져 있으므로 그곳에서의 미국의 지원은 매우 도움이 될 것이다.

(5) 미국을 위한 소련의 건설 : 셋째 문제로 언급한 지역에서 미 공군에게 어떠한 지점과 어떠한 건설 양식이 요구되는가의 문제가 정확히 최종적으로 결정될 때, 소련은 미군을 위한 이러한 건설을 이행할 수 있을 것이다. 연료탱크 · 조립식 빌딩 등과 같은 물질적 측면의 지원이 매우 바람직하다.

(6) 캄차카 조사단 : 캄차카 지역의 지형 조사와 관련하여 우리는 현재 상황에서 비밀리에 지형 조사를 하는 것이 불가능하므로 마지막 순간에 조사단이 출발하도록 귀국이 조처해 주기를 요청한다.

(7) 사할린 점령 : 이곳이 첫 번째 작전[라 페루즈(La Perouse)* 해협의 개통]의 하나가 되어야 한다는 점을 고려하여 소련은 사할린 남부 지역을 점령할 것이다. 대답은 어제와 동일하다. 소련은 이를 할 것이다.

(8) 모스코바 계획 : 스탈린 원수는 "그 계획을 활발히 수행해 주기를 바라는 귀국의 염원을 우리는 완수할 것"이라고 언급했다.

(9) 작전에 대한 날씨의 영향 : 지상군의 입장에서 가장 어려운 상황은 4월과 5월에 해빙과 홍수를 겪는 일일 것이다. 그리고 6월은 좋은 달이지만 7월과 8월은 바람직하지 못하다. 지상군의 경우 날씨는 9, 10, 11월이 가장 좋을 것이다. 해양의 기후는 7, 8, 9월이 좋다.

(10) 측후소 추가 개설 : 만약 자세한 사항들이 소련 당국에 제공된다면 측후소를 추가로 개설하도록 조정이 이루어질 것이다.78)

* 라페루스해협(La Perouse) : 일본 홋카이도와 사할린 사이에 있는 소야해협(宗谷海峽)을 의미함.(옮긴이 주)

전체적으로 군사적 관점에서 볼 때 얄타회담은 일본의 무조건 항복을 받아 내고자 합참이 과거에 작성했던 계획들을 확인했다. 루즈벨트 대통령과 처칠 수상은 이 계획들을 승인했다.[79] 독일이 패망한 뒤 일본에게 무조건 항복보다는 덜 가혹한 조건으로 항복할 기회를 주자는 처칠 수상의 제안을 "스탈린에게 말하는 편이 더 나을 것으로 생각했던" 루즈벨트 대통령은 회의적으로 인식했다.[80] 그러나 최종 목표에는 변동이 없었으며, 일본의 무조건 항복은 군사 지도자들이 계획해야 할 목표로 남았다.

태평양전쟁에 소련이 참전하는 문제에 관한 소련의 정치적 조건은 루즈벨트 대통령과 스탈린 원수 사이에 합의되었다. 군사적 측면에서 긴밀히 협조하도록 새로운 확약을 얻었지만, 군사적인 협정을 조인하지는 않았다. 극동과 태평양의 사령관들은 대일전에 특히 영향을 미치기 때문에, 2월 10일 크리미아를 떠난 일단의 워싱턴 기획 장교들은 얄타회담의 군사적 결과를 그들에게 통보했다.

맥아더 장군과의 토의는 이오지마, 필리핀 전투, 태평양의 지휘, 보르네오의 석유, 남서태평양에서의 일본의 저항을 종식하는 문제, 네덜란드령 동인도제도와 뉴기니아에서의 작전 책임을 영국에게 인계하는 계획, 소련의 태평양전쟁 참가 등에 관련된 것들이었다.[81] 일본에 대한 최종적인 작전에 관하여 워싱턴의 기획 장교

78) Memo of Conversation, Mtg of Amer and Sov Csofs, 9 Feb 45(*Malta-Yalta Galleys*, Pt. II, pp. 715~716).

79) Min, CCS 188th Mtg and CCS Mtg with Pres and Prime Minister, 9 Feb 45(*Malta Yalta Galleys*, Pt. II, pp.684~686, 704~711).

80) Min, CCS Mtg with Pres and Prime Minister, 9 Feb 45(*Malta-Yalta Galleys*, Pt. II, pp.704~705).

81) Ray S. Cline, *Washington Command Post : The Operations Division*(Washington, D. C., 1951), pp. 307~308.

방문단의 일원이었던 링컨 준장은 1945년 2월 25일, 맥아더 장군과의 담화를 다음과 같이 보고했다.

> 전체 계획에 관해서, 맥아더 장군은 미군이 일본 본토를 공격하기에 앞서 최대한 일본 사단이 아시아 대륙에서 발목이 잡히도록 하는 것이 필요하다고 생각하였다.[82]

워싱턴에 돌아온 뒤 링컨 장군은 이 통지문에 마셜 장군을 위한 비망록을 보충하였다. 1945년 3월 8일자의 이 비망록에는 다음과 같은 내용이 포함되었다.

> 소련에 대해 맥아더 장군은 그들이 정치적으로 여순항과 같은 난류 항구를 바란다는 것을 지적했다. 그들의 강대한 군사력 때문에 그들에게 항구의 사용을 거절하는 것은 불가능할 것이라고 그는 생각했다. 그러므로 그들이 여순항을 차지한다는 것은 일본을 쳐부수는 데 피로써 댓가를 치르고서 얻은 권리일 뿐이었다.
>
> 군사적 견지에서 볼 때 우리가 일본에 상륙하기에 앞서 소련이 대일전에 참전하도록 모든 노력을 다해야 한다. 그렇지 않으면, 적절한 시기에 적극적인 저항이 없는 지역에 소련이 진격하는 동안 우리는 일본 병력과 충돌하여 손실을 입게 될 것이다. 맥아더 장군은 루즈벨트 대통령이 지금 소련에게 압력을 가해야 한다고 주장했다.[83]

---

82) Msg, Brig Gen Lincoln to Gen Marshall for Maj Gen Hull, 25 Feb 45, CM-IN 25948.

83) Informal Memo, G. A. L. for Cofs, 8 Mar 45, 필리핀 전투 기간에 남서태평양 지역을 방문한 전쟁성 작전국 장교인 프리맨(Paul L. Freeman) 대령은 1945년 2월 13일 마셜 장군에게 보내는 서한에서 맥아더 장군과 비슷한 견해를 보고했다. 부제는 Summary of an Hour and a Half Conversation with Gen MacArthur이다.

"마셜 장군은 일본을 완전히 패배시키려는 작전에 대한 그의 개념을 상세히 설명했다. 일본을 패배시키는 유일한 방법이란 일본 산업 중심지를 공격하는 것뿐이라는 견해에 그는 전적으로 동의했다. 그는 일본 육군의 잠재력을 강조했으며,

2) 태평양 전략의 재검토

얄타에서의 약속에도 불구하고 태평양에서의 미 · 소 전략을 기획하는 데 얄타회담 이후에도 소련의 협조는 구체적으로 증가하지 않았다. 로버츠 장군이 이끄는 미국의 특별기획단(Special U.S. Planning Group)이 모스크바로 돌아갔지만, 상황은 변하지 않았다. 7주간 두 번의 회담에서의 토의도 조직의 절차 문제를 벗어나지 못했다.[84] 캄차카반도 탐사대와 아무르강 지역 탐사대도 소련의 영토로 들어가지 못했다.

만약 우리가 일본에 진주한다면 지금 그곳에 있는 것보다 훨씬 강력한 일본 육군을 고려해야 할 준비가 되어 있어야 한다고 지적했다. 그는 본토 방위를 위해 만주군과 기타 중국의 일본군의 많은 부분이 이동할 가능성을 우려했다. 그는 소련군이 만주에서 행동을 취한다는 언약을 하기에 앞서 우리가 일본 본토를 침공해서는 안 된다고 강조했다. 그는 이것이 절대 필요한 것이며, 스탈린 원수가 루즈벨트 대통령에게 넌지시 비친 것처럼 독일 패배가 완료된 뒤 3개월 이상 지체되지 않게 수행되어야 한다고 언급했다.

또 그는 우리가 일본을 침공하는 것을 가능케 하고 전쟁의 신속한 완결을 위해 다만 만주에서 일본군을 봉쇄하기 시작하는 행위가 필요하다고 언급했다. 그는 소련의 목표, 곧 그들은 만주 전역과 한국, 그리고 아마도 북중국의 일부를 원하고 있다는 사실을 이해했다. 이러한 영토 확보는 불가피했다. 그러나 미국은 소련이 독일을 패망시킨 뒤 최대한 빠른 시일 안에 만주에 침공함으로써 노력한 만큼 댓가를 얻을 수 있음을 주장해야만 한다.

(1) 해군은 공군 기지와 해군 기지로 일본 본토를 포위하고, 궁극적으로는 그들을 봉쇄하고 폭격하여 항복하게 할 계획을 여전히 지지하고 있음을 그는 이해하면서도 이것이 결코 효과적이지 못하다고 말했다. [나는 그에게 그것은 JCS의 의견이며, Sextant(1943년 11~12월 카이로회담의 암호명)에서 의견을 같이했다는 것을 알려주었다.]

(2) 맥아더 장군은 도쿄 평야가 일본을 침공하기에 적절한 곳이며, 계절의 제약을 충분히 알고 있다고 주장했다. 그는 규슈나 홋카이도에 우선적으로 상륙하는 것은 잘못이라고 믿었다. 그는 일본 본토의 다른 외딴곳에 우선 상륙함으로써 기밀이 누설되는 것보다는 소련의 이동과 얻을 수 있는 전략적 기습과 연계한 적절한 시기에 맞추어 적군의 병력이 쪼개질 수 있는 일본 중심지에 우선 상륙하는 것이 훨씬 더 큰 이익이 될 것으로 믿었다."

84) Deane, *The Strange Alliance*, p. 261.

이러한 실망스러운 상황이 전개된 이외에도 미국은 유럽에서 소련과 아주 곤란한 문제에 직면하였다. 이 지역에서 동구의 해방된 국가의 정부, 이탈리아에 있는 독일군의 항복 교섭, 소련이 해방한 미군 포로의 송환, 연합군의 지상·공중 작전의 조정 등에 관한 복잡한 문제들이 제기되었다. 4월에 합참이 일본의 무조건 항복을 위한 전체 계획을 검토하고, 이러한 목적에 관하여 소련이 기여할 수 있는 가치를 재고하게 된 것은 바로 이러한 분위기하에서였다.

전체적인 전략 계획의 검토는 일본 본토의 침공이 실제로 필요한지의 여부로 전환되었다. 이러한 검토에 대한 야전 사령관들의 견해가 필요했다. 특히 4월 3일 이후 합참은 오랜 숙고 끝에 태평양전쟁의 최종 단계를 위한 지휘의 조정을 결정하기에 이르렀다.

맥아더 장군은 태평양 지역 미국 육군총사령관에 임명되었고, 그 지역의 모든 육군 자원은 그의 지휘하에 들어갔다. 니미츠 제독은 태평양지구 함대사령관에 임명되었다. 합참은 그 지역에 대한 전략적 방침을 수립하였는데, 일반적으로 맥아더 장군에게 지상 전투 책임을 부과하였고, 니미츠 제독은 해상 전투를 담당하도록 하였다.

전략 폭격의 명령은 합참의 직접 지시하에 아놀드(Henry H. Arnold) 장군이 담당하였다.[85] 이러한 결정에 따라서 야전 사령관들은 하달된 임무에 따른 작전 계획을 수립하는 공적인 책임을 떠맡았다. 4월 12일 마셜 장군은 맥아더 장군에게 다음과 같은 전신을 보냈다.

85) JCS 1259/4, Sub : Command and Operational Directives for the Pacific, 3 Apr 45.

앞으로 며칠 안에 나는 다른 참모장들과 더불어 서태평양에서의 우리의 기본적 전략 문제를 토의할 필요가 있습니다. 이 문제에 관해서는 엄연한 의견의 차이가 있습니다.

한쪽 편의 생각은 주요 작전을 위해 12월 1일과 3월 1일을 목표 일로 삼아야 하며 가능한 것보다 더 많은 준비가 필요하다는 것입니다. 따라서 공중 · 해상 봉쇄와 폭격과 같은 군사 행동을 채택해야 합니다.

여기에는 구산(衢山) 작전과 아마도 산동반도(山東半島), 한국, 그리고 대한해협 지역 섬들의 점령과 같은 다른 작전들도 포함되어야 할 것입니다. 이 계획에 따르면 일본 본토의 상륙에는 많은 사상자의 발생이 예상되며, 일본의 공군력을 더 파괴할 필요성이 있으며, 아시아 대륙으로부터 일본의 보강 이동을 차단할 필요성이 있으며, 일본 본토에 주력 부대가 상륙하지 않은 채 항복을 받아 낼 가능성도 있습니다.

침범할 수 없는 일본의 신성한 땅에 상륙할 때 겪을 일본의 저항에도 문제가 있으며, 또한 늦추지 않고 우리의 현재의 압력이 유지될 수 있도록 일본 본토에 대한 작전을 충분히 빨리 준비할 수 있는 우리의 능력에도 문제가 있습니다.

다른 쪽의 생각은 필리핀으로부터 군대를 정렬하여 유구열도에 설치된 육상 기지에서 발진하는 공군이 일본 본토를 직접 공격하는 것이 좋다고 믿습니다. 이러한 생각을 하는 측은 일본의 공군과 해군력이 이해 말쯤 공격하기에 쉬울 만큼 충분히 약화할 것으로 판단하고 있습니다.

우리의 해군 작전은 유구열도로부터의 공군 작전, 그리고 일본의 선박과 내륙 수송의 제한된 능력 덕분에 일본의 물자 보강을 저지할 것입니다. 소련의 전쟁 참여는 12월의 일본 본토 상륙에 필요 조건이 될 것입니다.

B-29와 항공모함의 공습은 광대한 지역을 초토화할 것이며, 일본 본토를 더욱 무력화할 것입니다. 필리핀과 오키나와에서의 경험으로 미루어 볼 때, 많은 사상자를 초래하는 상륙 작전에서 미국이 지상이나 수륙양면 기동작전에 적합한 모든 지원군과 병력을 투입한 곳이면 어느 전투에서는 납득할 만한 병력의 손실로도 일본을 패배시켰습니다.

그와는 달리 일련의 섬과 제한된 목표에 대한 작전은 참가 부대마다 높은 손실을 기록하고 있기 때문에 많은 군대가 관여해야 할 것이며, 전쟁의 조기 종결을 보장할 수 없습니다. 더욱이 중국의 해안과 같이 그다지 중요하지 않은 작전에 대규모의 군대가 관여하게 될 가능성은 항상 있습니다. 기후에 관해서는 어느 달도 적합합니다. 그러나 겨울철은 해양 작전에는 좋지 않고 공중이나 지상 작전에는 더욱 좋습니다.

요컨대 한쪽 편의 생각은 연합참모부 비망록(CCS 776/3) 부록 B에 명시된 전체적 목적의 첫 번째 구절을 강조하며, 일본 침공의 필요성에 의문을 가지고 있습니다. 그런가 하면 다른 쪽은 그해 말까지 전체적인 목적의 첫 번째 부분이 적절히 수행될 것이며, 즉각적 침공이 전쟁 종결을 보증하는 가장 빠르고도 희생을 최소화하는 방법이라고 생각하고 있습니다. 본인이 앞으로 며칠 이내에 있을 토의에서 활용할 수 있도록 이 문제에 대한 귀하의 의견을 보내 주시겠습니까?86)

4월 20일자의 답신에서 맥아더 장군은 전략적인 문제를 다음과 같이 자세히 분석했다.

(1) 서태평양의 전략을 분석해 볼 때 우리가 선택할 수 있는 세 가지 일반적인 행동 과정이 있음을 알 수 있다.

제1과정 : 규슈와 혼슈에 대한 공격을 연이어 하거나 아니면 직접 혼슈를 공격하기에 앞서 최대한의 공군력을 배치함으로써 전선을 서쪽으로 더욱 확대하여 일본을 포위한다.

제2과정 : 일본을 완전히 고립시키려면 전선을 서쪽으로 더 확장하여 일본을 포위하고, 본토에 상륙하지 않고 일본을 폭격하여 항복하도록 시도한다.

제3과정 : 규슈를 공격하고, 혼슈에 대한 결정적 공격을 감행하도록 공군 기지를 설치한다.

86) Msg, Gen Marshall to Gen MacArthur, 12 Apr 45, CM-OUT 67098. Appendix B of CCS 776/3에 대해서는 본서 pp. 159~161와 주) 67 참조.

(2) 제1과정에 따르면 최종적인 공격에 더 막대한 공군력을 제공할 것이며, 공격에 앞서 적을 고도로 무력화(無力化)할 수 있을 것이며, 외부의 보강이나 자원을 얻지 못하도록 일본을 고립시킬 것이다.

이 방법은 또한 규슈를 우회하여 혼슈에 대한 직접적인 공격을 가능케 할 것이며 진격의 주축(主軸)을 벗어난 곳에 우리의 병력을 배치할 것이며, 일본열도의 중요 지역에 단거리 공중 지원을 증가시키지 않을 것이며, 태평양 지역에서 이용 가능한 자원 가운데 많은 부분을 필요로 할 것이며, 유럽으로부터 병력이 재배치될 때까지는 일본 본토에 대한 공격을 할 수 없을 것이며, 미국을 중국 본토에 깊숙이 연루시킬 것이다.

만약 규슈를 우회할 수 없다면 1947년까지 혼슈 작전을 연기할 필요가 있을 것이다. 이 작전은 주공격을 개시하기에 앞서 포괄적인 작전을 삽입함으로써 분명히 시간의 손실과 막대한 인명 손실을 초래할 것이다.

(3) 제2과정이 만약 성공적이라면 인명 손실을 최소화할 수 있겠지만 전쟁을 무한정 연장할 것이며, 수륙양면 공격에 우리의 자원을 활용하지 못할 것이다. 유럽에서는 일본에게 할 수 있는 것보다 더 강도 높은 폭격을 독일에 감행했으며, 전쟁을 끝내고자 미국 · 영국 · 소련의 모든 가능한 지상군을 활용했지만 실패한 적이 있음에도 불구하고, 이곳에서는 일본 사람들을 정복하려면 공군력만으로도 성공을 예상할 수 있다.

(4) 제3과정은 일본열도의 최종 목적지에서 가장 가까운 거리에 공군을 배치함으로써 적군을 무력화할 수 있다. 결정적 목표에 우리 연합군의 자원과 육 · 해 · 공군의 완전한 전력을 활용할 수 있을 것이다. 최종 공격을 하기에 가장 유리한 지점에 우리의 병력을 주둔시킬 것이다.

우리는 내년보다는 올해 더 방어를 소홀히 할 것으로 보이는 지역에 대해 공격을 개시할 것이며, 태평양 전투에서 성공적인 것으로 입증된 공격 방법을 계속 활용할 것이다. 우리 연합군의 최대한의 압력을 적에게 행사하여 예상보다 일찍 항복하도록 하고, 1946년 초 결정적 공격 개시에 우리가 가장 유리한 위치에 있도록 할 것이다. 우리의 공격은 처음에는 좀더 낮은 정도의 무력화(無力化) 작전과 좀더 짧은 준비 기간으로 시작되어야 할 것이다.

(5) 선택이 가능한 행동 과정들이 가지고 있는 손익의 분석은 세 번째 과정이 바람직한 계획임을 분명히 보여준다. 다음과 같은 이유가 아니라면 세 번째 과정이 채택되어야 한다.

(a) 그 작전을 지원할 충분한 공군력을 우리가 가지고 있지 않다고 판단될 때, 또는

(b) 태평양의 자원이 불충분하거나 올해에 작전을 수행하는 데 필요한 자원을 제때 확보할 수 없으므로 주공격을 위한 병력의 집결과 동시에 그러한 작전 수립에 따르는 연기를 수용하면서 적에게 끊임없는 압력을 계속하고자 그 기간에 다른 행동 과정을 추구해야 하는 경우,

(6) 태평양의 육·해·공군과 병참 자원들은 세 번째 과정을 이행하기에 적합하다고 나는 생각한다. 일본의 함대는 실질적으로 무력해졌다. 일본의 공군은 훈련기를 포함한 모든 종류의 비행기를 이용하여 무분별한 자살 공격을 우리 군대에 감행하는 행동 경향을 보일 정도로 약화하였다. 그 소모는 심각하고, 지속적인 행동을 위한 전력은 급속도로 쇠퇴하고 있다. 이러한 상황은 유구열도에 우리의 공군 기지가 설치되고 난 뒤 더욱 뚜렷해질 것이다.

장거리 폭격(VLR Attack)의 빈도가 높아짐에 따라 비행기를 보강할 수 있는 일본의 능력이 상당한 비율로 쇠퇴할 것이다. 유구열도에 공군 기지를 개발하면 비행기를 탑재한 항공모함과 함께 규슈 상륙을 지원할 충분한 공군력을 우리에게 제공할 것이며, 그곳에 설치된 우리의 공군 기지는 혼슈에 대한 완전한 공중 장악을 보장해 줄 것이다.

병참의 고려가 가장 어려운 문제이다. 기지를 활용·운영하며 동시에 규슈에 수비대를 제공하도록 필요한 지원 병력을 제공하는 것은 병력의 집결에 필요한 신속한 수송 공급과 후방 지역으로부터의 과감한 병력 차출이 요구된다. 한 가지 예외가 있기는 하지만, 태평양에 있는 우리의 육군과 공군의 이점을 과감히 활용한다면, 병원 침상을 제외하고는 최저 필요 기능을 수행하는 데 필요한 지원 부대는 차출될 수 있을 것으로 믿어진다.

태평양에는 지금 부족한 3만6천 개의 추가적인 침상이 필요할 것으로 추산된다. 그러나 D-Day 이전에 그것이 모두 다 필요하지는 않다. 지상에

서 발진하는 비행기를 유구열도로 활발히 이동하는 것이 필요할 것이며, 잠재적인 비행장 부지도 마련해야 할 것으로 믿는다. 후방 지역의 작전 감소에 상응하여 공병대의 집결이 필수적일 것이다. 육군과 공군의 병력을 차출함으로써 공병 지원은 가능할 것으로 믿어진다.

(7) 날씨에 대해서는 11월이 작전을 개시하기에 가장 좋은 달인 것 같다.[87]

니미츠 제독에게도 즉시 논평을 요청했다. 그 역시 규슈 침공 계획을 승인하면서 11월 1일을 예정일로 추천했다.

(2) 우리가 성공하리라는 확신을 하고 일본을 침공할 수 있을 때까지 우리는 중국과 한국으로부터 일본을 차단하고 일본에 대한 폭격이 강화될 수 있는 지점을 점령함으로써 계속 일본을 포위하고 고립시켜야 한다. 중국 해안으로 진군하는 것은 소련의 전쟁 참여를 확실히 할 수 있는 부수적 효과도 있을 것이다. 대한해협을 통제하는 지점으로 진격하는 것은 소련에게 4계절 해로를 열어 주는 추가적 효과도 가질 것이다.

(3) 그러나 다음과 같은 필요조건들이 충족된다면 결정적 승리를 달성할 수 있는 방법으로서 최대한 빨리 규슈를 침공하는 데 동의한다.

(a) 해상 통제 : 일본 함대의 거의 대부분이 파괴됨으로써 이 문제는 실질적으로 달성되었다.

(b) 공중 통제 : 함대와 해안에서 발진하는 공군기들이 취역 중인 적의 공군력을 급격히 파괴하고 있으며, 제20공군대가 적의 손상된 부분을 보강할 능력을 효과적으로 파괴하고 있다. 대량 자살 전술[神風]은 많은 선박에게 피해를 주었다.

그러나 우리는 적이 공군력의 손실로 감내할 수 있는 것보다 우리의 선박 손실이나 피해를 더 잘 감내할 수 있다. 해군과 공군의 기지로서의 오키나와에 병력을 집결시킴으로써 우리는 해군과 공군의 입장을 향상할 수 있으며, 적의 공군력의 궤멸을 촉진할 수 있다.

87) Msg, Gen MacArthur to Gen Marshall, 20 Apr 45, CM-IN 19089.

(c) 지상 전투 부대 : 이것은 근본적으로 육군의 문제이다. 3개 해병 사단의 수륙양용 부대가 준비되어 있다.

(d) 해상 운송 : 이것은 가장 심각한 문제이다. 필리핀과 마리아나군도(Marianas), 유구열도에 적절한 예비 병력과 보급품이 없이 우리는 일본 침공을 개시할 수 없다. 만약 이러한 예비 병력을 활용할 수 있다면 물자의 조달과 이동은 지체 없이 시작되어야 한다. 현재와 장래에 이용될 태평양의 해상 운송은 급격히 증가하지 않을 수 없다. 이들을 통제하는 문제는 태평양 담당(agency)에게 위임되어야 한다.

(e) 병참 조직 : 이번 가을의 침공을 준비하려면 기존의 병참 조직과 절차들을 완전히 활용할 필요가 있을 것이다. 시간 여유가 없는 상황에서 급격한 재편성 작업은 시간을 소비하게 될 것이다.

(f) 보급품 : 해군성은 수병이나 해병대용 겨울 피복을 포함한 모든 해상 필요 보급품을 공급할 수 있을 것으로 생각한다.

(g) 날씨 : 태풍의 위험은 다른 작전에서도 인지해 왔으나 인간의 능력으로 통제할 수 있는 것이 아니다. 그러나 한겨울의 파도가 시작되기에 앞서 병력과 보급품을 해안에 하역할 수 있는 충분한 시간을 확보하려면 일찍 공격을 시작해야 한다. 11월 1일이 추천할 만한 가장 늦은 목표일이다.

(h) 작전 개입 : 오키나와와 규슈 사이에 적어도 한 지점이 확보되어야 한다. 키카이지마(喜界島 : Iceberg Ⅲ D)가 최상의 지점이다. 함대와 해안 주둔 공군에 의한 일본 공격과 해상·공중 봉쇄는 여름에 강화되어야 한다.

(4) 유구열도의 개발을 최대한 가속화하 하려면 육군 항공대의 추가 지원과 이들을 지원할 수 있는 건설과 기지창을 함께 활용할 필요가 있다. 만약 이번 가을 규슈를 침공할 결정이라면 유구열도의 정복에 관한 장거리 비행단을 적의 공군과 시설물 공격, 그리고 병력에 대한 근접 지원에 더 적합한 기종으로 교체하는 것이 바람직한 것으로 보인다.

(5) 나는 "올림픽"(OLYMPIC)의 해군과 수륙양면 작전의 주요 해군 사령관들을 지명했으며 수륙양용대를 배치했다. 오키나와의 급속한 개발 때문에 미야코지마(都島) 작전이 연기되었다[*sic*], 남서태평양사령부(CINCSWPA)는

계획의 수정이 허락하는 한 빨리 공격 함대를 활용할 수 있게 되었다.

(6) 나의 의견으로는 1945년에 "올림픽"이 실현될 가능성은 적절한 해상 운송과 적절한 육군 보급품과 병력의 신속한 공급에 달려 있다고 생각한다. 함대 해병대(Fleet Marine Force)를 포함한 함대가 준비될 수 있다.

(7) 만약에 "올림픽"이 올해에 수행될 수 없다면 나는 구산군도(衢山群島)의 점령에 이어 대한해협을 장악하는 작전을 수행할 것을 권고한다.

이번 여름에 해로(海路)를 개설하고 소련에게 공급하기로 한 중요 자원들을 전용하게 되면 쿠릴열도를 통해 호위한다는 최소한의 개념에서는 그것이 효과적이라고 하더라도, 이번 가을의 '올림픽' 작전을 방해하게 될지 모른다. 해상 운송은 그 자체로서 중요한 자원 전용이 될 것이다. 그리고 그것은 이번 가을에 준비할 것인가 아니면 그 후로 연기할 것인가를 구분 지을 수도 있을 것이다.

(8) 우리가 일본을 침공할 때는 언제나 많은 사상자가 있을 것으로 예상하고 대비해야 한다. 우리의 최상의 병력이 방어 태세가 완료된 위치에서 방어하고 있는 일본 육군을 어디에서 만났든 그들은 유능한 전투 부대였다.

빈약하고 부족한 공급을 받는 일본의 군대에 대해 우리가 지난날 해·공군력으로 적을 궤멸시키는 압도적인 승리를 거두었다고 해서, 그것이 지금은 적군의 통신선도 짧고 보급도 더 적절한 일본 본토에서 우리가 직면하게 될 저항의 유형으로 평가하는 유일한 근거가 되어서는 안 된다. 그러나 일본군을 어디에서든 결국 격파하고야 말 우리의 육군과 해병의 능력을 나는 확신한다.[88]

야전 사령관들의 이러한 견해들은 일본 본토 침공이 일본의 무조건 항복을 이끌어내는 데 더 바람직한 방법이라고 계속 믿고 있는 워싱턴의 기획자들을 고무하였다. 이 전략에서 소련의 역할은

88) Msg, Adm Nimitz to Adm King, 28 Apr 45(OLYMPIC은 규슈에 대해 계획되었던 작전 암호명이었다).

쿠릴열도를 통한 보급로의 개설과 시베리아에 미국 공군 기지를 설치하는 경우보다 훨씬 덜 중요한 듯이 보였다. 이 두 작전은 모두 얄타회담에서 계획된 것이었다.

4월 16일, 전략을 토의하고자 워싱턴에 와 있던 딘 장군은 소련과의 군사적 협조가 미국에게 더 이상 필수적으로 중요하지 않다고 언급하면서, 앞으로 소련과의 협조는 전쟁을 완수하면서 미국에게 가장 중요한 계획에 한정할 것을 권고했다.[89]

딘 장군은 모스코바 주재 미국 기획단의 결정을 별도의 문서로 제출했다. 기획단은 이를 신중히 검토한 뒤 지금 시베리아에 미국 전략 폭격대를 주둔시켰을 때의 잇점은 단지 경비가 절감된다는 가치에 있을 뿐이며, 쿠릴열도를 통한 보급로 개설은 소련 작전의 성공에 절대 필요한 것은 아니라고 결론지었다.

따라서 딘 장군은 공군 기지를 설치하려는 계획을 취소해야 하며, 미국은 보급로를 설치하는 계획을 추진하기에 앞서 소련이 이를 주도하도록 기다려야 한다고 권고했다.[90]

4월 말 동안 일련의 행동으로 합참은 이러한 권고를 수용했다. 4월 19일, 그들은 모스코바 주재 군사 사절단에게 전쟁 수행에 필수적인 문제는 예외로 하고, 군사 요원을 추가로 보충받고자 하는 모든 노력을 포기할 것을 요청하였다.[91] 4월 24일, 그들은 시베리아에 공군 기지를 설치한다는 계획을 취소했다.[92] 태평양 보급로의 문제에 대해서는 니미츠 제독과 상의한 뒤 소련이 스스로 그렇

89) JCS 1313, Sub : Revision of Policy with Relation to Russia, 16 Apr 45.

90) JCS 1313/1, Sub : Revision of Policy with Relation to Russia, 16 Apr 45. 이 문제에 대한 심층적인 논의에 관해서는 Deane, *The Strange Alliance*, pp. 262~265 참조.

91) Msg, JCS to Maj Gen Deane, 19 Apr 45, CM-OUT 70140.

92) JCS 1313/2, Sub : Revision of Policy with Relation to Russia, 23 Apr 45.

게 요청할 때까지 더 이상의 적극적인 고려를 연기하였다.

4월 24일, 합참은 전반적인 태평양 전략을 재검토했다. 여기에서 일본 본토에 대한 조기 침공은 무조건 항복을 성취하는 데 가장 적합한 전략을 의미하는 것으로 지적되었다.

소련의 참전은 이러한 침공이 가능하게 하는 데 더 이상 필요치 않은 것으로 여겼다. 일본의 미래는 항복 문서에 서명하게 될 정부의 구성을 고무하기 위해서라도 민족적 자살을 겪게 되지는 않는다는 내용의 "의지의 천명"이 정부 차원에서 발표되어야 한다는 의견이 제시되었다.

(1) 전쟁 수행을 위한 전체적 전략 개념에는 "가능한 한 최대한 빠른 시일 안에 일본의 무조건 항복을 달성하기 위한 준비"도 포함되어 있다. 대일전의 전체적 목적에 대해 최초로 합의된 성명(SEXTANT : 1943년 11~12월)은 '만약 필요하다고 판단되면 일본 본토를 침공한다'는 문구를 포함하고 있다(CCS 417).

10개월 뒤 퀘벡회의(OCTAGON)에서 "해상과 공중 봉쇄를 수행하고 집중적인 공중 폭격을 감행하여 일본의 해 · 공군력을 궤멸시킨" 뒤 "일본의 산업 중심지를 침공하여 장악"(CCS 417/3)하기 위한 준비로 전체적인 목적이 수정되었다. 이러한 개정을 추진한 이유는 1944년 7월 11일 연합참모부 비망록 417/3(CCS 417/3)에 다음과 같이 언급되었기 때문이다.

"현재까지의 우리의 성공과, 해군 · 공군력에서 우리의 우월성, 독일 패망 이후 예견되는 병력의 활용 가능성 등으로 보건대 우리의 대일전의 작전 개념은 …… 일본의 산업 중심지에 대한 공격을 계획해야 한다고 믿는다. 지속적인 공중 폭격과 일본의 해군 · 공군력을 파괴함으로써 일본을 패망시키는 것이 가능할 수도 있지만, 이것은 아마 용납할 수 없는 지연을 초래할 것이다."

대일전 작전에 최우선 순위를 할당하라는 최근의 제안(지금 CCS가 검토 중임)은 그것과 직접 관계있는 침공과 예비 작전을 대일전에서 최우선의 작전으로 설정해 놓고 있다. 이러한 발전은 전체적인 목적을 설명하는 성명에 명시되었고, 경험에 비추어 강조된 것으로서 침공이 일본의 무조건 항복의 필요조건이라는 확신을 반영하고 있다.[93)]

(2) 비록 전반적인 목적이 위에 언급된 바와 같다 하더라도, 봉쇄와 폭격의 전략만으로 무조건 항복과 우리의 전쟁 목표를 달성할 수 있을지, 그리고 그것이 침공 전략보다 더 수용 가능할 것인지의 여부에 대하여 토의는 계속되었다. 사실상 기술(記述)된 전체 목적에 표현된 "단계"(phase)는 일련의 꾸준한 작전을 구성하고 있는 것으로 취급되어야 한다.

*****

(4) **전쟁 목표** : 카이로선언과 다른 광범위한 정책 성명에 미국의 주요 전쟁 목표는 다음과 같이 나타나 있다.

(a) 카이로선언에서 구체화된 영토의 회복.

(b) 일본이 세계 평화와 안보에 다시는 위협이 되지 않을 것을 보장할 수 있는 상황의 조성.

(c) 다른 국가의 권리와 일본의 세계적 의무를 존중하게 될 궁극적인 정부의 출현.

(5) 합의된 전략과 국가 정책은 이러한 목표가 무조건 항복에 의해 달성되어야 한다는 것이다. 전체적인 목적을 다룬 성명서는 무조건 항복이 강행될 수 있고, 일본의 산업 중심지에 대한 침공이 결정적이라는 의미를 담고 있다.

그러나 "무조건 항복"이 어떠한 방법에 따라서 달성될 수 있다고는 결코 확신할 수 없다. 우리가 달성할 수 있는 것은 결정적인 군사적 패배를 안겨 주는 것이며, 그것은 독일의 현 상태와 유사한 무조건 항복과 동등한 결과로 나타날 것이다. 지금까지의 전쟁에서 일본의 군대를 항복시킨 경우는 없었다.

93) SEXTAN이나 카이로회담에 대해서는 본서 pp. 140~141참조, 1944년 9월의 OCTAGON이나 제2차 퀘벡회담에 대해서는 본서 pp. 145~146 참조.

"무조건 항복"의 개념은 일본인의 속성상 이질적인 것이다. 그러므로 "무조건 항복"은 파멸이나 국가적 자멸을 의미하는 것이 아니라는 것을 일본인들에게 확신시킬 수 있고 이해할 수 있는 용어로 정의되어야 한다. 이것은 일본인들에게 그들의 미래를 보존하는 것을 의미한다는 정부 차원의 "의지를 천명함으로써" 행해질 수 있다. 일단 패배의 불가피성을 확신하게 되면 항복 문서에 서명하고 이를 이행할 정부가 일본에 조직될 수 있다.

(6) 만약 일본이 납득할 있는 무조건 항복에 대한 정의가 제시되지 않는다면 완전한 패배의 위협이 항복을 가져오리라는 전망이 없으며 전멸 이외에는 대안이 없다. 그렇게 되면 무조건 항복의 목표를 달성하는 것은 전적으로 군대의 무력에 따라서 성취되어야 한다.

(7) 폭격과 봉쇄 작전은 일본의 본토를 고립시키는 추가적인 지점을 확보하고, 폭격과 실질적인 전멸로 위협함으로써 일본을 항복시키는 것을 목표로 한다. 이 전략은 무조건 항복이나 패배로 이끌 것이라고 보장할 수 없다.

이것은 제한된 목표의 전략이며, 우리의 전쟁 목표를 완전히 수행하지 못한 채 교섭에 의한 평화를 가져올 수도 있다. 만약 포위가 항복을 이끌어내는 데 실패한다면, 침공을 개시하고자 병력을 활용하기가 어렵고 비용이 들며 시간도 걸리게 될 것이다.

침공 작전은 일본제국의 심장부를 직접 공격하며, 만약 위협만으로 항복을 유도할 수 없다면 전면적인 공격을 통한 지속적인 군사 행동으로써 무조건 항복이나 완전한 패배를 달성하리라고 예상된다. 일본 본토를 우선 패배시키는 것은 제국의 다른 병력을 항복시키고, 어떤 경우에는 그들의 패배를 더 용이하게 달성할 수 있으리라는 커다란 가능성을 수반할 수 있다. 그와 반대되는 어떠한 상황도 생각할 수 없다.

그러므로 일본 침공은 무조건 항복이나 궁극적인 패배를 달성하면서 가장 적절한 전략이라고 여겨진다.

《침공 전략을 지지하는 다른 요인들》

(8) 최근 작전의 결과와 직접적인 작전의 예상 결과에 기반을 둔 정보에

따르면 …… 1945년 5월 8일의 유럽 전승 기념일이 지난 지 약 5개월 뒤에 일본 본토의 군대 배치와 전투 능력은 본토 침공을 불가능하게 할 어려움을 제공하지는 않을 것으로 보인다. 이 평가의 중요한 점은 다음과 같다.

일본 함대와 공군의 잔류 부대는 오키나와에서처럼 또 다른 전면적 자살 방어 시도가 있을 가능성을 제외하고는 무기력하다. 훈련용 비행기와 구형 비행기를 마지막 수단으로 의존·활용할 것이다. 아주 중요한 지역의 방위를 강화하려고 치열하게 노력할 것이다. 한 달에 1개 사단보다 더 큰 예상 비율로 일본이 아시아에서 보강 부대를 이동할 수는 없다. 아울러 내부의 교통·통신 수단이 제한적이고 취약하다.

(9) 공동 목표 분석단(Joint Target Analysis Group)의 조사에 따르면, 일본의 예비 물자와 그 예비 물자를 이동시킬 수 있는 능력에 비추어 볼 때, 지금으로부터 1945년 12월 1일 사이에는 미군이 지금 사용하고 있는 기지나 직접 공격의 결과로 앞으로 사용이 가능한 기지로부터 출격하여 일본 본토의 주요 목표를 폭격한다는 계획은 침공에 필요한 상황을 조성해 줄 것이다.

공중 폭격으로 더 많은 시설들을 감소시키고 중요한 중심 물자들을 노획한다고 해도 1945년 12월 1일 이후에는 그것들이 별로 중요성이 없을 것이라고 그 조사는 지적하고 있다.

(10) 합동 기관의 연구와 평가에 따르면, 1945년 12월까지 태평양에서 OLYMPIC-CORONET 규모(36개 사단, 총 152만3천 명)의 침공 작전을 수행하려면 우리는 충분한 병력과 자원을 이용할 수 있어야 한다.[94)]

(11) 그러므로 이번 겨울에 OLYMPIC-CORONET 규모로 침공 작전을 수행하는 것은 가능한 것으로 여겨지며, 현재의 정보에 따르면 봉쇄를 강화하고 폭격을 증대하려는 추가적인 위치를 우선적으로 확보하는 데 시간과 노력과 자원을 소비할 필요는 없는 것으로 보인다.

(12) 만약 앞으로 상황 전개가 현재의 평가를 변경시키고, 따라서 침공 이전에 일본의 역량을 더 감축시킬 필요가 있다면, (우선순위에 따라) 다

94) OLYMPIC은 규슈 공격 계획을 위한 암호명이었으며, CORONET은 도쿄 평야 침공 계획의 암호명이었다.

음 사항에 의해 침공이 이루어져야 한다.

(a) 지금 이용할 수 있거나 통제 작전의 결과 점진적으로 이용할 수 있는 기지에서 오랜 기간에 봉쇄와 폭격 전술을 계속한다.

(b) 더 많은 비행기를 활용하고 배치할 수 있도록 우리 소유의 영토에 추가적인 기지들을 개발한다.

(c) 마지막 수단으로서 추가적인 영토를 확보하고 거기에 기지를 개발한다. 만약 OLYMPIC-CORONET 규모로 일본 본토의 침공을 수행하고자 준비한다면 앞으로 상황 전개가 그 필요성을 입증할 수도 있는, 어떤 더 작은 규모로 도움이 되는 작전을 수행하는 것이 가능해야 한다는 점을 지적해 두지 않을 수 없다.

(13) **사상자(死傷者)** : 예상 사상률에 따라 사상자의 수를 일반화시키는 것은 가능하다. 모두 수륙양면 공격이었던 과달카날(Guadalcanal), 뉴조지아(New Georgia), 레이테(Leyte), 애투(Attu), 마셜군도(Marshalls), 마리아나군도(Marianas), 팔라우(Palau) 등의 작전에서 하루 1천 명당 사상률(1/1,000)은 다음과 같다.

사망 : 1.78
부상 : 5.50
실종 : 0.17
총계 : 7.45

유럽 작전 지구의 육지 전투의 평균 사상률(1/1,000)은 다음과 같다.

사망 : 0.36
부상 : 1.74
실종 : 0.06
총계 : 2.16

해군 사상자는 관련된 수륙양면 작전의 횟수 및 전투 기간과 직접 관련되어 다양하게 예상될 수 있다. 왜냐하면 해상 작전과 육상 전투의 두 가지 전략에 이용한 해군력이 대체로 동일한 것이기 때문이다. 이 수치에 따라 우리는 (1) 개별공격 작전의 인원수를 제한한다. (2) 결정적인 지역에서 그들이 지상 전투 행동을 하도록 한다는 결론을 내리지 않을 수 없다. 이러한 결론들은 조기 침공 전략을 더욱 지지한다.

(14) 비록 이런 점에서 이번 겨울의 조기 침공의 군사 행동을 수행하는 것이 실행 가능하다고 확정했고, 그러한 군사 행동이 어떤 다른 작전보다 전체적인 목적을 더 신속히, 그리고 어떤 다른 계획에서는 확신이 없이 달성할 수 있고, 아마도 폭격과 봉쇄 그 자체만으로는 우리의 전쟁 목표를 절대로 수행할 수 없다고 고려하더라도, 그러한 군사 행동의 가능한 결과는 예상 필요물과 기간의 대략적인 비교를 제공하고자 지금 밝혀져야 할 것이다.

다음의 도표는 OLYMPIC-CORONET, 그리고 가능한 포위 작전에 대한 필요조건과 목표 일지를 밝혀 주고 있다. 다음의 작전 결과들은 OLYMPIC-CORONET을 비교 분석하기 위해 추출되었다.

작전	목표일	최대 필요조건	
		사단	인원
구산-영파	유럽전승기념일 4~5개월 후	6	238,000
한국	구산/영파 함락 4~5개월 후	13	570,000
쿠릴 열도(Etorofu & Matsuwa Islands)	1945년 10월 15일	5	200,000
제주도 · 쓰시마	한국 점령 2개월 후	4	160,000

따라서 시기에 관해서는 봉쇄와 폭격의 군사 행동 작전의 예상 결과는 1946년 가을쯤 완료될 수 있고, 아울러 OLYMPIC-CORONET 작전도 1946년 6월까지 완료되어야 한다.

요구되는 병력의 비교는 다음과 같다.

본토 침공의 경우 36개 사단 153만2천 명
본토 봉쇄와 폭격 23개 사단 116만8천 명

이 수치들은 일련의 작전에 요구되는 것의 요약이다. 아울러 병력의 일부 구출과 재활용은 여기에서 고려되지 않았다. 다시 말하면 이러한 일련의 봉쇄와 폭격 작전을 수행하고 사실상 지금 다른 지점을 확보한다고 해도 그것이 궁극적인 침공의 배제를 확신할 수 없다는 점을 지적해 두지 않을 수 없다.

*****

(16) 소련의 대일전 참전이 아시아 대륙에서의 미군의 초기 작전 수행을 요구할 것인가에 대해서도 고려해야 한다.

(a) 아시아 대륙과 일본 본토 사이에 일본의 이동을 저지할 수 있는 우리의 예상 능력 때문에 일본과 관동군 등의 예하 부대와의 전쟁에 소련이 조기 참전하는 것은 우리의 일본 침공을 가능케 하는 더 이상의 필요조건이 아니다.

(b) 카이로선언에는 만주가 중국에 귀속되어야 한다는 규정이 포함되어 있으며, 소련은 아직 이 선언의 원칙에 서명하지 않았음을 지적하지 않을 수 없다. 만약 소련이 전쟁에 참여한다면, 그 군대는 아마도 만주에 진주하는 첫 병력이 될 것이다. 이것은 적어도 상징적으로 미군을 중국에 진주케 하는 문제를 야기할 것이다.

《최적의 전략》

(17) 모든 요인을 검토한 결과, 우리는 조기 침공의 전략을 추구해야 한다. 과정은 다음과 같아야 한다.

(a) 침공에 앞서 일본의 전쟁 수행 능력을 감퇴시키고, 사기를 저하시키고자 전략 폭격과 항공모함의 공격으로 일본에 대한 완벽하고 지속적인 압력을 가한다.

(b) 한반도와 규슈, 그리고 황해 해로 사이의 경로를 차단하는 공중 해상 정찰, 그리고 경무장 해군과 공중 타격대를 이용한 봉쇄를 강화한다.

(c) 침공에 선결적인 조건을 확립하는 데 필요한, 도움이 되는 작전들만을 수행한다.

(d) 가능한 한 최대한 빠른 시기에 일본을 침공한다.

(e) 무조건 항복을 이끌어내고 완전한 군사적 통제를 확립하는 데 필요한 일본의 산업 단지 지역을 점령한다.[95]

합참이 이 보고서를 검토하는 동안 해군의 작전 책임자인 킹(Ernest J. King) 제독이 두 지역의 사상자 비교에 비록 동의하지는 않았지만, 결론에는 동의했다.[96] 5월 10일, 합참은 앞으로 계획의 근거가 될 보고에 관하여 공식적으로 언급했다.[97] 5월 25일, 야전 사령관들이 추천한 대로 1945년 11월 1일을 목표일로 설정한 규슈 침공 작전의 지령이 맥아더 장군과 니미츠 제독, 그리고 아놀드 장군에게 하달되었다.[98]

이러한 군사적 검토들이 진행되고 있는 동안, 유사한 논의들이 정치적 차원에서 이루어졌다. 5월 12일, 전쟁성 장관 스팀슨과 해군성 장관 훠레스탈에게 보내는 비망록에서 국무성 장관 서리 그류(Joseph C. Grew)는 태평양전쟁에 소련이 참여하는 문제를 특별히 제기하였다.

소련의 태평양전쟁 참전에 대한 정치적인 예상 결과와 이 주제에 대한 얄타협정의 관계와 관련하여 극동에서의 미국 정부의 정책을 결정하고자, 다음과 같은 문제에 대하여 전쟁성의 견해를 귀하로부터 듣고자 합니다.

(1) 소련의 태평양전쟁 참전에 앞서 극동에서 어떤 바람직한 정치적 목적에 소련의 동의를 획득하고자 미국 정부의 어떠한 시도도 배제되어야 할 만큼 가능한 한 빠른 시일 안에 소련의 참전이 미국에 필수적인 이익이 되는가?

---

95) JCS 924/15, Rpt by JSP, Sub : Pacific Strategy, 25 Apr 45.
96) JCS 924/16, Memo by Adm King, Sub : Pacific Strategy, 2 May 45.
97) Decision on JCS 924/15, Note by Secys, Sub : Pacific Strategy, 10 May 45.
98) JCS 1331/3, Note by Secys, Sub : Directive for Operation OLYMPIC, 25 May 45.

(2) 극동에서의 소련의 정치적 희망과 관련한 얄타에서의 결정은 재고되어야 하는가, 혹은 전체적으로나 부분적으로 실행되어야 하는가?

(3) 만약 소련이 일본 본토에 대한 군사적 참여를 요구한다면 그 요구를 승인해야 하는가, 혹은 그러한 점령이 앞으로 일본 처리에 대한 우리의 장기 정책에 불리한 영향을 미칠 것인가?

국무성의 의견으로는 소련 정부로부터 다음과 같은 언약을 받아 내고 얄타협정의 우리 측 부분의 이행에 앞서 극동에 관하여 다음과 같은 점을 분명히 해두는 것이 정치적으로 바람직하다고 본다.

(1) 소련 정부는 장개석이 이끄는 국민당 정부가 중국 통일을 달성하도록 노력하면서 공산당 정부가 이를 지원하도록 영향력을 행사하는 것에 동의해야 한다. 미국 정부가 얄타협정에 근거하여 중국 정부에 접근하기에 앞서 미국 정부가 가장 바람직스럽게 생각하는 기반 위에 중국 통일을 달성하는 것을 소련이 동의해야 한다. 신강(新疆)을 둘러싼 어려움은 소련과 중국 정부 사이의 우호 협정으로 해결되어야 한다.

(2) 만주를 중국 주권에 반환하는 것과 한국의 장래 지위에 관한 카이로 선언에 대한 소련 정부의 명확한 답변.

(3) 일본의 최종 항복 이전이든 그 후이든 한국은 즉시 해방되어 미국·영국·중국·소련의 신탁통치를 받아야 한다는 소련 정부의 명확한 합의-이 합의는 4대 신탁통치국이 한국의 과도 정부의 선택에 유일한 권위체가 된다는 것을 명확히 해야 한다.

(4) 소련의 쿠릴열도 합병에 대해 최종 승인을 하기에 앞서 미국은 소련 정부로부터 이 섬들의 특정 지점에 상업용 비행기의 비상 착륙권을 승인받는 것이 바람직할 것이다.[99]

5월 21일, 스팀슨 장관의 답신은 태평양전쟁에서 소련의 역할에 대한 현재의 군사적 평가를 요약했다.

99) Memo, Acting Sec Grew for Sec Stimson, 12 May 45.

다음은 5월 12일 극동에서 소련에 관한 귀하의 비망록에 포함된 문제에 대한 전쟁성의 견해이다.

(1) 소련의 대일 참전은 미국의 어떠한 정치적 행동과도 별로 관계없이 자국의 군사적·정치적 판단에 따라 결정될 것이라고 전쟁성은 생각한다. 소련이 대일전 참여의 조건으로서 미국이 제의한 정치적 댓가를 추구하고 수락하면서도, 그러한 유인책이 소련의 전쟁 참여 시기에 대한 그들의 결정에는 실제로 영향을 미치지 못하리라는 것이 전쟁성의 견해이다.

소련의 참전은 확실히 물리적으로 전쟁을 단축할 것이며, 따라서 미국인의 생명을 구출할 것이기 때문에, 군사적으로 중대한 결과를 갖는다. 그러므로 군사적으로 고려할 때 소련이 태평양전쟁에 참전하기 이전에 극동에서 바람직한 정치적 목적에 대하여 소련의 합의를 획득하려는 미국 정부의 시도를 배제하지 않는다.

(2) 얄타협정에서 합의한 극동 문제에 대해 소련에게 양보하는 것은 미국의 군사적 행동의 능력 여부와는 관계없이 일반적으로 소련의 군사력 내에 속한 문제이다. 소련은 미군보다 앞서 일본군을 격파하고 남부사할린·만주·한국·북중국 등을 점령할 수 있는 군사적 능력을 갖추고 있다고 전쟁성은 믿는다. 단지 쿠릴열도에서는 미국이 소련의 주도권을 앞지를 수 있는 위치에 있다.

만약 미국이 소련의 기도를 저지하려고 이 섬들을 점령하고자 한다면, 일본을 패배시키고자 직접적인 군사 행동을 취해야 하는 댓가를 치를 것이며, 용납할 수 없을 정도로 미국인의 생명을 희생하게 될 것이다. 더욱이 소련은 자신들의 판단에 따라 미국이 일본의 군사력을 실질적으로 완전히 괴멸시킬 때까지 기다릴 수 있으며, 초기에 참전하여 받게 되는 것보다 상대적으로 훨씬 적은 희생을 치르고 자신들이 추구하는 목표를 획득할 수 있다.

위에서 지적한 내용을 통해 볼 때, 만약 우리가 무력 사용을 선택하지 않는다면 극동에 관한 한 소련에 영향을 미칠 군사적 지렛대를 거의 확보할 수 없을 것이다. 군사적 관점에서 볼 때 극동에 관해 소련과 완전한 이해와 합의를 보는 것이 바람직할 것이다.

얄타협정을 재고하는 것이 그러한 완전한 이해와 협조를 얻는 데 도움이 될 것이라고 믿는다면 전쟁성은 이를 지지할 것이다. 그러나 지금 다시 논의한다고 해서 좋은 결과가 있을 것으로 믿어지지는 않는다.

(3) 일본 본토에 대한 군사적 점령에 소련이 참여하는 문제와 관련하여 전쟁성은 이것이 정치적 결단의 문제라고 생각한다. 한편, 군사적 입장에서는 소련의 참여가 바람직하다. 왜냐하면 점령 목적에 대한 미국의 군사적 필요조건들을 감소시키기 때문이다.

다른 한편으로 우리가 독일을 점령할 때 소련과 겪은 경험에 따르면 앞으로는 우리 자신의 군대에 의한 배타적 점령이라는 지혜로운 길을 고려해야 할는지도 모른다. 대일전에 소련이 참여하기에 앞서 지금으로서는 이 문제에 대한 토의가 필요치 않은 듯하다.

전쟁성은 국무성이 제안한 바와 같이 소련 정부로부터 네 가지 언약과 설명을 획득하는 것이 바람직하다는 것에 동의한다. 만약 중국에서의 현재의 구도가 지속되고 동시에 중국 공산당과 아주 가까운 지역으로 진주할 경우, 소련과 우선적으로 만족한 이해에 도달하지 못한다면 중국에서 우리가 현재 직면하고 있는 문제들은 더욱 복잡하게 될 것이다. 그러나 전제요건으로서 중국 공산당과 장개석 총통 사이의 일종의 이해가 가장 중요한 것으로 보인다.

쿠릴열도에 상업용 비행기가 비상 착륙할 수 있는 권리에 대해, 소련과 토의하는 것이 바람직하다면 아마도 이 문제에 대해 소련에게 특별한 제의를 하는 것이 최상일 것이다. 그러나 소련은 (아마 쿠릴열도는 제외하고) 얄타협정을 일방적으로 이행할 군사적 능력을 지니고 있다. 따라서 위에서 지적하였듯이, 국무성의 비망록에 적시된 4가지 점에 대한 합의를 보도록 소련을 설득하려면 미국의 군사적 지원 이외의 방법을 고려해야 한다.[100]

---

100) Ltr, Sec Stimson to Acting Sec Grew, 21 May 45. 훠레스탈 장관은 5월 21일, 스팀슨 장관의 서한에 나타난 견해에 찬성한다고 그류에게 같은 날 서한을 보냈다.

3) 포츠담 회담을 위한 준비

1945년 5월 8일에 유럽에서 적대 행위기 종식되었다는 사실은 전후 문제 처리에 관하여 소련과 더불어 합의에 이르러야 할 시기가 임박했음을 의미하는 것이었다. 이와 같은 이유로 처칠 수상과 트루먼 대통령은 빠른 시일 안에 스탈린 원수와의 회담을 모색해야 한다는 데 합의했다. 스탈린 원수가 이에 따르면서 회담 장소로 베를린을 제의하였고, 그 뒤 회담의 범위는 일본에 대한 소련의 참전과 연합국 사이의 협조를 논의하는 문제를 포함하도록 의제가 확대되었다.

이 회담을 준비하고자 홉킨스 씨가 모스코바에 파견되었다. 그는 그곳에서 5월 28일, 스탈린 원수와의 세 번째 회담을 통해 극동의 상황을 논의하였다. 이때 홉킨스 씨는 소련군이 8월 8일에 만주 국경에 군대를 파견하여 같은 달에 공격을 시작할 것이지만 이러한 작전은 중소협약(中蘇協約)의 체결에 따라 결정될 것처럼 보인다는 사실을 확인했다. 그의 보고서는 다음과 같다.

> 어젯밤, 해리만과 나는 스탈린과 몰로토프를 만났는데 그 자리에서 얻은 중요한 결론은 다음과 같다.
>
> (1) 소련군은 8월 8일까지 만주 지역에 적절히 군대를 배치할 것이다.
>
> (2) 스탈린은 소련 인민이 전쟁에 참전해야 할 충분한 이유를 가져야 하며 그 문제는 얄타의 의안을 준수하고자 하는 중국의 의지에 달려 있다고 말한 얄타에서의 자기의 발언을 되풀이했다.
>
> (3) 송자문(宋子文)이 모스코바를 방문할 때 이 의안을 직접 다루고자 한다는 것이 스탈린의 첫 대화였다. 그는 먼저 7월 이전에 송자문을 만나기를 바라고 있으며, 우리도 동시에 장개석(蔣介石)과 이 문제를 다루어 주기를 기대하고 있다. 다음에 기술하는, 극동에 관한 스탈린의 발언에 비추어볼 때 우리의 견해로서는 이러한 절차가 매우 바람직하다고 여겨진다.

(4) 그가 8월에 일본을 공격한다는 사실을 우리는 의심하지 않는다. 그러므로 송자문이 7월 1일 이전에 모스코바를 방문한다는 것이 중요하다. 현재로서 스탈린은 언제라도 그를 만날 준비가 되어 있다.

(5) 스탈린은 장개석의 영도 아래 중국이 통일할 수 있도록 도와주고자 자신이 할 수 있는 모든 일을 기꺼이 하겠노라고 조리 있게 설명했다. 더 나아가서 전쟁이 끝난 후에라도 장개석보다 더 강력한 영도력이 없기 때문에 그의 지도 체제가 계속되어야 한다고 스탈린은 설명했다. 그는 어떠한 공산주의 지도자도 중국을 통일할 만큼 강력하지 못하다는 사실을 특별히 강조했다. 그는 장개석에 관하여 가지고 있던 몇 가지의 유보 조항에도 불구하고 그를 지원할 것을 제안했다.

(6) 스탈린은 중국이 통일되고 안정되기를 바라며 중국이 만주를 통일된 중국의 일부로 통치하기를 바란다는 얄타에서의 자신의 모든 발언을 되풀이했다. 그는 중국에 대항하는 어떤 영토적 주장을 하지 않는다는 점을 조목조목 설명했고, 특히 만주와 신강(新疆)에 관해 언급했으며, 자신이 대일전을 위해 군대를 진주시키는 모든 지역에서의 중국의 주권을 존중하리라고 언명했다.

(7) 스탈린은 만주에서의 중국의 행정 조직을 원활히 활용하도록, 그의 군대가 만주에 진군할 때 장개석의 대표가 동행하는 걸 환영한다고 말했다.

(8) 스탈린은 미국의 '문호 개방 정책'에 동의했으며, 미국은 전쟁이 끝난 뒤 중국을 지원할 수 있는 자원을 가진 유일한 국가라는 사실을 강조하여 지적했다. 그는 소련이앞으로 몇 년 동안에는 소련 국내 경제를 준비하도록 할 수 있는 모든 것을 가지고 있다고 생각했다.

(9) 스탈린은 한국이 중국 · 영국 · 소련 · 미국에 의한 신탁통치를 받아야 한다는 사실에 동의했다.

(10) 우리는 극동에 관한 회담을 개최한다는 사실에 매우 고무되었다. 일본에 관한 논의는 다음의 보고서에서 이어질 것이다.[101]

101) Msg, Hopkins to Pres, 29 May 45.

스탈린 원수는 또한 일본이 그들의 종전 조건에서 무조건 항복을 제외하려고 연합국들을 분열시키고자 노력하는 데에서 오는 고질적인 위험을 지적하면서 앞으로 있을 일본의 점령에서 자신의 몫[持分]을 요구했다.

스탈린은 대통령 각하와 가질 앞으로 회담에서 일본에 관한 문제를 논의하기를 매우 열망하고 있습니다. 그는 일본이 멸망하기에 앞서 일본에 관한 문제가 해결되기를 바라고 있는데, 그의 설명을 요약하면 다음과 같습니다.

(1) 일본은 멸망할 운명에 놓여 있으며 일본인들도 그것을 잘 알고 있다.

(2) 일본에서의 몇 가지 인자들은 평화를 갈망하는 사람들을 낙담시키고 있다. 그러므로 우리는 공통된 조처를 하는 문제를 함께 고려하고 일본의 항복에 관하여 협조적으로 행동해야 한다. 그는 일본이 연합국들을 분열하고자 한다는 사실에 대하여 두려움을 표시했다. 일본의 항복에 관한 그의 설명은 다음과 같다.

(a) 소련은 일본의 무조건적인 항복과 일본의 군사력이 즉시, 그리고 영원히 파괴될 것을 바란다. 일본은 미국에 대하여 뿌리 깊은 반감을 품고 있고, 만약 일본군이 패망하지 않은 채로, 그들의 해군이 완전히 파괴되지 않은 채로, 그리고 그들의 산업 시설이 부분적으로나마 온전한 상태에서 일본의 군벌이나 산업 기술자들이나 정치인들이 일본으로 철수하도록 허락한다면 그들은 바로 보복전의 계획을 착수할 것이기 때문에 일본의 군사력을 즉시, 그리고 완전히 파괴하는 문제는 특히 미국의 이해관계와 직결되는 것으로 생각하고 있다. 스탈린은 소련이 일본의 무조건적 항복을 바라고 있다는 사실을 분명히 했고, 이것이 그가 뜻하고자 하는 것의 전부였다.

(b) 그러나 만약 미국이 일본을 무조건 항복하도록 궁지에 몰아넣는 것으로 그친다면 일본은 결코 항복하지 않을 것이기 때문에 미국은 독일을 궤멸시켰던 것처럼 일본을 철저히 파괴해야 한다고 스탈린은 느끼고 있다.

(c) 일본은 항복을 제시하면서 좀더 완화된 항복 조건을 모색할는지도 모른다. (a)항과 비교해 볼 때 이와 같은 고려는 위험을 내포할 수도 있지만, 그럼에도 불구하고 이러한 가능성을 배제할 수 없다. 연합군이 이미 표명한 무조건 항복에서 물러서서 좀더 수정된 조건을 받아들일 준비를 하게 될 경우, 스탈린은 우리의 점령군을 통하여 우리의 의지가 관철될 것을 상정(想定)하게 될 것이고, 그렇게 되면 결국 (a)항과 꼭 같은 결과를 얻게 될 것이라고 상정하게 될 것이다.

바꿔 말해서, 우리가 생각하기에, 그는 위와 같은 표제 아래에서 좀더 온건한 평화 조건을 제안하고 있지만, 그는 미국이 일본을 점령하는 즉시 그러한 평화 조건의 실행을 제안하고 있는 것처럼 보인다.

(3) 스탈린은 일본을 실질적으로 점령하면서 소련이 지분을 갖게 될 것을 기대하고 있으며, 점령지를 어떻게 분할할 것인가에 관하여 미국 및 영국과 합의하기를 바라고 있다.

(4) 스탈린은 또한 만주와 중국에서의 작전 관할 지역에 관하여 연합국들 사이에 상호 이해하기를 바라고 있다.102)

그와 동시에 소련은 극동에서의 군사 작전을 위해 필요한 군사 물자의 목록을 제시했는데 그 양은 187만 톤에 이르렀고, 이러한 요구는 애초 있었던 110만 톤의 '마일포스트'(MILEPOST) 군수 물자에 추가되는 것으로서 이미 수송되었거나 선적된 양의 약 80%에 이르는 것이었다.

그와 같은 소련의 요청은 전략 기획자들에게는 물론 병참에서 심각한 문제를 유발했다. 소련이 태평양전쟁에 참전한다는 것은 현재로서 전세를 결정짓는 것이라고는 말할 수 없어도, 바람직한 것이었다. 더구나 루즈벨트 대통령은 5월 11일에 태평양전쟁에 필요한 군수 물자의 지원이 절박한 정도에 이를 정도로 군수 물

102) Msg, Hopkins to Pres, 30 May 45.

자의 수송을 제한하고, 그 대신 군수에 관한 적절한 정보로써 지원했다.[103)]

그러나 소련 정부는 그와 같은 정보를 제공하고 있지 않았다. 다른 정부의 요원들과 오랜 숙의를 거친 끝에 7월 11일, 합참은 경쟁적 필요에 비추어 제공할 수 있는 한, 그리고 1945년 9월 30일 이전에 소련이 정당하다고 여길 수 있을 정도의 선에서 소련에 군수 장비를 선적해 보낼 것을 건의했다.[104)] 대일 전쟁은 9월 30일 이전에 끝났고, 따라서 이 문제를 반드시 해결할 필요는 없었다.

홉킨스 씨가 1945년 5월 말까지 모스코바를 방문하고 있는 동안, 다음에 개최될 3대 강국의 회담 예정 일자는 7월 15일 무렵으로 하고 장소는 베를린으로 한다는 데 합의를 보았다. 이 회담을 준비하고 있는 동안 합참은 현재 상황의 전개에 비추어 일본의 무조건 항복을 위한 계획을 다시 검토했다. 6월 14일, 리하이(William D. Leahy) 제독은 루즈벨트 대통령이 합참과 함께 이러한 문제를 논의하고 싶어 한다는 것을 합참에 알렸다.

> 대통령은 오늘 자신이 18일 오후에 대통령 집무실에서 합참 요원들을 만나 대일전의 구체적인 사항들을 논의하기를 바란다는 사실을 합참에 통보하도록 나에게 지시했다. 그는 이 자리에서 처칠 및 스탈린과 가질 토의를 위한 준비의 전망과 우리의 의도에 관하여 충분한 정보를 듣고자 한다. 그는 일본을 항복시키는 데에 필요한 군대의 규모와 전함의 숫자에 관한 정보를 듣고자 바랄 것이다.
>
> 대통령은 일본 본토를 침공하게 될 경우에 초래될 사상자의 대략적 수

103) Memo, Brig Gen Lincoln to Capt Duncan and McFarland, Sub : Allocation of Supplies to the USSR, 12 May 45 ; Ltr, Dir USSR Br FEA to Adm Leahy, w/encls, 14 May 45.

104) JCS 1327/7, Note by Secy, Sub : Lend-Lease Requirements of the USSR after 31 Aug 45, 11 Jul 45.

효와 거기에 필요한 시간이 대강 얼마나 걸릴지를 알고자 한다. 그는 해군과 공군으로 고립 · 봉쇄 · 폭격을 감행함으로써 일본을 패망시킬 경우에 발생하게 될 시간과 손실이 대략 어느 정도일는지를 알고 싶어 한다. 그는 우리가 무엇을 해주기를 소련이 바라는지에 관하여 정확한 정보를 듣고자 한다.

대통령은 그 밖의 연합국이 어떻게 유용하게 기여할 수 있는가에 관한 정보를 듣고자 한다. 미국인의 인명 손상을 가능한 한 이를 최소화한다는 목적 아래 전쟁을 수행한다는 것이 그의 의도이다. 시간과 돈을 아낀다는 것은 비교적 덜 중요한 문제이다. 대통령이 앞으로 이 문제를 연구할 수 있는 시간을 갖도록 하려면 회담 기간에 대통령에게 미리 제출될 수 있도록 위에서 지적한 문제점들을 비망록 사항으로 제기하는 바이다.[105]

같은 날인 6월 14일, 합참은 일본의 갑작스러운 항복에 대비하도록 태평양 사령관들에게 지시했는데, 그 내용은 다음과 같다.

비록 지금으로서는 일본이 갑자기 패망하거나 항복하리라는 증거는 보이지 않지만, 점령 목적을 위한 일본 본토의 공격을 효과적으로 수행하려면 갑작스러운 멸망이나 항복과 같은 유리한 상황에서 오는 목전의 이점을 살리는 계획을 세우도록 합참은 명령했다.[106]

6월 18일, 일본의 조건 없는 항복을 위한 연합국 사이의 전략을 논의하고자 전쟁성과 해군성의 장관, 전쟁성 차관보 맥클로이(John J. McCloy), 그리고 합참은 대통령과 면담했는데, 이 자리에서 논의된 내용은 다음과 같다.

105) Memo, Adm Leahy to JCS, 14 Jun 45.
106) Msg, JCS to Gen MacArthur and Adm Nimitz, 14 Jun 45, CM-OUT 17064.

대통령 : 7월 4일자로 리하이 제독이 합참에 제출한 비망록에서 거론된 바 있는 대일전의 구체적인 내용에 관한 정보를 듣고자 내가 이 모임을 마련했습니다.

마셜 장군 : 대일전의 작전과 관련된 현재 상황은 노르망디 상륙 이후에 제기되었던 작전과 관련하여 존재했던 상황과 사실상 일치되고 있음을 지적하는 바입니다. 그리고 저는 저의 견해를 대신하여 한 문서를 읽겠는데, 이는 합참이 대통령에게 제출한 비망록(JCS/1388)을 발췌한 것입니다. 그 내용은 다음과 같습니다.

우리의 공군과 해군은 이미 남한에 있는 일본의 선박을 대부분 감소시켰으며, 앞으로 몇 개월 안에는 완전히 질식시킬 수는 없을지라도 거의 무기력하게 만들어야 한다. 따라서 남한에서의 일본의 통신 시설을 봉쇄하려고 더 이상 어떤 지점을 장악할 필요는 없다. 맥아더 장군과 니미츠 제독은 규슈의 상륙 일자를 11월 1일로 정하는 데 동의했는데, 그 이유는 다음과 같다.

(a) 우리가 준비를 서두르면 그때까지 준비를 마칠 수 있고,

(b) 우리가 추정한 바에 따르면, 그때까지는 우리의 공군력이 일본에서 파괴할 만한 가치가 있는 모든 산업 시설들을 사실상 폭격할 수 있을 뿐만 아니라 일본의 여러 도시에 있는 넓은 지역들을 파괴할 수 있으며,

(c) 일본의 해군력이 아직 존재하는 것이 있다면, 그때까지는 완전히 무력하게 될 것이며,

(d) 우리의 해군력과 공군력은 일본 본토로부터 보급되는 증강 능력을 무시할 수 있을 정도로까지 파괴할 수 있다.

날짜를 더 뒤로 미루지 않고 11월 1일을 공격 일자로 고려하게 된 중요한 이유는 일기와 일본에게 방위할 수 있는 시간을 주지 않는다는 사실이다. 만약 공격 일자를 11월 초순 이후로 미루게 되면 그 이후의 일기는 일본의 침공과 종전을 6개월 정도 지연시키게 될 것이다.

한국을 침공하면서 군사적으로 가장 주목할 만한 사실은 유일하게 상륙

할 수 있는 지점인 남서쪽의 부산과 서해안을 통해 들어가는 서울의 지형과 해안 상황이 작전에 어렵다는 점이다. 강력하게 요새화된 부산에 상륙하려면 우리는 대규모의 병력을 투입해야 하는데, 중무장으로 요새화된 일본군 지역을 돌파하려면 상당한 피해를 겪어야 한다.

한국을 침공한다는 것은 규슈를 침공하는 것보다 더 어렵고 피해도 더 클 것이라고 여겨진다. 서울도 마찬가지로 어렵고 피해가 큰 작전이 될 것으로 보인다. 서울이나 부산의 어느 하나를 점령한 뒤에도 우리는 규슈에까지 진격하지 못하고 있을 것이다.

규슈 작전은 “압박 전략”을 위해 긴요하며, 오키나와 작전 이후에 가장 피해가 적은 작전이 되리라고 여겨진다. 일본에 대한 봉쇄와 폭격으로써 목을 조이고 도쿄평야에 대한 공격으로써 항복을 강요하려면 규슈의 함락은 매우 긴요하다는 것이 요점이다.

우리는 일본의 모든 무기에 대적할 수 있도록 조치하고 있다. 우리는 모든 병력을 동원할 수 있으며, 일본을 폭격하고 봉쇄하면서 활용할 수 있는 가능한 방법은 현재 최대치에 이르고 있을 뿐만 아니라 동시에 침공 준비에 박차를 가하고 있다. 만약 일본이 군사적으로 완전히 패망하지 않은 상태에서 항복하기를 바란다면 그들은,

(1) 이미 감행된 공중 폭격과 해상 봉쇄로써 완전히 절망적으로 파괴를 맛보아 암담하게 되거나,

(2) 거기에다가 미국의 굳건한 의지의 표현으로 본토에 상륙하거나,

(3) 소련이 대일전에 참전하거나 참전하리라는 위협에 당면하게 될 때 그런 생각을 할 수 있을 것으로 보인다.

아시아의 본토를 소탕하는 것과 관련한 우리의 목표는 소련이 만주에 있는 일본인과 (필요하다면 한국인들까지도) 상대하도록 해야 하며, 중국인이 미국의 도움을 받아 그들이 그들의 국가에서 적들을 쓸어 낼 수 있도록 활력을 불어넣어 주는 것이어야 한다.

《전상자》

태평양전쟁에서의 전상자 피해에 관한 우리의 경험은 너무도 대중할 수

가 없기 때문에 이를 숫자로 표시한다는 것은 잘못이라고 여겨진다. 전쟁성의 참모들은 태평양전쟁의 경험을 여러 가지로 종합해 봄으로써 한국에서 유용한 지역을 확보하고자 지불하는 댓가는 분명히 규슈 침공의 댓가보다 클 수도 있다는 결론에 이르렀다.

규슈 침공으로 말미암아 발생할 피해가 없으리라고 생각하는 낙관적인 입장으로서는, 맥아더 장군이 사상자의 숫자를 대중할 수 없는 해안 상륙에 대하여 아직 책임을 수락하지 않았다는 사실을 지적할 수 있다. 우리가 목표로 하는 지점은 성격상 해상전으로나 육상전에서 모두 기동할 수 있는 여지가 있다. 특수한 군사 작전에 관한 논의에서는 다음과 같은 자료들이 일관성을 가지고 있다.

〈전상자 통계〉

전투명	미군 사상자 (사망 · 부상 · 실종)	일본군 사상자* (사망 · 포로)	미군 : 일본군 비율
Leyte	17,000	78,000	1 : 4.6
Luzon	31,000	156,000	1 : 5.0
Iwo Jima	20,000	25,000	1 : 1.25
Okinawa	34,000(지상군) 7,700(해군)	81,000**	1 : 2.0
Normandy***	42,000	-	-

* 부상자는 포함되어 있지 않음.
** 최종적 통계가 아님.
*** 개전으로부터 30일 동안의 통계임.

1944년 3월 1일부터 1945년 4월 1일까지의 맥아더 장군의 작전 기록을 보면 미군 사망자가 1만3,742명인 데 견주어 일본군 사망자는 31만165명이어서 미군 : 일본군의 비는 1 : 22이다.

규슈 침공 첫 30일 동안의 피해가 루존도(島)의 그것보다 크지 않으리라고 믿을 만한 이유는 있다. 쉽게 그리고 피 흘리지 않고 이번의 전쟁에서 이길 수 없다는 것은 엄연한 현실이며, 지휘관으로서는 그 부하들의 결심에 매달려 있는 외곽 전선을 굳건하게 지킨다는 것이 고맙지 않은 과업이었다. 지휘관의 우유부단은 그의 부하들에게 나약함과 우유부단함을 초래할 수 있으며, 그 댓가도 값비싼 것이다.

소련의 참전이 가지는 중요한 의미는 이미 절망적인 일본에 소련이 참전함으로써, 우리가 일본에 상륙할 경우 당장 또는 곧 그들이 항복하는 쪽으로 결정적인 조처를 할 수 있도록 충격을 줄 수 있다는 점이다.

태평양에의 지휘 · 통제에 관한 문제를 영국이 다음 회의에서 제기하려고 한다는 점을 고려할 때 태평양에서의 연합 지휘 체제에 관하여 어떤 불협화음이 생긴다면 그것은 소련 또는 아마도 중국과의 사이에서도 어려움을 유발하리라는 점을 우리는 명심해야 한다. 더 나아가서 연합 지휘 체제의 분명한 비효율성은 미국의 자원과 생명의 희생을 증가시키는 결과를 직접적으로 초래할 수도 있다.

마셜 장군 : 저는 이미 제기된 작전에 관하여 맥아더 장군의 의견을 물은 바 있고, 그로부터 답신을 받았습니다. 답신 전문(電文)을 읽어 드리겠습니다.

〈이번의 작전은 이제까지 제기된 어떤 작전보다도 대량 살상의 위험이 적으며, 결정적이지 못한 성격의 낭비적인 작전을 제거함으로써 결과적으로 인명을 낭비하지 않는 결정적인 효과를 낳게 될 것이라고 나는 믿는다. 나는 이번의 작전이 우리가 제공할 수 있는 노력과 인명의 측면에서 가장 희생이 적은 것으로 생각한다.

이런 점에서 볼 때 앞으로 몇 개월 동안에는 사실상 지상의 손실이 없을 것이며, 조만간에 결정적인 지상 공격을 감행해야 한다는 점을 기억해야 한다. 만약 적국의 주력 부대에 대한 공격 일자에 충분한 여유를 두고 미리 시베리아로부터 공격을 감행한다면 위험과 손실은 상당히 감소할 것이다.

"올림픽" 작전을 변경해서는 안 된다는 점을 나는 간곡하게 권고하는 바이다. 추가적이며 부수적인 공격을 한다는 것은 우리의 최종적인 사상자 통계의 숫자만을 높이게 될 것이다.〉

마셜 장군 : 규슈에 대한 침공 작전은 우리가 추구할 수 있는 유일한 길이라는 것이 저의 개인적인 의견입니다. 공중 공격만으로써는 일본을 항복시키기에 불충분하다고 저는 느낍니다. 공군력만으로써는 독일을 패망시킬 수 없었습니다. 이커(Ira Eaker) 장군과 아이젠하워(D. D. Eisenhower) 장군도 함께 이에 동의했습니다.

산악 지방이 흩어져 있는 일본을 공격하는 데에는 독일을 공격했을 때보다 어려움이 더 많을 것입니다. 이번 계획은 일본인들이 극심한 절망감에 빠지도록 만들 수 있는 유일한 길이라고 저는 믿고 있습니다. 이번 작전에 어려움이 있겠지만 노르망디 침공보다 더하지는 않을 것입니다. 태평양전투에 대한 모든 개별적인 움직임은 그것을 직시하고자 하는 굳은 결의로 다져져야 한다고 저는 확신합니다.

킹 제독 : 저는 마셜 장군의 견해에 동의하면서 이 문제를 연구하면 할수록 규슈의 전략적 위치에 대하여 깊은 인상을 받았습니다. 규슈는 점령 작전을 성공시키는 요충이라고 저는 생각합니다. 저는 3개월 이내에 오키나와에 있는 공군력이 일본에게 강렬한 느낌을 주기 시작할 것임을 지적하는 바입니다. 제가 생각할 때 오키나와 다음에는 논리적으로도 규슈입니다. 그것은 순리적인 수순입니다. 우리는 당장 규슈를 공격하고, 그 후에도 소련이나 중국의 있을 법한 작전의 효과를 판단할 만한 시간적인 여유가 있다는 것이 저의 의견입니다.

날씨가 중요한 인자를 이룹니다. 준비와 관련된 문제라면 우리는 당장 도쿄 평야를 목표로 삼아야 합니다. 그렇지 않고서는 우리는 작전을 완수할 수가 없습니다. 만약 지금 준비를 진척시키지 않는다면 이후로는 조정될 수 없을 것입니다. 그러나 일단 시작만 하면 우리는 우리가 원할 때 언제든지 중단할 수가 있습니다.

마셜 장군 : 규슈는 매우 중요한 곳이라는 의견에 동의하면서 그곳은 일본 본토 상륙의 거점이라는 사실을 지적하는 바입니다. 일단 규슈 침공에 대한 준비를 해 놓으면 그 다음의 행동에 대한 결정은 그 뒤에 할 수도 있습니다.

대통령 : 그 뒤의 결정이 소련이 동의하는 방안에 따라 좌우되지 않을

수도 있는지의 여부에 관해서 알고 싶습니다.

[이 문제는 상당한 파급 효과를 가져올 수도 있다는 점에 대하여 의견을 함께했다.]

대통령 : 지금 상황에 대한 리하이 제독의 의견을 듣고 싶습니다.

리하이 제독 : 대통령께서는 지난날 규슈를 침공할 경우 희생의 댓가가 무엇인지, 그러한 댓가를 치를 수 있는지 알고 싶어 한 적이 있었던 사실을 기억하고 있습니다. 저는 오키나와에 투입되었던 병력의 35%가 희생되었던 사실을 지적하는 바입니다.

이와 같은 비율이 규슈 침공에 투입될 병력의 숫자에도 적용된다면, 전투의 성격이 비슷하다는 점에 비추어볼 때, 이 숫자는 예상되는 사상자의 좋은 가정치가 될 수도 있다고 생각합니다. 따라서 저는 규슈 침공에 얼마나 많은 병력이 소요될 것인가를 아는 데 관심을 가지고 있습니다.

킹 제독 : 오키나와와 규슈는 중요한 차이점이 있다고 제가 생각한다는 사실에 대하여 주의를 기울여 주시기 바랍니다. 오키나와로 상륙하는 통로는 하나밖에 없습니다. 이는 고도로 요새화된 지점을 정면 돌파해야 한다는 사실을 의미합니다.

그러나 규슈에는 동시에 상륙할 수 있는 지점이 세 곳이나 되며 군대를 기동할 수 있는 여지도 더 많습니다. 규슈 침공으로 초래될 실질적인 희생자의 수는 맥아더 장군이 루존도를 침공할 때 겪었던 피해 상황과 오키나와 희생자 수의 중간이 되리라는 것이 저의 의견입니다.

마셜 장군 : 대통령에게 제출된 비망록에 따르면 규슈 침공을 위해 필요한 총 병력의 숫자는 76만6,700명이었다는 사실을 지적하고자 합니다. 규슈 침공에는 어떤 저항이 예상되는가를 대통령께서 질문하셨는데, 이곳에는 일본군 8개 사단의 약 350만 병력이 주둔하고 있는 것으로 추정됩니다. 이 사단 병력은 일본에서 아직도 증가하고 있을 뿐만 아니라 다른 곳으로부터의 증원군이 올 가능성도 있지만, 날이 갈수록 그러한 점에는 어려움과 고통이 따를 것입니다.

대통령 : 일본의 그 밖의 섬으로부터 남쪽으로 규슈를 향하여 병력이 증가할 가능성은 없습니까?

마셜 장군 : 규슈와의 모든 통신이 파괴되리라고 예상됩니다.

킹 제독 : [규슈와 일본의 그 밖의 섬과의 육상 통신을 자세하게 설명하면서] 이미 계획된 작전의 결과 일본인들은 병력 증강을 해상 수송에 의존할 수밖에 없을 것입니다.

리하이 장군 : 규슈는 섬이라는 사실을 기억해야 합니다. 규슈는 산맥이 얽혀 있는 곳이므로 일본인이나 미군이 통과하는 데 어려움이 있을 것입니다. 규슈 침공 작전은 사실상 어느 한 다른 섬을 먼저 장악하고 그 섬으로부터 증강된 공군력으로써 일본을 공격한다는 것에서 발상된 것입니다.

대통령 : 이는 또 다른 오키나와 작전을 창출하는 것이라고 나는 생각합니다. [이에 대해서는 합참도 동의했다.] 이커 장군께서는 공군으로서 이번 작전에 대하여 어떠한 의견을 가지고 계십니까?

이커 장군 : 마셜 장군이 대통령께 제출한 비망록의 요약에서 담겨 있는 내용에 저는 전적으로 동의합니다. 저는 아놀드(H. H. Arnold) 장군으로부터 방금 한 전문(電文)을 받았는데, 그 전문에서 그는 위의 비망록의 내용에 전적으로 동의한다고 말했습니다. 혼슈를 봉쇄하는 문제는 규슈에 비행장을 확보할 수 있는지의 여부에 달려 있습니다.

공중 공격의 계획은 일본에 대한 40개의 중폭격비행단의 출격을 고려해야 합니다. 그런데 규슈에 비행장을 확보하지 않고서는 이 작전은 이루어질 수 없습니다. 공중 폭격만으로써 일본을 패망시킬 수 있다고 주장하는 사람들은 공중 공격만으로써 적을 상대할 경우에 공군의 피해가 얼마나 심각하며, 지상군이 당장 상륙하더라도 이 피해는 결코 감소하지 않으리라는 심각한 사실을 간과(看過)하고 있습니다.

현재의 공군 사상자는 매 출격당 2%이며, 월별 출격의 30%에 이르고 있습니다. 공격을 지연시키는 것은 단지 적을 유리하게 할 뿐임을 지적하고 강조하고자 합니다. 절대로 공격을 늦춰서는 안 됩니다.

대통령 : 내가 이해하고 있는 바와 마찬가지로 지금 상황의 여러 가지 가능성을 측정해 보고, 또 가능한 모든 선택적 계획들을 고려한 합참도 지금으로서는 규슈 침공이 최선의 해결책이라는 데 일치된 의견을 가지고 있습니다.

[합참 요원은 이 점에 동의했다.]

대통령 : 그렇다면 전쟁성 장관의 의견은 어떻습니까?

스팀슨 장관 : 규슈를 침공하는 이외에 다른 선택의 여지가 없다는 합참의 의견에 동의합니다. 저는 개인적으로 군사적인 배려보다는 정치적인 배려에서 대통령께 더욱 책임을 느낍니다. 일본에는 이번의 전쟁을 마땅치 않게 생각하며 침묵하는 계급이 상당히 많이 있고, 그들의 의견이나 영향력은 아직 표면적으로 감지되고 있지 않다는 것이 저의 의견입니다.

이 보이지 않는 계급들은 미국의 일본 본토 공격과 더불어 끈질기게 싸우리라고 저는 확신합니다. 그들과 제휴할 필요성이 있기에 앞서 그들을 분발시키고 그들이 가지고 있는 가능한 영향력이 발휘될 수 있도록 어떻게 조치해야 한다는 점에 저는 관심이 있습니다.

대통령 : 이와 같은 가능성은 언제나 작용하고 있습니다. 백인이 일본을 공격한다는 사실이 일본인들을 더욱 강력하게 밀착시킬 가능성은 없습니까?

스팀슨 장관 : 그럴 가능성은 얼마든지 있다고 저는 생각합니다. 저는 합참이 성안한 작전 계획이 우리가 할 수 있는 최선의 길이라는 것을 동의하지만 다른 방법을 통하여 우리의 목표를 다소 효과적으로 달성할 수 있기를 아직도 희망하고 있습니다.

대통령 : 해군성 장관의 의견은 어떻습니까?

훠레스탈 장관 : 설령 우리가 1년 또는 1년 반 동안 일본을 포위하여 공격하고자 할지라도 규슈를 장악하는 것은 아직도 매우 긴요한 일이라는 점을 지적하는 바입니다. 그러므로 우리의 올바른 결정은 규슈 침공 작전과 병행되어야 합니다. 현재까지 진행되어 온 상황에 비추어 볼 때 일단 규슈를 침공한 이후에도 우리의 주요 결정을 고려할 시간적 여유는 있을 것입니다.

맥클로이 차관보 : 스팀슨 장관께서 일본에 침묵하는 무리의 영향력을 이용하는 방법에 관하여 언급하셨습니다만, 그들의 영향력을 이용할 수 있는 가능한 모든 방법을 면밀히 검토하기에는 지금이 가장 적절한 시기라고 저는 느끼고 있습니다.

대통령 : 다가오는 회담과 관련하여 내가 추구하는 목표 중의 하나는 앞으로의 전쟁에서 소련으로부터 모든 지원을 얻어 내는 것입니다. 이 목적을 위해서는 회담에서 가장 강력한 위치를 차지할 수 있도록 우리가 입안해야 할 모든 결정을 미리 알아두고자 합니다.

리하이 제독 : 어떤 사람들은 말하기를, 우리가 일본의 무조건 항복을 받아 내지 않고서는 전쟁에 이길 수 없다고 하는데, 저는 그러한 의견에 동의할 수 없습니다. 설령 우리가 일본의 무조건 항복을 받아 내는 데 실패하더라도 앞으로 일본으로부터 어떤 위협이 있으리라는 점을 저는 두려워하지 않습니다.

제가 진실로 두려워하는 것은 일본의 무조건 항복을 강요하다 보면 결국 일본을 절망에 빠뜨리는 결과만 초래될 것이고, 더 나아가서는 그럼으로써 우리의 희생자만 늘어날 것이라는 점입니다. 따라서 무조건 항복이 반드시 필요한 것이라고는 생각지 않습니다.

대통령 : 일본의 무조건 항복과 관련하여 연합국 회의가 적절한 행동을 취할 수 있도록 내가 문호를 개방해 둔 것도 그와 같은 생각에서 나온 것입니다. 그러나 지금으로서는 내가 이 문제에 관한 여론을 바꿀 수 있는 어떤 조처를 할 수 있다고 느껴지지는 않습니다.

…… 군사적 견지에서 볼 때 규슈 침공 작전은 매우 올바른 판단이라고 생각되며, 제가 생각하기로 합참은 이 문제를 밀고 나갈 수 있을 것입니다. 우리는 이 작전을 수행할 수 있고, 그런 다음에 최종적인 조치는 그 뒤에라도 결정할 수 있습니다.

(중략)

대통령 : 오늘 합참과 함께 이 회의를 마련한 가장 중요한 이유는 과연 우리는 대일전에 얼마나 깊숙이 개입할 수 있는가를 알고 싶었기 때문이었음을 거듭 말해 두고자 합니다. 나는 오키나와가 일본의 한 끝부분이 되는 것을 저지할 수 있기를 희망했습니다. 나는 현재의 상황을 정확히 이해하고 있으며, 합참이 규슈 침공 작전을 진행해야 한다고 확신합니다.

마셜 장군 : [중국에서의 군사 작전에 관하여] 우리는 중국에서 총체적인 지휘권을 모색해서는 안 된다는 의견을 가지고 있습니다. 장개석이 자신의 참모로 활약하고 있는 웨드마이어(A. C. Wedemeyer) 장군을 지지하고 있는 현재 상황은 매우 만족스러운 것입니다. 중국에서 총체적인 지휘권을 장악하려고 상정한다면 몇 가지 어려운 문제를 유발할 수도 있습니다.

킹 제독 : 소련의 참전이 바람직한 것인지의 여부를 떠나, 그들의 참전이 불가피한 것은 아니라는 점을 강조하고 싶습니다. 우리는 그들의 참전을 애걸해야 한다고 생각하지는 않습니다. 일본을 패망시키는 데에는 희생이 크겠지만, 우리로서는 단독으로서도 일본을 패망시킬 수 있다는 점을 의심할 나위가 없습니다. 이와 같은 사실을 인식하는 것은 앞으로 있을 회담에서 대통령의 힘을 크게 강화시켜 줄 것임이 틀림없다고 나는 생각합니다.[107]

미국 대표단이 포츠담으로 출발하기 직전에 연합정보위원회(Combined Intelligence Committee, CIC)는 일본의 상황에 관한 최신의 평가서를 완성했다. 이 보고서는 일본의 해군력이 소규모로 감소하여 임무를 맡기에는 불균형하며, 일본의 공군은 이제 가미카제(神風特攻隊) 정도로 제한되어 있고, 약 460만 명으로 구성된 육군은 일본의 가장 강력한 군사력으로 잔존하고 있지만, 전략적 기동성이 있다고 하더라도 거의 없는 것과 같으며 날이 갈수록 보급의 부족이 노출되고 있다는 점을 지적했다.

비록 이 보고서가 일본에 대한 전망을 깨뜨리고는 있지만, 일본의 패망을 확인할 때까지는 항복의 전망이란 미미한 것이라고 육군 지도자들은 믿었는데, 이는 일본 군대의 실질적인 파괴 상황과 일본의 사무라이 전통을 아주 죽이고 싶지 않은 바람 때문이었다.

107) Min, JCS Mtg with Pres, 18 Jun 45.

그 보고서는 다음과 같이 결론을 내리고 있다.

(11) 예상되는 군사 전략

현재로서 일본 대본영의 일차적 관심사는 일본 본토, 그가운데서도 특히 혼슈와 규슈의 방위이다. 이를 방위하고자 그들은 1945년 말까지 35개 실전 사단과 14개 예비 사단을 배치할 수도 있는데, 이 병력의 총수는 200만 명이 넘는다. 아마도 홋카이도를 제외하고서는 이용할 수 있는 모든 비행기가 본토의 방위를 위해 이용될 것이며, 주로 가미카제의 작전을 쓸 것이다.

본토 공격의 초기에는 400~500기의 전투기와 200~300기의 훈련기가 24시간 동안 출격하겠지만 이와 같은 공군력은 급격히 감소할 것이다. 그와 마찬가지로 현재까지 남아 있는 모든 해군 부대들도 본토를 방위하고자 가미카제 작전에 동원될 것이다.

일본인들의 두 번째 관심사는 소련의 위협에 대비하여 만주 · 한국 · 북중국에 있는 병력을 강화하는 일이다. 그곳에서 일본인들은 금년 12월까지 40개 사단, 150만의 병력을 배치할 수도 있다. 중국의 중부와 남부로부터 병력이 증가할 것이다. 그들은 일본 본토의 방위를 희생하면서까지 만주의 방위를 위해 공군력을 강화할 것 같지는 않다.

만약 형편상 필요하다면, 일본은 동천(銅川) - 개봉(開封) - 남경(南京) - 항주(杭州)를 잇는 중앙선 남쪽의 모든 중국 영토를 포기할 준비가 되어 있다. 다만 그들은 광동(廣東) - 홍콩(香港)의 지역을 위해서 강력한 수비대를 유지할 것이다.

그 밖의 모든 지역은 다소의 중요성만을 지닌 지역으로 여길 것이다. 이 지역들을 위해서 내지(Inner Zone)로부터의 병력 증강은 없을 것이지만 본토를 공격하려고 동원된 연합군을 봉쇄하고 그들의 영토 내에 연합군의 전략 물자와 기지가 들어오는 것을 저지하려고 그들의 수비대는 끝까지 항전하라는 명령을 받을 것이다.

그러므로 이러한 외곽 지역에서의 전략은 어떤 특정한 목표물을 끝까지 방어한다거나 아니면 기껏해야 지방의 방공(防攻) 업무를 수행한다기보다는 오히려 일본군을 현재의 수준으로 지키기 위해 개편할 것이다.

(12) 예상되는 정치 전략

대체로 일본은 완전한 패망이나 무조건 항복을 회피하고자 모든 정치적 수단을 이용할 것이다. 앞으로 몇 개월 동안 일본 정부의 정치 전략은 다음과 같은 목표를 지향할 것이다.

(a) 아마도 천황의 실질적이고도 명백한 개인 통치를 통하여 일본제국 내의 완전한 정치적 통합을 이룩하려는 노력을 지속적으로 강화할 것이다.

(b) 만약 국제연합군이 일본을 완전히 정복할 때까지 싸울 것을 주장한다면 이번의 전쟁은 엄청난 댓가를 치르게 될 것이며 장기화할 것이라는 점을 그들의 적군에게 확신시키려고 노력할 것이다.

(c) 만약 필요하다면 중요한 영토를 할양하거나 아니면 그 밖의 어떤 양보를 제시하고 동시에 미 · 영과 소련 사이의 불화(不和)를 조장하고자 온갖 노력을 기울임으로써 소련이 중립을 지키도록 설득하려고 처절하게 노력할 것이다. 사태가 지금보다 더 악화한다면 일본은 소련을 종전(終戰)의 중재자로 이용하려고 심각하게 노력할 수도 있다.

(d) 이번의 전쟁을 받아들일 수 있는 목표로 몰아붙이고, 쓰라린 목적을 위해 싸우는 국제연합의 결의를 약화하고 연합국 사이의 내부적인 불만을 유도하려는 노력으로 간헐적으로 나타나는 평화 애호자들을 박해할 것이다.

(e) 일본은 중국 내의 공산당과 국민당 사이에 전개되고 있는 불화로부터 가능한 모든 잇점을 취할 것이다.

(13) 항복의 가능성

일본의 지배 계층들은 군사적 상황이 절망적이라는 것을 잘 알고 있으며, 타협적인 평화를 바라는 마음이 증대하고 있으나, 아직도 무조건 항복은 받아들일 수 없는 것이라고 생각하고 있다. 현 정부의 기본 정책은 완전한 패망을 모면하고 평화 협상에서 좀더 유리한 위치에 서기를 바라면서 가능한 한 최후까지, 그리고 최악의 날까지 싸운다는 것이다.

일본의 지도자들은 연합국들 사이에 전쟁의 염증과 분열 또는 어떤 "기적"이 일어나 타협적인 평화를 모색할 수 있는 기회가 올지도 모른다고 기대하면서 지금 시간을 벌고 있다.

현재 일본 국민의 상당 부분은 자신들이 군사적으로 완전히 패배할 수도 있다고 생각하고 있다. 해상 봉쇄와 전략 폭격에 의한 초토화 작전은 이미 몇 백만 명이 집을 잃게 만들었고 주요 도시 건물의 25~50%를 파괴했으므로 그에 따라서 위와 같은 인식이 점차 보편화되었음에 틀림없다. 여기에 소련군마저 참전하게 되면 일본인들은 완전 패망이 불가피하다는 사실을 끝내 확신하게 될 것이다.

비록 몇몇 개인이 민족을 위해 기꺼이 스스로를 희생하겠지만 전체 국민이 민족적 자멸을 바라고 있다고는 여겨지지 않는다. 오히려 한 민족으로서의 일본인들은 개인의 운명과는 관계없이 국가적 생존의 문제를 강렬하게 고려하고 있다. 그들은 설령 항복하더라도 실질적인 소멸보다는 아마도 민족의 생존을 더 선호할는지 모른다.

그러나 일본인들은 무조건 항복이란 민족의 소멸과 같은 것이라고 믿고 있다. 일본인들이 무조건 항복을 받아들일 준비가 되어 있다는 조짐은 아직 없다. 일본의 본토를 외국인들이 점령하고, 천황의 신변을 외국인들이 감호하고 민족적 위신을 손상한다는 생각은 일본인들을 가장 못 견디게 만들고 있다. 만약 가능하다면 이와 같은 상황을 모면하고 어떤 경우에라도 천황 제도의 존립을 보장하고자 일본인들은 그들이 아시아 대륙과 남태평양에서 점령하고 있는 모든 영토로부터 기꺼이 철수하고, 심지어는 한국의 독립에 동의하고 그들 군사력의 실질적인 무장 해제까지도 기꺼이 동의할 수 있다.

일본이 지금으로부터 그들의 저항력이 완전히 파괴되기 이전까지의 동안에는 위에서 제시된 방향에 따라 일본 정부가 조건적인 항복을 제시할 수도 있다. 일본 육군은 일본의 군사적 전통의 일차적인 산실(産室)이기 때문에 군부의 지도자들은 항복을 설득당하기에 앞서 상당한 정도의 공통 의견으로서 자신의 패배를 시인해야만 하는 일이 뒤따르게 된다.

일본 내지의 주력 부대가 패배하고 군부의 지도자들이 사무라이의 전통을 지킨다는 시각에서 파국으로부터 무엇인가를 구하고자 할 때 그와 같은 현상[패배의 시인]은 일어날 수 있다. 일본의 군부가 항복을 받아들이려면,

항복 그 자체가 무사적 전통의 말살을 수반하는 것이 아니며 군국주의적 일본의 궁극적인 존립을 보장한다는 사실을 일본의 지도자들이 믿어야 할 필요가 있다.[108)]

무조건 항복이 민족의 소멸을 의미하는 것은 아니라는 것을 설명함으로써 일본의 지도자들이 패배를 시인하도록 만들려면 정부 차원에서 성명서를 발표하는 문제가 지난달에 워싱턴의 민·군 지도자들 사이에 집중적으로 논의된 바 있다. 공식적으로는 아직도 무조건 항복이 미국의 목표이며, 현재로서의 군사 계획은 이 목적을 달성하고자 진행되어 왔다.

7월 2일, 전쟁성 장관 스팀슨은 해군성 장관 및 국무장관 서리와의 논의에서 얻어진 결론을 대통령에게 제출했다. 그는 일본이 미친 듯이 절망적으로 치닫기 이전에 항복의 조건을 담은 성명서를 발표하도록 권고했으며, 일본은 그러한 항복 조건을 받아들일 것 같으며, 그렇게 함으로써 엄청난 희생을 치러야 할 본토 침공은 필요가 없게 될 수 있다고 생각했다.

일본이 바란다면 일본 정부는 현재의 왕정 체제 아래에서 입헌군주제를 지속할 수 있다는 보장을 그 성명서에 포함한다면 그것은 근본적으로 수락의 기회를 수반할 수도 있을 것이라고 스팀슨은 믿었다.[109)]

포츠담회담으로 떠나기에 앞서 합참 요원들은 일본의 상황에 관한 평가를 교환하고 미국과 소련의 군사 작전의 협조에 관하여

108) CCS 643/3, Sub : Estimate of the Enemy Situation, 8 Jul 45.

109) Memo, Sec Stimson for Pres, 2 Jul 45. Quoted in full in Henry L. Stimson and McGeorge Bundy, *On Active Service in War and Peace*(New York, 1947), pp. 620~624.

명확한 합의에 이르는 것이 바람직하다는 뜻을 소련의 합참에 전달했다. 모스코바에 있던 딘(J. R. Deane) 장군이 이와 같은 예비 교섭을 다루었다.110)

4) 포츠담회담과 일본의 항복

1945년 7월 17일부터 8월 2일까지 개최되었던 포츠담회담은 군사적인 측면에서는 새로운 것이 아무것도 없었다. 7월 24일에 트루먼 대통령과 처칠 수상은 대일전의 수행에 관한 연합참모회의(CCS)의 보고서를 승인했다. 이 보고서에 담긴 전반적인 전략 개념은 다음과 같다.

> 여타의 연합국들과 협조하여 가능한 한 조속한 시일 내에 일본을 패망시키고자 다음과 같은 작전을 전개한다.
>
> (1) 해상과 공중을 봉쇄하고, 집중적인 공습을 감행하고, 일본의 공군력과 해군력을 파괴함으로써 일본의 저항 능력과 저항 의지를 감소시킨다.
>
> (2) 일본 본토에 있는 목표물을 주요 대상으로 침공 장악한다.
>
> (3) 그와 같은 주된 노력에 도움이 될 수 있도록 일본 본토보다는 그 밖의 도서에 있는 목표물에 대한 작전을 전개한다.
>
> (4) 일본에 대하여 절대적인 군사 장악을 이룩한다.
>
> (5) 만약 필요하다면 일본이 점령하고 있는 지역을 해방한다.111)

110) Msg, JCS to Maj Gen Deane, 27 Jun 45, CM-OUT 23447 ; Msg, Maj Gen Deane to JCS, 29 Jun 45, CM-IN 28556 ; Ltr, Maj Gen Deane to Gen Antonov, 5 Jul 45.

111) CCS 900/3, Sub : Report to the President and Prime Minister of the Agreed Summary of Conclusions reached by the Combined Chiefs of Staff at the "Terminal" Conference, 24 Jul 45.

일본을 패망시키려는 전략 계획은 그동안 미국 합참에서 연구해 오다가 연합참모회의의 의견을 가미하여 7월 24일의 회의에서 비로소 채택되었다.

(1) 가능한 한 조속한 시일 안에 일본의 무조건 항복을 이끌어내기 위한 전반적인 목적에 따라서 미국의 합참은 다음과 같은 사항들을 태평양에서의 주된 노력을 위한 작전 개념으로 채택하였다.

(a) 혼슈의 결정적 침공에 유리한 상황과 전술적 조건을 조성하려면,

(b) 오키나와 · 이오지마 · 마리아나군도 및 필리핀에 있는 기지로부터 일본의 봉쇄와 공습을 강화하고,

(c) 일본의 주력 부대를 봉쇄 · 파괴하고 더 나아가서 봉쇄 · 공습을 강화함으로써 일본의 전투 능력을 보다 더 감소시키도록 혼슈를 공격한다.

(2) 우리는 미야코지마(都島)와 키카이지마(喜界島)의 점령을 기한 없이 연기함으로써 유구를 침공하려던 당초의 계획을 축소했다.

(3) 미야코지마와 키카이지마의 침공을 위해 당초에 준비해 둔 물자를 이용함으로써 우리는 오키나와 작전을 가속화했다. 이렇게 함으로써 일본 본토에 대하여 더 많은 노력을 신속히 경주할 수 있고 규슈의 점령을 지연시킬 수도 있는 작전에 빠져들게 되는 위험을 모면하고 있다.

(4) 전반적인 목표의 원활한 수행을 위해서 우리는 다음과 같은 사항을 지향했다.

(a) 규슈 침공.

(b) 전반적인 전략 목표를 수행하는 데 필요한 서태평양과의 해상 교신을 장악 · 유지하기 위한 작전을 지속한다.

(c) 전반적인 목표에 손상을 입히지 않으면서 수행될 수 있는 작전에 따라서 필리핀에 잔류해 있는 일본군을 소탕한다.

(d) 발리카판(Balikapan)의 점령 : 이 작전은 현재 성공적인 완결 단계에 이르고 있다.

(e) 전반적인 목표의 수행을 지원하도록 전략적인 공군 작전을 지속한다.

(5) 규슈 침공에 뒤이어 있을 일본 상륙 작전을 위한 계획과 준비는 혼슈의 침공에 날짜를 맞춘다는 기초 위에 진행되고 있다. 이러한 계획은 일본 본토에 있는 적군의 패망이 무조건 항복의 전제 조건이며, 그러한 패망은 일본열도 이외의 지역에 주둔하여 있는 일본군의 패퇴를 위한 최적의 전망을 마련해 준다는 신념을 전제로 하고 있다.

우리는 또한 일본 본토에서 우리가 승리하려면 그곳에 있는 일본군을 패배시킬 수밖에 없다는 필연성을 피할 수 없다는 사실도 잘 알고 있다. 이와 같은 사태의 추이 과정에서 취할 단계로서의 우리의 결정은 더 많은 연구 개발을 기다려야만 한다.

(6) 우리는 종국적인 작전을 지체함이 없이 중국 전구(中國戰區)에서 적은 희생을 치르고도 일본군의 세력 감퇴와 철수를 계상할 가능성이 있다는 견해를 계속 가지고 있다.

(7) 우리는 다음과 같은 것들을 위한 계획의 준비를 지향하고 있다.

(a) 태평양 연안에 있는 소련 항구로 가는 해로를 계속 유지한다.

(b) 일본의 갑작스러운 패망이나 항복과 같은 유리한 상황이 발생할 경우, 즉각적으로 그 잇점을 활용하려면 점령 목적을 위한 본토 진격을 유리하게 할 수 있는 작전을 전개한다.

이상과 같은 계획을 추진하면서 연합참모회의는 다음과 같은 사항을 제의했고, 트루먼 대통령과 처칠 수상은 이에 동의했다.

전반적인 전략 계획을 수행할 수 있도록 지원하고자 다음과 같은 추가적인 과업을 수행해야 할 것이다.

(a) 소련의 대일전 참전을 고무하라. 소련의 전쟁 능력과 관련하여 필요하고도 실현 가능한 도움을 준비하라.

일본의 조직적 저항을 종식시키려는 계획 일자에 관해서 연합참모회의는 단순히 다음과 같이 가까운 시일 안에 있을 모임에서 승인을 받을 수 있는 일반적 형식만을 되풀이했다.

계획을 집행하고 병력을 배치하려면 일본군의 조직적 저항의 종식을 위한 계획 일자가 1946년 11월 15일로 되어야 하며, 이 날짜를 주기적으로 조정하여 전세(戰勢)에 맞출 것을 우리는 권고한다.[112]

트루먼 대통령과 처칠 수상을 만난 날인 7월 24일, 연합참모회의단은 또한 소련 측 상대자를 만나 미래의 작전에 관한 정보를 교환했다. 소련의 합참은 소련이 8월 말에 만주에 주둔하고 있는 일본군을 공격하려고 예정하고 있으며, 그 날짜는 중화민국과의 회의에서 결정될 것이라고 설명했다.[113]

이틀 뒤인 7월 26일 합참은 소련 측 참모들을 만나서 합동 작전의 조정을 좀더 구체적으로 논의했다. 이 논의의 일정은 5개의 질문 형식을 빌려 합참이 마련했고, 이 질문서는 마셜 장군이 이미 7월 24일에 안토노프 장군에게 전달했다.

첫 번째 질문 : 1945년 7월 23일, 트루먼 대통령이 스탈린 원수에게 제기한 바와 같이, 소련의 고위 사령관들은 페트로파블로브스크와 하바로브스크에 미국의 일기관측단을 주둔시키는 문제와 관련하여 어떤 지침을 받은 사실이 있는가?

---

112) CCS 900/3, Sub : Report to the President and Prime Minister of the Agreed Summary of Conclusions reached by the Combined Chiefs of Staff at the "Terminal" Conference, 24 Jul 45 : Appendix A, Memo on Plans and Operations in the Pacific.

113) Min, Tripartite Military Meeting, 24 Jul 45. 7월 17일에 있었던 첫 번째 회합에서 스탈린 원수는 트루먼 대통령에게 소련의 태평양전쟁 참전에 관해 이와 같은 정보를 제공했던 것으로 보인다. 이에 관한 회의 기록은 발견되지 않지만, 다음의 책을 참고할 것 : William D. Leahy, *I Was There*(New York, 1950), p. 397 ; James F. Byrnes, *Speaking Frankly*(New York, 1947), p. 205 ; William Hillman, *Mr. President* (New York, 1952), p. 123.

두 번째 질문 : 미국의 해상 병력은 오호츠크해와 동해(Sea of Japan)에서 제약을 받지 않으면서 작전을 전개할 것이다. 미국의 잠수함은 다음의 지점을 연결함으로써 이루어지는 선에 따라 오호츠크해와 동해의 남쪽과 동쪽에서 제약을 받지 않으면서 작전을 전개할 것이다.

한국 연안의 북위 38° → 북위 40° · 동경 135° → 북위 45°45′ · 동경 140° → 북위 45°45′의 우향(右向) 평행선.

이 잠수함 작전 분계선은 상황의 변화에 따라서 앞으로 변화될 수 있다. 이 분계선의 북쪽과 서쪽에서의 미국 잠수함의 작전과 이 분계선의 남쪽과 동쪽에서의 소련 잠수함의 작전은 앞으로 조정할 수 있다. 그렇다면 소련의 일반 참모회의는 앞으로 있을 해상 작전의 더 이상의 조정에 관하여 어떤 의견을 가지고 있는가?

세 번째 질문 : 미국의 공군은 다음 분계선의 남쪽과 동쪽에서 제약을 받지 않으면서 작전을 전개할 것이다.

케이프 로파트카(Cape Lopatka) → 북위 51° 10′ · 동경 147°에서 서향 → 북위 45° 45′ · 동경 144° 20′ → 북위 45° 45′ · 동경 139° 30′ → 북위 41° 20′ · 동경 133° 20′ → 한국의 청진(淸津)으로 서향 → 한국의 국경에 있는 철도로 북향 → 웅기(雄基) · 장춘(長春)행 철도를 따라 서향 → 요원(遼源) · 개로(開魯) · 적봉(赤峰)으로 흐르는 강 → 다륜(多倫) · 보창(寶昌) · 만전(萬全) · 대동(大同) · 풍진(豊鎭) · 집령(集寧)을 거쳐 귀수(歸綏)로 향하는 철도 → 외몽골의 국경을 따라 서북향. - 이 분계선은 상황의 필요에 따라서 앞으로 변화될 수 있다.

이 작전 분계선의 북쪽이나 서쪽에서 전개되는 미국의 공군 작전과 이 작전 분계선의 남쪽과 동쪽에서 전개되는 소련의 공군 작전은 조정될 수 있다. 그렇다면 소련의 일반참모회의는 앞으로 있을 공군 작전의 더 이상의 조정에 관하여 어떤 의견을 가지고 있는가?

네 번째 질문 : 소련의 최고사령부는 1945년 7월 5일자로 미국 군사사절단장이 안토노프(A. E. Antonov) 장군에게 보낸 편지에서 미국의 합참이 제안한 작전의 협조와 연락 관계의 즉각적인 수립을 위한 제안에 동의하는가?

다섯 번째 질문 : 작전 개시일(D-day) 이후 소련과 미국의 공군 및 해군은 위급한 상황에서 수선 · 급유 · 치료를 받을 수 있도록 소련 또는 미국의 가까운 기지에 기착하거나 신속한 출격을 위해 도움을 받게 될 것으로 추정된다. 비록 최악의 위급 상황에서 가장 가까운 우호적 시설을 모색할지라도 최적의 도움을 받을 수 있는 어떤 항구 · 비행장 · 지점 등을 명기하는 것이 바람직하다고 생각된다.

소련 정부는 위급 상황 · 착륙 · 연안 접근의 경우에 식별 신호 접근 회로 · 일반적인 이용을 위한 출구에 관한 자료와 함께 적절한 위치 · 식별 · 접근을 위해 필요한 정보를 갖춘 항구 · 비행장 · 지점 등을 명기해 줄 용의가 있는가? 그 반대로 소련의 비행기가 접근할 경우 미국은 그에 상응하는 조처를 할 준비가 되어 있다.[114]

7월 26일의 회담에서는 지난날 소련 장교들과의 협상에서 흔히 부딪혔던 몇 가지의 어려움이 제기되었다. 협상 현안의 주제에 관해서는 신속한 합의에 이르렀다.

안토노프 장군 : (마셜 장군에게 장군께서 이 회의를 진행하시겠습니까?)

마셜 장군 : 감사합니다만 지금의 상황에서는 장군께서 사회를 맡으시는 것이 좋겠습니다. 저의 뜻을 받아들여 주시기 바랍니다.

안토노프 장군 : 마셜 장군께서는 7월 24일의 회담에서 귀하가 제시한 5개 항의 질문에 대한 우리의 회답을 읽어 볼 기회가 있었는지요? …… 스탈린 원수께서는 어제 오전 11시에 트루먼 대통령에게 서면 회답을 보낸 바 있습니다.

마셜 장군 : 유감스럽게도 저는 안토노프 장군께서 작성하신 답신을 보지 못했습니다.

안토노프 장군 : [첫 번째 질문에 대한 대답으로 다음과 같은 내용의 글을 읽었다.] 소련 사령부는 1945년 7월 23일에 송부된 트루먼 대통령의 서

114) Annex to the Min of Mtg of the Csos of the US and the USSR, 26 Jul 45.

한에서 요구한 바에 따라 페트로파블로브스크와 하바로브스크에 기상 자료의 송신을 위한 라디오 송신소의 설치에 동의합니다. 소련 사령부는 위와 같은 목적을 위한 편지에서 제시된 라디오 방송국과 장비를 사용할 수 있도록 준비되어 있습니다.

방송국을 운영 · 작동하는 기술자의 문제에 관해서는 이미 미국의 방송국에서 일한 경험을 충분히 가지고 있는 소련인 기술자를 이용하는 것이 현명하다고 생각합니다. 기상에 관한 좀더 정확한 정보를 제공하고자 우리는 위에 말한 두 방송국 이외에 지방 방송망을 증설해 줄 수도 있습니다. [첫 번째 질문에 대한 대답을 읽은 뒤] 나머지 문제에 대한 대답을 계속 읽어도 괜찮겠습니까?

마셜 장군 : 미국의 합참은 각항의 질문을 읽어 가면서 대답을 논의하고자 합니다.

킹 제독 : 미국의 합참은 중앙기상소에 미국의 기술자들이 연락 업무를 위해 근무하도록 허락받지 못한 데 대하여 실망했습니다. 왜냐하면 합참으로서는 그렇게 하는 것이 미국뿐만 아니라 소련을 위해서도 능률을 증대시킨다고 느끼고 있기 때문입니다. 그러므로 우리는 귀하께서 이 문제를 재고해야 한다고 생각합니다.

미국의 기술자를 고용할 경우 하바로브스크에는 18명의 장교와 42명의 사병을, 페트로파블로브스크에는 19명의 장교와 24명의 사병을 파견하고자 하는 것이 우리의 의도입니다. 저는 소련의 최고사령부가 이 문제를 재고하는 것이 필요하다는 것과 관련하여, 갖추어야 한다고 생각되는 장비와 인력에 관한 상세한 비망록을 가지고 있습니다.

안토노프 장군 : 소련의 기술자들은 가까운 무르만스크(Murmansk)는 물론 세바스토폴(Sevastopol)과 오뎃사(Odessa)의 근교에서 장비를 이용하여 송신한 경험이 있습니다. 당시 이 방송국들을 작동하는 것은 매우 단순한 일이라고 생각되었기 때문에 소련의 기술자를 이용하겠다고 제안했던 것입니다. 그러나 만약 미국의 합참이 미국의 기술자를 이 방송국에서 이용하겠다고 주장한다면 우리는 그들을 고용하는 데 대하여 반대하지 않을 것입니다.

킹 제독 : [자신이 이미 말했던 비망록을 안토노프 장군에게 넘겨 주었다.]

안토노프 장군 : 저는 미국의 합참이 미국인 기술자의 사용을 고집하고 있는지의 여부에 대하여 대답을 들은 바가 없음을 지적하는 바입니다.

마셜 장군 : 미국의 합참은 미국인 기술자를 이용하고 싶어 합니다. 이 기술자들이 제공하는 주요 역할은 미국의 해군과 전략 공군에게 기상 정보를 제공하는 것임을 지적하고자 합니다. 이와 같은 이유로 미국인 기술자를 이용하는 것이 더 만족스럽다고 생각합니다.

안토노프 장군 : 이제 첫 번째 문제는 해결되었습니다. 미국의 통신 기술자들이 이제까지 논의된 방송국에서 일할 수 있습니다. [그리고는 두 번째 질문에 대한 대답으로서 다음과 같은 내용을 읽었다.]

동해에서 미국과 소련의 해군 및 공군의 작전 관할 지역을 설정하고자 합니다. 두 지역의 경계선은 다음과 같습니다.

한국 연안의 케이프 볼티나(Cape Boltina, 舞水瑞) → 북위 40° · 동경 135° → 북위 45° 45′ · 동경 140° → 북위 45° 45′에서 동향(東向) → 남부 사할린 끝에 있는 케이프 크릴론(Cape Crillon, 近藤)과 홋카이도의 북쪽 끝에 있는 소야미사키(宗谷岬)를 연결하는 선.

소련의 해군과 공군은 이 분계선의 북쪽에서 작전을 전개하며, 미국은 그 남쪽에서 작전을 전개할 것입니다. 이 분계선은 해상 함대와 잠수함 및 항공기의 작전 제한선이 될 것입니다. 상황에 따라 장차 분계선은 바뀔 수 있습니다. 이 분계선의 북쪽에서 미국의 해군과 공군이 작전을 전개하거나 이 분계선의 남쪽에서 소련의 해군이나 공군이 작전을 전개하는 문제는 조정될 수 있습니다.

오호츠크해에서는 미국과 소련의 해군과 공군이 합동 작전을 전개하는 구역을 둘 것입니다. 오호츠크해에서의 작전은 상호 합의에 따라 전개될 것입니다. 베링해에서는 소련의 태평양함대와 공군 및 미국의 함대와 공군이 북쪽 · 동쪽 남쪽에서 합동 작전을 전개할 것입니다. 그 작전 분계선은 다음과 같습니다.

케이프 데즈니(Cape Dezhney) → 디오메데도(Diomede Island) → 소련의 영해 → 미국의 북위 51° 30′ → 북위 50° 35′ · 동경 157° → 북위 49° 50′ · 동경 156° 20′ → 북위 49° 50′에서 평행선으로 서향(西向) → 제4 쿠릴만(the Fourth Kurile Straight). - 태평양의 연안 지역은 물론 베링해의 나머지 지역은 미국 함대의 작전 지역이 될 것입니다.

마셜 장군 : 동해에서의 해상 및 공군의 작전 분계선을 수락합니다.

킹 제독 : 오호츠크해에서 우리가 제안한 조건을 확인하고 싶습니다. 이곳은 미국의 해군과 소련의 해군이 모두 자유롭게 작전을 전개할 수 있는 곳이며, 상호 이해와 협조를 통하여 조정이 이루어질 수 있다는 점을 이해할 수 있습니다. 그러나 소련의 합참이 제출한 해도(海圖)의 붉은 선 이북의 지역과 두 번째 질문에 대한 답변에서 나타난 지역은 오호츠크해에서와 같은 방법으로 미국의 해군과 소련의 해군이 합동으로 관할할 수 있는 곳입니까?

쿠즈네초프 제독(Adm. Kuznetsov) : [킹 제독이 이해하고 있는 바대로 확인함.]

마셜 장군 : 이렇게 이해한다면 소련의 합참이 제안한 바는 합의되었습니다.

안토노프 장군 : 거듭 말씀드리거니와 두 번째 질문에 대한 대답에서 정해진 지역은 해상 작전과 공군 작전 모두를 위한 것입니다. 그러므로 이 문제는 합의된 것입니다. [그런 다음 그는 세 번째 질문에 대한 대답으로서 다음과 같은 내용을 읽었다.] 한국과 만주에서의 미국과 소련의 공군 작전 지역의 경계선은 다음과 같습니다.

무수단(舞水端 ; Cape Boltina) → 장춘(長春) → 요원(遼源) → 개로(開魯) → 적봉(赤峰) → 북경(北京) → 대동(大同) → 내몽골의 남쪽 국경선.

미국의 항공기는 위의 지명을 포함하는 분계선의 남쪽에서 작전을 전개해야 하며, 소련의 항공기는 이 분계선의 북쪽에서 작전을 전개할 것입니다. 장차의 상황에 따라 이 분계선은 변경될 수 있습니다. 이 분계선의 북쪽에서 전개되는 미국의 공군 작전과 이 분계선의 남쪽에서 전개되는 소련의 공군 작전은 상호 협의를 거쳐야만 합니다.

아놀드 장군 : 소련의 합참이 제안한 분계선은 각각의 출격을 개별적으로 조정하지 않는 한, 이 지역의 북쪽에 있는 공격 목표로서의 어떤 철도 중심지나 통신선에 미국의 공군이 출격할 수 없도록 만들 수도 있다는 사실에 대하여 주의를 환기하고자 합니다. 미국의 공군은 소련의 지역 당국에서 출격 요청서를 제출한 지 24시간 이내에 이 분계선의 북쪽에 출격할 수 있는지요?

만약 지역 당국과의 협조에 관한 저의 이해가 정확하다면 미국의 공군이 바라는 작전은 만족스럽게 수행될 수도 있다고 생각합니다. 소련의 합참은 제가 제시한 지도에서 나타나고 있는 바와 같이 중(重)폭격기 · 중(中)폭격기 · 경(輕) 폭격기의 발진 거리에 관하여 주의를 기울여 주시기 바라며, 이 분계선의 북쪽에서 미국의 공습이 효과적일 수 있는 지역을 지적해 두는 바입니다.

활라레프 공군 원수(Air Marshall Fallalev) : 소련의 합참이 제시한 분계선은 중요한 철도 연결 지점의 북쪽에 있습니다. 그러므로 미국의 공군은 이 철도 연결 지점을 공격할 수 있습니다. 만약 이 분계선의 북쪽에 있는 목표물을 공격할 필요가 있게 된다면 24시간 이내에 믿을 만한 교신을 통하여 조정을 양해할 수 있습니다. 그러나 교신을 항상 믿을 수 없기 때문에 이 문제에는 어려움이 포함될 수도 있습니다.

마셜 장군 : 만약 분계선 북쪽에서의 협의에 따른 공격의 교신 수단이 너무 늦을 경우에 그 지점의 문제를 다시 논의할 수도 있다는 사실을 양해한다면 소련의 합참이 제시한 안을 받아들일 수 있습니다. 그러나 이미 논의된 두 번째 질문과 세 번째 질문과 관련하여 하나의 부가적인 문제점을 제기하고자 합니다. 이것은 개별적인 정찰기의 비행과 관련된 문제입니다. 이 문제에 관하여 소련의 합참은 어떤 의견을 가지고 있습니까?

활라레프 공군 원수 : 제안된 분계선은, 폭격기는 물론 정찰기에도 적용되는 것이 통상적이라고 생각됩니다. 정찰기가 분계선을 넘어 비행할 필요가 있을 경우, 그 비행기는 연락 장교단을 통해 조정되어야 합니다.

안토노프 장군 : [네 번째 질문에 대한 답변서를 다음과 같이 읽었다.] 소련군 사령부는 소련의 대일전 참전의 군사 작전을 시작하면서 극동에 있는 미국과 소련의 사령부 사이에 연락 장교단을 구성하는 데 동의합니다. 이와 같은 연락 관계를 수행하려면 소련의 군사 업무를 수행하는 군사 연락단이 맥아더 장군, 니미츠 제독, 그리고 더 나아가서는 워싱턴과 관계를 맺어야 한다고 제안하는 바입니다.

미국의 연락단은 하바로브스크에 있는 소련 극동군 최고사령관 바실리에프스키 원수(Marshal A. M. Vassilievski) 및 블라디보스토크에 있는 소련 태평양함대의 예마세프 제독(Adm. Yemashev)과 더불어 상주하게 될 것입니다. 소련군 사령부는 위와 같은 점과 관련된 시설을 위해 무선 송신 장비를 받아들일 준비가 되어 있습니다.

마셜 장군 : 소련의 합참이 제안한 것은 전적으로 받아들일 만한 것으로 보입니다. 그러나 앞으로 설립되는 연락단은 즉시 작전 협조를 할 수 있다는 뜻인지를 묻고자 합니다. 예컨대 오호츠크해나 그 밖의 어떤 특수한 지역에서의 작전은 통상적으로 워싱턴이나 모스코바에 보고되어야 하는지, 아니면 필요한 결정은 더 이상 지체하지 않고 현지에서 내려질 수 있는 것인지의 여부를 묻고자 합니다.

안토노프 장군 : 바실리에브스키 원수는 극동에 있는 모든 소련군의 최고 지휘자입니다. 그는 소련의 최고사령부가 그에게 부과한 과업에 포함되는 모든 지역적 조정 문제를 결정할 권한을 가지고 있습니다. 마찬가지로 예마세프 제독은 태평양에 있는 모든 해군의 최고사령관입니다. 이 두 장군께서는 이 자리에서 현재 논의되고 있는 질문과 답변의 범위 내에 있는 작전 조정의 문제를 결정할 수 있습니다.

마셜 장군 : 안토노프 장군의 설명은 네 번째의 질문에 대하여 전적으로 동의한 것입니다.

안토노프 장군 : [세 번째 질문으로 되돌아가서] 연락단의 문제는 이제 분명히 합의된 것인지요?

마셜 장군 : 장군의 질문은 정찰기를 출격시키는 문제와 관련이 있습니

다. 네 번째 답변에서 제기된 연락단의 문제는 전적으로 만족스럽습니다. 한 가지 더 말씀드린다면, 작전이 진행됨에 따라 연락단 사이의 우의가 돈독해짐으로써 앞으로 현지 사령관들 사이에도 더욱 우의가 돈독해지기를 바랍니다. 이것은 물론 귀측에 달려 있습니다.

안토노프 장군 : [다섯 번째의 질문에 대한 답변을 다음과 같이 읽었다.] 소련군 사령부는 수선이 필요한 선박과 비행기가 기착할 수 있는 항구와 비행장을 선정하고, 가능하다면 그들에게 수선 장비를 제공하고, 위의 선박과 비행기에 타고 있는 사람들을 치료할 수 있도록 한다는 데에 동의합니다. 이와 같은 목적을 위해 우리는 다음과 같은 곳을 제시합니다.

(a) 군항(軍港) : 동해의 나홋카항(Nakhodka, 미국 만(灣)) ; 오호츠크해와 베링해 방면으로는 아무르(Amur)강 어구에 있는 니콜라에브스크항(Nikolaevsk)과 캄차카에 있는 테트로파블로브스크항.

(b) 비행장 : 블라디보스토크 지역, 사할린의 알렉산드로보스크(Alexandrovosk) 지역, 캄차카의 페트로파블로브스크 지역.

마셜 장군 : 소련 합참의 제의에 전적으로 동의합니다.

아놀드 장군 : 미국의 비행기가 사용할 수 있는 소련 비행장에 착륙해 있는 미국 비행기의 식별 문제는 어느 쪽의 방식으로 처리될 것인지요? 때때로 타국적의 비행기는 착륙할 수 없어 그 스스로 무선 신호의 방식으로 관제탑의 지시를 받아 비행장에 착륙할 필요가 있습니다.

활라레프 공군 원수 : 비행기의 명칭 · 착륙 방법 · 활주로, 그리고 그 밖의 세부적인 사항들은 앞으로도 보완할 수 있습니다. 비행기가 갖추어야 할 사항과 착륙 인물에 관한 사항도 앞으로 보완될 수 있습니다. 착륙이 불가능한 비행기는 어떤 신호를 보낸 다음 다른 형식적인 것에 구애받음이 없이 관제탑의 지시에 따라 착륙할 수 있습니다. 그러나 비행기의 승무원들은 블라디보스트크와 같은 곳으로 비행해서는 안 된다는 점을 지시해 두어야 합니다. 왜냐하면 그들은 대공포의 공격을 받을 위험이 있기 때문입니다.

아놀드 장군 : 나는 이러한 성격의 조정이 과연 현지에서 이루어질 수 있는지를 조사해 본 적이 있는데, 이에 대해서 활라레프 공군 원수께서는,

그에 대한 원칙이 이곳에서 수립되고 있고, 세부 사항들은 현지 사령관들이 현장에서 결정할 것이라고 대답했습니다.

안토노프 장군 : 마셜 장군이 7월 24일자로 나에게 제시한 5개 항의 질문에 관해서는 이미 대답했다고 지금 생각하고 있습니다. 그러나 그들에 관해서 추가적인 설명을 하고자 합니다. 5개 항의 질문에 대하여 마련된 모든 조정은 소련의 대일전 참전과 동시에 실현될 것으로 생각합니다.

마셜 장군 : 첫 번째 질문에서 논의된 통신 장비는 소련의 참전 일 이전에 설치가 가능한지, 아니면 소련이 참전할 때까지 기다릴 필요가 있는 것인지요?

안토노프 장군 : 무선 연락 방송국을 위한 예비 조정은 그 이전에도 가능하며, 이제까지 제기된 특수한 문제점에 관해서도 합의에 이를 수 있습니다. …… 7월 24일의 회합에서 킹 제독은 규슈를 점령한 뒤에 규슈로부터 블라디보스토크에 이르는 통신이 개통될 수 있다는 점을 지적한 바 있습니다. 통신선의 문제는 매우 중요합니다. 왜냐하면 쓰시마 해협은 1년 내내 사용될 수 있지만, 쿠릴열도와 라페루스만(La Perouse Straight)을 통한 통로는 1년에 가운데 한때는 결빙으로 말미암아 봉쇄되기 때문입니다. [마셜 장군에게] 규슈 침공은 언제 개시되며, 언제쯤 남쪽으로부터의 해상 통로가 개통된다고 예상할 수 있는지요?

마셜 장군 : 규슈 침공은 세 가지의 요인에 따라 결정됩니다.
첫째로는, 유럽에 주둔하고 있는 군대의 이동과 관련이 있습니다. 이 문제는 가능한 한 서둘러서 진행하고 있으며, 공군력을 전면적으로 투입할 수 있는 길을 마련하고자 공병대를 우선적으로 이동시키고 있습니다.

병력의 이동은 두 대양(大洋)과 한 대륙을 통해 이루어질 것이며, 비록 일정에 맞게 모든 병력의 이동을 완수할 수 있을는지도 확실하지 않고 인력과 물자 수송도 다소 늦어지고 있다고는 하지만 모든 어려움이 극복되기를 희망하고 있습니다.

두 번째 문제는, 규슈에 대한 대규모의 수륙 양면 공격을 하려면 솔로몬군도 · 뉴기니아 · 필리핀 북부에 있는 할마헤라(Halmahera), 그리고 오키나와로부터 대규모의 보급품을 공격 군함에 옮겨 적재할 수 있느냐의 문제입니다.

세 번째 문제는, 필리핀과 오키나와에서 격전을 치른 몇 개 사단이 최근 일선에서 후퇴하여 있는데, 그들이 과연 다음의 작전을 위해 복구·훈련될 수 있느냐 하는 점입니다.

끝으로, 날짜를 결정하면서 중요한 인자라고는 말할 수 없지만, 9월과 10월 초의 이 지역의 일기 상황도 작전 수행을 어렵게 만들고 있습니다. 현재로서는 10월 말에 규슈의 상륙 작전이 전개되리라고 예상합니다.

일본에 대한 해군과 공군의 공격은 한국과 요동반도까지 확산할 수도 있는데, 이는 계속하여 강화될 것입니다. 이러한 방법으로 규슈에 상륙할 때까지 우리는 일본의 주유 시설, 생산 공장, 그리고 통신 시설을 파괴할 것이며, 끝내는 일본의 공군력을 궤멸시키게 되리라고 예상됩니다. 킹 제독이 부연한 바와 같이 일본의 해군력도 궤멸할 것입니다.

규슈 작전을 위한 모든 준비는 완벽합니다. 함대가 집결하고 있고, 기지 건설이 급속도로 진행되고 있으며, 미국의 함대와 모든 공군의 작전은 지금부터 과감하게 진행될 것입니다. 그러나 10월 말 이전까지는 쓰시마해협이 개통되지 않으리라고 생각됩니다.

쓰시마해협의 개통이 안고 있는 어려움은 기뢰 제거라는 문제를 포함하고 있습니다. 이러한 작전에 대한 가장 심각한 위협은 가미카제 특공대입니다. 이들은 이제까지의 작전에서 우리에게 많은 어려움을 안겨 주었습니다.

안토노프 장군 : 만약 10월에 쓰시마해협을 통과하여 블라디보스토크로 가는 해로가 개통될 수 있다면 우리로서는 매우 기쁘겠습니다. 왜냐하면 그 무렵에는 쿠릴열도와 라페루스해협을 통한 교신이 결빙으로 말미암아 두절되기 때문입니다.

마셜 장군 : 남쪽 해로를 개통한다는 것이 소련의 합참에게는 얼마나 절박한 것인가를 충분히 이해하고 있습니다. 우리는 가능한 한 빨리 쓰시마해협의 기뢰를 제거하도록 최선을 다하겠습니다. 킹 제독께서 지적한 바와 같이, 우리가 규슈에 상륙하여 그 북쪽에 우리의 공군이 착륙하기 이전에는 쓰시마해협의 작전은 전개하지 않을 것입니다. 물론 해협에서 기뢰를

제거하는 작전을 전개하는 동안 적절한 공군력이 기뢰 제거선을 보호하는 것이 필요합니다.

필요한 비행장을 건설하는 데 얼마나 시간이 걸리는가의 문제는 주로 규슈에 있는 일본군 저항의 정도에 달려 있으며, 12월 중순이나 아니면 규슈에 첫 상륙을 한 후 뒤 6주 이내에는 쓰시마해협이 개통되지 않을 수도 있습니다. 우리는 소련군뿐만 아니라 미군의 편의를 위해 작전을 용이하게 할 수 있도록 모든 노력을 기울일 것입니다.

저는 이 점을 분명히 해두고 싶습니다. 왜냐하면 블라디보스토크로 가는 해로인 쓰시마해협의 기뢰를 제거하면서 우리의 능력을 오해받고 싶지 않기 때문입니다. [그리고 마셜 장군은 이 논의에 관해서 그가 발언한 것과, 지난 10일 동안에 일본에 대한 해군과 공군의 작전을 짤막한 보고서에서 뽑아 진행 과정을 언급한 비망록을 읽었다.]

안토노프 장군 : 마셜 장군께서 읽은 비망록에 포함된 정보에 관하여 감사하게 생각합니다.

마셜 장군 : 미국의 합참은 소련이 대일전을 시작할 때까지 비망록에 포함된 것과 비슷한 주간(週刊) 작전 보고서를 딘 장군이나 그의 해군 부관을 통하여 소련의 합참에게 제공할 준비가 되어 있습니다. 앞으로 그와 같은 보고서는 현지의 사령관을 통해 제공될 것입니다.

안토노프 장군 : 그와 같은 정보를 받게 된다면 대단히 기쁘겠습니다. 이 회의에서 토의되어야 할 그 밖의 문제들이 있습니까?

마셜 장군 : 이제까지의 대화에서 상호 이해가 있었다면, 결정된 사실을 수행하는 수단을 마련하도록 이 모임의 회의록 부본을 소련의 합참에게 송부하라고 지시했습니다. 소련의 합참 측에서 이의가 없다면 이 보고서는 상호 이해와 안내를 위한 정확한 기초가 되는 것으로 생각하겠습니다.

안토노프 장군 : 제가 그 회의록을 검토할 것입니다. 그리고 어떤 이의가 있다면 미국의 합참에게 알려 드리겠습니다.

마셜 장군 : 나와 킹 제독, 그리고 아놀드 장군은 내일 미국으로 떠나기로 예정되어 있습니다. 리하이 제독은 회의가 끝날 때까지 이곳에 머무를 것입니다. 합참의 주요 보좌관인 쿡크 제독(Adm. Cooke), 헐 장군(Gen.

C. Hull), 그리고 노스태드 장군(Gen. L. Norstad)은 회의에 남아 앞으로 제기될 문제들을 처리할 것입니다.

만약 나와 킹 제독과 아놀드 장군이 예정대로 내일 떠나게 된다면 나로서는 이 자리를 미국의 합참이 소련의 합참과 중요한 문제들을 논의할 기회로 삼고자 합니다. 우리가 모든 문제에 관하여 매우 만족할 만큼 결론에 이를 수 있었다는 점이 기쁩니다.

안토노프 장군 : 회담의 결과에 대해서는 저도 기쁘고 만족스럽게 생각합니다. 장군과의 친밀한 관계가 앞으로도 이어져서 앞으로 생길 모든 문제가 조속히 해결되기를 바랍니다. [그리고서 안토노프 장군은 회의에서 고려되었던 지역들이 표시된 지도를 마셜 장군에게 주었다.]

마셜 장군 : 오해로 말미암아 미국의 합참이 5개 항의 질문에 대한 대답을 듣지 못했고, 그래서 오후의 논의를 준비하지 못한 것이 유감스럽습니다. 안토노프 장군께서 작성하신 답변을 끈기 있게 읽어 주신 것을 고맙게 생각합니다.[115]

포츠담에서의 군사 회담은 조기에 무조건 항복을 받도록 무제한 압력을 행사한다는 전략을 확인하는 한편 이러한 압력은 무조건 항복에 포함된 조건들을 나열한 7월 26일자의 포츠담선언을 발표함으로써 정치적 차원에서도 지원을 받았다.[116] 최종 문안에는 전쟁성이 7월 2일자 비망록에서 권고한 일본제국 미래의 존재 양식에 관한 내용이 포함되지는 않았지만, 일본인들은 평화 지향적이고 책임 있는 정부를 구성할 수 있도록 허락한다고 명시함으로써 장차 천황의 지위에 관한 문제에 여유를 두었다.[117]

"우리의 결의가 뒷받침하고 있는 미국 군사력의 전면적인 행사

115) Min, Mtg of Csofs of US and USSR, 26 Jul 45.

116) *Department of State Bulletin*, Vol. XIII(29 Jul 45), p. 137.

117) 본서 pp. 207~209 참조.

라 함은 일본 군대의 불가피하고도 완전한 파괴와 또한 일본 본토의 불가피한 초토화를 의미한다."라고 포츠담선언은 경고하고 있다.

그와 같은 초토화는 1945년 7월 16일 뉴멕시코주의 알라모고르도(Alamogordo)에서 원자탄 실험에 성공함으로써 더욱 확실해졌다. 트루먼 대통령과 처칠 수상은 전쟁성 장관 스팀슨으로부터 원폭 실험에 대한 보고를 받고, 폭탄의 투하 지점 · 시기 · 기대할 수 있는 효과 등을 심각히 논의한 다음 대통령은 원폭을 수송하는 권한을 부여했다.

스탈린 원수는 7월 24일에 그와 같은 새롭고도 치명적일 수 있는 무기가 존재한다는 말을 들었다.[118] 7월 25일 미국 육군의 전략공군은 대략 8월 3일 이후에 원폭을 투하하라는 명령을 받았으며, 트루먼은 포츠담으로부터 돌아오는 귀로에서 이를 승인했다.[119]

7월 29일 일본의 라디오는 일본 정부가 포츠담선언을 무시한다는 뉴스를 방송했다. 연합국은 이러한 보도가 연합국의 의도를 일축하는 것으로 생각했고, 정보보고서에서 제기되었던 희망들은 일시에 무산되었다. 포츠담회담이 전개되기 직전에 접수된 정보에 따르면 애초에는 소수이며 비공식적이고 애매했던 일본의 강화 감정이 급속히 드러나고 있다고 보고 했었다.[120]

7월 28일에 스탈린 원수는 일본이 종전의 수단을 논의하고자 모스코바로 대표단을 보내겠다는 두 번째 제안을 소련 정부가 받았으며, 비록 이 제안이 7월 13일자의 제안보다는 더 명확한 것이지

118) Byrnes, *Speaking Frankly*, p. 263.

119) 이와 같은 결정에 관한 상세한 분석을 위해서는 다음의 책을 참고할 것 : Wesley F. Craven and James L. Cate, eds., *The Army Air Forces in World War II*(Chicago, 1943), Vol. V, pp. 712~714.

120) US Strategic Bombing Survey, *Japan's Struggle to End the War*(Washington, D. C.. 1946) ; Walter Millis, ed., *The Forrestal Diaries*(New York, 1951), pp. 74~76.

만, 그에 대한 대답은 부정적이라는 사실을 그의 동맹국에 알렸다.[121] 이로써 포츠담선언에 대한 일본의 대응에는, 비록 일본은 아직 연합국의 조건에 따라 항복할 뜻이 없다고는 하지만, 일본의 지배자들 사이에서 절망감이 고조되는 징조를 보여주었다.

포츠담회담이 진행되는 동안 전지의 사령관들은 앞으로 작전을 가늠하는 정책과 전략에 관해 결정이 끝났으며, 또한 일본이 조기에 무조건 항복할 가능성이 있다는 정보를 계속 들었다. 7월 21일, 미국의 합참은 소련의 태평양전쟁 참전이 8월 15일에 이루어질 것이며 가능하다면 소련이 참전하기에 앞서 일본의 항복을 받아 낸다는 방침 위에 어떤 조치를 하는 것이 당장 필요한 것으로 믿어진다고 맥아더 장군과 니미츠 제독에게 보고했다.[122]

7월 25일 맥아더 장군은 일본이 항복한 이후의 일본 점령, 장악 및 처우에 관해서 가까운 장래에 결정이 내려질 것 같다는 보고를 들었다. 맥아더 장군은 곧 소집될 워싱턴의 회의에서 고려될 수 있도록 의견을 제시해 달라는 부탁을 받았다.[123]

다음날인 7월 26일, 합참은 "일본 정부의 항복에 뒤따르는 절차를 위한 계획이 지금으로서는 긴요하다."[124]는 사실을 태평양의 사령관들에게 통보했다. 7월 27일에 두 사령관의 계획의 개요가 마련될 수 있었다.

포츠담회담은 8월 2일에 폐막하였다. 4일이 지난 8월 6일에 히로시마(廣島)에 첫 원폭이 투하되었고, 이어서 8월 9일에 나가사키(長崎)에 두 번째의 원폭이 투하되었다. 8월 8일, 모스코바 주재

---

121) Leahy, *I Was There*, p. 420.

122) Msg, JCS to Gen MacArthur, Adm Nimitz, and Gen Wedemeyer, 21 Jul 45,

123) Msg, Gen Marshall to Gen MacArthur, 25 Jul 45, CM-IN 25090.

124) Msg, JCS to Gen MacArthur and Adm Nimitz, 26 Jul 45, VICTORY-OUT 357.

일본 대사는 8월 9일부터 소련은 대일전에 참전할 것을 고려하고 있다는 사실을 몰로토프로부터 통보받았다.

비록 소련이 태평양전쟁에 참전하는 전제 조건으로서 포츠담에서 언급된 바와 같이 중국과의 협상을 통하여 만족할 만한 결론에 이르지 못했다고는 하지만 소련 정부는 이와 같이 결정했다. 중국과의 협상은 8월 14일까지도 결론에 이르지 못했다.

강력한 해상·공중 봉쇄, 원폭을 포함한 점증하는 중(重)폭격, 강력한 침공군의 결집, 그리고 소련의 참전 선언에 직면한 일본 정부는 천황의 권위를 손상하지 않는다는 것을 조건으로 천황의 개인적인 재가를 얻어 8월 10일 포츠담선언을 수락했다.

8월 11일, 소련 정부와 협의를 거친 미국의 답변서는 천황의 권위에 관한 일본인들의 질문에 직접적인 언급을 하지는 않았지만, 최고 지배자로서의 천황이 존속할 수 있는지의 여부는 앞으로 일본인의 자유로운 의지에 달린 문제라는 의사를 비쳤다. 일본 정부가 8월 14일자 미국의 답변을 수락하기에 앞서 다시 천황의 개인적인 재가가 필요했다.

같은 날인 8월 14일에 군사 작전이 잠시 중단되고, 맥아더 장군은 연합군 최고사령관에 임명되었다. 9월 2일 도쿄만에 정박한 미국 전함 미주리(Missouri)호 함상에서 공식적인 항복 문서가 조인되었다.

제3장

신탁통치에 관한 보고서(1947)

- 한국에 관한 성간(省間)위원회 작성

신탁통치에 관한 보고서

한국에 관한 성간(省間)위원회 작성

1945

Trusteeship :

Third Draft

31 March, 1947

제3장

신탁통치에 관한 보고서(1947)

한국의 신탁통치 문제는 온갖 정치적 의견을 가진 한국인은 물론 점령 당국에도 커다란 관심을 불러일으키는 문제였다. 그의 기초 작업은 몇 번의 국제 협약에서 이루어진 것이지만, 한국의 신탁통치를 위한 적절한 계획이 3대 강국에게 위임된 것은 모스코바 회의 이후였다. 곧이어 초안된 계획과 대부분의 한국인이 가지고 있는 소망 사이에 갈등이 일어났다. 다음에서 다루고자 하는 것은 이와 같은 갈등의 몇 가지 측면에 관한 것이다.

1. 국제적 배경

"미국 · 영국 · 소련은 그들 자신을 위한 탐욕을 부리지 않으며, 영토의 팽창을 고려하지도 않는다"는 카이로선언문은 3대 강국이 한국 문제를 결정하면서 밑바닥에 깔고 있는 최대의 관심사가 무엇인가를 한국인들에게 최초로 확인시켜 준 대목이었다. 카이로 선언문은 이어서 다음과 같은 논지를 펴고 있다.

위의 3대 강국은 한국민의 노예 상태를 유념(留念)하면서 적절한 절차를 거쳐(in due course) 한국이 자유롭고 독립된 국가가 되어야 한다고 결정하였다.

루즈벨트(F. D. Roosevelt) 대통령은 얄타(Yalta)에서 미국 · 영국 · 소련 · 중국을 관할국으로 하는 국제 신탁통치를 한국에 실시해야 한다고 스탈린(J. Stalin)에게 제의했다. 그 뒤 스탈린은 1945년 5월 28일과 몇 차례에 걸쳐 대통령의 개인 특사인 홉킨스(H. Hopkins)와의 대화에서 이 문제에 동의했다.[1] 같은 해 6월에 루즈벨트 대통령으로부터 이 계획을 들은 중국 특사(特使) 송자문(宋子文) 박사도 또한 이에 동의한 것으로 알려져 있다.[2]

한국은 국제연합헌장 제77조에 따라서 신탁통치를 받을 수 있는 후보 국가가 되었다. 헌장 제77조에 따르면, "제2차 세계 대전의 결과로 적국의 상태로부터 분리될 수 있는 영토"는 신탁통치를 받을 수 있다고 규정되어 있다. 그러나 이 조항은 더 나아가, "어떤 영토가 …… 신탁통치를 받게 될 것이며, 또 그 조건은 무엇인가에 관해서는 그 뒤에 합의할 문제이다."라고 규정하고 있다.

3성조정위원회(SWNCC)는 국제연합(UN)의 틀 안에서 한국에 신탁통치를 실시하는 것이 한국 문제를 적절히 해결하는 길이라고 생각했다. 왜냐하면 한국은 신탁통치틀 받으면서 국제연합 총회에서 자신의 문제에 관한 발언을 함으로써 총회에 소청(訴請)을 제출할 수 있을 뿐만 아니라 국제연합위원회(UN Commission)가 정규적으로 한국을 방문할 수 있기 때문이었다.

1) SWNCC Directive 101/4 : Appendix "A", 24 Oct 45 ; see also Radio, War to Acheson, Act. Polad., Tokyo, Poland, polad.[*sic*], Hodge, 041558/I, 6 Nov 45.

2) SWNCC Directive 79/1, Appendix "A", 20 Oct 45.

한국의 전략적 위치는 이미 지난 날 동양의 3대 강국인 일본 · 중국 · 소련 사이에 경쟁심을 야기한 바 있다는 사실도 또한 지적되었다.[3] 사실상 그때까지도 소련은 "역사적으로 볼 때 한국은 소련에 대한 공격의 도약대라고 할 수 있는 핀란드 · 폴란드 · 루마니아와 꼭 같은 시각에서 우리는 한국을 인식하고 있다."고 발표했다.[4]

3성조정위원회의 한 지시 공문에 따르면, 미국과 소련의 군대에 의한 현재의 한국의 지역적 군사 점령은 한국에 신탁통치를 실시함으로써 조속한 시일 안에 대체되어야 한다는 것이었다.[5] 38°선을 철폐하고 하나로 중앙집권화된 군통수권을 수립해야 한다는 시각에서 한때 협상하려고 한 적도 있었다.[6]

제안된 신탁통치를 가능한 한 조속히 종결하도록 관할 당국은 가능한 한 광범위하게 한국의 인력을 활용하고, 독립이라고 하는 책임을 맡을 수 있도록 한국인들을 훈련하는 데 필요한 장치를 마련하며, 시기가 오면 자신의 정부를 선택하기 위한 수단을 마련하게 되어 있었다.[7]

2. 모스코바회의 이전의 반발

한국인들은 1945년 10월 마지막 주에 자기들의 나라에 신탁통치

3) SWNCC Directive 101/4 : Appendix "B", Discussion, 24 Oct 45.

4) Radio, State ser. 118, State Dept. to CINCAFPAC Adv.(for Atcheson, Act. Polad, CG USAFIK for Langdon, Polad.) 161023/I, Recd. 180631/ I , 18 Nov 45.

5) SWNCC Directive 79/1, Conclusions, 20 Oct 45.

6) *Ibid.*

7) *Ibid.*

가 실시될 것이라는 소식을 처음 들었다. 10월 22일에 미국의 『성조지』(星條紙, *Stars and Stripes*)는 국무성 극동국장 빈센트(John C. Vincent)의 연설문을 보도했다.

이 보도에 따르면, 한국에 신탁통치를 실시하며 원칙적으로 이해관계를 가진 모든 연합국이 이에 참여할 것이라고 그가 말했다는 것이다. 한민당(韓民黨)은 이 소식을 들은 즉시 모임을 열고 신탁통치를 강력히 반대한다고 투표로 결의했다. 이와 같은 반대 의사를 표명하는 유인물이 10월 26일 서울에 살포되었다.[8)]

한국의 언론에 나타난 초기의 반작용은 표현이 불확실하다는 제약을 안고 있었다. 그러나 공산당(共産黨)은 즉시 한국 문제의 진정한 상황에 대한 강대국의 오해가 신탁통치를 구상하게 된 원인이라는 견해를 밝혔다. 인민공화국(人民共和國)과 한민당도 그와 같은 오해를 비난했다.[9)] 인민공화국은 한국이 자치 능력이 있다고 주장하면서 다음과 같이 선언했다.

> 만약 미국이 정치와 경제에서 노예 관계를 포함하는 신탁통치를 한국에 강제로 시행하기로 결의한다면 우리 한국인은 목숨을 희생하는 한이 있더라도 이를 거부할 것이다.[10)]

이 성명은 신탁통치를 반대하는 극단주의자들이 보여준 최초의 표현 가운데 하나이다. 한민당과 국민당도 격렬하기는 마찬가지였는데, 특히 한민당은 자신들이 군정과의 협력을 중지할 준비가 되어 있다고 선언했다.[11)]

---

8) *I&H Jl*, 26 Oct 45.

9) Political Trends Reports #s 2 and 3, 26 and 29 Oct 45.

10) Political Trends Report #3, cit. above.

북한에서는 10월 23일에 소련 제25군 총사령관인 치스챠코프(I. M. Chistiakov) 장군이 소련은 한국에 영토적 야심을 가지고 있지도 않고 한국이 소련의 지배를 받는 것을 원치도 않는다는 내용의 성명에 서명하였다.[12]

이와 같은 사실은 아마도 신탁통치는 심각한 문제가 아니라는 공산당 지도자 박헌영(朴憲永)의 성명을 좌익분자들이 기다리고 있었을 뿐만 아니라 그러한 성명이 나온 것에 대해 그들이 부분적인 책임이 있음을 의미하는 것일 수 있다.[13] 그러나 대부분의 한국인이 그들과 같은 의견을 가지고 있었던 것으로 보이지는 않는다.

신탁통치에 반대하는 사람들의 목소리는 지속적으로 더욱 커졌으며, 그에 대한 논평을 한국의 모든 신문에서 볼 수 있었다. 신탁통치는 마치 일본 식민지주의의 선전에 따라 발상된 것인 듯이 공격을 받았으며, 한국인에 대한 모독으로 규정되었다. 한국의 한 신문인 『중앙신문』(中央新聞)은 다음과 같이 논평했다.

> [만약 한국에 신탁통치가 떠맡겨진다면(imposed)] 국제적 정의의 약속은 단지 연합국에 대한 지지자를 가능한 한 더 많이 얻으려는 구실에 지나지 않는 것이라고 우리는 생각하게 될 것이다. 우리는 연합국들이 지금 훌륭한 전후 처리를 위해 고통을 겪고 있다는 사실을 알기에 성급한 결론은 내리지 않을 것이다.[14]

11) *Ibid.*

12) *Ibid.*

13) Political Trends Report #5, 5 Nov 45 ; also Political Trends Report #2, cit. above.

14) Political Trends Report #13, 22 Dec 45.

11월 2일, 이승만의 주도로 4대 정당의 대표로 구성된 독립촉성(獨立促成)중앙위원회는 그들의 중요한 민족 문제를 모든 국민이 어떻게 생각하고 있는가를 토의하고자 서울에서 모임을 가졌다.15) 이승만은 트루먼 대통령과 그 밖의 인사에게 보내는 결의문에서 이미 일본은 40년의 공포 정치로써 한국민을 복속시키는 데 실패했기 때문에 신탁통치는 미국에게 어려움만을 안겨 줄 것이라고 지적했다.

그뒤 이승만은 트루먼이 신탁통치에 관한 국무성의 계획에 그가 개입해 주기를 요청하는 전문(電文)을 보내야 한다고 요청했다.16) 미군 사령관의 정치 고문인 랭던(W. R. Langdon)은 신탁통치에 대한 한국인의 반대가 얼마나 강렬했던가를 감지하고 다음과 같이 말했다.

> 신탁통치가 결정된 한, 그것은 한국의 모든 정당·사회단체의 비위를 상하게 하고 있다. 일단 신탁통치가 확정되면 그것은 폭동을 야기할 수도 있고, 그 자체가 안고 있는 이점을 상쇄시킬 정도로 문제를 어렵게 만들 수도 있다.17)

2개월에 걸쳐 한국인의 가슴 속에 반탁(反託) 감정이 깊게 자리잡고 있다는 것이 분명해지자 하지(J. Hodge) 장군은 가능하다면 신탁통치를 실시하지 않는 방안을 구상하게 되었고, 얼마의 시간이 흐른 뒤 그는 이러한 계획을 국무성에 암시했다.

---

15) Radio, CG USAFIK to CINCAFPAC Adv., 091654/Ⅰ, 9 Nov 45.

16) Radio, TFGCG 178, CG USAFIK to CINCAFPAC, 061639/Ⅰ, 6 Dec 45 ; also Radio, TFGCG 180, CG USAFIK to CINCAFPAC, 061644/Ⅰ, 6 Dec 45.

17) Radio, TFGBI 20, CG USAFIK to SCAP(Langdon requests message be passed to State Dept. and Atcheson) 100927/Ⅰ, 10 Nov 45.

랭던 씨가, 만약 소련으로부터 한국의 통일과 독립에 관한 보장을 받아 낼 수만 있다면 "우리는 신탁통치를 포기할 뜻을 가질 수도 있다."고 말했을 때도 몇 가지 유보의 낌새가 있었다.[18]

며칠이 지난 11월 2일에 그는 한국의 신탁통치가 적절치 않다는 그의 전제에 대하여 다음과 같은 몇 가지 이유를 제시했다.

> 해방된 한국을 1개월 동안 관찰하고 그곳에서 초창기에 근무한 나의 경험으로 미루어 나는 한국에 신탁통치를 실시하기에는 현실적 조건이 불가능할 뿐만 아니라, 도덕적 관점에서 보나 실무적 관점에서 보나, 그의 적합성을 확신할 수 없었기 때문에 그것을 철회할 수밖에 없다고 믿었다.
>
> 한국은 일제 치하의 35년을 제외한다면 항상 남다른 역사를 살아 온 민족이었고, 문자 해득률이 높을 뿐만 아니라 문화와 생활 수준이 높기 때문에 이곳에 신탁통치를 실시한다는 것은 잘못된 생각이었다.
>
> 한국인들이 신탁통치를 받아들이지 않는다는 것이 확실하고, 따라서 신탁통치를 실시하려면 아마도 강제로 실시할 수밖에 없는 일이기 때문에 한국에 신탁통치를 실시한다는 것은 실행 가능성이 없는 일이었다.[19]

국무성은 이와 같은 랭던 씨의 제안을 주의 깊게 고려한 뒤 38° 선을 철폐하도록 지금이라도 어떤 원칙을 채택하는 것이 필요하다고 언급했다.[20] 번즈(J. F. Byrnes) 국무장관은 12월 말, 한국에 관해 언급하면서 한국은 신탁통치를 받을 수 없다는 사실을 분명히 했다.

---

18) Radio, TFYMG 459, CG USAFIK to SCAP(inform Atcheson and pass to Warcos for State) 121530/ I , 11 Dec 45.

19) Radio, TFGBI 20, CG USAFIK to SCAP, 201730/ I , 20 Nov 45,

20) Radio, State ser. 12, Wash(State Dept.) sgnd. Byrnes to CG USAFIK(for Langdon), SCAP(for Atcheson, Act. Polad.) WARUSVC 6703, 292000, 301624/Z, Recd. 010140/ I , 30 Nov 45.

3. 위기

12월 28일이 되자 모스코바 외상 회의에서 신탁통치 문제가 논의되었다는 첫 소식이 조금씩 흘러나오기 시작했다. 며칠이 지나 접수된 공식 성명서는 한국 문제를 다음과 같이 기록하고 있었다.

> 몇 주 안에 확정될 미소공동위원회의 의안은 4대 강국에 의한 한국에서의 5년간의 신탁통치에 관한 합의를 도출하고자 한국 임시 정부와의 협의를 거친 다음 미국·소련·영국·중국 정부의 합동 토의에 회부될 것이다.

이러한 결정의 첫 소식이 전해지자 신탁통치에 대한 반대는 더욱 대규모로, 그리고 적극적으로 전개되었다. 왜냐하면 이제 신탁통치 문제는 공식적으로 확인되었기 때문이다. 하지 장군의 말을 빌리면, 다음과 같다.

> 신탁통치에 관한 소식은 …… 한국인을 깊은 절망에 빠뜨렸다. 지난 몇 주 동안 한국인들은 그들의 독립을 위해 물리적으로 투쟁할 수밖에 없게 되었다는 확신을 다짐해 왔다. 신탁통치에 관한 소식은 그와 같은 확신을 더욱 굳게 만들었다.[21]

김구(金九)는 4대 강국의 결정에 대항하여 국민이 봉기할 것을 촉구했다. 그는 자중(自重)하기를 바라는 모든 충고를 무시했다. 더 나아가서 그는 다음과 같이 "신탁통치에 대한 비협조"를 선언했다.

---

21) Quoted in Radio, CINCAFPAC Adv. to Warcos JCS, 311919, 31 Dec 45.

우리는 다음과 같은 이유로 한국의 신탁통치에 관한 모스코바회의의 결정을 거부한다.

(1) 신탁통치는 민족자결주의의 원칙을 지지하는 모든 한국인의 염원에 배치된다.

(2) 신탁통치는 제2차 세계 대전 기간에 미국이 되풀이하여 확인한 바에 배치된다.

(3) 국제연합헌장의 3개 조항 가운데 어느 것도 한국에는 적용되지 않는다.

(4) 한국에 실시되는 어떠한 형태의 신탁통치도 끝내는 극동의 평화를 깨뜨릴 것이다.

우리는 세계 평화는 물론 한국의 즉각적 독립을 위해 장차 신탁통치에 대한 비협조적인 우리의 태도를 이에 선언하며, 귀국의 즉각적인 재고(再考)를 촉구하는 바이다.[22)]

김구는 이 서한을 4대 강국의 원수(元首)들에게 전달해 달라고 요청했다. 이곳의 신문들은 신탁통치란 "위임 통치이며, 한국인에 대한 모독이며, 한국인을 국제적 노예로 만드는 일"이라고 설명하고, 이제 한국의 독립은 피로써 얻을 수 있을 것이라고 논평했다.[23)]

그 밖의 단체들이 제시한 요구의 전형적인 예는 독립촉성회 부산청년지부의 요청에서 잘 나타나고 있다. 그들은 군정이 [김구의 임시 정부]를 "한국의 특별 정부"(Korean Special Government)로 승인할 것을 요구하면서, 미군과 소련군에 고용된 모든 한국인은 파업에 돌입하라고 촉구했다. 땔감이나 숯이나 쌀을 파는 사람을 제외하고는 모든 노동자가 총파업에 들어갈 태세였고, 모든 국민은

22) Radio, TFGCG 208, CG USAFIK to SCAP 301045, 30 Dec 45.

23) Radio, TFGBI 96, CG USAFIK to CINCAFPAC 291700, 29 Dec 45 ; see also *G-2 Report* #110, 30 Dec 45.

신탁통치와 군정에 반대하는 시위를 전개하기로 되어 있었다.[24]

12월 29일 토요일, 군정청에서 일하는 고용인들은 사실상 업무를 보고하지 못했다. 사태의 위험성을 최소화하려고 그날 오후에는 20 : 00시부터 통행금지가 실시되며, 이 시간 이후에는 헌병 외에는 누구도 거리에 나다닐 수 없다는 명령이 모든 군정청 인사들에게 하달되었다. 작전 시설을 지키는 데 필요한 위치에 머물고 있는 군정청 고용원들을 보호하고자 여러 곳에 군대가 주둔했다.

12월 29일, 군정장관 아놀드 장군은 좀더 명백한 보도 자료를 접수함으로써 신탁통치는 한국인들이 다소 목청을 높일 수밖에 없었던 최후의 선택인 것처럼 보이게 만들었다. 상상할 수 있는 대부분 반대파의 모습은 보도 자료에 나타나 있지 않았다. 아놀드 장군은 그날 아침, 국제연합은 한국을 돕고자 하며 신탁통치는 일제 식민지 지배와는 전혀 비교할 수 없는 내용이라는 점을 기자회견에서 요령 있게 읽어 내려갔다.[25]

그날 오후, 신탁통치란 임시 정부의 승인을 받음으로써만 실시될 수 있는 것이라고 그것의 의미를 최소화시킨 공식 문서가 주한미군사령부에 전달되었다. 하지 장군은 모스코바회의의 소식이 전해짐으로써 야기된 불안을 다음과 같이 논평했다.

> 모스코바회의의 결과에 관한 보도 자료는 이제까지 잠재되어 있던 절망과 분노를 공개적인 도전으로 바꿔 놓음으로써 강경하고도 전면적인 반발을 야기했다. 한두 거리에서 시위가 일어났지만 심각한 폭력 사태는 일어나지 않았다. 저항은 군정청과 그 부속 기관에서의 제한적인 비협조와 작

24) Radio, CG 40th Inf Div to CG XXIV Corps, Attn *G-2*, 301530/I, Recd. 301512/I, 30 Dec 45, GC 466.

25) *I&H Jl*, 29 Dec 45,

업 거부의 형태로 나타났다. 일반 시민의 분노는 조국을 통일하고, 신탁통치의 구실을 제거하도록 적절히 조치하지 못한 한국의 정치 지도자들과 소련에 대한 것처럼 그렇게 강렬하게 미국이나 미군을 겨냥하고 있지는 않다.[26)]

12월 30일 일요일에 군정청은 외곽 지대의 여론을 수집하고 그들이 과연 신탁통치안에 담겨 있는 자격 조항에 대하여 들은 바가 있는지의 여부를 알아보고자 관리들을 내보냈다. 그러나 결과는 실망스러운 것이었다. 시골 주민들은 단지 강대국이 우리를 배반했다는 것과 신탁통치의 기간은 5년이라는 얘기만을 들었을 뿐이었다.[27)]

12월 31일 이른 오후에 출발하는 시가행진의 형태로 군중 집회가 계획되었다. 이 군중 집회는 군정 당국의 허락을 받지는 않았지만, 군정청은 그들에게 미소를 던지는 것이 최선이라고 생각했기 때문에 시위는 간섭 없이 진행되었다.

서울 거리는 신탁통치를 비난하는 사람들로 꽉 메워졌다. 곳곳에 깃발이 나부끼고, 수많은 유인물이 군중 사이에 살포되었다. 한 목격자는 당시의 모습을 다음과 같이 묘사하고 있다.

13 : 00경에 시작된 군중 집회는 정부 청사 앞으로 모여들었다. 깃발과 몇 개의 악대, 그리고 몇 천 명의 남녀노소가 몰려들었다. 지도자가 분명한 몇몇 사람들은 모퉁이에서 확성기를 들고 군중에게 '만세'를 부르도록 계속하여 이끌었다. 길모퉁이의 좀 떨어진 곳에는 몽둥이로 무장한 유력한

26) Radio, TFGBI 97, CG USAFIK to SCAP, 292030, 29 Dec 45 ; see also Political Trends Report #17, 20 Jan 46.

27) Interview with 1st Lt. R. D. Robinson, Dept. of Public Information, Military Government.

선동가가 목을 지키면서 열광이 식은 시위자들이 모퉁이를 도는 순간에 빠져나가지 못하도록 막느라고 애썼다.

이 시위는, 단연코, 이제까지 볼 수 없었던 가장 격렬한 모습이었다. 그들은 자신들을 지켜보며 호스로 물을 뿌리는 미군 장교나 미국인들에게 이상하리만큼 적의(敵意)를 보이지 않으면서 계속하여 환호했다. 영문(英文)으로 쓰인 몇 개의 플래카드에는 미국인에 대한 위협적인 내용이 담겨 있지 않았다.

…… 폭력이나 지나침은 보이지 않았다. 미국인들은 자기 마음대로 시위대를 통과하여 돌아다녔으며, 지프와 군대의 트럭들도 아무런 어려움을 겪지 않고 시위대 사이를 천천히 지나갔다.

군중들이 종로의 서쪽에 있는 김구의 집에 도착했을 때는 분명히 사건이 일어나리라는 두려움이 감돌았다. 왜냐하면 이곳에는 중무장한 반소대(半小隊)의 헌병이 주둔하고 있었기 때문이다. 이곳은 미군들이 눈에 확연히 띄는 곳으로서 아무런 사고도 일어나지 않는 유일한 곳이었다.

김구가 밖으로 나오더니 군중들에게 짤막하게 연설하고 차를 타고 신속하게 떠났다. 그러나 3마일에 이르는 군중들은 그곳에 남아 집을 향하여 계속해서 환호했다. 그의 집은 호화로운 한식 대문을 뒤로 한 채 길거리로부터 잘 보호되어 있었다.

어디에서, 언제 시위가 끝났는지는 하느님만이 알 일이지만, 시위대가 집으로 돌아갔을 무렵, 몇몇 아이들은 아주 탈진했음이 틀림없었다. 긴장을 가열시키는 폭력이 없었다는 점에서 아마도 그 시위는 훌륭한 일이었을 것이다. 시위에 참여했던 사람들은 혁명을 위해 아침에 있었던 시위에서보다 훨씬 더 탈진하여 집으로 돌아갔음이 틀림없다.[28)]

이날 시위에 참여했던 사람의 수는 5만~7만5천 명으로 추산되고 있다. 200명의 한국인이 소요죄로 체포되었다.[29)]

28) Eyewitness account, *I & H Jl*, 31 Dec 45.

29) Radio, TFGBI 106, CG USAFIK(for Emmons) to SCAP, 021710/I, 2 Jan 46.

시위가 있던 그 날, 김구는 평소의 그답지 않게 행동이 좀 앞서 갔다. 임시 정부 문제만 하더라도 그는 "정변"(政變 : coup d'etat)의 단계를 시도했다. 그날 오후에 그의 지휘 본부는 민정 경찰이 임시 정부로부터 질서 유지를 인계받을 예정이라는 성명을 방송하도록 서울방송국(JODK)에게 요구했다. 그러나 고위층의 허락 없이는 그 성명은 방송될 수가 없었다. 그러한 처사가 얼마나 중대한 것인가를 감지했을 때 그것은 허락을 받을 수 없었다.[30]

결국 김구와 하지 장군 사이에 회담이 열렸다. 하지 장군이 너무도 단호하고 솔직하게 말하자 김구는 완전히 수그러졌다. 과오를 시정하는 방법으로서 그의 선전 담당이었던 허흥섭은 1월 1일 그로부터 받은 방송 연설문을 배포했는데, 이 글에서 김구는 지난번의 시위가 신탁통치를 반대한 것이지 군정을 반대한 것은 아니라고 선언했다.

김구는 모든 사람이 각기 직장으로 돌아가 어떤 형태로든 협력하라고 촉구했다. 이제 신탁통치는 비켜갈 수 있는 것이라고 모든 사람이 확신했고, 그것이 실시되지 않는 한 더 이상의 적극적인 반대는 없으리라고 사람들은 생각했다.[31]

하지 장군도 또한 라디오를 통하여 성명을 발표했다. 이는 사태를 진정시키는 효과를 가져왔다. 그는 이 성명에서 한국인들이 자신의 국가적 위기를 성공적으로 극복한 데 대해 축하했다.[32]

그다음 날 군정청의 고용원들은 점차 직장으로 돌아왔고, 상점

---

30) Informal Statement by lat Lt. R. D. Robinson, Dept of Public Information, Military Government.

31) Radio, TFGBI 109, CG USAFIK to CGs 6th, 7th, and 40th Divisions, 022155, 2 Jan 46 ; see also *G-2 Report* #112, 1 Jan 46.

32) Political Trends Report #15, 29 Dec 45(Tue, 1 Jan 1946).

과 기업체도 그렇게 따라 주었다. 한국에서는 1월 1일과 그다음의 3일 동안이 휴일이기 때문에 몇 사람이 직장에 출근하지 않은 것을 군정에 대한 반대를 의미하는 것으로 여길 수는 없었다.

정변의 시도는 "임시 정부"의 명분에 회복할 수 없는 상처를 주었으며, 분파주의(分派主義)의 위험을 증가시켰다.[33] 주의를 기울였음에도 불구하고 신정 연휴에 몇 차례의 소규모 난동이 있었고, 정체를 알 수 없는 한국인들의 저격으로 2명이 살해되었다.

12월 30일 이른 아침에는 3~4명의 무장한 한국인이 송진우(宋鎭禹) 씨의 집을 습격하여 잠자리에 누워 있는 그를 쏘아 죽였다. 그는 한민당의 지도자였기 때문에 이 사건은 긴장을 고조시킬 것만 같았다. 그가 반탁(反託)을 반대하는 발언을 했다는 소문이 나돌았지만, 그것이 그의 암살과 어떤 관계가 있는지는 알려지지 않았다.[34]

지방에서의 저항은 덜 폭력적이었지만 어느 모로 보나 전반적인 정국은 강렬한 반탁(反託) 감정의 종식을 보여주지는 않았다.

4. 쟁점의 노출

하지 장군의 설명에 따르면, 1945년 말과 그 뒤에 일어난 소요의 주요 원인 가운데 하나는 공식 정보들이 적절한 시기에 미리 제공되지 못한 점이라고 한다. 한국인들은 비공식적인 통로와 소문을 통해서 모든 혼란스러운 소식을 들었다.

---

33) Radio, TFGBI 103, CG USAFIK to CINCAFPAC Adv, 012250, 1 Jan 46.

34) *G-2 Report* #111, 31 Dec 45 ; see also Radio, TFGBI 100, CG USAFIK to CINCAFPAC, 301440, 30 Dec 45.

"만약 내가 모스크바회의의 결과를 좀더 일찍 들었더라면 이와 같은 온갖 불쾌한 사건들을 피할 수도 있었다."35)고 하지 장군은 말했다. 그는 수시로 나오는 보도 자료들을 미리 알려달라고 국무성에 여러 차례 간청했다.36)

대부분의 한국 사람들이 반대했던 것은 "신탁통치"라는 용어 자체의 사용이었으며, 어떤 사람들은 그 문제에 함축된 의미를 이해하지도 못했다. 어떤 사람들은 신탁통치라는 용어를 한국인들에게 좀더 친근한 용어로 바꾸도록 권고했다. 왜냐하면 한국인들에게 신탁통치란 일본의 보호 통치 시절과 같이 외국인의 감호(監護 : tutelage)를 받는 것으로 이해되었기 때문이다.37)

애당초 한국인들에게 그토록 불쾌감을 주지 않았던 "후견"(guardianship)이란 용어도 몇 차례 사용된 적이 있지만, 러시아인들이 그 용어를 사용하면 의혹을 자아내었다.38)

1946년 1월 8일, 한국의 우익과 좌익을 대표하는 한민당 · 조선인민당, 그리고 공산당은 신탁통치에 관한 공동 성명을 발표했다. 이것은 좌익과 우익이 논의를 위해 최초로 한자리에 모였다는 점에서 의미 있는 일이었다. 이 성명서는 장차 수립될 임시 정부가 이 "끔찍스러운"(dreadful) 신탁통치 문제를 해결해야 한다고 요구했다.39)

35) Radio, TFGCG 212, CG USAFIK to SCAP(Hodge to Marshall) 021510/I, 2 January 1946.

36) Radio, TFYMG 766, CG USAFIK to SCAP, 260920/I, 24 Jan 46 ; see also Radio, TFGCG 255, CG USAFIK to SCAP, 260926/I, 26 Jan 46.

37) Radio, TFGBI 99, CG USAFIK to SCAP, 301415, 30 Dec 45 ; also *G-2 Report* #110, 30 Dec 45.

38) Informal Conference whit Lt. Col Rankin Roberts on 22 Mar 46 in I&H Files ; also Radio, TFGBI 131, CG USAFIK(for Benninghoff) to SCAP, 131352/ I , 13 Jan 46.

39) *G-2 Report* #120, 10 Jan 46.

1945년 12월과 1946년 1월 초에 걸쳐 좌익 단체들은 이 문제에 대하여 비교적 침묵을 지켰다. 그러나 곧이어 그들은 신탁통치를 적극적으로 지지하기 시작했다. 이는 몇 가지 사건에서의 완전한 선회를 의미하는 것이었다. 그들의 신문 가운데 하나인 『조선인민보』(朝鮮人民報)는 12월 29일자에 다음과 같이 주장했었다.

> 반역자들은 신탁통치를 가능케 만들었다. 신탁통치를 실시한다는 소식은 3천만 한국인을 혼절시켰으며, 그들이 신탁통치 제도를 뿌리째 뽑아 버리도록 결심하게 했다.[40]

1월 1일, 박헌영은 하지 장군과의 회담에서 신탁통치를 폭력적으로 반대하리라고 암시했다. 그러나 이틀이 지난 또 다른 회담에서 그는 자신의 견해를 완전히 뒤바꾸었다.[41] 그날도 또한 서울에서는 본래 신탁통치를 반대할 목적으로 군중 시위가 일어나고 있었다.

그러나 시위 막판에 어떤 신호가 전달되자 시위는 모스코바의 결정을 지지하는 쪽으로 나왔다. 몇몇 시위자에게는 그 새로운 명령이 너무 늦게 도착하여 그것이 마치 즉각적인 독립을 요구하는 신호로 보일 수도 있었다.

지방의 한 공산주의 지도자는 박헌영에게 편지를 보내어 이번의 갑작스러운 신호를 포함해서 그가 사태를 다루는 방법을 비판했다.[42] 이처럼 돌연히 얼굴을 돌린 것은 그것이 북쪽으로부터 내려온 지시의 결과로 나타난 사실임을 의미하는 것이라는 설명도

---

40) Radio, TUBING 157, CG USAF to INCAPACITATE, 251000, 25 Jan 46.

41) *Ibid.*

42) Radio, TFGBI 240, CG USAFIK to CINCAFPAC, 261325/I, 26 Mar 46.

있다. 38°선 부근에서 가로챈 한 문서에는 그러한 지령이 포함되어 있었다.

그들의 그러한 정책의 결과로 공산주의자들은 상당한 지지를 잃었다.[43] 충청남도 인민위원회와 관계가 있는 각종 인민위원회의 특별회의에 기초하여 실시된 한 조사는 공산주의에 고무된 이 단체들이 모스코바의 발표가 있은 뒤 상당히 민중적 지지를 잃었음을 보여주고 있다. 이와 같은 민중적 지지의 상실은 각 위원회가 서울 중앙인민위원회의 명령에 따라서 억지로 신탁통치를 지지하지 않을 수 없었다는 사실에 원초적인 원인이 있었다.[44]

몇몇 반탁분자가 다시 테러를 자행했다. 인민공화국(人民共和國) 전국중앙위원회는 만약 신탁통치가 실시되면 회원 3명을 암살하겠다는 1월 3일자의 협박 편지를 받았다.[45] 1월 12일에는 조선노동조합전국평의회(전평, All-Korea Trades' Union)의 회원 3명이 서울에서 납치되었다. 얼마 지나서 그들은 신탁통치를 지지하는 책자를 배포하였기 때문에 납치된 것으로 알려졌다.[46]

전주에서는 2월 8일 아침, 지방인민위원회의 한 회원이 사살된 시체로 발견되었다. 시체의 주변에는 몇 장의 유인물이 뿌려져 있었는데, 그 가운데 하나에는 "신탁통치를 찬성하거나 우리 한국의 독립을 방해하는 반역자는 한국의 독립을 위하여 죽음을 겪지 않을 수 없다"고 적혀 있었다. 그리고 거기에는 어느 비밀 테러 조직의 서명이 있었다.[47]

---

43) *G-2 Weekly Summary* #32, 23 Apr 46.

44) *G-2 Report* #159, 23 Feb 46 ; see also *G-2 Report* #140, 31 Jan 46.

45) *G-2 Report* #122, 12 Jan 46.

46) *G-2 Report* #123, 13 Jan 46.

47) *G-2 Report* #153, 15 Feb 46.

1월과 2월의 『정보보고서』(*G-2 Report*)에는 신탁통치안에 반대하는 입장에 섰던 많은 시위에 관한 자료들이 수록되어 있다. 하지 장군도 또한 많은 편지와 전문(電文)을 받았는데, 그들 가운데 대부분은 신탁통치를 반대하고 김구의 '임시 정부'를 지지하는 내용이었다.

전형적인 한 전문에는 "모든 제주도민은 4대 강국의 신탁통치를 반대하며, 우리의 독립을 열렬히 바란다"는 내용을 담고 있었다.[48] 1월 중순이 되자 시위의 형태로 신탁통치를 지지하는 모습이 현저하게 감소했지만, 국민은 정당의 노선을 따르는 경향을 보여주었다.[49]

시위가 계속되고 테러가 발생하자 하지 장군은 다음과 같은 성명서를 발표했다.

> 한국이 '신탁통치'를 원치 않는다는 사실을 세계는 이미 잘 알고 있다. 더 이상 시위를 해야 할 이유가 없으며, 계속되는 시위와 무질서는 한국의 명분에 상처만 입힐 뿐이다. 그러한 행동은 한국에 실시하기로 되어 있는 신탁통치의 실시를 가장 확실하게 만드는 길일 뿐이라는 것이 한국의 진정한 모든 우방이 깊이 생각하여 얻은 결론이다. 왜냐하면 그러한 행동은 열강이 한국인이란 불안정하며 한국은 아직 독립할 준비가 되어 있지 않다고 확신하도록 만들기 때문이다.[50]

러취(A. L. Lerch) 장군은 다음과 같이 논평했다.

48) *G-2 Report* #124, 14 Jan 46.
49) *G-2 Report* #127, 17 Jan 46.
50) *G-2 Report* #134, 24 Jan 46.

만약 한국인들이 한국에게 부과된 의무에 대하여 품위 있고 정치가다운 태도를 조속히 취하지 않는다면 그들은 자기 조국의 독립을 위태롭게 하는 것이라는 점을 나는 한국인들에게 경고하는 바이다. 서울의 거리에서 두 정당이 싸우는 추악한 모습은 미소공동위원회 회원들이 한국인들은 과연 자치의 자격이 있는가를 결정해야 할 때 결코 간과할 수 없는 사항이 된다.[51]

2월 15일이 되자 미군의 점령 지역은 신탁통치를 지지하는 공산주의자 및 인민당의 정치 모임과 그에 반대하는 모든 사람의 정치 모임으로 확연히 양분되었다.[52] 군정을 불신하려는 시도는 있었지만, 군정을 타도하려는 시도는 없었다. 이 무렵에는 군중의 분노가 소련보다는 미국을 겨냥하고 있다는 사실이 드러났다.

많은 사람은 신탁통치야말로 카이로와 포츠담에서의 합의를 저버리는 일이라고 생각했다. 전국 각처에서는 상점의 문을 닫았다. 많은 한국인은 한국의 보편적 이익을 추구하는 방향으로 미국과 소련의 이견(異見)이 해결되기를 바랐지만, 그들은 아직도 일정 기간의 신탁통치보다는 즉각적인 독립을 쟁취해야 한다고 결심하고 있었다.

5. 미국인 대 러시아인의 대결

공식적으로 확인된 것은 아니지만 1945년 12월 27일자 『성조지』의 기사에 따르면 국무장관 번즈는, 신탁통치에 대한 소련의 견해

51) Military Government Press Release, 21 Jan 46, item 2.
52) Radio, TFGBI 198, CG USAFIK to SCAP, 151555/I, 15 Feb 46.

와는 달리, 한국의 즉각적인 독립을 요구하라는 훈령을 받고 모스코바회의에 참석했다고 한다.

그다음 날 KPP 통신사는, 미국은 한국의 즉각적인 독립을 바라지만 소련이 신탁통치를 주장하고 있다고 보도했다. 이로 말미암아 공산주의자를 제외한 모든 정당에서 강렬한 반탁 감정이 일어났다.[53] 좌익들은 미국만이 신탁통치 계획을 주도한 책임이 있다는 주장으로 반격하면서 소련은 그에 반대했다고 선언했다.

그 뒤 약 1개월이 지나 소련의 『타스』(*Tass*) 통신은 그와 꼭 같은 주장을 하면서 소련은 애초 미국이 제안한 10년 통치안을 5년으로 단축하는 데 도움이 되었다고 선언했다. 그 뒤 국무성이 『타스』 통신의 보도를 시인하자, 하지 장군은 매우 어려운 상황에 빠졌다.

"『타스』 통신의 보도를 완전한 사실로 시인했다는 사실 그 자체가 나에게는 절실한 뉴스였다. …… 한국인들은 우리가 그들을 또 한 번 팔아먹었다고 생각하고 있다."고 하지 장군은 말했다.[54] 이러한 사실은 국무성이 주한미군사령부에게 미리 정보를 주지 않음으로써 벌어진 실패작의 한 사례일 뿐이다.

신탁통치에 대한 소련의 입장은 매우 흥미 있는 일이었다. 샌프란시스코회의 이래 소련은 한국이 조속히 독립되기를 바란다는 견해를 분명히 밝혀 왔다.[55]

6월 중순 무렵, 『타스』 통신의 보도로 미루어 판단해 보건대, 만약 소련이 원래의 신탁통치안을 5년으로 단축했다면 왜 그들은 그토록 강력하게 끝까지 신탁통치를 고집했는가를 한 소련 관리에

53) Political Trends Report #15, 29 Dec 45(Fri, 28 Dec 45).
54) Radio, TFGCG 272, CG USAFK to SCAP, 012319/I, I Feb 46.
55) Radio #90, State Dept. SCAP, 271512/Z, 27 Jan 46.

게 질문했었다. 이에 대하여 그는, 소련은 상호 철수를 두려워했다고 대답했다. 왜냐하면 상호 철수를 할 경우, 미국은 한국의 시장을 휩쓸어 버릴 것이고 그런 식으로 한국을 지배하게 될 것이기 때문이라는 것이었다.[56]

아마도 소련은 신탁통치 아래에서 한국의 정치 상황을 지배하기에 더 좋은 기회를 잡을 수 있으리라고 생각했던 것 같다. 미소공동위원회에서 소련 대표는 모스코바의 결정에 찬성하지 않았거나 5년에 걸친 신탁통치에 비우호적인 발언을 한 모든 한국인을 자문회의에서 제외하려고 노력했다.[57]

여러 차례에 걸쳐 주요 정당의 당원들은 소련이 그들의 입장을 지킬 수 없게 만들어 놓는 것으로써 신탁통치에 대한 반대 의견을 표현했다. 만약 그들이 다음의 사항을 동의했더라면 그들은 정치 자문회의에 초대될 수도 있었다.

(1) 모스코바 결정의 목적에 동의할 것.
(2) 미소공동위원회나 연합국의 결정에 따라서 존립할 것.
(3) 모스코바 결정 가운데 한국 관계 조항의 자문에 협조할 것.

적어도 한국의 정당인들은 아직도 자기들이 자유롭게 의사를 표현하는 것이 허락되리라고 생각했다. 협조에 동의한 정당들은 신탁통치에 관한 그들의 견해를 포기할 필요가 없으며 그들의 반대를 전달할 수 있는 통로를 가지게 될 것이라는 하지 장군의 연설을 신뢰하고 있었다.[58] 그러나 그러한 합의는 소련인들에 의해

56) Radio, TFGBI 304, CG USAFIK to CINCAFPAC, 130656/2, 13 Jun 46.
57) Radio, TFGCG 355, CG USAFIK to SCAP, 290425, 29 Apr 46 ; also Radio, TFGCG 366, CG USAFIK to SCAP, 070450, 7 May 46

폐기되었다.

소련은 이 문제를 정치적 떠넘기기(political football)로 이용하고 있는 것처럼 보였으며, 신탁통치에 대한 모스크바의 결정에 반대 의견을 표현한 사람이나 그 사람이 대표하고 있는 정당과의 대화를 거절했다. 소련의 이와 같은 처사는 과격 집단 이외의 모든 사람을 배척하고 그렇게 함으로써 미국 대표에 의해 거부될 수밖에 없었음이 분명하다. 미소공동위원회에서의 미국과 소련의 충돌은 다른 곳에서 전반적으로 다루고자 한다.59)

소련 사람들은 신탁통치의 결정에 관한 보도를 탄압하고 신탁통치 계획에 대한 지지를 얻으려고 노력한다는 보도가 38°선 너머 소련의 점령 지역으로부터 들어왔다. 12월 31일, 소련 점령 지역에 있는 민주당 당수 조만식(曺晩植)은 그의 정당이 모스크바의 결정을 지지한다는 성명을 방송하라는 요청을 받았다.

조만식은 방송을 거절하였으며, 자신이 1월 2일과 4일의 요청을 거듭 거절했을 당시에도 신탁통치에 관해서 충분히 들은 바가 없다고 주장했다.60) 그 뒤 그는 자기의 입장을 결정하기에 앞서 하지 장군으로부터 진실한 내막을 듣고자 노력했다. 하지 장군은 신탁통치에 관한 가장 훌륭한 설명서를 그에게 보내 주면서 그가 러시아인들이 시키는 대로 따르도록 충고했다.61)

---

58) Political Trends Report #31, 28 Apr 46 ; also Radio, TFGBI 286, CG USAFIK(for Langdon) to SCAP, 140635, 14 May 46

59) 이에 관해서는 US-USSR Joint Commission Report of US Delegation, 1947, Record Group 332, Box 66, WNRC, Suitland ; 본서 제5장 「미소공동위원회에 관한 보고서」 참조.(옮긴이 주)

60) *G-2 Report* #122, *cit.* above.

61) Radio, TFGBI 142, CG USAFIK to CINCAFPAC Adv, 191254, 19 Jan 46 ; also Top Secret Radio, TFGCG 262, CG USAFIK to SCAP, 281320/I, 28 Jan 46

모스크바 외상 회담 이전의 술렁거림으로부터 4월 2일까지 신탁통치에 대한 강렬한 반감은 누그러지지 않았다. 심지어 반탁 분자(反託分者)들은 군정 당국의 수중으로부터 정부의 고삐를 빼앗아 가려고 노력하는 듯이 보였다. 이 문제는 미소공동위원회에서 긴장된 미·소 관계의 핵심적 요소가 되었다. 신탁통치의 문제는 불꽃 튀는 민족 문제가 되었으며, 군정 당국으로부터 받았던 주목을 받을 만한 주제가 되었다.

[부록 3-1]

한국신탁통치협정(안)*

1945년 9월 2일, 일본 천황과 정부는 미국 · 중국 · 영국 · 소련이 포함된 연합군최고사령부의 사령관이 승인한 항복 조건을 이행하였으며 ;

일본은 항복 문서에서 일본의 주권은 본토와 위의 4대 강국이 결정하는 작은 섬들에 제한된다는 포츠담선언의 조항들을 수락했으며 ;

한국은 자유 · 독립 국가가 될 것으로 동의했으며 ;

1945년 12월 27일 모스크바 외상 회담에서 합의된 협정의 제3장 제3절에는 위의 4대 강국이 한국에 대하여 4국 신탁통치를 고려할 것을 규정했으며 ;

국제연합헌장은 제2차 세계 대전의 결과 적국(敵國)에서 분리된 영토는 국제 신탁통치 체제를 받게 될 것이라고 규정하고 있으며 ;

한국에 대한 신탁통치의 최고 목표는 한국 국민이 가능한 한 빨리 독립의 책임을 받아들일 수 있도록 하고, 한국이 국제연합의 회원국이 될 수 있도록 하는 것인바 ;

위와 같은 제반 사실에 근거하여 한국이 독립된 정부 권력의 완전한 행사를 유보하고, 한국에 국제 신탁통치를 실시하며, 신탁통치국에게 한국에 대한 통치권의 책임을 부여하는 다음과 같은 신탁통치 조항을 국제연합 총회에 제의하기로 결정했다.

---

* 이 자료는 NARA의 Record Group 165 : ABC 014 Japan 가운데 1947년 3월 31자 *Report of the Special Inter-Departmental Committee on Korea*의 *Appendix C : Draft Trusteeship Agreement for Korea*를 옮긴 것임.

제1장 신탁통치의 수립

제1조 한국은 이 문서에 따라서 국제연합헌장에 명시된 국제 신탁통치 체제를 실시한다.

제2조 미국 · 중국 · 영국 · 소련을 이 문서에 따라서 공동으로 한국에 대한 통치국으로 지명한다.

제3조 신탁통치권을 행사하는 국가들의 정부는 이 문서에 따라 한국을 독립된 국가로 인정하고 신탁통치 기간에 이 협정의 조항에 따른다.

제4조 국제연합은 신탁통치 기간에 한국 국민에 대한 수탁자가 되며, 통치권을 구성하는 강대국들은 수탁자로서의 조직을 이용하여 일본의 항복으로 얻을 수 있는 한국에서의 권리와 자격을 포기한다.

제5조 한국 신탁통치 지역의 어느 부분도 전략적인 지역으로 지정할 수 없다.

제6조 국제연합을 대신하는 기관으로 활동하는 통치 당국은 이 협정의 이행에 대해 국제연합에 책임을 진다.

제7조 한국에서 신탁통치의 의무를 이행하면서 통치 당국은 국제연합헌장 제76 조에 규정된 기본 목표와 이 협정에 규정된 바에 따라 행동한다. 국제연합헌장과 이 협정의 규정은 신탁통치 기간에 한국에서 최고의 법을 이룬다.

제8조 한국인들에 대한 신탁통치가 끝났을 때 독립을 효과적으로 책임지도록 통치권은 가능한 한 빨리 한국 국민의 진보적인 정치 · 경제 · 사회 발전을 촉진한다. 이러한 목적을 위해 통치권은 무엇보다도 다음과 같은 정책들을 활용한다.

(1) 정치 발전

(a) 성(性)이나 종교적 · 정치적 신념에 따라 차별받지 않는 자유 선거의 활용과 범위를 점진적으로 확대한다.

(b) 적임(適任)의 한국인 인사들을 행정 · 사법 · 기타 공직에 가능한 한

완전한 규모로 점진적으로 참여시키고 그들에게 점진적으로 책임을 이전한다.

(c) 독립 국가의 유지에 필요한 책임을 맡을 수 있도록 한국인들을 훈련할 수 있는 적절한 제도를 발전시킨다.

(2) 경제 발전

(a) 한국의 자원을 효과적으로 활용하고 보존하도록 농업과 산업의 생산 경제의 발전을 북돋운다.

(b) 독점적인 일본인들의 산업과 시설을 정당한 법에 따라 처분하도록 한국인들이 그것을 관리할 수 있는 권한을 유보한다.

(c) 한국과 그 국민이 경제적 발전에 필요한 재정적·기술적 지원을 얻기 쉽게 한다.

(d) 한국인들에게 필요한 것을 공급하고 가장 유리한 시장에서 상품을 판매하도록 지원함으로써 한국인들에 의한 국내외적인 상품 교역을 촉진한다.

(e) 적정한 임금으로 고용을 촉진하고, 근로 조건을 개선하고, 결사의 자유를 보장하고, 가능한 곳에서는 단체 교섭을 장려하고, 필요한 사회보장과 사회적 봉사를 제공한다.

(3) 사회 발전

(a) 모든 국민의 근본적인 자유와 권리를 차별 없이 보호하고, 주민의 건강을 보호하고, 무기와 탄약·아편 등 기타 위험한 약품 등의 거래를 통제하고, 사회적 악습으로부터 주민을 보호하는 데 필요한 법규(法規)를 제정한다.

(b) 보통 교육 제도를 수립한다.

제2장 신탁통치 감독 기관의 구성

제9조 통치 당국은 위원회(Commission)와 고등판무관(High Commissioner)으로 구성한다.

제10조 (1) 고등판무관과 부고등판무관은 한국인이나 통치 당국을 구성하는 국가의 사람이 아닌 사람들로서, 탁치 국가들의 만장일치에 따라 임명하며, 그들의 다수결에 따라 면직할 수 있다.

(2) 한국에 고등판무관이 부재중일 경우 그의 권한과 기능은 부고등판무관이 행사한다. 고등판무관이 사망하거나 면직될 경우 신임 고등판무관이 임명될 때까지 부고등판무관이 그 권한과 기능을 행사한다.

제11조 (1) 위원회는 관리를 관장하는 고등판무관과 통치 당국을 구성하는 각국의 한 명의 대표로 구성한다.

(2) 고등판무관을 제외한 위원회의 각 구성원은 한 표의 의결권을 갖는다. 위원회의 결정은 고등판무관을 제외한 구성원의 다수결에 따라 확정된다. 가부 동수일 경우에는 고등판무관이 결정권을 행사한다.

(3) 위원회는 정기회의로 1년에 두 번 한국에서 만나고, 구성원의 어느 하나의 요청에 따라 특별회의를 연다.

제12조 (1) 이 협정의 각 당사국은 신탁통치 기간에 위원회의 대표와 그 직원들의 급료와 경비를 지불한다.

(2) 통치 당국은 공동으로 동등하게 나누어 고등판무관과 부고등판무관, 그리고 직원들의 급료와 경비를 지불한다.

제3장 행정부의 구성

제13조 이 협정의 제35조에서 제39조까지에 규정된 바와 같이, 한국의 헌법이 공표될 때까지, 그리고 이 협정이 효력을 발생한 뒤 가능한 한 빨리 통치 당국은 이러한 협정을 시행하는 데 필요한 전국과 지방의 통치권을 행사한다.

제14조 주요 행정부서의 기관장들은 고등판무관의 뜻에 따라 한국인들을 임명하여 관직을 유지한다. 또한 이 관리들은 고등판무관을 보좌하는 내각을 구성한다.

제15조 성인 남·여 시민으로 선출되는 단원(單院)의 입법부를 수립한다. 선거는 평등·비밀 투표로 실시한다.

제16조 해당 법률이 제정될 때까지 도(道)와 그 밖의 지역 정부의 기능은 고등판무관이 그 목적에 맞게 지명한 기관을 거쳐 수행한다.

제17조 해당 법률이 제정될 때까지 한국의 사법부는 고등판무관이 필요하다고 생각하는 법원으로 구성하며, 법원의 판사들은 고등판무관이 규정하는 방법에 따라 선출한다.

제4장 통치 당국과 한국 행정부의 기능과 관계

제18조 이 협정의 조항에 따라서, 그리고 그 목적을 이행하도록 통치 당국은 한국의 행정에 필요한 행정적·입법적·사법적 권력을 행사한다.

제19조 통치 당국은 이 협정의 제9조에 규정된 위원회와 고등판무관을 통하여 그 권한과 기능을 수행한다.

제20조 위원회는 이 협정의 이행에 필요한 일반 정책을 수립하고 검토하는 책임을 진다.

제21조 고등판무관은 한국의 최고 통치자가 된다.

제22조 입법부 요원들이나 고등판무관은 입법부에 법안을 제출할 수 있다. 입법부에서 통과된 각 법안은 고등판무관의 서명이 있거나 고등판무관에게 전달된 지 30일이 될 때까지 아무런 조치를 하지 않으면 법(法)으로 확정된다. 고등판무관은 신탁통치 협정의 규정을 이행하는 데 긴요하다고 판단할 경우에, 그에게 전달된 지 30일 이내에 그 법안을 거부할 수 있으며, 그럴 경우에 거부에 대한 이유를 문서로 입법부에 통고한다. 고등판무관의 판단에 비추어 신탁통치 협정의 규정을 이행하는 데 절대 필요하다고 여겨지는 법안을 입법부가 제정하지 못할 경우, 그는 자신의

책임으로 필요하다고 생각되는 법령을 제정할 수 있다. 그 법령은 법의 효력을 갖게 되고 1년 동안 실시한다.

제23조 (1) 고등판무관은 국내법과 질서의 유지에 책임을 진다. 이 목적을 위해 고등판무관은 필요할 경우 행정부를 구성하는 사람들이 아닌 국제연합 회원국의 자격 있는 국민의 도움을 받아 국내 안보에 필요하다고 생각되는 한국의 국립 경찰이나 지방 경찰대를 양성하는 책임을 진다.

(2) 예외적인 상황의 결과로 말미암아 공공질서나 안보, 주민의 인권과 시민권이 위태롭게 되거나, 그것이 경찰력으로 적절하게 보호할 수 없을 때, 그는 자기의 뜻에 따라 통치 당국의 국가에서 차출된 군대를 자신의 휘하에 둘 것을 위원회에 요청할 수도 있다.

제24조 제12조에 규정된 경비 이외의 모든 한국의 국가 · 지방 관리들에 드는 경비는, 통치 당국 국가들이 달리 제공하는 것을 제외하고는, 한국의 중앙 · 지방의 세입에서 제공된다. 이 협정의 규정을 이행하는 데 필요하다고 위원회가 생각하는 경비와 한국에서 충당하지 못하는 경비는 통치 당국 국가들이 동등하게 부담한다.

제25조 한국의 국적법이 제정될 때까지 한국에 거주하는 한국 혈통의 사람과 외국에 거주하면서 한국 이외의 다른 국가에 충성하지 않는 한국인은 한국 국민으로 본다.

제26조 통치 당국은 공공질서의 요구에 부응하는 경우에만 사회 활동과 통신의 자유, 표현과 출판의 자유, 집회와 양심의 자유, 종교 의식과 종교 전파의 자유를 한국 주민들에게 보장한다.

제5장 한국의 대외 관계

제27조 고등판무관은 한국의 대외 관계를 담당하며, 한국의 영토 밖에 있는 한국인들의 영사 업무와 외교적 보호 업무를 조정한다.

제28조 고등판무관은 한국이 국제 평화와 안전의 유지에 일익을 담당하도록 보장한다. 이 목적을 위해 통치 당국이 이와 관련하여 안전보장

이사회에 대해 지고 있는 의무를 이행하면서 고등판무관은 한국으로부터 지원군과 시설물 및 기타의 도움을 활용할 수 있다.

제29조 고등판무관은 한국을 대신하여 지역 국가 사이의 자문회의·지역 국가들의 기구, 기술 기구, 기타 국가들 사이의 임의적 회의에 회원으로 참여할 수 있으며, 특수 국제기구와 협조할 수 있으며, 기타 국제연합헌장의 규정에 부합하는 형태의 국제적 협조 단체에 참여할 수 있다.

제30조 통치 당국은 공공질서와 한국의 법(local law)을 똑같이 준수하는 한, 통치 당국을 구성하는 국가의 국민이 한국에서 누리는 것과 똑같은 동등한 권리를 국제연합 회원국의 국민이 누리도록 한다.

제31조 통치 당국은 다른 국가의 국민이 한국인이 한국 이외의 국가 안에서 누리는 권리를 향유하는 것을 보장하기 위해 노력한다.

제32조 기존의 적절한 국제협약이나, 혹은 무역상의 평등, 통행과 항해의 자유, 항공, 철도, 우편, 전신, 무선 통신, 그리고 산업적·문학적·예술적 재산 등과 관련하여 앞으로 체결될 국제 협약들이 국제연합헌장 제76조에 규정된 신탁통치 체제의 목적이나 이 협정의 규정들과 부합한다면, 통치 당국은 그러한 모든 국제 협약을 한국에 적용한다.

제33조 고등판무관은 한국인과 국제연합 회원국의 국민이 한국의 국내외에서 모든 통신 수단을 이용하여 한국에서 지식의 수집·유포·전달과 같은 활동에 참여하는 것을 보장한다.

제34조 한국인이든 국제연합 회원국의 국민이든, 개인과 단체는 학교와 병원·교회·선교 시설을 설치하고 유지할 수 있다.

제6장 한국 헌법의 채택과 공포

제35조 제22조에 명시된 한국 입법부의 구성 절차에 따라 헌법제정회의(Constitutional Convention)를 구성할 목적으로 법률을 제정하여 한국 헌법 구상의 초안으로 삼는다.

제36조 헌법제정회의 과정에서 통치 당국의 국가들은 위원회를 통하

여 활동하면서 헌법제정회의 구성원들이 요청할 수도 있는 정보와 조언을 제공한다.

제37조 헌법제정회의가 그와 같이 채택한 헌법은 그 뒤 한국 성인이 참여하는 보통·비밀의 국민 투표에 부친다.

제38조 고등판무관은 공정한 국민 투표를 시행하는 책임을 진다. 국민 투표가 헌법 초안을 지지한다고 고등판무관이 확신할 경우, 그는 헌법의 채택을 선언한다. 그 뒤 가능한 한 빠른 시일 안에 고등판무관은 헌법에 규정한 새로운 한국 정부에 기능을 이전하도록 작업한다.

제39조 헌법을 선포한 뒤, 한국의 신탁통치를 종료하기에 앞서, 예외적인 상황이 발생하여 신탁통치의 근본 목적의 달성을 위협할 수 있다고 고등판무관이 판단할 경우, 한국 정부와 토의한 뒤, 한국 정부의 수반으로 활동하면서 자신이 필요하다고 판단되는 정확한 방법을 행사할 권한을 갖는다. 최후의 수단으로 고등판무관은 이 협정의 제23조 2항에 규정된 권한을 행사할 수 있다.

제7장 통치 당국과 국제연합과의 관계

제40조 통치 당국은 국제연합 총회를 인정하고, 이 협정과 관련하여 국제연합의 기능을 이행하면서 국제연합의 대표자로서 총회에 소속된 신탁통치이사회를 인정하며, 이들과 모든 면에서 협조한다.

제41조 총회와 그 권위를 빌어 활동하는 신탁통치이사회는 주기적으로 한국을 방문하여 통치 당국과 협의하고, 필요할 때는 특별 방문을 함으로써 통치 당국과 협조한다. 통치 당국은 방문자들이 한국과 한국 주민들에게 완전히 접촉하도록 하며, 정보를 얻는 데 필요한 모든 시설들을 활용하도록 한다.

제42조 (1) 통치 당국은 신탁통치이사회가 작성한 질의서에 기초하여 이 지역 주민들의 정치·경제·사회 발전에 필요한 정보를 포함하여 그러한 발전을 촉진하는 방법들이 제기되어 있는 연례 보고서를 총회에 제출한다.

(2) 통치 당국은 또한 총회가 요청하는 특별 보고서를 제출하며 총회와 신탁통치 이사회의 권고를 시행하는 방법에 관하여 총회에 보고한다.

(3) 고등판무관은 통치 당국이 제출한 보고서를 검토하면서 총회나 신탁통치 이사회와 협의할 대표를 임명한다.

제43조 통치 당국은 한국에 대한 신탁통치의 목적을 이행하는 데 진전이 있었는지를 연례적으로 조사하면서 신탁통치이사회에 협조하며 그에 따라 총회에 보고한다.

제44조 총회나 신탁통치이사회는 한국에 대해 어떤 문제든 통치 당국에 권고할 수 있다.

제8장 본 협정의 개정·폐지·비준

제45조 이 협정은 통치 당국을 구성하는 강대국들 만장일치의 합의나 총회의 승인에 따라 어느 때라도 개정되거나 변경할 수 있다. 협정을 변경하거나 개정하는 제안은 통치 당국을 구성하는 강대국의 어느 국가나 총회 · 신탁통치 이사회가 제기할 수 있다.

제46조 (1) 신탁통치는 다음의 2항에 규정된 바와 같이 빨리 종식될 수 없다면, 시행한 5년 뒤에 종료된다.

(2) 신탁통치는 실시 뒤 5년이 지나기에 앞서 어느 때라도 통치 당국을 구성하는 강대국들 모두가 신탁통치의 목표가 달성되었다고 결정할 때 종료된다. 어느 경우이든 위의 강대국들은 한국의 헌법이 공포될 때 신탁통치를 종료하는 것이 바람직하다고 생각한다.

제47조 위의 강대국들은 총회에서 신탁통치의 종료와 더불어 한국 국제연합의 가입을 지지한다.

제48조 (1) 이 협정은 4대 강국 각각의 헌법 절차에 따라 비준된다. 비준 문서는 국제연합 문서보관소에 보관한다.

(2) 이 협정은 총회의 승인을 받고 모든 비준 문서가 작성된 뒤에 효력을 발행한다.

의정서

[신탁통치 협정이 국제연합 총회에 의해 승인되는 날 이를 조인함]

미국 · 중국 · 영국 · 소련은 한국이 완전히 독립된 정부 권력을 행사할 때까지 한국을 국제연합 신탁통치 체제 안에 한국을 두며, 이날 한국에 대한 신탁통치 협정을 체결하며, 한국인들이 가능한 한 빨리 독립의 책임을 맡고 한국이 국제연합 회원국이 될 수 있도록 하고자 하는 그들의 의지를 선포하면서, 다음과 같이 합의한다.

(1) 한국의 신탁통치 협정에 대한 4대 강국의 비준이 이루어지면 신탁통치 협정의 모든 규정은 이 협정에 서명한 4국 정부들 사이에 즉각적으로 효력을 발휘한다.

(2) 신탁통치 협정에 규정된 고등판무관의 공직 취임과 함께 한국의 군정은 종결된다.

(3) 이 의정서에 조인한 각국 정부는 한국에 대한 신탁통치 협정 제23조의 규정에 따라 군대 주둔이 허락된 경우를 제외하고는 한국에 주둔하는 모든 군사력을 철수할 것에 동의한다.

(4) 이 의정서는 서명한 날에 효력을 발생한다.

1947년 ○○월 ○○일
미국 정부 대표 ○○○ sgn.
중국 정부 대표 ○○○ sgn.
영국 정부 대표 ○○○ sgn.
소련 정부 대표 ○○○ sgn.

제4장

한국의 독립 능력에 관한 보고서(1945)

- 토인비(A. J. Toynbee) 작성

한국의 독립 능력에 관한 보고서

토인비(A. J. Toynbee) 작성

Korea's Capacity for Independence

January 31, 1945

제4장

한국의 독립 능력에 관한 보고서(1945)

외무성 문서 번호 : 371/46468

참조 : 스턴데일 베네트 씨(Sterndale Bennett) 귀하

여기에 두 가지의 좀더 "사실적인" 보고서를 보내 드립니다. 이 보고서는 [영국 외무성] 한국위원회(Korean Commission, FO)가 작성한 것으로서, 웹스터(Webster) 교수의 말에 따르면, 미국과 중국 대표단에게도 보낼 만한 문서라고 합니다.

전적으로 한국위원회가 작성한 이 보고서는 의견 교환을 위하여 식민성(植民省)이 적당하다고 생각한다면 그곳에도 보내는 것이 좋겠다고 식민성과도 합의했습니다. 같은 목적으로, 버틀러 경(Sir Paul Butler)이 쓴 「한국에서의 일본 통치의 업적과 실패」도 식민성에 보냈는데, 식민성의 의견에 따라서 사소한 부분을 고쳐 썼습니다.

제가 생각하기에, 식민성에서 별다른 의사 표시를 하지 않는다면, 더 이상 기다릴 것 없이 이 두 문건을 워싱턴과 중경(重慶)에 보내는 것이 좋겠습니다. 이번에는 외무성 극동국에서 고치고 싶

어 했던 보고서 두 부만을 보내 드립니다. 그러나 만약 이 두 보고서가 모두 승인을 받는다면 우리는 이 두 문서를 워싱턴과 중경과 식민성에 보낼 수도 있습니다.

아놀드 토인비(Arnold Toynbee) 근계(謹啟)

(서명)

1945년 1월 31일 작성

1945년 2월 14일 제출

1945년 4월 16일 접수

1. 역사적 배경

[1] 어떤 식민지 국가가 느닷없이 독립했을 경우, 그 국가가 독립된 국가로 자리를 잡으려면 다음과 같은 능력을 갖추었는지의 조건에 따라 그 여부를 결정해야 한다.

(1) 식민지가 되기 이전의 정치·행정의 효과적 능력
(2) 식민지 지배의 기간과 성격
(3) 식민지가 되기 이전 국가에 대한 법통을 주장할 수 있는 개인이나 집단의 존재 여부
(4) 그 국가 내에 고위 행정이나 정치적 경험을 가진 인물의 숫자
(5) 국민의 교육과 문화의 보편적 수준

[2] 이러한 조건에서 본다면 한국은 독립할 만큼 유리한 조건이라고는 하나도 없다. 1905년 이전의 그들의 정치 제도는 개혁이라

고는 전혀 볼 수 없는 전제 국가여서, 근대 국가로서의 모습이나 대의민주주의적 요소를 찾아볼 수 없다. (이 점에 관해서는 「한국에서의 일본 통치의 업적과 실패」 [1]-(1)을 참고하기 바람.)

1905년부터 1910년에 이르기까지 일본은 완전한 주권을 가지고 조선을 지배했다. 조선의 왕실이 명맥을 유지하고 있었지만, 왕실은 철저하게 영구히 일본의 지배를 받았으며, 조선과는 상관도 없어, 지금까지 알려진 바로는 백성들과의 정서적인 유대마저도 끊어진 상태였다. 「한국에서의 일본 통치의 업적과 실패」에서 기록한 바와 같이, 조선의 통치 정책은 일본인의 손에 고도로 철저하게 장악되어 있다.

그 결과로 말단 직원이 아니고서는 행정 경험을 가진 한국인이 아주 드물고, 또 진급된 사람이라 할지라도 일본 교육을 철저하게 받아 생활 방식과 세상 보는 눈이 일본화되어, 설령 친일파가 아니라 하더라도 민주주의에 기초하여 신생 국가를 창설하기에는 부적절하다.

의회주의 통치를 위해 기초가 되는 정치적 토론은 중앙 정부에서조차도 허락되지 않는다. 백성들은 어느 정도 직업과 기술 교육을 받았다 할지라도 정보화된 여론의 존재를 위해 필요한 최소한의 성인 지식 생활을 계발할 기회가 없다.

2. 해외 한국인의 정치 활동

[3] 한국의 국내에서 일본의 통치에 한국인들이 정치적으로 저항하고 있다는 정보를 얻기는 지극히 어렵다. 지금으로서 공개적인 정치 활동은 중국과 미국에 살고 있는 한국의 이민과 망명객들에

게만 제한되어 있다. 이들은 고국을 떠난 지 오래된 지도자들이다. (「해외의 한국인 집단」 참조) 그러한 조직 안에서의 망명객들만이 한국 임시 정부의 지위를 요구하고 있다.

일본에 대적할 만한 세력도 없으며, 망명객들 가운데 가장 중요한 집단만이 적어도 명목상의 충성을 바치고 있는데, 지금 당장 독립이 결정된다면 그들이 제일 먼저 대표성을 고려할 만한 단체가 될 것이다. 그렇다고 해서 지금 중경에 자리 잡고 있는 이 임시 정부가 한국 안에서 폭넓은 지지를 받고 있는지도 의심스럽고, 한국의 해방을 위한 군사 작전을 수행하면서 새로운 항일 단체가 한국 국내에서 봉기하여 망명 정부의 승인을 거부할 처지도 못 된다.

[4] 임시 정부는 이른바 1919년의 만세 운동에서 비롯되었다. 이 만세 운동은 파리 강화 회의에 한국 독립의 회복을 요구하는 그들의 뜻을 지원해 달라고 한국 국내에서 조직된 시위 운동이었다. 이 만세 운동은 평화적이었으며, 주로 한국의 기독교와 이른바 천도교(天道敎)라고 하는 교파가 조직한 것이었다. 이 시위에 일본은 놀랐지만, 매우 잔혹하게 진압했다.

「독립선언문」에는 33인의 한국인 지도자들이 서명했으며, 서울에서 대표단이 비밀스럽게 회의체를 조직하여 미국 헌법을 모범으로 삼아 공화국 헌법을 작성하고 임시 정부의 의원들을 선출했다. 국내에서 독립선언서에 서명한 무리는 숨지 않고 당당하게 체포되었지만, 해외에서는 임시 정부 요원이 선출되고 일본 경찰의 손길을 벗어나 해외에서 한국의 명분을 지속적으로 대변했다.

한국 임시 정부 요인들은 상해의 프랑스 조계(租界)에 본부를 두고 미국에 지부를 두었다. 그러나 어느 나라로부터도 공식적인 도움을 받지 못했으며 국내에서의 독립운동은 지하로 잠복했다.

그리하여 임시 정부는 날이 갈수록 더욱 그늘에 가렸으며, 중일전쟁이 일어나서야 중국은 한국을 돕는 문제에 관심을 두게 되었다. 1940년 9월이 되자 한국 임시 정부는 중국 정부의 초청을 받아 중경으로 옮겼다.

[5] 임시 정부 초대 대통령은 이승만(李承晩) 박사였다. 그는 미국에서 공부했으며, 한국에 있을 적에는 기독교청년회(YMCA)에서 봉사했다. 그는 지금 78세인데, 몇 년 전에 대통령 직책을 포기했지만. 지금 임시 정부 워싱턴 지부의 대표직을 맡고 있다.

이승만의 후계자는 김구(金九)인데, 아직도 그 직책을 맡고 있다. 그는 한독당(韓獨黨)의 당수로서 1919년 만세 운동의 지도자들과 정치적 관계를 유지하고 있으며, 한독당을 이끌면서 다른 정당을 배제했다.

그러나 지금은 1942년 4월과 1944년 4월에 정부를 재편하여 좌파 세력인 3대 정당, 곧, 조선혁명당, 공산주의자로 구성된 민족해방당, 그리고 무정부주의동맹의 대표들을 껴안고 있다. 지금 한국의 임시 정부는 9명의 한독당, 5명의 조선혁명당, 그리고 조선공산당과 무정부주의동맹에서 각기 1명의 대표가 참여하고 있다.

[6] 좌파 정당들은 한독당보다 뒤늦게 일어나 지금은 젊은이들이 이끌고 있다. 그들은 러시아의 10월 혁명에 깊은 영향을 받았는데, 그와는 달리 한독당 인물들은 기독교와 미국식 민주주의에 더 많은 교화를 받았다. 좌파 정당들은 공통되게 민족 독립을 주장하고 있지만, 미래의 한국에 관해서는 과격한 사회주의를 구상하고 있다.

중경과 미국 각지에서 보이는 중경 임시 정부와 맞서는 분파주의는 지난날에 임시 정부 대표 이승만에 저항하여 투쟁한 바 있는 조선혁명당 대표 한길수(韓吉洙)의 경우에서 잘 나타나고 있다. 임시 정부가 연립 정부이다 보니 얼마 동안 파벌 싸움이 잠복해 있다. 한국인들은 유별나게 개인적인 원한이나 당파적 싸움을 좋아하는 것처럼 보인다. 이 싸움은 언제인가 선명하게 터질 것이다.

[7] 중경 임시 정부와 좌파 정당들은 지난날 중국과 만주에서 군사적으로 연대한 바 있다. 이른바 광복군(光復軍)이라고 알려진 임시 정부의 군사 조직은 지금 이범석(李範奭)의 지휘를 받고 있지만, 대일 항전에서는 중국국민당(中國國民黨)으로부터 전반적인 감독을 받아 조직되었다.

그보다는 좀더 비정규적인 세력으로서는 조선의용대(朝鮮義勇隊)가 있는데 이들은 비밀테러 집단이다. 그들 가운데 하나가 1932년에 상해에서 일본의 고위 인사를 폭탄 투척으로 죽이는 데 성공했다.[1] 조선의용대는 김약산(金若山)의 지휘를 받고 있다. 1942년의 합의에 따라서 두 집단은 통합했는데, 이범석이 총사령관이 되고, 김약산이 부사령관이 되었다.

[8] 따라서 중국 정부는 중경에 있는 한국 임시 정부에 호의적 도움을 주면서도 외교적으로 그들을 승인하지 않고 있다. 그 뿐만 아니라 미국 정부도 미국에 있는 한국 교민과 대부분 한국에서 활약하고 있는 선교사들로부터 강력한 정부 승인 요구를 받고 있음에도 불구하고 이를 승인하지 않고 있다.

1) 1932년 4월, 한인애국단원 윤봉길(尹奉吉)이 상해(上海) 홍구(虹口)공원에서 열린 일왕의 생일 축하 기념식장에 폭탄을 던진 일을 의미함.

따라서 지금 대일전 참전하고 있는 3대 강국이나 카이로선언(Cairo Declaration)에 서명한 3개국은 다른 두 국가가 동의하지 않는 한, 한국을 정부로 승인하는 것이 바람직하지 않다. 그 뿐만 아니라 임시 정부가 한국 안의 국민으로부터 전폭적인 지지를 받거나 해방과 함께 효과적인 통치를 이룩하리라고 만족스럽게 여기지 않는 한, 그러한 정부 승인을 하지 않는 것이 바람직할 것이다.

카이로선언의 3대 강국이 그 두 가지의 조건이 충족되었다고 느낄 가능성은 거의 없다. 만약 이런 상황에서 한국의 임시 정부를 승인한다면 이는 앞으로 매우 난처한 요구에 직면하게 될 것이다.

3. 독립에 대한 한국인의 요구

[9] 한국의 임시 정부와 재외 동포는 일본인을 당장 몰아내고 외국 열강이 잠정 지배한다는 등의 주장을 당장 철회하고 즉각적이고도 거침없는 독립을 해야 한다고 목소리를 높여 외치고 있다. 어떤 사람들은 만약 독립이 지체되면 위험한 사태가 일어날 수도 있다고 협박하고 있다. 『한국과 태평양전쟁』(p. 37)이라는 작은 책자는 이렇게 선언했다.

> "설령 일시적이라 할지라도 외국 군대만으로 한국을 점령한다면 종전과 함께 한국에서 반란이 일어날 것이라고 선언했다. 지방은 경찰로 다스릴 수 있을지 모르지만, 결국 한국 전역과 만주가 정치적 불안에 휩싸이리라는 것은 분명하다. 한국의 애국 단체들은 지금 어느 곳이라도 기회가 있으면 일본인들을 공격하고 있는데, 이런 상황은 여전히 계속될 것이다. 이런 갈등과 불안은 앞으로 몇 년 동안 계속될 것이다."

[10] 군사 작전이 실시되고 있는 한국의 일부에서 실질적인 정권이 수립될 것이다. 그러나 한국의 어느 집단이 일본인을 타도하고자 어떤 시도를 할지도 모른다는 추정을 부정할 수 없다. 그러한 반일 투쟁은 외국의 원조를 빌릴 것이며, 그렇게 되면 설령 그들의 명분이 민중주의적인 것이라 할지라도, 그 지도부는 그 열강의 대리인이 될 수도 있다.

이러한 지도자들이 얼마나 진정으로 한국 국민을 대표하고 있는지를 단정한다는 것은 불가능하다. 한국이 자유롭고도 순수하게 대표성을 가지는 토착 정부를 구성할 수 있는 유일한 길은 민주적 절차를 거친 선거를 치르는 방법밖에 없지만, 그러한 선거가 "타의에 의해 이루어진다" 하더라도 지하 운동에서 튀어나온 군사화된 정치적 군벌들이 그런 선거를 치르기는 어렵다.

그러므로 민주적 선거는 그러한 민주적 제도를 경험하는 동안 한국인들이 외국의 감독을 받아 준비 기간을 거치면서, 먼저 지방에서 실시해 보고 그다음에 전국 규모로 이뤄질 수밖에 없다.

[11] 비록 일본의 통치가 한국인들의 의회 경험을 봉쇄해왔다 하더라도, 한국에는 오랜 전통의 자치적 향회(鄕會)가 지방에 존속해 왔었다는 점을 기억해야 한다. 더 나아가서, 1919년의 만세 운동에서 얻은 경험은 한국인들이 전국적인 운동을 일으킬 능력을 갖추고 있으며, 그들이 진실로 바란다면, 화목하게 통치할 수 있음을 입증했다.

자치의 능력은 기회와 경험의 문제이므로, 만약 그들에게 적절한 분위기가 마련된다면 다른 아시아의 국가들보다 더 훌륭하게 정치를 할 수 없으리라고 추정할 만한 합리적 근거는 없다.

4. 결론

[12] 이 보고서의 결론은 다음과 같다.

(1) 한국인은 국민 대표 기구를 조직하여 운영한 경험도 없고 고위 행정 업무를 수행해본 경험이 없다.

(2) 중경에 있는 "임시 정부"는 독립된 국가의 합법적 정부로 즉시 승인받기를 요구하고 있지만, 해외의 한국인 집단이 통치 능력이나 민중적 지지를 받고 있다고 입증할 수는 없다.

(3) 한국에 현재 존재하고 있거나 일본이 멸망한 뒤에 표면화될 지하 단체들은 외국의 도움이 없이는 안정된 체제를 구축할 능력을 갖추고 있지 않다. 그러므로 그를 해방한 중요 강대국가의 동의 없이 어느 한 국가가 이를 일방적으로 지원한다면 이는 심각한 국제 분쟁을 유발할 것이다.

(4) 다만 한국민에게 필요한 기회와 경험이 주어진다고 할지라도 그들이 일정 시간 안에 근대 국가의 관리 능력을 갖출 수 없으리라고 추정할 만한 근거는 없다. (왜냐하면) 그들은 지난날 오랜 지방 자치의 경험을 가지고 있기 때문이다.

1945년 1월 31일

영국 외무성 국제조사국 작성

제5장

미소공동위원회에 관한 보고서(1947)

- 미소공동위원회 미국 대표단 작성

미소공동위원회에 관한 보고서

미소공동위원회 미국 대표단 작성

Report of U.S. Delegation

U.S.-USSR Joint Commission

20 August 1947

제5장

미소공동위원회에 관한 보고서(1947)

1. 개요

1) 미소공동위원회는 1947년 4월과 5월 사이에 미국 국무장관과 소련 외무장관 사이에 맺어진 합의에 따라 1947년 5월 21일 다시 소집되었다. 이 보고서는 8월 12일에 열렸던 공동위원회 제53차 회의까지의 상황을 다룬 것이다.

이 보고서는 1947년 8월 12일자 전쟁성의 무선 명령(Radio 83983)에 따라 제출되었다.[1] 미국 대표단은 소련 대표단으로부터 공동

1) 1947년 8월 12일자 전쟁성의 무선 공문(WD Radio 83983)의 원문은 다음과 같다. "1947년 8월의 전쟁성 발송 문서 83671과 ZGCG 998과 관련하여 오늘 국무성은 3성조정위원회 문서 176/30에 수록된 편지를 소련 외무장관에게 전달하도록 모스크바 주재 대사에게 훈령했다. 이 문서의 복사본은 영국과 중국 정부에도 동시에 발송한다. 이 편지가 소련 정부에 전달되었다는 사실이 국무성에서 확인되면 이 복사본들은 워싱턴에서 대외적으로 공개할 것이다. 귀하는 한국에서도 그것을 공개하는 것이 적절하다고 여겨질 때 대외적으로 공개하라는 훈령을 받게 될 것이다. 본문 가운데서 미국 정부가 바꾸고자 하는 유일한 부분은 날짜이다. 이에 따라서 정부는 미소공동위원회의 보고서가 8월 21일자로 바뀌기를 바란다. 국무성은 그 편지가 공개됨과 때를 맞추어 미소공위의 미국 측 대표단이 협상 현황에 관하여 미·소의 합의된 보고서를 완성해 주도록 노력해 주기 바란다.

보고서의 작성에 대한 합의를 얻어 내지 못했다. 소련 대표단은 정부로부터 아무런 지시를 받지 않았다고 말했다.

2) 미국·중국·영국이 1943년 12월 1일에 발표한 카이로선언[2]은 적절한 절차에 따라 한국의 독립을 약속했다. 이 공약은 1945년 7월 26일 포츠담[3]에서 재확인되었고, 소련은 이를 대일전(對日戰) 선언으로 승인했다.

3) 일본군의 항복을 접수하고자 미국과 소련의 군대를 한국에 진주시키기로 한 연합국 협정[4]이 결국 독단적이고 예측하지 못했던 한국 분단을 야기했는데, 이는 주로 한국을 경제적으로 상호 의존적인 두 개의 지역으로 완전히 분할시키는 38°선에 장벽을 설치한 소련에 의해 추구되고 주도된 정책 때문이다.

4) 1945년 12월 27일 미국·소련·영국의 외무장관들은 모스코

만약 8월 20일까지 합의 보고서가 완성될 수 없다면 미국 대표단은 본국 정부에 일방적인 보고서를 제출할 수밖에 없다는 점에 관하여 국무성과 전쟁성은 동의했다."

2) 카이로선언의 한국 관계 조항은 다음과 같다.
"우리 3대 강국은 일본의 침략을 저지·응징하고자 이 전쟁을 수행하고 있다. 우리는 자신의 이익을 탐내지 않으며 영토적 팽창을 생각지 않는다. 일본은 1914년의 제1차 세계 대전이 시작된 이래 장악·점령한 태평양의 모든 도서를 포기하고 만주·대만·팽호열도와 같이 일본이 중국으로부터 강탈한 모든 영토를 중화민국에게 되돌려주어야 한다는 것이 우리의 목적이다. 일본은 또한 폭력과 탐욕으로써 차지한 모든 영토로부터 추방되어야 한다. 위의 3대 강국은 한국민의 노예 상태를 유념하여 적절한 절차를 걸쳐 한국이 자유 독립 국가가 되어야 한다고 결의했다."

3) 포츠담선언의 한국 관계 조항의 요약문은 다음과 같다.
"(8) 카이로선언의 조항들은 이행될 것이며 일본의 영토는 우리가 결정한 혼슈(本州)·홋카이도(北海道)·규슈(九州)·시코쿠(四國) 및 군소도서(群小島嶼)에 국한될 것이다.

4) 1945년 8월 15일자 미군 태평양 사령부(GHQ, AFPAC)의 작전명령 제4호의 요약문은 다음과 같다.
"2) (a) 미국 태평양군은 미국 태평양함대와 제휴한 합동 해상 작전으로써 [남북 사할린을 제외한] 일본 본토와 [북위 38° 이남의] 한국을 점령하여 그곳에 군정을 수립하고 항복의 조건을 실시한다."

바 협정을 선언했는데, 그 가운데 협정의 제3장[5]은 한국에게 독립을 부여하기로 결정한 카이로와 포츠담선언을 이행하고자 구상된 것이다. 그 뒤 중국도 한국에 관한 모스코바 협정을 승인했다.

5) 모스코바 협정은 미소공동위원회의 구성을 결정했다. 이 위원회는 외국의 지배로부터 자유로운 독립 국가로서 한국을 재확립하고, 조선민주주의 임시 정부의 수립, 한국 국민의 정치적 · 경제적 · 사회적 진보를 지원(신탁통치)하는 방법의 구체적 고찰, 민주적 자치 정부로의 발전, 한국의 국가적 독립 수립 등을 책임졌다.

6) 조선민주주의 임시 정부를 수립하고자 모스코바 협정은 공동위원회가 한국의 민주 정당 및 사회단체와 협의할 것을 규정했다. 임시 정부를 발전시키는 구체적인 방법은 결정되지 않았다.

7) 원조와 지원(신탁통치)의 방법을 전개하는 데 필요한 방법은

---

5) 모스코바 3상회의 협정 제3장의 한국 관계 조항은 다음과 같다.

"(1) 한국을 독립 국가로 재건하고, 민주주의적인 원칙 위에 이 나라를 발전시킬 여건을 마련하고, 장기적인 일본 통치의 비극적 결과를 되도록이면 조속히 종식하고자 조선 민주주의 임시 정부를 수립한다. 이 정부는 한국의 산업 · 운송 · 농업과 한국인의 민족 문화를 발전시키는 데 필요한 모든 조처를 할 것이다.

(2) 조선 민주주의 임시 정부의 수립을 지원하고 그에 관한 적절한 방법을 사전에 숙의하고자 남한 주둔 미군사령부와 북한 주둔 소련군사령부의 대표로 구성된 미소공동위원회를 설치한다. 그들의 의제를 준비하면서 동 위원회는 한국의 민주적인 정당 · 사회단체와 협의하고, 위원회가 작성한 권고안은 위원회를 대표하고 있는 두 정부에 의해 최종적인 결정이 내려지기에 앞서 소련 · 중국 · 영국 · 미국의 정부에 송부하여 검토한다.

(3) 조선 민주주의 임시 정부와 민주적인 정당 · 사회단체를 참여시킨 가운데 한국민의 정치적 · 경제적 · 사회적 발전[신탁통치]을 돕고 지원하는 방안을 마련하고, 민주적 자치 정부를 발전시키고, 한국의 국가적 독립을 이룩하는 것이 공동위원회의 임무이다. 한국에 대한 5년간의 4대국 신탁통치에 관한 협정을 작성하고자 공동위원회의 의안은 조선 민주주의 임시 정부와의 협의를 거친 뒤 미국 · 소련 · 영국 · 중국 정부의 합동 숙의에 회부될 것이다.

(4) 남북한에 영향을 미치는 절박한 문제들을 숙의하고 남한의 미군사령부와 북한의 소련군사령부 사이에 행정적 · 경제적 문제를 항시 조정할 수 있는 수단을 토의하도록 2주일 이내에 한국에 있는 미군사령부와 소련군사령부의 대표 회의를 개최한다."

조선민주주의 임시 정부와 한국의 민주적 단체들이 참여한 가운데 공동위원회가 구체화해야 한다.

2. 제1차 회기(1946년)

8) 유일한 관련 협정인 모스코바 협정에 근거하여 미소공동위원회는 1946년 3월 20일 서울에서 개최되었다. 계속되는 어려움으로 1946년 5월 8일 공동위원회가 무기한 연기되었는데, 그것은 다음과 같은 요인들로 말미암아 야기되었다.

(1) 소련 대표단은 다음과 같은 목표를 가지고 있었다(1946년 3월 20일 소련 대표단 최고 책임자의 개회사에서 인용).

(a) "모스코바 협정을 지지하는 모든 민주 정당과 단체의 폭넓은 통합"에 근거한 미래 한국 정부 수립.

(b) 반동적이고 반(反)민주적인 단체, 그리고 한국에 확고한 민주적 체계를 창조하고 확립하는 작업을 저해하는 것을 목적으로 하는 분자들이 미래의 정부에 참여하는 것을 거부함.

(c) 한국을 "소련에 우호적인, 진실로 민주적이고 독립된 국가"로 창조하여 미래에 소련을 공격할 기지가 되지 말아야 함.

(2) 이 목표를 달성하고자 소련 대표단은,

(a) 한국에 관한 모스코바 협정에서 규정되지 않은 "협의"(consultation),[6] "민주적"(democratic)[7]과 같은 기본적인 용어를 자기 나

---

6) 협의를 수행하는 방법에 관하여 미국 대표단장은 협의단(Consultative Union)을 구성하자고 제의했으나 그 개념이 정확히 어떤 것인지에 관해서는 언급하지 않았다. 소련 대표단장은 협의에 초청될 정당·사회단체의 명단을 작성하자고 주장하면서 공동위원회 제5차 회의(1946년 3월 27일)에서 다음과 같이 요구했다.

라에 유리하게 규정하도록 노력했다.

(b) 다음과 같은 세력은 임시 정부의 수립에 참여를 배제할 것을 주장했다.

(가) 모스코바 결정을 지체없이 완전히 지지하지 않는 한민당(韓民黨)과 정당 · 사회단체, 그리고 그의 지도자들.[8)]

"명단의 작성은 비켜갈 수 없는 문제이다. 나는 협의단을 인정하지 않는다. 왜냐하면 협의단이 존재한다는 것은 모스코바 결정의 문맥과 정신에 배치되는 협의를 의도하는 것이기 때문이다."

모스코바 협정은 협의를 수행하는 방법에 관해서는 언급하지 않았다(각주 5 참조). 그러므로 미국 대표의 제안은 소련 대표의 제안과 마찬가지로 타당한 것이었다. 그 뒤 협의에 초청될 단체의 명단이 작성되었고, 소련은 자기들이 받아들일 수 있는 단체만이 명단에 오를 수 있어야 한다는 식으로 명단 작성을 이용하려고 노력했다.(각주 10 참조)

7) (1) 공동위원회 제22차 회의(1946년 4월 3일)에서 소련 대표단장은 다음과 같이 설명했다.

"모스코바의 결정은 한국의 민주주의와 민주주의 노선에 따른 발전을 보장하는 문제입니다. 따라서 모스코바의 결정에 반대하는 사람은 동시에 한국에의 민주주의도 또한 반대하는 사람입니다."

바꿔 말해서 모스코바 협정에 반대하는 사람은 "민주주의적인" 사람이 아니다.

(2) "민주주의적"이라는 것에 대한 소련 대표의 입장을 요약하면서 북한 주둔 소련군사령관은 주한 미군사령관에게 보낸 1946년 10월 26일자 서신에서 다음과 같이 설명했다.

"모스코바 결정이 한국의 민주적인 재건을 위해 필요한 방안을 개략적으로 설명하고 있는 한, 모스코바 결정에 대한 각종 정당 · 사회단체의 태도는 그들이 진정 어느 정도 민주적이며, 한국을 민주주의 국가로 발전시키려는 노력이 어느 정도인가를 분별할 수 있는 가장 중요한 척도입니다."

8) (1) 공동위원회의 제8차 회의(1946년 4월 3일)에서 소련 대표단장은 다음과 같이 설명했다.

"공동위원회가 모스코바 결정을 찬성하고 그것을 전적으로 지지하는 정당 · 사회단체만을 협의에 초청하여 그들의 의견과 제안을 충고 삼아 듣는 것은 자명한 이치입니다."

(2) 모스코바 결정의 지지와 관련된 소련 측의 태도는 1946년 3월 20일에 개최된 공동위원회 개막식에서 행한 다음과 같은 소련 대표단장의 연설에서 이미 예견된 것이었다.

"앞으로 구성될 조선 민주주의 임시 정부는 모스코바 외상 회의를 지지하는 모든 정당 · 사회단체의 광범위한 통일에 기초를 두어 탄생해야 합니다. …… 오직 그러한 정부만이 한국의 정치적 · 경제적 생활에서 지난날의 일본 통치의 잔재를

(나) 특히 '신탁통치'에 반대하는 한민당과 정당 · 사회단체, 그리고 그 지도자들.[9]

(3) 북한의 단체들이 참여할 경우, 민주주의민족전선(Democratic People's Front)이 임시 정부 수립에 참여하는 다수파가 되도록 하고자 남한의 민주주의민족전선의 정당들과 단체의 충분한 수(數)를 포함시킬 것을 주장했다.[10]

완전히 청산할 수 있으며, 국내의 반동적 반민주주의 요소와 감연히 투쟁을 전개할 수 있으며, 경제생활을 재건하면서 급진적인 방법을 수행할 수 있으며, 한국인에게 정치적 자유를 줄 수 있으며, 극동의 평화를 위해 투쟁할 수 있습니다. …… 소련은 한국이 진정한 민주 · 자주 국가가 되어 소련에 우호적임으로써 장차 한국이 소련에 대한 공격 기지가 되지 않아야 한다는 점에서 한국에 첨예한 이해관계를 가지고 있습니다."

9) 공동위원회 제8차 회의(1946년 4월 3일)에서 소련 대표단장은 다음과 같이 설명했다. "한 문헌으로서의 모스코바 결정은 유기적인 단일체입니다. 곧 그것은 한국에서의 연합국들의 조치에 관한 정치적 계획이기 때문에 우리는 그것을 인위적으로 양분할 수 없습니다. 이 결정은 전면적으로 지지받아야 합니다. 그러나 한국민의 정치적 · 경제적 · 사회적 진보[신탁통치]와 민주적 독립의 완성을 돕고 지원하는 준비를 포함하여, 모스코바 결정의 어느 부분을 반대하는 정당 · 사회단체와 더불어 공동위원회는 협의할 일이 아무것도 없습니다."

10) (1) 공동위원회의 제13차 회의(1946년 4월 11일)에서 소련 대표단장이 행한 다음의 연설문은 소련이 왜 오직 민주주의민족전선(Democratic People's Front)만을 자문의 대상으로 원했는가를 부분적으로나마 설명해 주고 있다.

"소련 대표단은 모스코바 결정을 지지하고 그것을 이행하고자 노력하는 사람들과 협의하고자 하는 제안이 정확하고 정당하다는 점을 다시 한번 다짐합니다. 남한에 있는 민주주의민족전선(United Democratic National [People's] Front)을 구성하고 있는 정당들의 기관지는 그들이 모스코바 결정을 지지할 준비가 되어 있음을 매 호마다 선언하고 있으며, 아울러 미소공동위원회를 지원할 준비가 되어 있음을 선언하고 있습니다. 그들은 임시 정부를 수립하고자 연합국이 취한 조치에 대해 전적으로 호의를 보이고 있습니다. 동시에 그밖에 다른 정당의 기관지들은 모스코바 결정을 반대하는 동시에 미소공동위원회를 반대하고 있습니다."

(2) 그들이 모스코바 결정과 특히 신탁통치를 반대했다는 이유로 소련 대표는 미국 대표단이 협의를 위해 제출한 명단에서 그 모든 단체를 사실상 배제하고, 민주주의민족전선에 가입된 단체들의 견고한 집단으로써 그 자리를 메우려고 시도했다.

(3) 소련 대표단장이 공동위원회의 매회의 때마다 보여 준 그의 정책에 비추어 볼 때 1946년 3월 20일의 공동위원회 개막 연설(각주 8 참조)에서 그가 언급한 것은 "민주주의 민족 전선"을 마음에 두고 한 말임이 명백했다.

(3) 미국 대표단은 모스코바 협정을 일방적으로 해석하려는 소련 대표단의 시도를 강력히 거부했다.

(a) "민주적"이라는 용어를 정당·사회단체와 관련하여 언급할 때 그것은 다른 집단을 배타적으로 반대하면서 한 공동체 안의 어떤 계층을 선호하는 사회사상의 학파에 귀속되는 것을 의미하는 것은 아니며,[11] "민주적"이라는 용어는 세계적으로 보편적으로만

---

(4) 소련 대표단장은 1946년 4월 29일에 있었던 미국 대표단장과의 면담에서 다음과 같이 말했다.

"소련 인민은 한국민을 위해 피를 흘렸으므로 소련에 충성하는 사람들이 한국 정부를 구성하기를 바라는 것은 당연합니다. 우리는 소련을 비방함으로써 한국민을 오도하고 있는 무리와 협의하지 않을 것이며, 아울러 그러한 사람들이 한국 정부에 몸담는 것도 반대합니다. 우리는 한국민이 소련에 대하여 적의를 가져 본 적이 없다는 사실을 잘 알고 있습니다. 따라서 우리는 우리를 반대하는 무리를 한국 정부에 받아들여야 할 이유가 없습니다.

우리는 소련에 대한 적대감이 곧 애국심의 발로라고는 생각하지 않습니다. 결국 한국의 정당·사회단체들은 소련에 충성하는 인민들을 지원하게 될 것입니다. 우리는 이기적인 나라가 아닙니다. 우리는 다른 나라와 마찬가지로 민주주의 국가이며 민주주의를 수호할 것입니다. 따라서 공동위원회는 모스코바 결정이나 연합국을 반대하는 사람들에게 협의를 요구하지 않을 것입니다. …… 아놀드 장군이 이와 같은 사실을 즉시, 그리고 완전히 이해할 수 있기를 바랍니다.

한국은 소련의 이웃입니다. 우리는 한국 정부가 소련에 충성하기를 바랍니다. 소련이 건국할 때부터 소련을 싫어하고 소련에 반대하도록 선동한 한국의 몇몇 지도자들이 있었습니다. 우리 인민은 일본 제국주의와 수없이 투쟁했습니다. 이 시대에도 소련 인민은 대독·대일 전쟁에서 많은 것을 희생했으므로 그 주변 국가의 평화와 안전에 대한 권리를 가지고 있습니다. 결국 우리는 소련에 적대적인 사람들이 협의에 참여하는 것을 동의하지 않을 것이며, 그들이 정부에 참여하는 것도 동의하지 않을 것입니다."

11) "민주주의적"(democratic)이라는 단어에 대한 소련 대표의 입장(각주 7 참조)에 관해서 미국 대표단장은 공동위원회 제12차 회의(1946년 4월 2일)에서 다음과 같이 언급했다.

"미국 대표는 협의를 요구하는 조건으로 민주적 정당·사회단체들이 모스코바 결정의 지지를 선언하도록 요구하지는 않을 것입니다. 왜냐하면 그것 자체가 "민주주의적"이라는 단어의 개념과 부합하지 않기 때문입니다."

소련 대표단이 주장하고 있는 "민주주의적"이라는 실용적인 개념은 단지 "민주주의민족전선"'의 회원 단체에게만 적용되었기 때문에 그것은 "무산자 독재"의 공산주의 철학의 지배를 받는 단체에만 적용되었음이 분명하다.

적용될 수 있는 것[12)]이라고 미국 대표는 주장했다.

(2) 공동위원회와 협의할 정당·단체가 모스코바 협정을 맹목적으로 완전히 지지해야 한다는 규정이 모스코바 협정에는 없다. 이것은 소련이 자신들의 전략을 추구하려고 모스코바 협정에 덧붙인 것이다.[13)]

---

12) 공동위원회 제12차 회의(1946년 4월19일)에서 미국 대표단장은 다음과 같이 말함으로써 "민주주의적"이라는 단어에 광범위한 개념을 부여하고자 시도했다.

"우리는 미국의 정치 철학을 따져 보기보다는 '민주주의적'이라는 단어의 개념을 정의해보고자 합니다. '민주주의적'이라 함은 첫째로 통치 원칙으로서의 민주주의에 관한 것이거나 아니면 그 성격이며, 둘째로 평등권과 특권을 지지·천명함으로써 억압적 불평등과 노예 상태로부터 자유로워져서 공통된 수준에 머물게 하는 사회 원칙으로서의 민주주의에 관한 것이거나 아니면 그 성격을 의미합니다. …… 이러한 개념에 따라 우리는 모든 민주적 정당이 그들의 정부를 구성하면서 동등한 권리를 가진다고 생각합니다. 그러므로 우리는 모든 정당이 그들의 권리를 표현할 권리를 가지며 자문할 수 있는 권리를 가진다고 생각합니다."

13) (1) 각주 5) 참조.

(2) 공동위원회 제10차 회의(1946년 4월 6일)에서 미국 대표단장은 다음과 같이 언급했다.

"한국에서 우리가 생각하는 언론의 자유와 사상의 자유의 의미는 현재로서 바꿀 수도 없고 앞으로도 바꾸지 않을 것입니다. 따라서 우리는 정치적 신념을 피력했다는 이유로 어떤 집단이나 개인을 징벌하는 것에 동의할 수 없으며, 이와 같은 입장을 누차 천명한 바 있습니다. 우리는 여러 가지 제안의 형태로써 정당과 앞으로의 민주적 정당·사회단체의 활동을 처리하는 문제에 관하여 동의할 만한 설명을 개진한 바 있습니다. 우리는 어떤 단체를 징벌하는 제안에 동의할 수 없습니다.

나는 미국 대표들에게 만족스럽고 타협적인 그중의 한 성명(聲明)을 여기에서 되풀이하고자 합니다. 협의에 초대된 모든 정당·사회단체들은 모스코바 결정을 인정한다는 점과 공동위원회의 원활한 업무 수행을 지원할 것을 선언해야 합니다. 우리가 이제 제안한 것은 그 줄거리에 있어서 같습니다. 그러나 우리는 민주주의의 미국적 개념 때문에, 언론의 자유와 사상의 자유로 말미암아 어떤 정당·사회단체를 징벌한다는 설명에는 동의할 수 없습니다."

(3) 공동위원회 제12차 회의(1946년 4월 9일)에서 미국 대표는 다음과 같이 말했다.

"저는 어제 우리가 워싱턴으로부터 접수한 새로운 지시문을 슈티코프(T. F. Shtikov) 장군에게 읽어 드리겠습니다. '모스코바 협정의 조항을 한국인들이 싫어한다고 해서 그것이 한국의 어떤 정당들을 협의로부터 배제하는 기준으로 이용될 수는 없다.' 미국 대표단이 이 지시문에 전적으로 동의한다는 것은 더 말할 필요도 없습니다."

(3) 한국인들은 아직 정립되지 않은 "신탁통치"의 개념에 대한 반대를 포함해서, 자신들의 정부가 수립될 경우, 자신들의 바람이나 소망을 자유롭게 피력할 수 있다.[14)]

9) 두 대표단의 입장 차이를 해소하고자 1946년 4월 17일자로 합의에 이르러 공동 성명 제5호[15)]가 발표되었다. 여기에는 협의 신

---

14) 각주 13)과 같음.

15) ◇ **공동위원회 공동 성명 제5호(1946년 4월 17일)**

미소공동위원회는 민주적 정당 · 사회단체와의 협의에 관한 조건을 토의했다. 소련 측 대표단장 슈티코프 상장은 한국의 서울에 있는 덕수궁에서 1946년 4월 8, 9, 11, 13일에 개최된 회의를 주재하였으며, 미국 측 대표단장 아놀드 소장은 1946년 4월 17일에 개최된 회의를 주재했다. 소련 대표와 미국 대표의 입장에서 철저히 조사 · 분석한 결과 공동위원회는 민주적 정당 · 사회단체와의 협의에 관한 조건을 다루면서 공동 작업 계획의 첫째 항목으로 다음과 같은 결정에 이르렀다.

〈결정〉

미소공동위원회는 그 목적과 방법에서 철저히 민주적이며 다음과 같은 선언서에 동의 · 서명하는 한국의 민주적 정당 · 사회단체와 협의할 것이다.

"우리 ○○○은 한국에 관한 모스코바 결정 제1항에 명시된 바 '한국을 독립 국가로 재건하고, 민주주의적 원칙 위에 이 나라를 발전시키려는 조건을 조성하며, 한국에 대한 일본의 장기적 지배로 말미암아 빚어진 비극적 결과를 되도록이면 조속히 종식한다'라는 모스코바 결정의 목적을 지지한다. 그뿐만 아니라 우리는 조선 민주주의 임시 정부를 수립하면 모스코바 결정 제2항을 이행한다는 공동위원회의 결정을 따른다. 더 나아가 우리는 조선 민주주의 임시 정부에 참여함으로써 모스코바 결정 제3항에 예시된 방법에 관한 제안을 수행하면서 공동위원회에 협조한다."

○○○을 대표하여
○○○ ㊞

한국의 민주적 정당 · 사회단체의 대표가 공동위원회에 협의할 수 있도록 초청하는 절차는 제1공동소분과위원회에서 작업하고 있으며 절차상의 세부 사항이 결정되면 대외적으로 공표할 것이다. 공동위원회와 협의할 한국의 민주적 정당 · 사회단체의 의안을 검토하고 있는 제2공동소분과위원회는 공동위원회를 위해서, 모든 위계에 걸쳐 조선 민주주의 임시 정부 조직의 구조와 원칙에 관한 헌장을 마련한다. 이 헌장에 따라서 행정권 · 입법권 · 사법권과 아울러 의무와 기능을 행사하는 각종 정부 기구가 결정될 것이다.

청자들이 다음과 같이 행동한다는 것을 조건으로 그들에 의해 서명될 선언이 포함되어 있다.

(1) 합의서의 제1절에 명시된 대로 한국에 대한 모스코바 협정의 목적을 지지한다.

(2) 모스코바 협정의 제2절을 수행하면서 공동위원회의 결정을 준수한다.

(3) 제3절에 따라 예견되는 방법들에 관한 제안을 수행하면서 공동위원회와 협조한다.

10) 그러나 공동 성명 제5호의 구체적인 적용을 수행하면서 협의해야 할 서명 정당과 단체들의 명부를 구성하는 것에 관해 어려움이 드러났다. 소련이 작성한 북한의 명단은 오직 공산주의가 지배하는 민주주의 인민전선의 소속 정당들로만 구성되었다. 아울러 소련 대표단은 미국 대표단이 제시한 매우 다양하고 영향력 있는 단체들을 공산주의자들이 지배하는 민주주의민족전선으로 대체하는 방식으로 미국의 서명 단체 명단을 바꾸려고 하였다.[16]

공동 성명 제5호에 담긴 사항을 소련 측이 거부함으로써 논의는 끝났다. 주도적인 우익 정당·사회단체로 온통 구성된 남조선 대표 민주의원(Representative Democratic Council of South Korea)의 의장 서리가 성명을 발표하여 공동 성명 제5호는 신탁통치에 반대

제3공동소분과위원회는 앞으로 조선 민주주의 임시 정부의 정강과 그 밖의 적절한 수단을 강구하는 작업을 하라는 지시를 받았다. 이 소분과위원회는 또한 한국의 민주적 정당·사회단체와 협의할 것이다. 이 정강은 정치·경제·문화의 분야에서 조선 민주주의 임시 정부의 열망과 목적을 명시하는 문헌이 될 것이다. 이 문헌은 산업·농업·운송·재정·공공 교육, 그리고 언론·출판의 자유와 같은 문제들을 포괄적으로 다룰 것이다.

미국대표단장 육군 소장 A, V. 아놀드 Sgn.
소련대표단장 육군 상장 T. F. 슈티코프 Sgn.

16) 각주 10)의 (2) 참조.

의견을 표시한 정당 · 사회단체를 배제하는 것은 아니라고 설명한 것을 이유로 제1소분과위원회의 소련 대표는 남조선 대표 민주의원의 회원 단체들을 공동위원회와의 협의에 받아들일 수 없다고 주장했다. 공동위원회의 소련 대표단은 이 주장을 지지하였다.[17)]

협의에 관한 어떠한 합의도 이루어질 수 없었다. 임시 정부 수립에 관한 협정이 실패함에 따라 미국 대표단은 두 점령 지역의 통일에 관한 논의를 시작했다. 소련 대표는 협의 문제가 분명해질 때까지 그 문제의 논의를 거부했다.[18)] 이 회합(1946. 5. 6.)에서 미

17) (1) 1946년 5월 6일에 개최되었던 제1공동소분과위원회에서 소련 측 대표는 다음과 같이 발언했다.

"한국의 민주의원이 협의 조건을 그런 식으로 이해한다고 공식적으로 선언한 것은 모스코바 결정 및 공동 성명 제5호와 분명히 상충하는 것입니다. 민주의원에 소속된 정당들은 협의의 대상이 되어서는 안 된다는 것이 소련 대표단의 주장입니다."

(2) 공동위원회 제24차 회의(1946년 5월 6일)석상에서 소련 대표는 다음과 같이 발언했다.

"그 선언서에 따르면 김규식(金奎植) 박사는 민주의원을 대신하여 자신의 입장을 다음과 같이 설명했다고 합니다. '우리는 공동 성명 제5호를 면밀히 검토해 본 결과 선언서에 서명한다는 것은 임시 정부를 수립하는 문제에서 공동위원회와 함께 행동하는 것을 의미하며, 임시 정부가 수립된 뒤 우리는 신탁통치를 반대할 수도 있다는 결론에 이르렀다.'

위의 발언 가운데 마지막 부분은 임시 정부가 수립된 뒤에 그들은 신탁통치를 반대할 수 있다는 계략에 지나지 않으며, 이는 그들이 모스코바 결정을 한 장의 종이쪽지로 보고 있음을 의미하는 것이라는 점을 나는 부언하는 바입니다."

18) (1) 공동위원회 제24차 회의(1946년 5월 6일) 석상에서 미국 대표단장은 다음과 같은 발언을 했다.

"…… 협의의 문제와 임시 정부를 수립하는 문제는 우리의 분명한 입장 표명을 유보한 채 막연히 연기되리라는 것이 분명합니다. 이와 같은 지연에 비추어 이제 우리는 38°선의 제거를 위한 논의에 들어갈 것을 제의합니다. 4월 6일의 회의에서 미국 대표는 38°선이 5월 1일까지 철폐되어야 한다고 제의했지만, 이제 나는 그것이 6월 1일까지는 제거되어야 하며 공동위원회는 이와 같은 목적을 위해 즉각적인 조처를 할 것을 제의합니다."

(2) 이에 대하여 같은 회의 석상에서 소련 대표단장은 다음과 같이 발언했다.

"…… 38°선에 관한 문제라면 그것은 아이에게 사탕을 가지고 놀리는 것과 같습니다. 만약 임시 정부가 수립된다면 그것은 한국을 통일시키는 것이라고 한국인들은

국 대표는 협의 문제를 명확히 해결하는 것을 유보한 채 공동위원회를 연기할 것을 제안했다.[19] 이 회의는 1946년 공동위원회의 마지막 회의였다.

11) 협의 문제를 명확히 하여 기록에 남겨두고자 1946년 5월 7일 신탁통치나 모스코바 결정, 그리고 그 밖의 정치 문제에 대해 의사 표현의 자유권을 행사했다는 이유로 정당·사회단체가 협의로부터 배제되는 일이 없도록 하려고 미국 대표단은 소련 대표단에게 임시 협정 초안을 보냈다.

12) 1946년 5월 8일 아침 주한미군 사령관은 소련 대표단장과 더불어 미국과 소련의 입장을 재검토했다. 소련 대표는 "하지 장군! 소련 대표가 공동위원회 협의와 협의 참가에 어떤 인물을 배제하려고 주장하는 이유는 ……에 …… 또 …… 소련은 한국의 밀접한 이웃이라는 점은 분명하며, 그래서 소련에 충성하는[20] 조선민주주의 임시 정부를 수립하는 데에 관심이 많습니다."라고 강조했다. 더욱이 주한미군사령관이 제기한 일방적인 기자 회견의 처사는 자신의 상관으로부터 승인을 기다려야 한다고 소련 대표단장은 대답했다.[21]

이해하고 있습니다. 바꿔 말해서 만약 임시 정부가 수립되지 않는다면 그것은 한국이 통일되지 않음을 의미합니다. 한국인의 느낌이 그럴 뿐만 아니라 여론도 또한 그렇습니다. 38°선에 대한 아놀드 장군의 의견은 한국 임시 정부의 수립 문제를 지연시키고자 하는 미국 대표의 직접적인 소망을 입증해주고 있습니다."

19) 공동위원회 제24차 회의(1946년 5월 6일)에서 미국 대표단장은 다음과 같이 발언했다.
"소련 대표는 그동안 모스코바 결정 제2항에 따른 우리 업무의 절반도 토론하지 않았기 때문에 우리로서는 38°선을 제거함으로써 한국을 통일시키는 문제를 연기하는 길밖에는 달리 선택의 여지가 없습니다."

20) 소련의 통역은 소련에 "우호적인"(friendly)이라는 어휘를 사용했지만, 이 대담에서 두 번에 걸쳐 사용된 이 단어는 통상 "우호적"이라는 의미라기보다는 "실질적인 충성"(actual loyalty)을 의미하는 것이라고 미국의 통역은 지적했다.(편자 주)

13) 1946년 5월 8일 저녁, 소련 대표단장은 "자신의 군사령관으로부터 (소련 대표단의) 활동을 중지하고 (평양으로) 귀환하라는 명령을 받았다"고 주한미군 사령관에게 통보했다. 1946년 5월 9일 소련 대표단의 평양귀환은 결과적으로 공동위원회가 무기한 연기되도록 하였다.

21) 1946년 5월 8일 오전 10시, 소련 대표단장 슈티코프 장군과 주한미군 사령관 하지 장군 사이에 개최된 회의의 속기록 요약문은 다음과 같다.

"슈티코프 장군 : 모스코바 결정이 한국에 발표되었을 때 본질적으로 그 결정을 반대했거나 반대 발언을 한 지도자들이 있습니다. 우리는 그와 같은 반대야말로 반동적인 행위라고 생각합니다. 그러한 지도자들은 한국 인민의 입장을 오도하고 있습니다. 그들은 모스코바 결정과 거기에 서명한 연합국들을 비방하려고 시도하고 있습니다. 그들은 객관적이지 못하기 때문에 민중을 충고할 수 없습니다. 소련 대표는 한국인이 모스코바 결정, 특히 신탁통치에 대하여 반대하거나 반대 발언을 할 수도 있다고 하지 장군이 공동위원회의 1946년 4월 22일자 기자 회견에서 발표한 정정 내용을 이해할 수 없습니다.

그러한 발언은 한국의 지도자들과 정당에 모스코바 결정에 대한 반대를 시작할 기회를 제공했다고 우리는 생각합니다. 이 정당들은 그 성명을 기화로 민주의원이 5월 1일자로 결의문을 발표하여 모스코바 결정에 반대하도록 만들었습니다. 그들은 모스코바 결정에 반대하는 목청을 높였습니다. 나는 귀관(하지)이 상부로부터 어떠한 지시를 받았는지 모르지만, 모스코바 결정이 변경될 수도 있다는 것은 귀하의 개인적인 의견이며, 그에 대한 일방적인 해석입니다. ……

하지 장군! 어떤 특정 인물이 협의에 초대되고 자문에 참여하는 것을 우리가 반대하는 중요한 이유는 소련이 한국의 가까운 이웃이며, 소련에 충성하는 임시정부를 세우는 문제에 이해관계가 있기 때문입니다. 모스코바 결정을 반대하고 소련을 반대하는 지도자들은 소련을 중상하는 무리이며, 소련에 흙탕물을 튀기는 무리입니다. 만약 그들이 정권을 잡는다면, 한국 정부는 소련에 충성하지 않을 것이며, 한국의 인민은 소련에 적대적인 행위를 조직적으로 전개하는 도구가 될 수도 있습니다. 나는 지금의 상황과 5월 6일자 회의의 결과를 나의 상관에게 소상히 보고했으며, 필요한 지침을 요구했습니다.

이러한 지침을 받는 즉시 나는 이를 하지 장군에게 즉각 알려 드릴 것입니다. 나는 오늘에야 그 지침을 받으리라 예상하고 있습니다. 나의 상관은 다시 그의 상관에게 지침을 요구할 수도 있다고 나는 믿습니다. 이로 말미암아 그의 답신은 오늘이 아닌 내일에 도착하리라는 가능성도 배제할 수 없습니다. 나는 이 문제를 혼자서 결정할 수 없습니다. …… 내가 고위 상관으로부터 지침을 받을 때까지 하지 장군께서는 공동위원회의 활동에 대하여 일방적인 조치를 하지 마시기를 바랍니다."

3. 휴회 중의 의사 교환

14. 1946년 5월 9일, 주한미군 사령관은 공동위원회의 활동을 재개하는 방법을 모색하려는 시도로 주한소련사령관과의 서신 교환을 시작했는데[22)]이는 1947년 2월 28일까지 계속되었다. 1946년 11월 1일, 의견의 교환이 있은 뒤 주한미군 사령관은 소련군사령관에게 다음과 같이 제안했다.

> 1946년 4월 17일자 미소공동위원회 공동 성명 제5호의 2항과 3항은 그러한 개인과 정당·사회단체가 공동위원회의 활동이나 모스코바 결정의 이행에 관해 대중적인 반대를 선동하거나 조장하지 않아야 한다는 것을 의미하는 것으로 합의했다. 그러한 반대를 조장하거나 선동하는 개인·정당 및 사회단체는 공동위원회와의 협의에서 배제될 것이다. 그러한 개인과 정당·사회단체를 배제한다는 결정은 공동위원회의 합의에 따른다. ……
>
> 1946년 4월 17일자 공동위원회의 공동 성명 제5호에 발표된 선언에 대한 이러한 해석을 고려하여 양 대표단은 공동 성명 제5호에 발표된 선언을 승인하고 준수하는 어떠한 개인이나 정당·사회단체와의 협의를 반대하지 않을 것이라고 합의한다.

---

22) 하지 장군과 치스챠코프 장군 사이에 오고 간 공한의 내용은 다음과 같다.
조선[평양] 주둔 소련군 25군단 사령관 치스챠코프 상장 귀하
나는 귀하께서 공동위원회에서 야기된 의견 차이를 충분히 알고 있으리라고 생각합니다. 회의를 조속히 진척시키지 못하는 장애가 있다는 사실은 매우 유감스러운 일이지만, 모스코바 결정에 정치적인 견해를 피력했다는 이유로 한국의 민주적 정당·사회단체와 그 지도자들이 그들 국가의 미래에 관한 협의에서 배제되어야 한다는 점을 미국 대표는 동의할 수 없습니다.
이 문제에 대한 나의 견해를 알려 드리고자 1946년 5월 8일에 나와 슈티코프 상장 사이에 있었던 회의록을 동봉합니다. 하루 앞서 연락해 주신다면 미국 대표단은 모스코바 결정을 충실히 이행하면서 공동위원회의 활동을 계속할 준비가 되어 있을 뿐만 아니라, 그럴 의지도 갖추고 있습니다.
공동위원회를 재개하기에 앞서 분명히 해두어야 할 또 다른 문제들이 아직 남아 있다면 귀하가 제시하는 장소와 시간에 사사롭게 만날 수 있음을 말씀드립니다.

그러한 만남을 위해 나는 기꺼이 평양으로 갈 수 있으며, 귀하가 수도 서울을 방문하도록 앞서 초청한 나의 뜻을 귀하께서 수락하신다면 대단히 기쁘겠습니다.

1946년 5월 9일
주한미군 사령관
육군 중장 J. R. 하지

조선[평양] 주둔 소련군 25군단 사령관 치스챠코프 상장 귀하

미소공동위원회의 이견을 둘러싼 양측의 오해를 논의하여 풀고자 만나고 싶다는 나의 편지를 보낸 지 1개월이 지났음에도 불구하고 나는 아직 그 답신을 받지 못했습니다. 나의 편지에서 밝힌 바와 같이 대서양헌장에 명시된 표현의 자유의 원칙에 따라서 모스코바 결정을 충실히 이행하고자 나는 귀하가 제시하는 시간에 공동위원회의 협상을 재개할 준비가 되어 있습니다. 그러므로 나는 모스코바 결정이 이루어진 협조 정신에 따라 모스코바 결정의 조항들을 충실히 이행하고자 되도록이면 빠른 시일 안에 소련 측 대표단이 서울로 귀임해 줄 것을 거듭 초청하는 바입니다. 만약 귀하가 이 초청을 수락하신다면 귀측의 숙소와 식사를 미리 준비할 수 있도록 귀측의 도착 시간을 사전에 통보하여 주시기 바랍니다.

귀하의 조속한 답변을 기다리며

1946년 6월 15일
주한미군 사령관
미국 육군 중장 J. R. 하지

조선[평양] 주둔 소련군 25군단 사령관 치스챠코프 상장 귀하

미소공동위원회가 중단된 지 이제 2개월이 지났습니다. 5월 9일자와 6월 14일자의 나의 편지에 대한 귀하의 답신이 없으므로 나는 이제 회의의 조건을 수정하지 않을 수 없습니다. 5월 9일자 편지에서 나는 하루 앞서 통보해 주면 미국 측은 회의를 재개할 준비가 되어 있고 그럴 뜻이 있다고 언급한 바 있습니다. 그러나 지금으로서는 그 조건을 수정할 수밖에 없으니, 10일에 앞서 통보해 주시기 바랍니다.

소련 대표단이 부재중이어서 비어 있는 방들을 사용해야 하고, 이미 공동위원회에 배속되어 있던 인력을 다른 부서에 활용해야 할 필요가 있으므로 사전 연락을 해야 한다는 사실을 귀하께서는 아시리라 믿습니다. 공동위원회의 재개를 위한 위와 같은 조건들을 제시했다고 해서, 지난번 편지에서 귀하에게 개괄적으로 말씀드린 바와 같이, 회의를 재개하고자 하는 나의 입장이 바뀐 것은 결코 아닙니다.

1946년 7월 12일
주한미군 사령관
미국 육군 중장 J. R. 하지

남조선(서울) 주둔 미군 사령관 하지 중장 귀하

미소공동위원회의 재개에 관한 귀하의 1946년 6월 15일자 서한을 잘 받았습니다. 공동위원회의 작업 기록을 검토해 본 결과 나는 서울의 협상에서 소련이 취한 입장은 정확했다는 결론에 이르렀습니다.

한국에 관한 모스코바 3상회의의 결정은 연합국들의 계획을 구체화한 유일한 기록으로서, 한국에 민주적 정부 수립을 모색하고, 민주적 원칙에 따라 한국의 정치 발전을 지원하는 방법과 한국을 독립 국가로 수립할 수 있는 길을 모색하는 것입니다. 소련은 이와 같은 성격을 가지는 모스코바 결정을 정확히 이행해야 한다는 필요성에 따라 행동했습니다. 귀하가 아시는 바와 같이 이와 같은 과업을 이행하려던 공동위원회의 활동이 파기된 미국 대표단의 제의 때문이었습니다.

미국 대표단이 그와 같은 모스코바 결정의 정확한 이행을 지지하는지, 이 결정을 유보 조항 없이 전적으로 지지하고 이에 대해 적극적으로 반대하지 않는 정당 사회단체만을 협의의 대상으로 삼을 것인지의 여부에 관하여 귀하의 편지에는 아무런 언급이 없다는 사실은 유감스러운 일입니다. 위와 같은 조건에 따라 협상을 제기하는 데 대하여 귀하가 동의하신다면, 그것을 연락받는 즉시 우리는 한국에 관한 모스코바 결정의 이행을 위해 미소공동위원회의 협상을 재개할 수 있도록 어느 때라도 소련 대표단을 서울에 파견할 준비가 되어 있습니다.

1946년 8월 6일
북조선 주둔 소련군 사령관
상장 치스챠코프

조선[평양] 주둔 소련군 25군단 사령관 치스챠코프 상장 귀하

이 편지는 미소공동위원회의 협상 재개와 관련된 1946년 8월 6일자 귀하의 서한에 대한 회신입니다. 나는 모스코바 결정의 충실한 이행을 위한 필요성 때문에 소련 대표가 활동하고 있다는 귀하의 설명을 관심 깊게 주목합니다. 지난날에도 그랬던 것과 마찬가지로 지금도 모스코바 결정을 정확히 이행하는 것은 미국 대표의 임무이며, 협상이 재개될 경우 미국 대표는 이를 이행하고자 노력하리라는 점을 이 기회에 지적해 두고자 합니다. 그러나 이와 관련하여 다음과 같은 요인들이 있음을 지적하지 않을 수 없습니다.

(a) 모스코바 결정을 조건 없이 지지하고, 이 결정에 대하여 적극적으로 반대하지 않는 정당 사회단체만을 대상으로 공동위원회는 협의한다는 점을 요구하고 있고 또 그런 의미를 담고 있다는 사실을 미국 대표단은 모스코바 결정에서 찾아볼 수가 없습니다. 모스코바 결정을 그런 식으로 해석한다는 것은 전혀 독단적인 행위입니다.

(b) 한 집단 안에서 어떤 다른 계급에 우월하게 어떤 특정 계급을 선호하는 사회 사상 학파에 속하여 있는 정당·사회단체에만 "민주주의적"이라는 의미를 적용한다는 것은, 소련 대표단에게는 관례로 적용될 수 있는 것처럼 보이지만, 모스코바 결정에는 그러한 구절이 없고, 전 세계의 보편적인 용례에도 그러한 해석은 없습니다. 규범적으로 "민주주의적"이라는 말은 선거에 의한 인민 대표의 지배와 모든 계급의 평등권을 반대하는 정당·사회단체만을 배제하는 것이 모든 세계에 통용되는 용례인데, 미국의 입장이 바로 그것입니다.

(c) 한국인들이 공동위원회의 회의나 그 밖의 어떤 자리에서 그들 자신의 정부에 관한 정보를 자유롭게 표현하는 일을 금지한다는 조항은 모스코바 결정의 어느 항목에도 포함되어 있지 않습니다.

(d) 모스코바 결정에는 5년 시한의 규정 이외에 4대국 신탁통치의 본질적 조건을

예정한 조항이 없습니다. 그와 반대로, 모스코바 결정은 "5년 기한의 4대국 신탁통치에 관한 합의를 이행하고자 미소공동위원회의 의안은 한국 임시 정부와 협의를 거친 다음 4대국에 돌려보내 검토한다."는 사실을 구체적으로 지적하고 있습니다. 한국 임시 정부가 구성되기에 앞서 미소공동위원회나 한국민이 4대국 신탁통치에 관한 합의에 도달할 수 있다는 이유를 나는 찾아볼 수가 없습니다.

지난봄에 있었던 회기에서 모스코바 결정에 관한 소련 대표의 해석에 비추어 볼 때 소련 대표단은 위와 같은 견해에 따라 모스코바 결정을 사전에 연구하고자 하는 것처럼 보입니다. 모스코바 결정은 3국 외상들 사이의 호의로 이루어진 것이고, 한국의 독립을 정착시킬 수 있는 유일한 법적 매개물이기 때문에, 미국 대표는 그것을 정확하고도 완전하게 이행하는 것 말고서 어떤 다른 선택의 여지가 없으며, 모스코바 결정을 번복하거나 폐기할 의사는 없습니다.

그러나 미국은 한국민의 합의로 이루어진 대표자들을 상대하면서 모스코바 결정에 특별히 명시되지 않았다는 사실을 이유로 누구를 자의적으로 배척한다거나 아니면 제재적인 술수를 쓰는 입장에 설 수도 없고 세상에 보편적으로 용인된 '민주주의적'이라는 단어와 부합되지 않는 입장에 설 수가 없습니다.

이와 같은 이유에서 나는 소련 대표단이 협상에 복귀할 것을 환영 · 초청하며 사전 조정을 위하여 되도록 빠른 시일 안에 귀하께서 소련 대표를 서울에 파견해 주시기 바랍니다.

1946년 8월 12일
주한미군 사령관
미국 육군 중장 J. R. 하지

남조선[서울] 주둔 미군 사령관 하지 중장 귀하

미소공동위원회의 활동 재개에 관한 1946년 8월 12일자의 편지에서 귀하는 공동위원회의 협상 재개에 대한 미국 측의 의도를 설명하면서 동시에 소련 대표단이 자신의 견해를 다시 검토해 보도록 충고한 바 있습니다. 그에 대한 답변으로서, 소련 대표단은 한국에 관한 모스코바 3상회의의 결정 조항에 따라서 업무를 수행하고 있으며, 이 결정을 엄격히 준행할 의사가 있다는 사실을 나는 선언하지 않을 수 없습니다. 그뿐만 아니라 소련 대표단은 한국에 관한 모스코바 결정을 철저히 이행한다는 원칙에 기초하여 언제라도 공동위원회의 활동을 재개할 준비가 되어 있음을 귀하에게 거듭 확언하는 바입니다.

공동위원회의 활동이 중단된 문제에 관한 한, 귀하께서도 잘 아시는 바와 같이, 논의가 진행될 때마다 번번이 공동위원회의 활동이 중지되어야 한다고 제안한 사람은 바로 미국 대표단이며, 결국 귀측의 그러한 제안에 따라서 1946년 5월 5일에 공동위원회의 활동은 중단되었습니다. 귀하는 귀하의 편지에서 "모스코바 결정을 정확히 이행하는 것이야말로 항상 미국 대표단의 임무였다"고 설명하고 있습니다. 그러나 공동위원회의 활동 기간 중에 미국 대표단은 그러한 준비가 되어 있음을 사실상 보여주지 않았고, 심지어 미국 대표단은 한국에 관한 모스코바 결정을 전혀 이해할 수 없다는 말을 여러 차례 했다는 사실을 지적하지 않을 수 없습니다.

조선 민주주의 임시 정부를 수립하는 문제와 한국의 정당·사회단체와 더불어 이 문제를 협의한다는 점에 관한 모스코바 결정을 마치 소련 대표단이 일방적으로 해석한 것처럼 귀하가 주장하는 것은 근거 없는 일입니다. 모스코바 3상회의는 한국 문제를 결정하면서 독립된 한국의 수립과 민주주의 원칙에 기초한 한국의 발전 여건 조성, 그리고 한국에 대한 장기간의 일본 지배가 남긴 황폐한 유산들을 조속히 종식할 수 있도록 일련의 수단들을 마련한 바 있습니다.

그러므로 모스코바 결정의 목적과 정신에 따라 움직여 온 소련 대표단은, 모스코바 결정을 반대하는 정당·사회단체나 혹은 말로는 모스코바 결정을 지지하면서도 동시에 계략을 꾸며 모스코바 결정의 지지 성명을 공허한 것으로 만들려고 하는 무리와 더불어 모스코바 결정의 이행 방법을 협의하는 것은 옳지 않다고 생각하고 있습니다.

"민주주의적"이라는 단어의 개념과 관련된 귀하의 편지에 관하여 말하자면, 정당의 선언적 성명이나 개별적 정당·사회단체의 명칭까지 고려할 필요는 없으며, 특정 정당이 추구하고 있는 실질적인 정책을 고려할 필요가 있다는 점을 소련 대표단은 지적하고자 합니다. 모스코바 결정이 한국의 민주주의적 재건에 필요한 방법들은 열거하고 있는 이상, 모스코바 결정에 대한 각 정당·사회단체의 태도가 가장 중요한 것일 뿐만 아니라 그들의 진정한 민주주의적 본질과 민주주의 국가를 모색하고자 하는 그들의 열의를 측정할 수 있는 표준이 된다는 것이 소련 측의 의견입니다.

따라서 공동위원회가 한국의 민주적 정당·사회단체와 협의하는 문제에 관한 소련 대표단의 입장은 모스코바 결정에 전적으로 부합하는 것입니다. 동시에 귀하가 편지에서 "민주주의"라는 단어를 해석한 것과 공동위원회의 활동 기간에 미국 대표가 취한 입장의 사이에는 분명한 모순이 있었다는 점을 지적하지 않을 수 없습니다.

미국 대표단은 한국의 민주주의적 임시 정부를 수립하는 문제와 관련하여 공동위원회와 협의할 정당·사회단체의 명단에 모스코바 결정을 반대한 모든 정당·사회단체를 포함했으며, 모스코바 결정을 지지한 단체는 단지 3개에 지나지 않는다는 사실은 잘 알려진 일입니다. 미국 대표단이 조선민족혁명당(朝鮮民族革命黨), 조선노동조합전국평의회(朝鮮勞動組合全國評議會), 조선부녀총동맹(朝鮮婦女總同盟), 조선민주청년동맹(朝鮮民主青年同盟), 전국농민총연맹(全國農民總聯盟) 및 기타의 단체와 같이 대중적 성격을 가지는 정당·사회단체를 공동위원회의 협의에 참여하지 못하도록 한 것은 미국 대표단이 민주주의 원칙 이상의 어떤 다른 요소에 이끌리고 있음을 분명히 반증하는 일입니다.

한국의 정부 수립이나 한국에 관한 모스코바 결정의 실현에 관하여 한국인들이 그들의 의사를 자유롭게 표현하는 문제에 대하여 소련 대표단은 한국의 정당·사회단체의 대표가 어떤 입장을 취하더라도 그들의 표현의 자유를 제한하는 의안을 결코 제시한 바 없으며, 따라서 한국인 개인은 물론 정당·사회단체는 공동위원회에 대해서도 꼭 같은 이상을 표현 제시할 수 있다고 여겨집니다.

신탁통치의 문제에 관하여 귀하의 편지에 언급된 해석에 나는 동의할 수 없습니다. 왜냐하면 그와 같은 식의 해석은 신탁통치에 관한 모스코바회의의 결정을 사실상 의심스럽게 만들기 때문입니다. 알려진 바와 같이 모스크바 결정에는 “한국의 임시 정부 및 단체와 더불어 한국민의 정치적 · 경제적 · 사회적 발전과 민주적 자치 정부의 수립, 그리고 민족적 독립의 확립[신탁통치]을 지원할 수 있는 방안을 수행하는 것이 공동위원회의 임무이다”라고 명시되어 있습니다.

따라서 5년 동안 신탁통치를 실시한다는 제안은 한국의 임시 정부와 협의를 거친 뒤 4대 강국 정부의 숙의(熟議)에 회부한다는 약정과 더불어 한국의 신탁통치 실시를 다루는 의제를 준비하는 것이 공동위원회의 임무에 포함되어야 할 것입니다. 이러한 사실에 비추어볼 때 한국의 민주화를 틀림없이 도와 줄 수 있는 방법으로서의 신탁통치를 실시하는 문제는 분명히 모스크바 3상회의의 결정 사항이며, 이러한 근거에서 신탁통치에 관한 합의를 점차로 수행하려면 구체적인 의안이 마련되어야 한다는 것이 분명한 현실입니다.

미소공동위원회의 작업이 중단된 기간에는 북한뿐만 아니라 남한에서도 많은 문제점이 있었습니다. 이와 같은 모든 사건은 한국민이 그들의 국가를 통일하고 민주 정부를 수립하고 민주화를 수행하고자 몹시 노력하고 있다는 사실을 증명해 주고 있습니다. 한국의 민주주의적 임시 정부의 수립이 지연되는 것은 한국이 필요로 하는 단일 국가로의 통일을 저해하고 있으며, 한국민의 정치적 · 경제적 상황에 부정적인 영향을 끼치고 있으며, 전체 한국의 민주화를 퇴행시키고 있다는 것이 소련 대표단의 견해입니다.

1946년 5월, 미국 대표단의 주도로 중단된 공동위원회의 협상이 아직 재개되지 못하고 있다는 사실에 대하여 소련 대표단은 깊은 유감의 뜻을 표명하는 바이며 모스크바 결정을 정확히 이행한다는 원칙에 따라서 되도록이면 조속히 협상을 재개하기를 바랍니다. 만약 앞에서 제기된 설명에 따라서 이러한 문제를 고려한 뒤 귀하께서 공동위원회의 활동을 재개하는 것에 동의하신다면, 소련 대표단은 언제라도 활동을 재개할 준비가 되어 있습니다.

1946년 10월 26일
북조선 주둔 소련군 사령관
육군 상장 치스차코프

조선[평양] 주둔 소련군 25군단 사령관 치스차코프 상장 귀하

1946년 10월 26일자 귀하의 편지를 감사히 받았으며, 한국의 분단이 지속된다는 것은 한국민에게 커다란 고통을 준다는 데 대해서도 동의합니다. 그뿐만 아니라 한국의 분단은 역사상 가장 쓰라렸던 전쟁을 승리로 이끌고자 전심전력 노력한 두 강대국의 명예에 상처를 주고 있습니다.

분단이 몇 개월째 계속됨으로써 지난해[1945] 12월 3상회의에서 이루어진, 한국에 관한 모스크바 결정의 이행을 더욱 어렵게 만들고 있습니다. 귀하의 편지에서도 완전히 해결되지 못한 미 · 소 양국 사이의 이견을 조정하도록 공동위원회를 조속히 재개하는 것에 관하여 미소공동위원회의 재개를 위한 다음과 같은 기본 합의를 양국 대표단이 수락할 것을 제안합니다.

“1946년 4월 17일자 공동위원회 공동 성명 제5호의 2항과 3항은 개인이나 정당 ·

사회단체가 모스코바 결정의 이행이나 공동위원회의 활동에 대해 대중적 반대를 조장하거나 선동하지 않음을 의미한다는 데에 동의한다. 그와 같은 반대를 조장·선동하는 개인이나 정당·사회단체는 앞으로 있을 공동위원회의 협의에서 배제될 것이다. 그와 같은 개인이나 정당·사회단체를 배제하는 결정은 공동위원회의 합의에 따라서 이루어질 것이다. 1946년 4월 17일자 공동 성명 제5호에 명시된 의미를 논의하면서 양국 대표단은 공동 성명 제5호에 명시된 선언에 서명·동의한 개인이나 정당·사회단체와의 협의를 반대하지 않을 것임을 양국 대표는 동의한다."

앞으로 일어나 수도 있는 오해가 없도록 하고자 지금으로서의 미국의 입장을 간단하게 다시 언급해 두는 것이 바람직하다고 나는 생각합니다.

(a) 미국은 공동위원회에 의한 모스코바 결정의 정확한 이행을 언제나 환영했다. 모스코바 결정에는 "한국에 대한 4대 강국의 5개년 신탁통치에 관한 합의를 마련하고자 의제를 준비하고, 이 의제는 한국 임시 정부와의 협의를 거쳐 4대 강국의 공동 토의에 회부한다"는 조항이 포함되어 있다. 그러나 그것은 한국민의 정치적·경제적·사회적 진보[신탁통치]와 민주적 자치 정부의 수립, 그리고 한국의 민족적 독립을 지원하는 방법으로서, 조선 민주주의 임시 정부의 참여와 더불어 이루어져야 한다는 점과 기한에 대한 제약을 명시한 이외에는 4대국 신탁통치의 본질이나 조건에 관해서는 규정된 바가 없다.

(b) 미국은 한국에서 언론의 자유가 행사되는 것을 언제나 찬성했다. 한국의 모든 정당·사회단체들은 그들 자신의 정부를 구상하면서 그들의 소망을 대외적으로 알릴 수 있어야 한다고 우리는 믿는다. 한국민이 모스코바 결정의 이행이나 공동위원회의 활동에 대중적인 반대를 선동하는 문제와, 그들 자신이 정부를 구성하는 데 관해 개인이나 정당·사회단체가 그들의 표현의 자유를 적절히 행사하는 것은 전혀 별개의 문제라고 우리는 인식하고 있다.

여기에 명시된 미국의 입장과 내가 미국 대표단을 대신하여 승인한 공동위원회 공동 성명 제5조 2항과 3항을 기초로 하여 공동위원회가 지체 없이 재개될 것을 미국 대표단은 제안하며, 협상을 재개하고자 되도록이면 빨리 소련 대표단이 서울에 돌아오도록 정중히 초청하는 바입니다. 이에 필요한 사전 작업을 할 수 있도록 가능한 한 조속히 귀하의 답신을 받을 수 있기를 바랍니다.

1946년 11월 1일
주한미군 사령관
미국 육군 중장 J. R. 하지

남조선[서울] 주둔 미군 사령관 하지 중장 귀하

1946년 11월 1일자 귀하의 편지 잘 받았습니다. 그러나 유감스럽게도 미소공동위원회의 재개를 위해 귀하가 제시한 조건은 지난날 귀하의 편지에서 제기된 입장과 본질적으로 다름이 없다는 사실과, 소련의 입장에 볼 때 그러한 입장은 한국문제에 관한 모스코바 결정과 배치된다는 점을 지적하지 않을 수 없습니다. 사실상 귀하가 제안한 내용은, 공동 성명 제5호에 실린 선언문에 동의·수락하는 모든 개인과 정당·사회단체와 더불어 공동위원회가 협의해야 한다는 점과, 더 나아가서 그러한 개인이나 정당·사회단체들은 미소공동위원회의 활동이나 모스코바 결정의 이행에 대하여 대중적 반대를 선동해서도 안 되고 선동하지도 않으리라는 점이었습니다.

따라서 이런 식의 논리라면 공동위원회는 모스코바 결정을 지지하는 정당·사회단체뿐만 아니라 모스코바 결정에 적대적인 정당·사회단체에도 협의를 구해야 합니다. 그뿐만 아니라 심지어는 모스코바 결정에 적대적인 정당·사회단체들이 공동위원회의 활동과 모스코바 결정의 이행에 대하여 대중적 반대를 선동하지 않는 한, 그들에게도 모스코바 결정에 배치되는 활동을 계속할 기회를 주어야 합니다.

그러나 그러한 제안을 수락하게 되면, 그것은 반동적인 정당·사회단체가 모스코바 결정에 대한 적대적 입장을 철회하도록 요구하는 것이 아니라 오히려 모스코바 결정에 대한 반대 행위를 단지 잠정적으로 중단시킴으로써 공동위원회의 협의에 참여하는 것을 의미할 수도 있습니다. 모스코바 결정에 적대적이었던 정당들이 공동 성명 제5호에 명시된 합의문을 비슷하게 해석했던 1946년 4월 27일자의 귀하의 대중 성명을 수락했던 것도 바로 그러한 방식이었다는 사실을 환기시켜 드리지 않을 수 없습니다.

그런 식으로 일을 처리한 결과 모스코바 결정에 반대하던 정당·사회단체들은 선언서에 서명했지만, 공동위원회의 활동이 중단된 지 단 이틀 만에 그 지도자들은 모스코바 결정과 그 지지자들에게 대항하는 적극적 투쟁을 전개하는 쪽으로 다시 선회했습니다. 그러한 인물들이 참여한다면 그것은 모스코바 결정의 이행을 저지하려는 목적에 이용될 수도 있고, 단지 반대하는 방향으로 그들의 활동을 도와 줄 수 있을 뿐이라는 점에 관해서 의심의 여지가 없습니다.

만약 우리가 한국에 관한 모스코바 결정의 실질적이고도 완전한 실현을 목적으로 삼는다면 모스코바 결정을 반대하거나 그의 이행을 방해하는 개인이나 정당·사회단체와 더불어 모스코바 결정을 이행하는 방법에 관한 문제를 협의한다는 것은 불가능한 일이며, 공동위원회와의 협의가 끝나자마자 그들의 적대 행위를 바꿀 수 있도록 하려면 공동위원회와의 협의 기간에 잠정적으로나 부분적으로 모스코바 결정에 반대하는 그들의 행위를 제한할 수 있다는 점을 나는 거듭 천명하지 않을 수 없습니다.

위에서 말씀드린 내용은 한국 정부의 구성이나 또는 한국에 관한 모스코바 결정의 실현에 관련된 문제에 관하여 한국의 민주적 정당·사회단체나 개인이 의견을 제시할 수 있는 자유를 전혀 제한하지 않습니다. 나는 일전의 편지에서, 이와 같은 문제들에 관하여 소련 대표단은 한국의 개인이나 정당·사회단체가 의사 표현의 자유를 제약당하는 제안을 한 적이 없다는 사실을 귀하에게 환기한 바 있으며, 따라서 한국의 개별적 시민은 물론 모든 정당·사회단체가 그와 같은 견해를 피력할 수도 있고 공동위원회에 제출할 수도 있다고 여깁니다.

한국에 관한 모스코바 결정을 가능한 한 신속하고 정확하게 실현하기를 바라면서 소련 측은 미소공동위원회의 활동을 재개하기 위한 기초로서 다음과 같은 제안을 제시하는 바입니다.

1) 공동위원회는 한국에 관한 모스코바 결정을 전적으로 지지하는 민주적 정당·사회단체와 협의해야 한다.

2) 공동위원회와의 협의를 위해 초청된 정당·사회단체들은 모스코바 결정을 적극적으로 반대하는 입장에 있는 대표들을 협의에 추천해서는 안 된다.

3) 공동위원회와의 협의를 위해 초청된 정당·사회단체들은 모스코바 결정과 공동위원회의 활동에 관해 현재나 미래에 반대해서도 안 되며 타인이 반대하도록 유도해서도 안 된다. 만약 그러한 경우가 발생한다면 그러한 정당·사회단체들은 미·소 양측의 상호 합의에 따라 앞으로 공동위원회의 협의에서 배제될 것이다.

이상과 같은 제안에 귀하가 동의하신다면 소련 대표단은 공동위원회의 재개를 위해 지체 없이 서울에 귀임할 준비가 되어 있습니다.

1946년 11월 26일
북조선 주둔 소련군 사령관
육군 상장 I. M. 치스챠코프

북조선[평양] 주둔 소련군 25군단 사령관 치스챠코프 상장 귀하

1946년 11월 26일자 귀하의 편지 잘 받았습니다. 나는 이해를 돕고자 귀하의 편지를 절(節)마다 번호를 붙여 이 편지와 함께 다시 보내 드리는 바입니다.

귀하의 편지 가운데 2절부터 8절까지를 주의 깊게 읽어 보게 되면 소련 대표단은 마치 미국 대표단이 "반동적인 정당·사회단체"를 시켜 모스코바 결정에 대해 적대적인 태도를 지속하도록 고무하고 있다고 믿고 있는 듯한 인상을 받게 됩니다.

미국 대표단은 그러한 의도가 없으며, 그와 같은 적대적인 반대를 저지하고자 귀하와 협조하기를 바라고 있음을 확인하는 바입니다. 귀하의 편지 가운데 9절과 10절은 "한국 정부의 구성과 한국에 관한 모스코바 결정의 실현과 관련된 제반 문제에 관하여" 소련 대표단은 한국의 정당·사회단체와 개인의 자유를 완전히 보장하고 있습니다. 이 점에서 나타난 견해는 미국 측의 입장과 일치합니다.

귀하의 편지 가운데 1·2·3의 번호가 붙은 마지막 3개 절은 비록 9~10절과 모순되는 것처럼 보이기는 하지만, 그럼에도 불구하고 앞으로 더 논의해 볼 수 있는 기초를 마련해 주고 있습니다. 우리의 입장이 가까워졌다는 사실에 비추어 나는 귀하의 제안을 다음과 같이 수정하여 공동위원회의 재개를 위한 기초로 삼을 것을 제의하는 바입니다.

(1) 귀하의 첫 번째 제안은 다음과 같은 의미로 해석된다. : 공동 성명 제5호에 실린 선언문에 서명한다는 사실은 모스코바 결정을 전폭적으로 지지한다는 선의의 선언으로 받아들여지며, 서명한 정당·사회단체가 우선적인 협의 대상이 되도록 할 것이다.

(2) 두 번째 제안에 관하여 : 모스코바 결정의 이행에 관하여 미소공동위원회에서 가장 훌륭하게 의사를 표현할 수 있다고 믿어지는 대표자를 지명하는 일은 서명한 정당·사회단체의 권한이라고 나는 생각한다. 그러나 만약 그 대표자가 모스코바 결정이나 연합국의 결정을 이행하는 데 적대적이었다고 믿을 만한 충분한 이유가 있을 경우, 미소공동위원회는 상호 합의를 거쳐 대표자의 교체를 그 정당에 요구할 수 있다.

(3) 세 번째 제안에 대하여는 다음과 같이 문장을 바꿀 것을 제안한다. : "공동위원회와의 협의를 위해 초청된 개인이나 정당 · 사회단체는 공동 성명 제5호에 실린 선언서에 서명한 뒤에 공동위원회나 미 · 소 연합국의 활동과 모스코바 결정의 이행에 대한 적극적 반대를 선동해서는 안 되며, [만약 그러한 행위를 할 경우] 그들은 앞으로 공동위원회의 협의에서 배제될 것이다. 그러한 개인이나 정당 · 사회단체를 배제하는 결정은 공동위원회의 합의로써 이루어진다."

나는 위에 제시한 기초가 귀하로서도 수락할 만한 내용이라고 믿으며, 내가 공동위원회의 재개에 필요한 사전 작업을 시행할 수 있도록 귀하의 뜻을 회신해 주시기 바랍니다.

1946년 12월 24일
주한미군 사령관육군
중장 J. R. 하지

별첨 : 1946년 11월 26일자 치스챠코프 상장의 서한 복사본 1부.

남조선[서울] 주둔 미군 사령관 하지 중장 귀하

1946년 12월 24일자 귀하의 편지 잘 받았습니다. 우리가 편지를 교환한 결과 양측의 입장이 사실상 매우 가까워진 것을 매우 만족스럽게 생각합니다.

(1) 공동위원회의 활동을 재개하는 기초로서 나는 1946년 11월 26일자 나의 편지에 제시된 제안을 수락할 준비가 되어 있다는 귀하의 선언을 주목합니다. 공동 성명 제5호에 수록된 선언서에 서명하게 될 정당 · 사회단체의 입장에 관해서는 모스코바 결정을 전적으로 지지한다는 호의적 표현에만 문제를 국한하지 말아야 한다는 사실을 유념하면서 제1항에 관한 귀하의 해석에 동의합니다. 위에서 말한 선언서에 서명함으로써 결과적으로 한국에 관한 모스코바 결정을 전적으로 지지한다는 의무를 수락한 정당 · 사회단체의 앞으로의 활동도 또한 그 의무에 부합되어야 합니다.

(2) 나의 제안의 제2항에 관해서는, 공동위원회의 협의에 참여할 정당 · 사회단체들이 모스코바 결정에 적극적으로 반대하는 사람들을 협의 대표로 임명하지 않으리라는 것을 공동위원회에 미리 통보해 주는 것이 편의로운 일이라고 우리는 생각합니다. 이와 같은 사실을 유념하고 귀하의 생각을 참작하여 제2항의 문안을 다음과 같이 교체할 것을 제안합니다.

"공동선언 제5호에 실린 선언서에 서명한 정당 · 사회단체는, 모스코바 결정에 적극적인 반대 의사를 표명하지 않은 사람으로서 모스코바 결정의 이행에 관하여 자신의 의사를 공동위원회에 최대한 표현할 수 있는 대표를 임명할 수 있는 권리를 갖는다. 그러나 그와 같이 임명된 대표가 모스코바 결정이나 연합국 또는 공동위원회에 적대적이라는 사실이 완벽한 근거로써 입증될 경우, 공동위원회는 상호 합의에 따라 그러한 선언에 서명한 단체가 대표를 교체해 줄 것을 요청할 수 있다."

(3) 나는 귀하의 제3항의 문안에 동의합니다. 그러나 "개인"이라 함은 위의 제2항에 명시된 조항에 따라 협의에 참여하도록 초청받은 정당 · 사회단체의 대표를

15) 1946년 11월 26일, 북한 주둔 소련군 사령관은 이 제안을 다음과 같은 의미로 해석했다.

(1) 공동위원회는 한국에 대한 모스코바 결정을 완전히 지지하는 민주적 정당 · 사회단체들과 협의하여야 한다.

(2) 협의에 초청된 정당 · 사회단체들은 모스코바 결정에 적극적으로 반대한 대표들을 지명해서는 안 된다.

(3) 공동위원회와의 협의에 초청된 정당 · 사회단체는 모스코바 결정과 공동위원회 활동에 관해 반대하거나 혹은 다른 사람이 반대하도록 선동해서도 안 된다. 만약 그러한 행위를 할 경우, 양 대표의 상호 합의에 따라서 그 정당과 사회단체는 앞으로 공동위원회와의 협의에서 배제될 것이다.

16) 1946년 12월 24일 주한미군 사령관은 다음과 같이 응답했다.

(1) 귀하의 첫 번째 제안은 다음과 같은 의미로 해석된다. 공동 성명 제5호에 실린 선언문에 서명한다는 사실은 모스코바 결정을 전폭적으로 지지한다는 선의의 선언으로 받아들여지며, 서명한 정당 · 사회단체가 우선적인 협의 대상이 되도록 할 것이다.

(2) 두 번째 제안에 관하여 : 모스코바 결정의 이행에 관하여 공동위원

의미하는 것임을 분명히 해두고자 합니다. 그러므로 귀하의 제3항의 첫 문장을 다음과 같이 바꿈으로써 "개인"이라는 용어를 "그들의 대표자"로 바꾸는 것이 더 편의롭다고 생각합니다.

"협의에 초청된 정당 · 사회단체와 그 대표들은 …… "

제3항의 나머지 문장은 바꾸지 않아도 좋습니다.

(4) 나의 편지의 9~10항과 그 편지에 제시된 제안이 모순될 수도 있다는 귀하의 의견에 관해서, 나로서는 그러한 모순을 찾아볼 수 없다고 말하지 않을 수 없습니다. 협의의 조건에 관한 우리들의 합의가 공동위원회 활동의 조속하고도 성공적인 재개를 보장할 수 있게 되기를 바랍니다.

1947년 2월 28일
북조선 주둔 소련군 사령관
육군 상장 치스챠코프

회에서 가장 훌륭하게 의사를 표현할 수 있다고 믿어지는 대표자를 지명하는 일은 서명한 정당 · 사회단체의 권한이라고 나는 생각한다. 그러나 만약 그 대표자가 모스크바 결정이나 연합국의 결정을 이행하는 데 적대적이었다고 믿을 만한 충분한 이유가 있을 경우, 공동위원회는 상호 합의를 거쳐 대표자의 교체를 그 정당에게 요구할 수 있다.

(3) 세 번째 제안에 대하여는 다음과 같이 문장을 바꿀 것을 제안했다. "공동위원회와의 협의를 위해 초청된 개인이나 정당 · 사회단체는 공동 성명 제5호에 실린 선언서에 서명한 뒤에 공동위원회나 미 · 소 연합국의 활동과 모스크바 결정의 이행에 대한 적극적 반대를 선동해서는 안 되며 (만약 그러한 행위를 할 경우), 그들은 앞으로 공동위원회의 협의에서 배제될 것이다. 그러한 개인이나 정당 · 사회단체를 배제하는 결정은 공동위원회의 합의로써 이루어진다."

17) 1946년 12월 24일의 주한 미군 사령관의 편지에 대한 1947년 2월 28일의 답신에서 북한 주둔 소련군사령관은 1946년 최초의 입장[23]으로 사실상 되돌아간 제안으로써 반격하였다.

18) 위에서 간단히 서술한 교신에 나타난 견해들은 큰 차이가 있는 관점들을 명백히 좁히는 것이지만, 공동위원회의 중단을 야기하는 차이점들을 해소할 수 있는 구체적인 합의를 이끌지는 못했다. 한국에 주둔하고 있는 미국과 소련의 사령관으로서는 차이가 큰 관점을 해소할 수 없으므로 정부 차원의 적절한 방법을 찾고자 마셜(George C. Marshall) 국무장관이 노력하기 시작했다.

19) 1947년 4월과 5월 미국 국무장관 마셜과 소련 외무장관 몰로토프(V. M. Molotov) 간의 서신 교환[24]의 결과, 1946년 11월 26일의

23) 각주 21)의 치스챠코프 편지(1947년 2월 28일자) 참조.

24) 4월 9일자로 몰로토프 장관에게 보낸 편지는 다음과 같다. 그는 이 편지를 모스크바 시간으로 4월 11일 오전 11시에 언론에 발표했다.

몰로토프 장관 귀하

나는 한국의 사태에 관하여 귀하의 주의를 환기하고자 합니다. 한국에 있는 미소공동위원회의 양측 대표들은 한국 임시 정부의 수립에 관하여 아무런 진척도 이룰 수가 없었습니다. 일본이 패망한 지 벌써 19개월이 흘렀지만, 한국은 아직도 그로써 얻은 바가 없이 국토가 양분되어 있습니다. 북조선 주둔 소련군 사령관은 남북 간 거주 이전의 자유와 자유로운 경제 교류를 거부해 오고 있습니다. 이와 같은 현상은 한국인들의 자유로운 정치적 통일을 저해하고 있을 뿐만 아니라 심각한 경제적 어려움을 초래했습니다. 미국의 대한(對韓) 정책은 다음과 같은 기본 목표를 가지고 있습니다.

(1) 실현이 가능한 한 조속히 외국의 지배로부터 독립되어 국제연합의 회원국이 될 수 있는 한국의 주권적 자주 정부가 수립되도록 지원한다.

(2) 그와 같이 수립된 국민 정부(國民政府)가 한국민의 자유로운 의사의 대표자가 될 수 있도록 보장한다.

(3) 독립되고 민주적인 국가를 위한 본질적 기초로서의 건전한 경제를 건설할 수 있도록 한국인을 지원한다.

1943년 12월 1일의 카이로선언에서 미국은 적절한 절차를 거쳐 한국이 자유로운 독립 국가가 되어야 한다는 결의를 선언한 바 있고, 영국과 중국도 그 선언에 참여했습니다. 카이로선언은 일본의 항복 조건을 규정한 포츠담선언에서 3대 강국이 특별히 거듭 천명하였고, 1945년 8월 8일자 대일 선전 포고에서 소련은 이 선언을 지지했습니다.

한국에 주둔한 일본군이 항복하자 이러한 목적을 위해 한국은 자의적으로 획선된 38°선에서 남북으로 분할되었고, 이 선은 사실상 점령선이 되었습니다. 1945년 12월, 모스코바에서 개최된 미국 · 영국 · 소련의 3국 외상 회담에서 한국 분단의 심각한 결과가 논의되었고, 한국에 관한 합의가 이루어져 회의 공동 성명 제3부에 발표되자 중국도 그 뒤 이 합의서에 서명했습니다.

1946년 3월 20일, 모스코바 협정의 조항에 따라 임명된 미소공동위원회가 소집되었고, 합의서에 개략된 바대로, 독립된 주권국으로서의 한국을 수립하는 첫 단계로서 민주적 임시 정부의 수립을 돕는 작업을 시작했습니다. 미국 정부가 바라는 것은 공동위원회가 조속히 조치하여 한국 임시 정부가 하루빨리 수립되고, 미군과 소련군의 군사 분계선으로 말미암아 빚어진 불행한 결과가 청산되고, 한국이 독립되고 민주적인 정부를 구성하는 길로 들어서는 것입니다.

그러나 임시 정부를 구성하면서 공동위원회와 협의하기로 모스코바 협정에 언급된 정당 · 사회단체와 관련하여 "민주적"이라는 단어의 개념에 관하여 합의가 이루어지지 않음으로써 공동위원회의 활동이 곧 교착 상태에 빠진 것은 불행한 일입니다. 그 당시로서는 합의에 이를 수 없다는 것이 분명해지자 공동위원회는 1946년 5월 8일자로 무기한 정회(停會)되었습니다.

주한 미군사령관은 여러 차례에 걸쳐서 공동위원회를 재개하여 활동을 개시할 것을 소련군 사령관에게 제의했지만, 그는 한국의 지도자 대부분이 정당 ·

사회단체의 대표로서 공동위원회와의 협의에서 배제되는 방식을 주장했고, 최근의 1947년 2월 28일자로 미군 사령관에게 보낸 편지에서 그와 같은 입장을 되풀이했습니다. 그러므로 공동위원회를 재개하기 위한 기초에 합의할 수가 없었습니다.

모스코바에서 한국에 관한 합의가 이루어진 지 16개월이 지난 지금 1947년 4월에도 모스코바 협정의 이행을 위한 실질적인 진척이 없습니다. 미국 정부는 1945년 12월 모스코바에서 이루어진 합의와 선언의 뜻을 이행하기 위해, 더 이상 지체 없이 자유롭고 독립된 한국을 수립하는 작업을 끝마치고자 합니다.

이와 같은 목적을 수행하려면 민주주의의 권리인 "의사 표현의 자유"를 존중한다는 기초 위에 모스코바 협정의 조건에 따라 남북한의 미·소 주둔사령관들이 되도록이면 조속히 공동위원회를 재개하고 그 과업을 진척시키도록 양국 정부가 지시할 것을 요청하는 바입니다.

그뿐만 아니라 더 나아가서 1947년 여름의 기간에 서로 납득할 수 있는 날짜를 정하여 그날까지 공동위원회가 수행한 진척 상황을 양국 정부가 검토할 것을 제의합니다. 그러는 동안에 모스코바 협정의 의무 조항을 유념하고 있는 미국은 더 이상 지체 없이 남한에서 모스코바 협정의 목적을 진척시킬 수 있는 조치를 하는 이외에는 달리 선택의 여지가 없습니다. 나는 이 편지 전문의 복사본을 영국과 중국 정부에도 발송합니다.

1947년 4월 9일

애치슨 Sgn.

마셜 씨 귀하

한국 문제에 관한 4월 8일자 귀하의 편지에 대한 답신으로 다음과 같은 내용을 전달합니다. 1945년 12월에 소련·미국·영국의 외상이 모스코바에서 한국에 관한 3대 강국의 정책을 결정짓는 합의에 도달한 적이 있습니다. 이 합의의 기초가 된 것은 소련의 제안이었는데, 이에 대해서는 미국 정부도 동의함으로써 미국은 결과적으로 한국에 국민 정부를 수립하지 않으리라는 애초의 의도를 포기했었습니다. 모스코바 협정은 한국의 민주적 임시 정부 수립을 결정했고, 이 임시 정부는 한국의 산업·운송·농업, 그리고 한국민의 민족 문화의 계발을 위한 조치를 최우선으로 취급할 수 있도록 했습니다.

이와 같은 의안을 제시한 소련 정부는 한국의 국민 정부의 영도 아래 한국을 통일시키는 것이 독립 국가로서의 한국의 원상을 회복하고 민주적 원칙 위에 한국의 발전을 이룩할 수 있는 기초를 마련하는 가장 주요한 전제 조건이라고 생각했습니다. 소련 정부는 모스코바 협정의 이행에 기초하여 한국은 민주주의 원칙에 따라서 성공적으로 발전할 수 있고, 독립되고, 번영된 국가로서 국제연합의 회원국이 될 수 있다고 확신했기에 이와 같은 입장을 견지하면서 모스코바 협정의 일관된 이행을 주장했습니다.

그러나 모스코바 협정에 따라서 한국을 위해 마련된 입법부의 설립 계획은 아직도 이행되지 않았으며, 조선 민주주의 임시 정부도 아직 수립되지 않았습니다. 미국 대표단이 한국에 관한 모스코바 결정에 배치되는 태도를 보임으로써 민주적 임시 정부의 수립을 공조(共助)하고자 수립된 미소공동위원회의 활동도 중단되었습니다. 그뿐만 아니라 남한 주둔 미군 사령관은 남북한 사이의 경제 교역에 관한 북조선 주둔 소련 사령관의 제안을 심각히 고려하지 않음으로써 이 문제에 관한 합의를 불가능하게 만들었습니다.

1946년 3월~5월 동안에 미소공동위원회의 활동 과정에서, 한국에 관한 모스코바 협정을 이행하고, 특히 한국의 민주적 임시 정부를 조속히 수립하여 그의 영도 아래 한국이 통일될 수 있도록 온갖 노력을 다했습니다. 그러나 소련 대표단은, 의안을 작성하면서 공동위원회가 한국의 민주적 정당·사회단체와 협의하기로 되어 있는 모스코바 협정을 준수하는 과정에서도 임시 정부의 문제로 많은 어려움을 겪었을 뿐만 아니라 미국의 직접적인 반작용을 겪었습니다.

소련 대표단은 민주적 정당·사회단체를 공동위원회의 협의에 전반적으로 포함할 것을 주장했습니다. 미국 대표단은 남한의 거대한 민주 단체들의 참여를 전면적으로 배제했고, 모스코바 협정에 반대 입장을 취하고 있는 집단과의 협의를 주장했는데, 이런 식의 협의는 그 성격상 모스코바 협정의 이행을 불가능하게 만들었습니다.

미국 대표단은 공동위원회와의 협의를 위하여 제출한 정당·사회단체의 명단에 모스코바 협정에 반대하는 17개의 정당·사회단체와 그를 지지하는 3개의 민주 정당을 포함했습니다. 미국 대표단은 조선노동조합전국평의회(All-Korean Labor Confederation), 전국농민총연맹(All-Korean Peasant Union), 조선민족혁명당(Korean National Revolutionary Party), 조선민주청년동맹(All-Korean Youth Union)과 같은 거대한 민주적 정당·사회단체를 공동위원회와의 협의에서 배제했습니다.

소련 대표단은 미국 대표단의 이와 같은 입장에 동의할 수 없다는 것을 잘 알고 있음에도 불구하고 합의된 결정에 도달할 수 있는 길을 모색하고자 최선을 다했습니다. 그러나 그것은 불가능한 일이었으며, 미국 대표단의 제의에 따라 공동위원회의 활동은 중단되었습니다.

이와 같은 결과로 말미암아 빚어진 상황이 참을 수 없는 것이라는 점은 분명합니다. 귀하께서도 아시는 바와 같이 그 결과 이와 같은 상황을 청산하는 방법을 모색하려고 노력하면서 우리는 새로운 방안을 강구하지 않을 수 없게 되었습니다. 서신의 교환으로 양측의 입장이 상당히 접근되었으며, 이와 같은 사실은 양측의 사령관에 의해서 확인되었습니다.

이제는 합의가 이루어져 공동위원회의 활동을 조속히 재개하는 것이 기대됩니다. 그러나 2월 28일자의 마지막 편지를 소련 사령관으로부터 받은 이후 오늘까지 미군 사령관으로부터의 아무런 답신이 없어 제안된 합의에 이르지 못하고 있습니다. 이와 같이 합의가 이루어지지 않은 것은 한국에 관한 모스코바 협정에 제기된 계획을 이행하면서 전반적으로 심각한 장애가 되었습니다.

북조선과 관련하여 본다면 일본이 항복한 이래로 이제까지 민주화 작업과 국민경제·문화의 회복에 괄목할 만한 진보를 이룩했습니다. 광범위한 민주화 개혁이 단행되어 정치적 자유를 보장할 뿐만 아니라 주민의 생활 수준을 향상하고 있습니다.

무엇보다도 전면적인 선거권의 부여, 부녀 평등권의 보장, 자유로운 민주 선거를 통한 인민위원회나 지방 조직의 수립, 지난날 한국에 있던 일본 식민지주의자나 그들의 회사에 소속되어 있던 100만 헥타르 이상의 경작지를 72만5천 명 소작농에게 되돌려준 토지 개혁, 지난날 일본인이 소유했던 기업의 국유화, 8시간 노동제, 노동 · 사회 보장 제도, 그리고 한국어의 회복과 학교 시설의 확충 및 학생 수의 증가를 통한 점령군 사령관의 교육 개혁 등을 나는 유념하고 있습니다. 그러나 이러한 민주화 개혁은 한국의 전체 인구 가운데 단지 2/5밖에 되지 않는 북조선에서만 이루어지고 있습니다.

모스크바 협정에 명시된 대한 정책 계획을 충실히 이행하고 있는 소련 정부는 다음과 같은 점들이 가장 우선적인 문제라고 믿고 있습니다.

(1) 한국이 외국의 간섭으로부터 독립된 자립 국가로서 정치적 · 경제적 통일을 이룩하려면 한국이 민주적 정당 · 사회단체들이 "광범위하게"(wide-scale) 참여한 가운데 민주적 임시 정부를 수립해야 하며, 이것이 분단을 극복하는 길입니다.

(2) 보통 · 평등 선거에 기초한 자유 선거를 통하여 전체 한국에 민주적인 통치기구를 수립하는 일입니다.

(3) 한국이 독립된 민주 국가로 회복되고 민족 경제와 민족 문화를 발전시킬 수 있도록 한국민을 돕는 일입니다.

오늘날까지 분단된 채 국민 정부를 구성하지 못함으로써 야기되는 어려움을 극복하고 통일된 주권 국가로서의 한국이 조속히 회복되기를 바라는 소련의 간절한 염원과 관련하여, 한국에 관한 모스크바 결정을 정확히 이행한다는 원칙에 기초하여 금년 5월 20일 서울에서 미소공동위원회의 활동을 재개하고, 공동위원회는 1947년 7~8월 사이에 미 · 소 양국 정부가 논의할 수 있도록 민주적 임시 정부의 수립에 관한 자세한 권고안을 작성할 것을 제안하는 바입니다.

나는 이 편지의 사본을 모스크바 주재 중국 대사와 영국 대사 베빈(E. Bevin) 씨에게도 보냅니다. 나는 나의 진심이 담긴 이 제안을 귀하께서 수락하시기를 간절히 바랍니다.

1947년 4월 19일
V. 몰로토프

몰로토프 씨 귀하

미소공동위원회를 재개하자는 우리의 제안을 수락하고 금년 5월 20일에 그 활동을 재개하자고 제안한 귀하의 1947년 4월 19일자 편지 내용을 깊이 생각해 보았습니다. 나는 또한 한국에 관한 모스크바 협정을 정확히 이행한다는 원칙에 기초하여 공동위원회의 활동을 재개해야 한다는 귀하의 설명을 주목했습니다.

"정확한 이행"(exact execution)이라는 용어에 대한 앞으로의 오해를 피하고자 나는 그 단어의 해석을 정확히 해두고자 합니다. 나는 4월 8일자로 귀하에게 보낸 편지에서, 공동위원회는 민주주의적 의사 표현의 자유권을 존중한다는 원칙 위에 모스크바 협정의 조건에 따라서 그 임무를 수행할 의무를 갖는다고 말한 바 있습니다.

그와 같이 설명하면서 나는, 한국의 민주적 정당 · 사회단체의 대표들이 공동위원회에 협조할 준비가 되어 있다면, 한국의 미래 정부에 관하여 과거에 취했거나 지금 취하고 있는 의견 때문에 임시 정부의 구성에 관한 공동위원회의 협의로부터 배제할 수 없다는 미국 정부와 한국 정당 · 사회단체 대표들의 입장을 충분히 이해하고 있고, 지난날에도 그러했습니다.

귀하는 소련 정부가 대한 정책에서 가장 중요하다고 생각하는 세 가지 점에 대해서 언급하고 있습니다. 한국의 민주적 정당 · 사회단체를 전면적으로 참여시킨다는 원칙에 따라 민주적 임시 정부를 수립하는 것의 중요성에 관한 귀하의 설명은 외국의 지배로부터 독립되고 국제연합의 회원국이 될 수 있는 자치적 주권 정부의 수립을 지원한다는 원칙에 따라 미국 정부가 애당초부터 동의했던 것입니다.

전체 한국을 통하여 "민주적 통치 기구"(Democratic Authority Agencies)를 수립하는 것에 관한 귀하의 두 번째 지적은, 귀하가 지적한 바와 같이 보통 · 평등 선거권에 기초하여 자유로운 선거를 통해서 군(郡) · 도(道) 및 중앙 정부를 선출한다는 뜻으로 나는 해석하고 있습니다.

한국이 자주적 민주 국가로 회복되고 그들의 국민 경제와 민족 문화를 발전시킬 수 있도록 도와주는 것의 중요성에 관한 귀하의 세 번째 지적에 대한 귀하의 확신을 환영합니다. 미국 정부는 한국 경제의 재건과 교육 및 정치 발전을 위한 건설적 계획을 고려하고 있습니다.

내가 1947년 5월 20일 서울에서 공동위원회를 속개하도록 준비하라고 주한미군 사령관에게 지시하도록 공동위원회가 그 중요한 임무를 재개할 수 있는 조건에 관하여 상호 동의한 바를 확인하는 공한을 되도록이면 빨리 받고자 합니다. 나는 이 편지의 부본을 중국과 영국 정부에 발송했습니다. 나의 진심을 귀하께서 신뢰하여 주시기 바랍니다.

1947년 5월 2일
G. C. 마살

다음의 편지는 워싱턴 주재 소련 대사관이 1947년 5월 7일자로 보내온 몰로토프의 답신으로서, 국무성이 국무성 군사 참모를 경유하여 1947년 10월 3일 05시에 주한미군 사령관(참조 : 정치 고문) 앞으로 발송한 것이다.

마셜 씨 귀하

한국에 관한 미소공동위원회의 활동 재개에 관한 귀하의 5월 2일자 편지를 잘 받았습니다. 공동위원회를 재개하기에 앞서 한국의 민주적 정당 · 사회단체와 협의하는 조건에 관하여 합의가 이루어져야 한다는 것이 귀하의 제안이라고 나는 이해했습니다. 이 문제는, 내가 앞서 편지에서 답변한 바와 같이, 주한 미 · 소 사령관 사이의 왕복 서한의 주제였으며, 그 서한의 왕복 결과 양측의 견해는 상당히 가까워졌습니다. 소련 사령관은 1946년 11월 26일자의 편지에서 공동위원회의 활동 재개를 위한 기초로서 다음과 같은 사항을 제안했습니다.

(1) 공동위원회는 한국에 관한 모스코바의 결정을 전적으로 지지하는 민주적 정당 · 사회단체와 더불어 협의해야 한다.

(2) 공동위원회에 초청된 정당 · 사회단체는 모스코바의 결정에 적극적으로 반대한 사람을 협의를 위한 대표로 지명해서는 안 된다.

(3) 공동위원회의 협의에 초청된 정당 · 사회단체는 모스코바의 결정과 공동위원회의 활동에 대하여 현재와 미래에 반대해서도 안 되며, 남들이 반대하도록 유도해서도 안 된다. 만약 그러한 일이 발생할 경우에 양측 대표의 합의에 따라 앞으로 있을 공동위원회와의 협의에서 배제될 것이다.

미군 사령관은 1946년 12월 24일자 편지에서 공동위원회의 활동 재개를 위한 기초로서 다음과 같은 수정과 더불어 소련군 사령관의 제의를 수락했습니다.

첫 번째 제안은 다음과 같은 뜻으로 해석한다 : 공동 성명 제5호에 서명한다는 사실은 모스코바 결정을 전폭적으로 지지한다는 선의의 선언으로 받아들여지며, 서명한 정당 · 사회단체로 하여금 우선적인 협의 대상이 되도록 할 것이다.

두 번째 제안에 관하여 : 모스코바 결정의 이행에 관하여 미소공동위원회에서 가장 훌륭하게 의사를 표현할 수 있다고 믿어지는 대표자를 지명하는 일은 서명한 정당 · 사회단체의 권한이라고 나는 생각한다. 그러나 만약 그 대표자가 모스코바 결정이나 연합국의 결정을 이행하는 데 적대적이었다고 믿을 만한 충분한 이유가 있을 경우, 미소공동위원회는 상호 합의를 거쳐 대표자의 교체를 그 정당에 요구할 수 있다.

세 번째 제안에 대하여는 다음과 같이 문장을 바꿀 것을 제안한다 : "공동위원회의 협의를 위해 초청된 개인이나 정당 · 사회단체는 공동 성명 제5호에 실린 선언서에 서명한 후에 공동위원회나 미 · 소 연합국의 활동과 모스코바 결정의 이행에 대한 반대를 선동해서는 안 된다. 공동 성명 제5호에 수록된 선언서에 서명한 뒤 공동위원회와 연합국의 활동 및 모스코바 결정의 이행에 대하여 적극적 반대를 선동한 개인이나 정당 · 사회단체는 앞으로 공동 위원회의 협의에서 배제될 것이다. 그러한 개인이나 정당 · 사회단체를 배제하는 결정은 공동위원회의 합의로써 이루어진다."

미소공동위원회의 활동 재개 및 조선 민주주의 임시 정부의 수립과 관련하여 나는 앞서 미군사령관이 제안한 수정안을 받아들일 준비가 되어 있습니다. 나는 공동위원회의 소집을 연기할 더 이상의 이유가 존재하지 않기를 바랍니다. 한국에 관한 모스코바 협정에 따라서 공동위원회는 한국의 민주적 임시 정부의 수립과 관련된 작업을 완수한 후, 한국민의 정치적 · 경제적 · 사회적 발전과 독립 국가의 수립을 지원해 주는 방법에 관하여 이러한 문제에 관한 합의된 권고안을 제출해야 한다고 나는 생각합니다. 나는 이 편지의 부본을 영국과 중국 정부에 보냅니다. 나의 진심을 신뢰해 주시기 바랍니다.

1947년 5월 7일

V. 몰로토프 Sgn

같은 날 소련 외무성에는 한국 문제에 관한 다음과 같은 마셜의 편지가 전달되었다.

북한 주둔 소련군의 편지에 포함된 제안[25]은 1946년 12월 24일 주한미군 사령관의 편지 속에 포함된 반대 제안[26]에 따라 수정되어 마침내 공동위원회를 재소집하게 하는 기초로 받아들였다.[27]

20) 1947년 4월 19일의 편지에서 몰로토프 씨는 "한국의 민주적 정당 · 사회단체의 폭넓은 참여를 기반으로 하는 조선 민주주의 임시 정부의 수립"을 주장했다. 이 말에 대해 마셜 씨는 1947년 5월 2일자의 편지에서 "한국의 민주 정당과 사회단체의 폭넓은 참여를 기반으로 하는 조선 민주주의 임시 정부의 수립은 외국의 지배로부터 자유롭고, 국제연합 회원 자격이 있는 자치적인 주권 한국의 수립을 지원하는 정책의 기반으로서 미국 정부가 처음부터 수용했던 것입니다."라고 대답했다.

1947년 5월 7일자 귀하의 편지 잘 받았으며 1946년 12월 24일자로 주한미군사령관이 주한소련사령관에게 보낸 제안에 기초하여 공동위원회를 재개하기로 귀국 정부가 동의한 것을 기쁘게 생각합니다. 미국 정부가 인정한 이 제안은 1947년 5월 2일자 나의 편지의 제2항에 포함된 내용의 목적과도 일치하는 것입니다. 나는 지금 주한미군 사령관에게 공동위원회를 즉각 준비하도록 지시했습니다. 이 편지의 부본은 영국과 중국 정부에도 발송되었습니다.

1947년 5월 13일
G. 마셜

마셜 씨 귀하

1947년 5월 13일자 귀하의 답신을 잘 받았습니다. 귀하가 주한미군사령관에게 공동위원회의 즉각적 재개를 준비하도록 지시했다는 사실은 1947년 5월 20일에 공동위원회의 활동을 재개하자는 나의 제안을 받아들인 것으로 이해하겠습니다. 나로서는 공동위원회의 소련 대표단이 그날까지 서울에 도착할 수 있도록 준비가 되어 있음을 알려 드립니다. 나는 이 편지의 부본을 영국과 중국 정부에도 발송합니다. 나의 진심을 신뢰하여 주시기 바랍니다.

1947년 5월 16일
V. 몰로토프
(국무성 문서 171135/Z)

25) 각주 21)의 1946년 11월 26일자 북조선 주둔 소련군사령관의 편지 참조.
26) 각주 21)의 1946년 12월 24일자 주한미군사령관의 편지 참조.
27) 각주 23)의 1947년 5월 7일자 몰로토프 외상의 편지 참조.

더욱이 마셜 씨는 다음과 같이 지적했다. "한국의 민주적 정당·사회단체의 대표들은 만약 공동위원회와 협조할 준비가 되어 있다면 앞으로 자기 나라 정부에 관해 과거에 어떤 의견을 피력했거나 혹은 어떤 의견을 가지고 있다는 이유로 임시 정부 수립에 관해 공동위원회와의 협의에서 제외되지 않아야 합니다." 몰로토프는 이 입장에 대해 이의를 제기하지 않았다.

21) 주한미군 사령관은 북한 주둔 소련군 사령관과 교환한 서신을 통해서 소련과 미국 사이의 견해 차이가 해소되지 않았다는 것을 인식했다. 1947년 5월 11일 전쟁성에 보내는 전문에서 주한미군사령관은 국무장관이 소련 외무장관과의 교섭에서 공동위원회의 교섭 재개를 위한 실질적 기초가 될 수도 있는 구체적 합의를 이끌어내야 한다고 권고했다.[28]

---

28) 공동위원회가 1947년 5월 11일 16 : 00경에 워싱턴[국무성]에 전달하도록 랭던 씨에게 부탁한 무선 전신의 사본(Z POL 625 WD)은 다음과 같다.

"5월 11일자 런던 발 UP통신에 따르면 몰로토프는 공동위원회의 재개를 위한 기초로서 하지 장군이 치스챠코프 상장에게 보낸 12월 24일자 편지에 담긴 제안을 수락한 것으로 모스코바 방송이 발표했다고 한다. 치스챠코프 장군은 1946년 12월 24일자 하지 장군의 편지에 대한 1947년 2월 28일자 답신에서 '모스코바 결정에 적극적으로 반대하지 않은 사람은 위원회와의 협의에 초청되어야 한다'고 그의 제안 제2항에서 주장함으로써 치스챠코프 장군에게 보낸 1946년 11월 26일자 하지 장군의 편지와 12월 24일자 하지 장군의 편지에서 거론된 의사 표현의 자유와 원칙에 대해 지난날 분명히 부분적으로만 수용했던 입장을 철회했다.

이렇게 되면 혼란을 일으킬 수도 있는 또 다른 문제점들이 있을 수 있다. 모스코바 결정의 원칙에 동의하지 않음을 구두로 표현한 여부와 관계없이 한국인에게 의사 표현의 자유를 부여해야 한다는 점에 관하여 소련과 분명하고도 특별한 합의에 이르지 않는 한, 공동위원회를 재개하더라도 구체적인 결과를 기대할 수는 없다. 만약 의사 표현의 자유에 관한 특별하고도 분명한 보장이 없이 공동위원회를 재개한다면, 현재의 현지 상황으로 볼 때 우익 인사와 정당이 대거 배제될 것이며, 그렇게 되면 좌익 인사들만이 협의에 초청될 것이고, 결국은 지방의 소요를 야기함으로써 공동위원회의 활동을 저해할 수도 있다.

그동안에 소련과 미국 사이에 몇 차례 오고 간 편지에 나타나 있는 견해 차이나 더 이상의 오해를 피해야 한다는 필요성에 비추어볼 때 1947년 4월 19일자 몰로토프 씨의 편지에 대한 국무장관의 답신 가운데 제2항에서 언급된 바와 같이 이 전문에 들어 있는 제안은 이행되지 않았다. 1946년 12월 24일자 편지[29]에 담겨 있는 주한미군사령관의 제안은 북한 주둔 소련군 사령관에게 받아들여지지 않았지만, 공동위원회 교섭 재개의 기초가 되었다.

4. 회의 재개(1947년)

22) 마셜-몰로토프의 합의에 따라서 1947년 5월 21일에 재개된 공동위원회는 조선 민주주의 임시 정부의 수립을 위한 기초 작업에 착수했다.

23) 1947년 5월 21일부터 1947년 8월 21일까지 31차에 걸친 회의가 개최되었다.

24) 회의의 초기에는 주로 1946년도 회기 동안에 이루어진 결정에 따라서 내부적 절차상의 문제와 활동 계획에 관한 합의가 이루어졌다.[30]

공동위원회의 재개를 위한 기본 조건을 명시하고, 양국 정부는 공동위원회를 위한 지침으로서의 합의문을 특별히 명문화하여 시달함으로써 이제까지 오고 간 문서에 대한 논쟁을 피할 수 있을 것으로 여겨진다.

29) 각주 21)의 1946년 12월 24일자 하지 장군의 편지 참조.

30) ◇ 공동위원회 결의문 제1호

1946년 3월 20일, 서울에서 개최된 공동위원회는 모스크바 3상회의 공동 성명 제3절[한국]에 명시된 바에 따라 다음과 같은 점에 합의했다.

〈위원회의 운영 방법〉

1. 위원회의 운영

(1) 공동위원회는 양국으로부터 각기 파견된 1명의 대표단장과 4명의 위원으로 구성된다.

(2) 위원장은 양측 대표가 격주로 교대하여 맡되, 특별한 경우에는 상호 합의에

따라 더 빨리 교체될 수도 있다. 필요할 경우에 설치하게 될 분과위원회와 소분과위원회 의장의 국적은 통상 공동위원회 의장의 국적과 그 주재(主宰) 기한에 상응하여 교체한다. 대표단장이 부재중일 경우, 그는 자신의 위원 가운데 1인을 대리자로 임명할 수 있다.

(3) 위원회는 양측 대표단장이 결정하는 바에 따라서 수시로 공식 회합을 가질 수 있다. 양측 대표단장은 필요할 경우에 특별회의를 소집할 수 있다.

(4) 위원회에는 대표단장 (그가 부재중일 때는 합법적으로 임명된 대리자), 위원 및 고문과 전문인이 참석할 수 있으며, 양측 대표단장의 상호 합의에 따른 특별 초청으로 한국의 민주적 정당 · 사회단체의 대표도 위원회의 회의에 참석할 수 있다.

(5) 매번의 회의는 사전에 배포된 의사 일정, 초안 및 기타 중요한 자료에 따라서 진행될 것이며, 이 문건들은 회의 2~3일 전 적절한 형식과 언어로 작성되어 사무국 요원(이하에 언급)에게 전달되어 배포될 것이다. 의사 일정은 각 회의의 벽두에 위원회의 최종 동의를 받는다. 그러나 각 대표단장은 모스코바 결정 제3절(한국) 제2항에 명시된 위원회의 권한 내에서 필요하다고 생각되는 문제를 의사 일정에 포함할 수 있는 권리를 가진다.

(6) 회의록 · 의사 일정 · 위원회의 결의안(resolutions)과 결정(decisions)과 공지문(proclamations) 및 언론 기관에 배포하는 공동 성명은 위원회의 기본 문서이다.

(7) 모든 회의는 러시아어와 영어로 진행되며, 모든 문서는 사무국 요원이 양국어로 위원회에 배포한다.

2. 공동 사무국(Joint Secretariat)의 운영

(1) 구성 : [양국 대표의 사무국이 추천할 수 있도록 1주일 동안 결정을 유보한다.]

(2) 양측 사무국장(Chief Secretaries)은 위원회의 사무총장(Secretary General)을 번갈아 맡는다. 따라서 사무총장의 국적은 위원회 의장의 국적과 일치한다.

(3) 책임국장(Responsible Secretaries)의 임무는 다음과 같다.

(a) 양측 위원장의 지시에 따라 의사 일정을 준비하고 회의 24시간 앞서 해당국의 언어로 작성된 의사 일정을 배포한다.

(b) 수정과 정정을 위해 회의록 초안을 작성 · 배포하는 일에는 위원회의 결정과 결론은 물론 논의의 간략한 요약도 포함된다. 양측 위원장이나 또는 그가 임명한 대리인이 수정 · 동의하기 이전까지는 회의록이 최종적인 공식 문서로 여기지 않는다. [통상적으로, 전(前) 회기의 회의록은 그다음 회기의 의사 일정에서 우선적으로 다루어진다.]

(c) 각 대표단이 논의할 수 있도록, 위원회에 제출된 모든 문서를 취합 · 번역하여 각 위원에게 배포한다. 통상적으로 위의 문서들은, 회의 이전에 적절히 연구할 수 있도록 하려면, 논의가 예정된 회의의 24시간 이전에 배포되어야 한다.

(d) 위원회가 공동으로 인정하고 지시한 결정 · 고지문(告知文) · 언론발표문 · 선언서를 러시아어 · 영어 · 한국어로 번역 · 배포 · 발행한다.

(e) 위원회의 모든 임원 및 위원회가 초청한 모든 인사의 신원과 회의의 시간 및 장소를 확인한다.

(f) 필요할 경우에는 분과위원회나 소분과위원회를 위해서 (a), (b), (c), (d), (e)에 개략된 모든 기능을 수행한다.[1946년 3월 20일 회의에서 결정] 1946년 3월 20일의 의사 안건 제3호의 결정에 관해서는 미소공동위원회의 사무국 요원을 표기할 때 "공동"(Joint)이라는 용어 대신에 "책임"(Responsible)이라는 용어를 쓴다.[1946년 3월 22일 회의에서 결정]

미소공동위원회 미국 대표단장	미소공동위원회 소련 대표단장
육군 소장 A. V. 아놀드	육군 상장 T. F. 슈티코프

◇ 공동위원회 결의문 제2호

모스코바 3상회의 공동 성명 제3절[한국]에 따라 1946년 3월 20일 한국의 서울에서 개최된 공동위원회는 다음과 같은 사항에 합의하였다.

〈공동 기자 회견에 관한 건〉

(1) 모든 사람과 특히 한국인들은 한국 정부의 수립을 도우려는 공동위원회의 노력을 가능한 한 많이 알 권리를 가지고 있기 때문에 공동위원회는 각 문제가 타결된 뒤 매주 자세한 공동 성명을 언론에 공표하기로 결정한다.[1946년 3월 20일 회의에서 결정]

(2) 분과위원회, 소분과위원회 및 기타 공동위원회의 부속 기관의 회의에 관한 모든 기록은 비밀 문서로 취급하며, 양측 대표단장이 상호 동의하지 않는 한 언론에 유출될 수 없다.[1946년 3월 22일 회의에서 결정]

미국 대표단장	소련 대표단장
육군 소장 A. V. 아놀드	육군 상장 T. F. 슈티코프

◇ 공동위원회 결의문 제3호

모스코바 3상회의 공동 성명 제3절[한국]에 따라 1946년 3월 20일에 한국의 서울에서 개최된 공동위원회는 다음과 같은 사항에 합의하였다.

〈활동 계획에 관한 공동 합의〉

공동위원회의 활동은 (1) 한국에 관한 모스코바 결정 제2항과 (2) 한국에 관한 모스코바 결정 제3항을 이행하는 2단계가 될 것이다. 위원회 활동의 제1단계는 다음과 같은 문제들을 다룰 것이다.

(1) 민주적 정당·사회단체와의 협의에 관한 조건과 순서.
(2) 조선 민주주의 임시 정부와 지방 조직의 구성을 위한 권고와 조직의 원칙. [임시헌장]
(3) 미래의 한국의 민주적 임시 정부의 정강과 기타 적절한 수단에 관한 예비적 심의.
(4) 한국의 민주적 임시 정부의 인사(人事)에 관한 권고의 심의.

미소공동위원회 미국 대표단장
육군 소장 A. V. 아놀드

미소공동위원회 소련 대표단장
육군 상장 T. F. 슈티코프

◇ **미소공동위원회 결의문 제7호**
(결의문 제1호의 수정)

위원회의 운영 방법(바뀌지 않은 부분은 생략함)
1. 공동위원회의 운영
(4) 회의 참석자는 다음과 같다.
(a) 전체 위원, 고문, 전문인.
(b) 양측 대표단장이 상호 합의한 특별 초청에 따라 기타의 인물들도 비공개 회의에 참여할 수 있다.
(c) 공개 회의에는 양측 대표단장이 상호 합의한 인사만이 제한적으로 참여할 수 있다.
2. 사무국의 운영
(1) 양측 사무국장(Chief Secretaries)은 위원회의 책임국장(Responsible Secretary)을 번갈아 맡는다. 따라서 책임국장의 국적은 위원회 의장의 국적과 일치한다.
(2) 결의문 제1호의 (3)과 같음. ……
(1946년 3월 20일 및 3월 22일 회의에서 결정됨)

미소공동위원회 미국 대표
육군 소장 A. V. 아놀드

미소공동위원회 소련 대표
육군 상장 T. F. 슈티코프

* 1-(4)-(b)에 명시된 바에 따라 비공개 회의에서 참석하는 인사는 손님(guest)의 자격으로 참석하는 것이지 협의의 대상으로 참여하는 것은 아니라는 양해와 함께 1947년 5월 22일 승인됨.(JC. 25th Mtg, Item 2, p. 3)

◇ **공동위원회 결의문 제8호**
(결의문 제3호의 수정)

활동 계획에 관한 공동 합의(변경되지 않은 부분은 생략함)

(5) 한국 임시 정부의 권력 이양 절차와 조선 민주주의 임시 정부를 위한 인사(人事)의 선거 절차(추가).

* 한국 임시 정부의 어떠한, 또는 모든 인사를 확보하는 데 이용될 수 있는 방법에 관해서는 공동위원회나 분과위원회의 결정권을 더 이상 제약하지 않는다는 양해와 더불어 1947년 5월 22일에 승인됨.(JC. 25th Mtg, item 3, p. 7)

◇ 공동위원회 결의문 제9호
(공동 기자 회견에 관한 건)

미소공동위원회는 1946년 3월 20일과 22일의 회의에서 합의된 공동위원회 결의문 제2호를 원안대로 받아들였다.

* 비밀 사항을 유출하지 않는 한 양측 대표단장은 이 결의문 제9호로 말미암아 스스로 적절하다고 생각하는 기자 회견을 방해받지 않는다는 양해 아래, 이 결의문은 1947년 5월 23일에 승인되었다(JC. 26th Mtg, Item 1, p. 5).

◇ 공동위원회 결의문 제11호
(공동위원회 결의문 제2호의 수정)

공동 기자 회견에 관한 건

1) 공동위원회는 매번의 회의가 끝난 뒤 회보를 발행하며, 주요 안건이 타결된 직후나 또는 양측 대표단장이 결정하는 시기에 자세한 공동 성명을 발표한다.

2) 대표단장은 자신의 재량으로 기자 회견을 가질 수 있으며, 공동 회보나 합의된 공동 성명 또는 비밀이 아닌 사항의 범위 내에서 공동위원회의 활동을 언론사 대표에게 알려줄 수 있다.

* 1947년 5월 31일에 이 문건은 승인되었으며(JC. 28th Mtg, Item 1, p.4), 이 결정으로 공동위원회 결정문 제2호와 제9호는 효력을 상실한다.

◇ 공동위원회 결의문 제17호
(공동위원회 결의문 제7호의 수정)

위원회의 운영 방법

공동위원회 결정문 제7호의 2)-(2)-(b)를 다음과 같이 수정한다.

"수정과 정정을 위해 공동위원회의 모든 회의의 회의록 초안을 작성·배포한다. 이 회의록에는 공동위원회의 모든 결정과 결론은 물론 최근에 논의된 모든 내용이 포함된다. 양측 위원장이나 또는 그가 임명한 대리인이 수정·동의하기 이전까지는 회의록은 최종적 공식 문서로 보지 않는다."(통상적으로 전 회기의 회의록은 그 다음 회기의 의사 일정에서 우선적으로 다룬다.

* 1947년 7월 22일에 승인됨.(JC. 45th Mtg, Item 2, p. 23)

25) 정당 · 사회단체와의 협의에 관한 공동 결정서를 작성하면서 공동위원회를 교착 상태에 빠뜨렸던 양국 대표 사이의 당초의 입장 차이는 제1소분과위원회와 공동위원회에서도 명백하게 드러났다.

26) 정당 · 사회단체가 공동위원회와 협의하면서 동의하는 것에 관한 공동 결의문의 초안 작성을 책임지고 있던 제1소분과위원회에서 소련 대표의 첫 번째 제안은 협의의 대상을 약 30개 단체로 축소하자는 것이었다.[31] 이와 같은 소련의 제안은 양국 사령관 사이에 서면으로 논의된 바와 같이 광범위하게 협의한다는 원칙에 위배될 뿐만 아니라 몰로토프 씨가 제안하고 마셜 씨가 동의했던 원칙[32]에도 위배되는 것이라고 미국 대표는 생각했다.

더구나 제1소분과위원회에서 "정당" · "사회단체"의 개념을 정립하고 소규모 단체와 지방 단체를 협의에서 제외하는 기조로서의

---

31) "남북한의 민주적 정당 · 사회단체와의 협의의 순서"라는 제목으로 제1소분과위원회의 제1차 회의(1947년 5월 26일)에 제출된 소련 측 제안 제1항의 요약은 다음과 같다.

(1) 한국의 민주적 정당 · 사회단체와 협의하는 조건에 관한 미소공동위원회의 결정과 이 문제에 관한 1947년 5월 7일자 소련 외상 몰로토프의 편지, 그리고 1947년 5월 13일자 미국 국무장관 마셜의 편지에 근거하여, 제1소분과위원회는 이 정당 · 사회단체의 회원과, 가능하다면 그들의 영향력을 고려하여 남한은 물론 북한에서 각기 다른 정치적 신념을 가진, 한국에서 가장 중요한 정당 · 사회단체로서 공동 성명 제5호에 수록된 선언서에 서명한 약 30개의 명단을 작성하여 공동위원회의 승인을 위해 제출한다.

32) 제1소분과위원회의 제2차회의(1947년 5월 27일)에서 미국 대표는 다음과 같이 말했다.

"미국 대표단은 소련 대표단의 제안을 주의 깊게 검토한 결과, 거기에는 몰로토프 외상과 마셜 국무장관 사이에 이루어진 합의의 본질적 정신이 왜곡되어 있음을 절실히 느꼈다. 왜냐하면 소련의 제안에 제시된 인용문 가운데 어느 것은 삭제되고 어느 것은 첨가되었기 때문이다. …… 4월 19일자 편지에서 몰로토프 씨는 '한국이 분단을 극복할 수 있도록 외국의 간섭으로부터 독립된 자립 국가로서의 정치적 · 경제적 통일을 촉진하고자 한국의 민주적 정당 · 사회단체의 광범위한 참여에 기초한 민주적 임시 정부의 수립'이라는 말을 하고 있다."

어떤 근거를 마련하려던 노력에 대하여 소련 대표는 그것이 불필요하다고 거부하였다.[33] 그뿐만 아니라 공동위원회와 협의하게 될 단체들은 모스크바 협정의 모든 조목을 전면적으로 지지해야 한다고 소련 대표는 주장했다.[34]

물론 소련의 이와 같은 모스크바 협정의 일방적인 해석은 소련 대표가 1946년의 입장으로 되돌아가는 것이었고, 마셜-몰로토프

---

33) 제1소분과위원회의 제3차 회의(1947년 5월 30일)에서 미국 대표는 다음과 같이 지적했다.

"우리가 정당 · 사회단체의 명단을 제출하기에 앞서 그들의 명단을 작성하는 데 필요한 기준을 마련하는 일이 필요하다고 나는 생각합니다. 예컨대, 만약 그러한 기준도 전혀 없이 정당 · 사회단체를 초청할 경우 우리는 전국에 흩어져 있는 모든 준(準) 정당의 명단을 작성하게 될 것이며, 그렇게 되면 몇 천 개의 작은 단체들까지도 포함될 것입니다. 그러므로 우리가 해야 할 첫 번째 일은 그 기준을 마련하는 것이라고 나는 생각합니다."

"정당 · 사회단체"라는 광범한 정의에 동의할 수 없다는 사실을 인식한 미국 대표단은 (1) 모든 정당 · 사회단체는 1천, 2천, 또는 3천 명의 회원을 가져야 하며, (2) 모든 정당 · 사회단체는 2개 이상의 도(道)에 지부(支部)를 가져야 한다는 점과 같은 임의적인 기준을 마련하려고 시도하였다. 미국 대표의 모든 제안을 협의에 관한 공동위원회의 결정의 최종 문안으로 채택하는 것이 소련 대표에 의해 거부되었음이 명백해진다.(각주 39 참조)

34) 1947년 5월 28일의 제1소분과위원회에서 미국 대표와 소련 대표 사이에는 다음과 같은 대화가 오고 갔다.

"미국 : 나는 직접적인 대답을 듣고 싶습니다. 모스크바의 결정과 관련하여 어떠한 의견이라도 가진 모든 사람을 협의로부터 배제하기를 당신은 원합니까?

소련 : 만약 어떤 정당이 옳지 않은 말을 하고, 그것을 격렬하게 반대하고, 모든 한국인이 그것을 반대하도록 주장함으로써 모스크바 결정을 반대했다면, 그것은 적극적인 반대가 된다고 나는 생각합니다. 개인적으로 가지고 있거나 피력한 의견은 적극적인 반대가 아닙니다. 공개적으로 표현된 의견만이 적극적인 반대입니다.

미국 : 어떠한 정당 · 사회단체도 신탁통치에 관한 의견을 피력할 수 없으며, 귀하는 그것을 용납하지 않겠다는 뜻으로 이해하면 되겠습니까?

소련 : 그들은 그들이 원하는 바를 의견으로 피력할 수 있습니다. 그러나 만약 그들이 말한 것이 모스크바 결정의 어느 한 항목을 반대하는 것이라면 우리는 그들과 협의하지 않을 것입니다. 왜냐하면 우리는 모스크바 결정의 이행에 참여하고자 하는 사람들과 협의하기를 원할 뿐이지 그것을 반대하는 사람들과 협의하기를 원하는 것은 아니기 때문입니다."

합의를 손상하는 것이었기 때문에 미국 대표는 이를 받아들일 수 없었다.[35] 미국 대표는 또한 공동위원회가 재개된 조건 때문에 정당 · 사회단체를 일방적으로 배제할 수는 없다는 점을 1947년 5월 27일의 제1소분과위원회 제2차 회의에서 지적했다.[36]

27) 제1소분과위원회의 벽두에서부터 의견의 불일치가 나타나게 되자 공동위원회에서는 정당 · 사회단체와의 협의를 진척시키는 방법에 관한 논의를 시작했다. 제1소분과위원회의 대표들이 취한 입장에 따라 양측 대표단장들은 각자의 입장을 상세히 설명했다.

공동 결의문 제12호[37]를 논의하는 과정에서 소련 대표는 공동위원회와의 협의를 바라는 사람들이 협의를 신청할 수 있도록 공

---

35) 각주 33)과 관련하여 미국 대표는 다음과 같이 말했다.

"이는 몰로토프-마셜의 합의를 무효화시키는 것입니다. 마셜 장군은 몰로토프 씨의 견해가 의사 표현의 자유에 관한 자신의 견해와 일치한다고 이해했기 때문에 그의 의견에 동의한 것이라는 점을 분명히 말했습니다."

36) 제1소분과위원회의 제2차 회의(1947년 5월 27일)에서 미국 대표는 다음과 같이 말했다.

"내가 가장 중요하다고 생각하는 것은 5월 7일자로 마셜 장군이 몰로토프 씨로부터 받은 편지에 잘 나타나 있습니다. 그 제1항은 다음과 같이 되어 있습니다.

'귀하의 첫 번째 제안은 다음과 같은 의미로 해석된다 : 공동 성명 제5호에 실린 선언문에 서명한다는 사실은 모스코바 결정을 전폭적으로 지지한다는 선의의 선언으로 받아들여지며, 서명한 정당 · 사회단체가 우선적 협의 대상이 되도록 할 것이다.'

이 문장을 인용하면서 소련 대표는 몇 개의 단어를 첨가했는데, 나는 그것이 불필요하다고 생각합니다. 두 번째 제안은 다음과 같이 되어 있습니다.

'모스코바 결정의 이행에 관하여 미소공동위원회에서 가장 훌륭하게 의사를 표현할 수 있다고 믿어지는 대표자를 지명하는 일은 서명한 정당 · 사회단체의 권한이라고 나는 생각했다. 그러나 만약 그 대표자가 모스코바 결정이나 연합국의 결정을 이행하는 데 적대적이었다고 믿을 만한 충분한 이유가 있을 경우, 미소공동위원회는 상호 합의를 거쳐 대표자의 교체를 그 정당에 요구할 수 있다.'

소련 대표의 제안은 몇 가지 이유로 이 첫 번째 항을 생략했다는 점을 나는 지적하고 싶습니다. 두 사람의 합의는 협의로부터 어떤 대표를 일방적으로 배제할 수 없으며, 어떤 사람을 배제할 때는 공동위원회의 상호 합의를 거쳐 배제할 수 있음을 의미한다는 점에 대하여 나는 언급해 두는 바입니다."

37) 다음의 각주 39) 참조.

동 성명 제5호를 즉시 공표해야 한다고 거듭 주장했다.[38] 그들은 공동위원회 결의문 제12호의 결정을 기다리는 것은 소용없는 일이며, 소련 대표단은 공동위원회와의 협의를 소망하는 정당 · 사회단체에 대한 더 많은 자료가 필요하다고 주장했다.

그러나 소련 대표는 자신들의 정치적 목적에 유리한 방법으로 협의를 유도하는 방안을 공동 결의문 제12호에 명문화하려고 그러한 자료를 요구하는 것이라고 미국 대표단은 생각했다. 공동위원회와의 협의를 소망하는 정당 · 사회단체들은 공동 성명 제5호에 수록된 선언서에 서명할 것을 요구받기에 앞서 협의 이행의 모든 세부 사항을 충분히 인지해야 한다는 점을 이유로 미국 대표단은 소련 측 제안을 거부했다.[39]

28) 위에서 살펴본 바와 같이 협의를 이행하는 방법에 관해서 근본적인 이견이 있었음에도 불구하고 1947년 6월 7일에 〈남북한의 민주적 정당 · 사회단체와의 협의에 관한 규정〉[40]이 공동 결의문

---

38) 공동위원회 제27차 회의(1947년 5월 29일)에서 소련 측 대표단장은 다음과 같이 선언했다.

"…… 소련 대표는 [미국이] 공동 성명 제5호에 명시된 선언을 지금 언론에 발표해야 한다는 공동위원회의 결정을 수락하도록 촉구하는 바입니다. ……"

39) 공동위원회 제27차 회의(1947년 5월 29일)에서 미국 대표단장은 다음과 같이 언급했다.

"…… 그것은 불필요하다고 여겨집니다. 만약 공동 성명 제5호에 서명한 정당 · 사회단체에게 초청장이 발송된다면 혼란이 야기되고 공동위원회의 활동에 해로운 결과를 초래할 것이며, 만약 이 선언서에 서명함으로써 협의의 자격을 갖게 된 정당 · 사회단체를 협의부터 배제하도록 뒷날 공동위원회가 결정한다면, 그것은 결국 그들이 공동위원회와 협의할 수 있는 자격을 제한하는 것이라고 믿어집니다."

40) ◇ **공동위원회 결의문 제12호**
(결의문 제4호의 수정)

〈남북한의 민주적 정당·사회단체와의 협의에 관한 규정〉

(1) 한국의 민주적 정당 · 사회단체와 협의하면서 공동위원회는 소련의 몰로토프

외상이 1947년 5월 7일자 편지에서 언급했고 미국의 마셜 국무장관이 1947년 5월 13일자 편지에서 수락한 조건에 따른다. 몰로토프 외상의 편지는 다음과 같다.

"소련 사령관은 1946년 11월 26일자 편지에서 공동위원회의 활동을 재개하기 위한 기초로 다음과 같은 제안을 제시했습니다. [이하 각주 24)의 1947년 5월 7일자 몰로토프의 편지 참조 : 본서 pp. 301~303]

공동위원회 활동의 재개와 한국의 민주적 임시 정부의 수립을 돕는다는 뜻에서 나[몰로토프]는 미군 사령관이 제시한 위와 같은 수정안을 수락할 준비가 되어 있습니다."

(2) 동위원회는 그 목적에서 진실로 민주적이고 다음과 같은 선언서에서 서명하는 한국의 민주적 정당 · 사회단체와 협의할 것이다.

◇ 선언서 ◇

우리 ○○○은 '독립 국가로서의 조선의 재건과 민주주의 원칙 위에 한국을 발전시키기 위한 조건의 창조 및 한국에서의 일본의 장기적 지배로말미암은 비극적 결과를 가능한 한 조속히 청산한다'는 모스코바 결정문 제1절에 명시된 목적을 지지할 것을 선언한다. 뿐만 아니라 우리는 조선 민주주의 임시 정부의 구성에 관한 모스코바 결정 제2절을 이행하면서 공동위원회의 결정에 따를 것이며, 조선 민주주의 임시 정부에 참여함으로써 모스코바 결정 제3절에 표시된 방법에 관한 제안을 이행하면서 공동위원회에 협력할 것이다.

○○○ 대표

○○○ ㊞

(3) 이에 따라서 남북한의 민주적 정당 · 사회단체는 공동위원회와의 협의에 참여할 신청서를 제출해야 한다. 모든 정당 · 사회단체는 중앙 본부를 통하여 단 1부의 신청서만을 제출해야 한다. 신청서에는 중앙본부와 대표자의 정당한 서명 · 날인이 찍힌 위[제2절]의 선언서가 첨부되어야 한다. 신청서에는 다음의 사항이 포함되어야 한다.

(a) 정당 · 사회단체의 완전한 명칭 · 중앙 본부의 주소 · 창립 일자 · 지부의 수와 회원 및 소재지 전체 회원의 수.

(b) 대표자의 한자 성명[가능하다면 영어와 러시아어로도 기재할 것] · 출생지 · 생년월일 · 정당 · 사회단체에서의 직위 · 주소

협의 참가 신청서는 1947년 6월 23일까지 서울시 덕수궁 내의 공동위원회나 평양시 도산리 18번지로 송부해야 한다.

(4) 위의 제2절에 수록된 선언서에 서명한 남북한의 민주적 정당 · 사회단체는 공동위원회가 작성한 질문서에 조선 민주주의 임시 정부와 지방 기구의 구성과 조직의 원칙 [임시 헌장] 및 정부의 정강에 관한 자신의 견해를 공동위원회에 서면으로 제출할 수 있다. 이 질문서는 신문에 발표될 것이며, 인쇄된 용지는 서울시 덕수궁 공동위원회 본부나 평양시 도산리 18번지에서 배부한다. 위의 의견서는 1947년 7월 1일까지 위 주소의 공동위원회로 발송해야 한다.

(5) 제1분과위원회는 협의 참가 신청서를 접수하여 위의 제2절에 수록된 선언서에 서명한 남북한의 모든 민주적 정당 · 사회단체와 대표자의 명부를 작성한다.

제12호로 합의에 이르렀다. 공동 결의문 제12호를 작성하는 원칙에 합의하면서 1947년 7월 6일의 제31차 회의의 마감 무렵에 소련 대표는 느닷없이 소규모의 구두 협의를 하겠다는 입장에서 후퇴하더니, 특별 담화로써 광범위한 협의에 동의하였다.[41)]

(6) 위의 제5절에 명시된 민주적 정당 · 사회단체와 대표자의 명부가 공동위원회에서 승인되면 공동위원회는 1947년 6월 25일 서울에서 위에 언급된 남한의 정당 · 사회단체의 대표를 초청한 합동회의를 개최할 것이며, 북한에서는 1947년 6월 30일 평양에서 그와 꼭 같은 회의가 개최될 것이다. 소련 대표단장은 서울 회의를 주재하며 미국 대표단장은 평양 회의를 주재한다. 그 회의가 개최되는 지역의 대표단장은 공동위원회가 작성한 성명서를 발표한다.

(7) 제5절에 언급된 명부에 기록된 남북한 정당 · 사회단체의 대표들은 조선 민주주의 임시 정부와 지방 기구의 구성과 조직 원칙 [임시 헌장] 및 정부의 정강에 관하여 개별적인 구두 협의에 초청될 것이다. 이를 위해 공동위원회는 필요한 숫자의 소분과위원회를 구성하고, 각 대표에게 그들이 협의를 위해 출두할 시간과 장소를 통보한다. 구두 협의는 1947년 7월 5일부터 서울과 평양에서 시작된다.

(8) 공동위원회는 남북한의 민주적 정당 · 사회단체로부터 제출된 의견서와 제안을 검토하도록 이를 해당 분과위원회에 회부할 것이며, 분과위원회는 그와 같은 목적에 필요한 소분과위원회를 설치한다. 양국 대표단장은 분과위원회와 소분과위원회의 업무를 위해 고문, 전문가 및 기술 요원을 임명한다.

(9) 조선 민주주의 임시 정부 및 지방 기구의 구성과 조직 원칙 [임시 헌장] 및 이 정부의 정강에 관한 권고를 마련하면서 공동위원회는 그들과 협의 · 협조하고자 제5절에 언급된 명부에 수록된 정당 · 사회단체의 대표를 초청한다. 각종 정당 · 사회단체의 대표자의 숫자는 그들의 회원 수에 따라 공동위원회가 결정하며, 가능하다면 그들의 영향력을 고려한다. 공동위원회는 대표자들의 합동회의를 소집하며, 그 분과위원회와 소분과위원회에서 제출한 권고안을 심의하는 데 참석하도록 소집할 수도 있다. 공동위원회와 각 대표의 합동회의의 시간과 의제는 양국 대표단장의 승인을 받는다.

(10) 남북한 정당 · 사회단체는 공동위원회와 협의하면서 동등한 권리와 기회를 갖는다.

(11) 소분과위원회에서 작성한 합동 제안은 공동위원회의 심의에 회부되며 공동위원회는 그 제안을 심의하여 잠정적으로 승인할 수 있다. 그 뒤 공동위원회는 기초위원회(起草委員會)를 임명하여 조선 민주주의 임시 정부와 지방 통치 조직의 구조와 원칙[임시 헌장] 및 이 정부의 정강에 관한 최종 권고안의 작성에 필요한 지시를 전달한다. 기초위원회가 작성한 권고안은 공동위원회의 승인을 받는다.

(12) 기초위원회가 제출한 건의안이 승인되면 조선 민주주의 임시 정부의 구성원에 관한 권고안의 작성에 착수한다.

29) 1947년 6월 12일에 공동위원회 결의문 제12호를 발표한 결과 1947년 6월 20일까지 남한에 있는 단 53개의 정당 · 사회단체가 협의를 신청하였으나, 6월 20일부터 신청 마감일인 6월 23일까지는 372개의 정당 · 사회단체가 협의를 신청했다. 소련 대표는 마지막 3일 동안에, 특히 23일 오후에 신청이 쇄도하는 모습을 불안하게 바라보았다.

소련 대표가 이 문제에 대하여 보여준 분명한 관심[42]은 공동위원회 결의문 제12호[43]에 합의된 바대로 광범위한 협의를 하겠다는 원칙에

41) (1) 공동위원회의 제28차 회의(1947년 5월 31일)에서 소련 대표단장은 1947년 6월 6일의 공동위원회 회의(이하 참조)에서 취할 입장을 다음과 같이 미리 넌지시 비치고 있다.

"[정당 · 사회단체의] 숫자를 30개로 하자는 안은 소련 안이 아닙니다. 소련 대표는 30이라는 숫자의 발설자가 아니며 미국 대표가 제시한 의안이었습니다. 지난번에 소련 대표는 그 제안에 동의했지만, 그와 같은 숫자에 담긴 미국의 목적을 고려한 결과 지금은 정당 · 사회단체의 숫자를 제한하는 문제에 동의하지 않습니다."

(2) 공동위원회의 제31차 회의에서 소련 대표단장은 본질적으로 광범위한 협의에 따르면서 다음과 같이 말했다.

"정당 · 사회단체의 숫자를 명기함으로써 명부에 실린 그들의 기준이나 숫자를 회의나 문서에서 다루는 것은 편의롭지 않다고 소련 대표단은 이해하고 있습니다. 이는 [협의에 관한 공동위원회 결정] 제7항에 위배됩니다. 우리 측이 마련한 문맥에 따르면 공동 성명 제5호에 실린 선언서에 서명하는 모든 정당 · 사회단체는 구두 협의에 참여하게 되어 있고, 우리가 알기로 그것은 공동위원회와 협의하기를 바라는 정당 · 사회단체의 숫자는 아닙니다."

42) (1) 공동위원회의 제39차 회의(1947년 7월 8일)에서 소련 측 대표단장은 공동위원회 결의문 12호에 명시되어 있고, 마셜 씨와 몰로토프 씨 사이에 합의된 광범위한 협의의 원칙을 이행하려는 미국 측의 노력에 반대하면서 다음과 같이 말했다.

"미국 대표단은 되도록이면 많은 숫자의 단체가 협의 참가 신청을 낼 수 있도록 노력했다는 사실을 소련 대표는 잘 알고 있습니다. 남한의 신문들은 아무런 설명도 없이 모든 단체가 협의 참가 신청을 내도록 초청받았다는 미국 측의 성명을 보도했고, 그와 유사한 성명을 수록한 유인물들도 배포했습니다. 미국 대표는 남한에서 신청서를 제출한 정당 · 사회단체의 숫자가 많다는 사실을 긍정적인 것으로 설명하려고 노력했지만, 신청서를 제출한 정당 · 사회단체의 상당수가 합의된 결정에 따라 협의에 참여할 수 있는 권리를 가지고 있지 않다는 사실을 고려할 때 그러한 현상을 어떻게 긍정적인 것으로 고려할 수 있겠습니까?"

43) 이에 대하여 미국 대표단장은 그 회의에서 다음과 같이 답변했다.

서 후퇴하는 형태로 그들의 전략을 즉각적으로 바꾼 것과 일치한다.

30) 소련 대표가 공동위원회 결의문 제12호를 처음으로 부인하기 시작한 것은 제1소분과위원회에서였다. 미국 대표는 공동 결의문 제12호 5항에 따라 공동선언 제5호에 수록된 선언서에 서명하여 협의를 신청한 남한의 모든 정당·사회단체의 완전한 명단을 작성했고, 소련 대표도 그와 비슷하게 북한에서 협의를 신청한 모든 단체의 명단을 작성했다.

양측은 각자의 명단을 교환했으며, 미국 대표는 상호 협의에 따라 어떤 단체를 제외할 것이며, 제외하는 근거는 무엇인가를 마련하고자 신청단체의 통합 명부를 검토할 것은 제안했다.[44)]

31) 남한의 신청 단체 명부를 검토한 소련 대표는 지부를 두지

"미국 대표단이 가능한 한 많은 정당·사회단체를 등록시키려고 노력했다는 설명은 맞습니다. 소련 대표가 전면적인 협의를 문서로 약속했을 때 우리는 소련 대표가 제한이 아닌 전면적인 협의를 원하는 것이라고 믿었기 때문에 소련 대표가 충분히 검토한 뒤에 동의한 것이라고 액면 그대로 받아들였던 것입니다. 미국 대표단은 공동위원회가 합의한 점과 그 합의에 따라 한국인들이 전면적이고도 자유롭게 협의에 참여할 수 있는 권리를 갖는다는 사실을 언론을 통해 한국인들에게 알리려고 노력했습니다."

44) 제1소분과위원회 제10차 회의(1947년 6월 25일)에서 미국 대표는 다음과 같이 말했다.

"미국 대표가 제출한 이 명부는 합의된 작업 계획에 따라 나온 결과이며 공동위원회에서 이 문제가 논의될 당시 소련 대표도 이에 동의했습니다. 뿐만 아니라 제1소분과위원회가 개최되는 동안 구두 협의를 신청할 수 있는 숫자를 어떻게 제한할 것인가를 결정하고자 사회단체란 무엇이며 어떤 정당과 협의할 것인가에 대한 분명한 정의를 소련 측으로부터 받아 내려고 미국 대표는 노력했습니다. 그러나 소련 대표는 미국의 그와 같은 제안을 받아들이지 않았습니다.

이 명부는 소련 대표가 주장했던 입장의 직접적인 결과입니다. 우리는 공동위원회 결의문 제4호(공동위원회 결의문 제12호의 전신)에서 약속한 바를 충실히 따라야 한다는 것이 미국의 입장입니다. 만약 퉁킨(G. I. Tounkin) 씨께서 남한 정당의 명부에서 반대할 만하거나 위험한 부분이 있다고 느낀다면 그 반대하는 내용이 무엇이며, 그것이 야기할 수 있는 문제점의 해결 방안으로서 소련 대표는 무엇을 제안하고자 하는가를 분명히 설명해 주시기 바랍니다."

않은 소규모의 지방 단체[45]와 비사회적 단체는 구두 협의에 받아들이지 않을 것을 제안했다.[46] 며칠 동안의 토의를 거친 뒤 소련 대표는 더 나아가서 반탁위원회의 회원인 정당 · 사회단체들은 모스코바 결정을 전면적으로 지지하지 않는 단체이므로 이들을 협의 단체 명단에 포함시킬 수 없다고 단호하게 선언했다.[47]

32) 이와 같은 소련의 모든 제안에는 한 가지 공통점이 있다. 그들은 대부분의 우익단체와 민주주의 인민전선과 관련된 소수의 몇몇 단체를 제외하려는 것이 그들의 뜻이었다.[48] 이것은 소련의 목표에 포함된 것으로서 1946년의 전술이었다.

33) 미국은 그와 같은 소련의 제안을 모두 거부했다. 왜냐하면 그것은 한국인들과 광범하게 협의하겠다고 약속한 공동위원회 결

45) 제1소분과위원회 제10차 회의(1947년 6월 25일)에서 소련 대표는 다음과 같이 발언했다.

"우리는 중앙본부와 협의하는 것이지 지방 · 시 지부와 협의하는 것은 아니라는데 우리가 동의했다고 나는 생각합니다. 도 · 시 · 군의 지부는 명부에서 배제하는 것이 좋다고 나는 생각합니다."

46) 소련 대표는 제1소분과위원회 제11차 회의(1947년 6월 26일)에서 다음과 같이 발언했다.

"모스코바 결정의 정신에 비추어 볼 때 어느 모로 보나 사회단체로서 협의할 수 없는 기관을 배제하는 것이 …… 필요할 것입니다."

47) 제1소분과위원회 제12차 회의(1947년 6월 27일)에서 소련 대표는 다음과 같이 발언했다.

"소련 대표는 소위 반탁위원회의 회원인 정당 · 사회단체는 그 명부에서 제외해야 한다는 점을 특별히 주장하는 바입니다. 반탁위원회는 모스코바 결정에 반대하는 투쟁을 목적으로 하는 단체로서 예나 지금이나 모스코바 결정에 적극적인 반대 운동을 수행하고 있다는 것은 잘 알려진 사실입니다."

48) 제1소분과위원회 제14차 회의(1947년 7월 2일)에서 미국 대표는 다음과 같이 선언했다.

"귀하의 제안에는 공통된 한 가지 점이 있는데 그것은 남한의 "민주주의민족전선"과 협조하지 않는 집단을 제외한다는 것입니다. 그것은 소련 대표가 분파주의적 기초 위에서 한국의 내정 문제를 훼방하려고 공동위원회를 이용하고 있다는 결론을 불가피하게 도출하고 있습니다. 이러한 입장은 공동위원회의 활동에서 가장 바람직하지 않으며, 가장 의미 없는 일이라고 나는 믿습니다."

의문 제12호의 합의에 배치되는 것이었기 때문이다.[49)]

34) 이 무렵 소련 대표는 협상을 위한 기존의 명단은 없다고 생각했으며, 피차 합의가 될 경우, 새로운 명단에 정당 · 사회단체가 포함될 수 있다는 점을 분명히 했다.[50)] 이와 같은 입장은 그들이 자신들의 입장에서 볼 때 미심쩍은 모든 정당 · 사회단체를 협의에서 제외할 수 있는 거부권을 행사하고자 제안했음을 의미하는 것이었다.[51)]

35) 이 무렵 제1소분과위원회에서의 이견(異見)을 논의하기에 앞서 공동위원회는 1947년 6월 25일 서울에서, 그리고 1947년 7월 1일에는 평양에서 협의할 수 있는 단체의 대표들과 공식적인 모임을 갖고 광범한 협의를 위한 절차의 개략을 마련했다.

36) 공동위원회는 1947년 7월 2일, 평양에서 개최된 제37차 회의에서 제1소분과위원회의 미결 문제를 다루었다. 이때로부터 1947

---

49) 제1소분과위원회 제14차 회의(1947년 7월 2일)에서 미국 대표는 다음과 같이 선언했다.
"우리가 서명한 모든 문서에 따르면 정당 · 사회단체를 배제하는 것은 공동결의문 제5호에 서명한 이후에나 있을 수 있는 일이며, 공동위원회의 합의로 이루어질 수 있는 일입니다. 퉁킨 씨는 '나는 이 명부에 등재된 인사들에게 동의할 수 없으며, 따라서 우리는 명부를 가질 수 없으며, 따라서 협의할 수 없다'고 말함으로써 [특정 정당 · 사회단체를] 일방적으로 배제할 방법을 만들려고 노력하고 있음이 분명합니다. 이는 이제까지 우리가 합의한 모든 것을 완전히 곡해한 것이라고 나는 생각합니다. 이는 몰로토프 씨와 마셜 씨 사이에 이루어진 합의를 완전히 번복하는 것입니다. 뿐만 아니라 이는 공동위원회 결의문 제12호의 의도에 완전히 배치되는 것입니다. ……."

50) 제1소분과위원회 제14차 회의(1947년 7월 2일)에서 소련 대표는 다음과 같이 발언했다.
"나는 번스(A. Bunce) 씨가 일방적으로 명부에서 제외하려 한다고 말한 것이 무슨 의미인지를 이해할 수 없습니다. 무엇보다도 중요한 것은 아직 명부가 제출되지 않았다는 점입니다. 공동위원회 결의문에 따르면 제1소분과위원회는 토의를 거쳐 정당 · 사회단체의 합의된 명부를 제출해야 한다고 되어 있습니다. 어떤 집단을 배제하는 것이 문제가 아니라 공동위원회에 제출한 명단에 어떤 정당 · 사회단체를 포함하느냐 하는 점이 문제입니다."

51) 각주 48) 참조.

년 8월 12일의 제53차 회의가 종결될 때까지 공동위원회는 일련의 제안을 심의하고 이견을 끝없이 논쟁하는 일에만 매달렸다.

37) 그간에 제기된 소련의 입장은 다음과 같다.

(1) 공동위원회 결의문 제12호에 발표된 바와 같이 마셜-몰로토프의 합의에 따라 어떤 단체가 협의에 참여할 수 있다는 사실은 그 자체가 당연히 공동위원회에 의해 협상에 초청되는 것을 의미하는 것은 아니다.[52]

(2) 어떤 단체가 협의 단체 명부에 수록하려면 그 단체는 양국 대표 모두가 받아들일 수 있는 것이어야 한다. 바꿔 말해서, 소련 대표는 어떤 단체가 명부에 수록되는 것을 동의하지 않는 다는 이유로 그 단체를 일방적으로 협의에서 제외할 수 있다.[53]

---

52) 공동위원회 제29차 회의(1947년 7월 8일)에서 소련 측 대표단장은 다음과 같이 발언했다.

"정당 · 사회단체들이 선언서에 서명했다고 하더라도 그것은 모스코바 결정을 전적으로 지지한다는 호의로 받아들여질 수는 없습니다."

53) 공동위원회 결의문 제12호와는 달리 소련 대표는 협의의 대상이 될 수 있는 단체의 명부가 존재하지 않는다고 이의를 제기했다. 이와 같은 무근한 이의를 제기하는 것은 어떤 단체를 일방적으로 배제할 방안을 마련하려는 것이었다. 소련 대표는 이러한 명부가 존재하지 않는다고 말함으로써 양측 대표의 상호 합의에 따라 명부에 "포함될 때까지는 어떠한 단체도 협상의 대상이 될 수 없다는 주장을 밀고 나갈 수 있었다."

바꿔 말해서 그 단체가 협상의 대상이 될 수 있다고 "양측" 대표가 합의할 때까지는 어떤 단체도 협의의 대상이 될 수 없다는 것인데, 이는 소련 대표가 협의 단체 명부에 포함하는 것을 동의하지 않음으로써 어떠한 단체도 배제할 수 있음을 의미하는 것이다. 사실상, 선언서에 서명하고 공동위원회 결의문 제12호에 동의한 모든 단체는 협의의 대상이 될 수 있었고 자동으로 명부에 등재되었다. 그들은 마셜-몰로토프의 합의에 규정된 바와 같이 오직 상호 합의에 따라 그 명부로부터 "배제될 수" 있었다. 이와 같은 소련 입장의 근거를 종결하려고 공동위원회 제46차 회의(1947년 7월 24일)에서 미국 대표단장은 소련 대표단장과 다음과 같은 문답을 가졌다.

아놀드 : 나는 명부의 등재가 양측 대표의 결정에 의한다는 소련 대표단장의 주장이 어떤 문서, 어떤 부분에 근거하고 있는지를 소련 대표단장에게 묻고 싶습니다.

슈티코프 : 이러한 결론은 공동위원회 결의문 제16호 3항에 근거하고 있습니다. (이 주의 말미 참조)

아놀드 : 결의문 제16호의 제목은 "정당 · 사회단체의 명부 작성에 관한 규정"이라고 되어 있습니다. 우리는 결의문 제16호에서 소련 대표단장의 주장을 뒷받침하는

귀절을 찾아볼 수 없습니다. 그것은 다른 내용입니다. 귀하의 주장은 어떤 문서나 사실로써도 뒷받침되지 않습니다. …… 결의문 제16호 3항에는 소련 대표단장이 설명한 내용이 실려 있지 않습니다. 공동위원회 결의문 제16호 3항에는 양측 대표의 결정에 따라서 어떤 단체를 명부에 포함할 것이라는 구절이 없습니다. 거기에는 양측 대표가 명부를 검토하고 합의를 거쳐 공동위원회의 승인을 얻고자 회부할 것이라고 되어 있습니다.

이 문제와 관련하여 양측 대표가 합의하지 못하는 경우가 발생할 경우에 전체 명부는 공동위원회에 회부하는 것입니다. 그 조항에는 일방적인 배제의 권한을 부여한다는 내용이 없습니다. 소련 대표는 자기들의 목적을 위해 마음속으로 그렇게 적어 두었는지는 모르지만, 그것은 어이없는 실수입니다. …… 양측 차석대표들은 일방적인 배제의 원칙을 부인한다는 데 합의를 본 바 있습니다. 협의와 관련도 없는 결의의 한 귀절을 간접적으로 언급함으로써 소련이 뒤늦게 주장을 내세우는 것을 미국은 받아들일 수 없습니다.

명부를 어떻게 작성하고 어떻게 협의할 것인가를 소상하게 다루고 있는 공동성명 제12호에 협의의 문제는 충분히 다루어져 있습니다. 어느 모로 보나 공동위원회 결의문 제16호는 공동위원회 결의문 제12호를 변경시킬 수 없습니다. 결의문 제16호는 단순히 "정당 · 사회단체의 명부 작성에 관한 규정"일 뿐이며, 순수한 행정 결정에 지나지 않는 것입니다.

구속력이 없는 공동위원회 결의문 제16호의 3항에 협의 대상에 "포함"이나 일방적 "배제"의 원칙을 적용하려고 노력하면서 소련 대표는 공동위원회 결의문 제12호와 상호 합의에 따른 배제를 적용할 수 있도록 마셜-몰로토프 사이의 합의의 정확한 조문 해석을 회피하고 있음이 분명했다.

◇ 미소공동위원회 결의문 제16호 ◇

〈정당·사회단체의 명부 작성에 관한 규정〉

(1) 서울의 미국 측 사무국의 대표단이 남한의 정당 · 사회단체로부터 접수한 협의 참가 신청서와 서명된 선언서의 부본은 부본 상태로나 아니면 번역하여 지체 없이 소련 측 사무국에 전달해야 한다. 평양의 소련 측 사무국이 북한의 정당 · 사회단체로부터 접수한 같은 문서들은 같은 방법으로 미국 측 사무국에 전달해야 한다.

(2) 양측 사무국은 정당 · 사회단체가 제출한 자료들을 번역하여 양측 제1소분과위원장들에게 각기 제출해야 한다. 위에서 명시된 자료에 근거하여 협의를 신청한 정당 · 사회단체의 완전한 명부와 그들이 지명한 대표자들의 별도 명단을 작성해야 한다.

(3) 선언서에 서명한 정당 · 사회단체의 명단과 함께 그 대표자의 명단은 제1소분과위원회에서 토의된 다음 합의를 거쳐 인준을 받기 위해 공동위원회로 제출된다.

(4) 명단이 인준되면 공동위원회는 명단에 수록된 정당 · 사회단체에게 그들이 협의에 참가할 수 있음을 알리고 공동회의에 참석할 대표자에게 초청장을 발송한다.

* 이 문서는 JC. 34th Mtg, Item 4로 1947년 6월 18일에 인준됨.

(3) 소련 대표의 지시에 따라서 다음과 같은 범주에 속하는 단체는 초기 협의의 명부에 포함될 수 없다.

(a) '비사회적'(non-social) 단체.[54]

(b) 도(道) 단위의 단체와 순수 지방 단체.[55]

(c) 한국에 관한 모스크바 결정을 전면적으로 지지할 의사가 없는 단체, 특히 반탁위원회 및 그와 유사한 단체에 가입한 회원 단체.[56] 그와 같은 단체들은 반탁위원회 및 그와 유사한 단체로부터 공개적으로 탈퇴할 경우에 협의 대표로 고려할 수 있다.[57]

(d) 반탁위원회의 가입 단체가 협의 신청서(공동 성명 제5호)에 서명했더라도 그것을 호의적인 것으로 받아들일 수 없으며, 따라서 무효이다.

---

54) 공동위원회 제39차 회의(1947년 7월 8일)에서 소련 대표단장은 다음과 같이 발언했다.

"소련 대표는 그 단체가 사회단체가 아닌 한, 협의에 초청되어서는 안 된다고 생각합니다. 성격상 사회단체가 아닌 단체들을 포함하는 문제, 특히 상공회의소나 제조업 단체와 같은 상업 단체나 공업 단체를 협의에 포함해야 한다고 주장하는 미국의 입장은 모스크바 결정에 위배됩니다."

55) 공동위원회 제37차 회의(1947년 7월 2일)에서 제1소분과위원회의 소련 측 대표는 소련의 입장을 보고하면서 다음과 같이 말했다.

"각 단체는 그들의 중앙 기구를 통하여 신청서를 제출한다고 공동위원회 결의문 제12호에 명시되어 있습니다. 소련 대표가 도 단위의 조직이나 소규모의 성격을 갖는 작은 지방 단체들을 명부에 포함해서는 안 된다고 주장하는 이유가 여기 있습니다."

공동위원회 결의문 제12호에 실려 있는 "지방적"(zonal)이라는 단어는 지리적 차별을 의미하는 것으로 사용되었다. 사실상 지방 단체가 사무실을 하나밖에 가지고 있지 않을 경우, 이를테면 지사가 없을 경우, 그 단체는 중앙 기구를 가지고 있지 않다.

56) 공동위원회 제39차 회의(1947년 7월 8일)에서 소련 측 대표단장은 반탁위원회의 회원 단체와 관련하여 다음과 같이 발언했다.

"모스크바 결정에 대한 반대 투쟁을 하기 위해 생겨난 정당 · 사회단체는 명부에서 제외되어야 한다고 소련 대표단은 주장합니다."

57) 공동위원회 제43차 회의(1947년 7월 16일)에서 소련 대표단장은 다음과 같이 발언했다.

"…… 선언서에 서명한 단체로서 반탁위원회의 회원인 정당 · 사회단체는 반탁위원회를 탈퇴하고 모스크바 결정에 대한 반대 투쟁을 종식할 경우에만 협의에 초청될 수 있습니다."

왜냐하면 그 단체들은 오로지 모스코바 협정에 대한 "반대 투쟁"을 전개하고자 조직된 반탁위원회의 회원 자격을 견지하고 있기 때문이다.[58]

5) 소련 대표단장은 그가 1946년에 발표한 목적에 따라 이 논쟁을 끌고 갔으며, 대체로 그해에 사용된 전략을 따랐다.

38) 이 기간에 제기된 미국의 입장은 다음과 같다.

(1) 공동위원회의 재개를 위해 합의된 제안(마셜과 몰로토프의 서신 교환)의 제1항에 따라 "공동 성명 제5호의 선언에 서명하는 것은 모스코바 결정을 전면적으로 성실히 지지하는 선언으로 받아들여질 것이며, 우선 협의에 적합한 서명 정당이나 단체가 되도록 할 것이다."

(2) 공동 성명 제5호의 선언에 서명하는 단체들은 자동적으로 협의에 참가할 자격이 있으며, 공동위원회 결의문 제12호[59]의 제5항에 규정된 것처럼 협의 참가 대상 목록에 자동적으로 포함될 것이다. 단체들이 협의 단체의 명부에서 배제되는 것은 마셜과 몰로토프 사이의 교신 제3항에 규정된 것처럼 양 대표의 상호 합의에 따라서만 가능하다. 그러므로 소련 대표가 "협의의 적합성"과 "협의에의 초청"을 임의로 구분하는 것은 마셜과 몰로토프, 그리고 공동위원회가 이끌어낸 합의를 폐기하는 것이며, 소련 대표단이 싫어하는 신청자들에 대해서는 그들이 거부권을 행사하는 것을 의미한다.[60]

(3) 모스코바 협정은 "사회단체"의 개념을 규정하지 않았다. 소련 대표단이 기초 개념의 규정을 거부하였기 때문에 공동위원회 결의문 제12호에

58) 공동위원회 제43차 회의(1947년 7월 16일)에서 소련 대표단장은 다음과 같이 설명했다.
"반탁위원회의 회원 단체와 같은 정당·사회단체가 선언서에 서명한 것은 모스코바 결정을 전면적으로 지지하는 선의의 표현으로 받아들일 수 없습니다. 왜냐하면 그러한 정당·사회단체의 목적은 한국에 관한 모스코바 결정을 전면적으로 지지한다는 선언서의 의무와 일치되지 않기 때문입니다."

59) 각주 39) 참조.

60) 각주 52) 참조.

는 "사회적"이나 또는 어떤 다른 용어에 대한 규정이 포함되지 않았다. 그러나 미국 대표단은 세계의 사전적 개념 속에 "사회적"이라고 생각될 수 없는 단체를 상호 합의에 따른 협의에서 배제할 작정이었다.[61)]

(4) 도(道)나 순수한 지방 단체들은 모스코바 협정이나 마셜-몰로토프의 합의, 또는 공동위원회 결의문 제12호의 조항에 따라서 협의에 참가하는 것을 금지하지 않는다. 그러나 공동위원회의 활동을 원활히 하도록 미국 대표단은 여러 가지를 제안하였는데, 만약 소련 대표단이 그 제안을 수용하였다면, 많은 수의 순수 지역 단체들이 협의에서 제외되었을 것이다.[62)]

(5) 미국 대표단은 상호 합의에 따라 기만적인 단체들을 협의에서 배제할 작정이었다. 그러나 협의를 신청한 남·북 단체들의 상당 부분에서 명백히 드러난 것처럼, 그 속임이 회원의 숫자를 과장하는 정도인 단체는 제외되지 않는다.[63)]

(6) 반탁위원회(Anti-Trusteeship Committee)의 회원 단체나 유사 단체는, 만약 그들이 협의에 참여를 요청했고, 필요한 선언[64)]에 서명했다면 마셜-몰로토프 협정에 따라 초기 회담에 참여할 자격을 분명히 갖는다. 마셜-몰로토프의 서신[65)]의 제3항에 규정된 것처럼 상호 합의에 따라 그들이

61) 공동위원회 제40차 회의(1947년 7월 9일)에서 미국 대표단장은 다음과 같이 발언했다.
"모스코바 결정에는 정당·사회단체의 정의에 관한 언급이 없다는 사실에 비추어 미국 대표는, 소련 대표가 적용하고자 하는 좁은 개념보다는 전 세계의 언론을 통하여 정상적으로 받아들여지고 있는 개념에 따라서 협상을 신청한 정당·사회단체를 받아들이지 않을 수 없습니다."

62) (1) 공동위원회 제42차 회의(1947년 7월 14일)에서 미국 대표단장은 다음과 같이 발언했다.
"지난번 회의에서 미국 대표는 지방 조직의 문제와 관련하여 협의에 초청되고자 정당·사회단체가 갖추어야 할 최소한의 회원 숫자를 1천 명으로 제한한 데 대하여 소련 대표가 동의해 주도록 강력히 요구한 바 있습니다. '만약 소련 대표가 바란다면 미국 대표는 문제를 해결하고자 소련 대표와 더불어 최소 인원의 제한 문제를 다시 논의할 뜻이 있다'고 미국 대표는 그때 말했었습니다."
(2) 각주 32) 참조.

63) 주 60) 참조.

고발되어 배제되지 않았다면, 그들은 계속 협의에 참가할 자격이 있다.

소련 대표단이 그들의 일방적인 배제를 주장하면서도 반탁위원회의 회원 단체나 그 유사 단체에 대해 적절한 증거로 고발하지 못함으로써 마셜-몰로트프 서신 제3항과 그 정신은 폐기되었다.[66] 그러므로 그들을 협의 단체 목록에서 제외함으로써 초기 협의에 참가할 수 있는 단체의 권리를 일방적으로 박탈하려는 소련의 시도는 결과적으로 거부권을 남용하는 결과가 되었다.[67] 공동위원회에서 체결된 협정에는 그러한 거부권을 인정한 조항이 없으며, 다만 그러한 배제는 상호 협정에 의한다고 언급한 두 개의 "특수한" 협정이 있을 뿐이다.[68]

---

64) 마셜 몰로토프의 합의서가 담긴 각주 39) 참조

공동위원회 제44차 회의(1947년 7월 18일)에서 미국 대표단장은 다음과 같이 발언했다.

"미국 대표는 '신탁통치'를 반대하는 표현이 모스코바 결정에 대한 적극적인 반대를 선동하는 것으로 생각하지 않습니다. 모스코바 결정은 통일된 한국 정부를 구성하고 발전시키는 데 포함된 필요 조건을 직접적인 언급이나 암시로써 다루고 있는 광범위한 문서입니다. 앞서 언급한 바와 같이, 애국적 한국인들은 모두 독립을 열망하고 있습니다. 모든 한국인은 모스코바 결정에 따라 독립을 이룩할 기회를 갖고자 합니다. 그들은 모스코바 결정에 실린 단 한 가지의 개념, 곧 '신탁통치'라고 하는 단어가 가지고 있는 불명료한 의미를 두려워하고, 불신합니다.

모스코바 결정은 그 문서의 목적을 기술한 제1절에서 '독립 국가로서의 한국 정부를 수립하고, 민주주의 원칙에 따라 한국을 발전시키려는 여건을 마련하고, 한국에 대한 일본의 보호 통치가 빚은 비극적 결과를 되도록이면 조속히 청산한다'고 되어 있습니다. 이 문서를 작성한 사람들은 제3절에 '신탁통치'라는 단어를 삽입함으로써 전체 문서의 의미를 손상하려는 의지를 가지고 있지 않았던 것은 의심할 나위도 없습니다. 그렇다면 이 단어의 과장되고도 가상적인 의미에 대하여 의견을 피력하고 논의한다고 해서 어찌 그것이 이 문서를 반대하는 것이라고 여길 수 있겠습니까? 그러한 논쟁은 있을 수 없습니다.

미국 대표는 한국의 정당 · 사회단체가 반탁위원회나 그와 유사한 단체에 가입했다고 해서 그것이 공동위원회와의 협의에 초청되지 못할 이유가 되지 않는다고 생각합니다. 정당 · 사회단체는 자기 나라에 제공되는 지원을 토의 · 검토하는 위원회에 참여하고, 그 단체를 반탁위원회라든가 또는 그와 유사한 이름으로 부르는 것은 매우 자연스러운 일입니다. 그러한 단체들이 의사 표현의 자유의 범위 내에서 자신의 활동을 제한하고 적극적인 반대를 선동하지 않는 한 그들은 공동위원회 차석 대표들의 합의에 따라 그들의 반대 의사를 표현하는 것이 허락되고 있습니다.

사실상 모스코바 결정 제3절은 공동위원회가 조선 민주주의 임시 정부 및 한국의 민주적인 정당 · 사회단체와 더불어 한국민의 정치적 · 경제적 · 사회적

진보[신탁통치]와 민주적 자치 정부의 발전 및 한국의 민족적 독립을 지원하는 방법을 수행하도록 임무를 부여하고 있습니다. 공동위원회가 모스코바 결정 제3절의 요청에 따라 자신의 책임을 결정하고 해결하는 이 시점에 어떻게 자신의 문제에 대해 침묵을 지키고 있는 한국인들이 공동위원회에 협조하기를 기대할 수 있겠습니까?

최근 공동위원회는 모든 한국인이 자신의 정부 구성, 헌장, 정강에 관하여 자유롭게 의사를 표현해도 좋다고 전국에 방송한 바 있습니다. 이는 한국인들이 자신의 미래에 관한 견해를 생각하고, 토론하고, 제기해도 좋다고 허락했음을 의미합니다. 한국인의 입장에서 볼 때 임시 정부가 구성된 이후에 그들의 논의에 회부할 가장 긴요하고도 중요한 주제는 신탁통치입니다.

그런데 소련은 무엇을 하려고 노력하고 있습니까? 애국적 한국인들이 모스코바 결정에 대한 적극적 반대를 실제로 선동할 정도로 한국인들의 심사를 뒤집어 놓아 결국은 공동위원회와의 협의조차 불신하도록 해보십시오. 그러고도 그들이 모스코바 결정의 조항에 따라서 선의로 임시 정부와 한국의 독립을 이룩하려는 노력을 실제로 전개할 것 같습니까? 그들이 모스코바 3상회의에서 서명한 합의문을 따를 것 같습니까?

신탁통치에는 여러 가지 종류가 있습니다. 국제연합이 실시하는 것이 세계적으로 알려진 형태입니다. 일본이 한국을 합방하기에 앞서 일본이 실시하려고 했던 또 다른 유형이 있었는데, 한국의 애국적인 모든 인사는 이 형태를 두려워하며 증오하고 있습니다. 모스코바 결정에 명시된 신탁통치는 모스코바 결정에 따라 명시된 개념이 정립되기에 앞서 그것이 무엇인지 알려지지도 않았고 알려질 수도 없었습니다. 한국인들이 신탁통치를 반대한다고 말할 때 그들은 추상적인 개념이나 일본식 개념을 반대하고 있는 것이지 신탁통치 그 자체를 반대하는 것이 아닙니다.

지금으로서 공동위원회가 해야 할 일은 한국민의 두려움을 씻어 주고, 신탁통치를 실시하면서 사용되는 용어와 조건을 적절히 이해할 수 있도록 그들을 교육·지도하고, 그들을 비난하지 말아야 하며, 그들의 말을 들어 보지도 않고 의심하지 말아야 하며, 그들로서는 생활에 가장 절박한 문제인 자유롭고 독립된 정부를 구성하면서 그들의 참여를 막는 일을 하지 말아야 하는 일입니다."

65) 각주 39) 참조.

66) (1) 반탁위원회에 가입되었거나 가입된 것처럼 보이는 단체를 배제하려고 노력하면서 소련 대표는 그들이 1947년 6월 23일의 반탁 시위에 참여·지휘했다고 주장하고, 그 시위는 모스코바 결정과 공동위원회에 적대적이라고 여겼습니다. 소련의 이와 같은 입장과 관련하여 미국 대표단장은 공동위원회 제41차 회의(1947년 7월 10일)에서 다음과 같이 말했다.

"소련 대표는 엄연한 사실, 곧 틀림없어 보이는 사례와 증거를 제시했다고 그들의 대표단장은 말했습니다. 만약 소련 대표가 사실과 사례와 증거를 제시했다면 그들은 미국 대표가 알아들을 수 없는 목소리로 그렇게 했을 것입니다. 미국 대표는 소련 대표가 제기한 사실들을 제기해왔으나 무엇보다도 3주간의 논쟁이 지난 지금까지도 소련 대표는 그 사실을 제시하지 않고 있습니다. 그들은 단지 한국의 언론에서 나온 구두 설명만을 제시했습니다.

미국 대표는 오늘 소련 대표 앞의 책상 위에 사실을 제시했는데, 그에 대해 소련 대표는 믿고 싶지도 않고 받아들이고 싶지도 않음이 분명합니다. 소련 대표단장은 소련군 사령관의 요구가 적법하지 않은지 문의했습니다. 그는 자기의 외무장관이 서명한 모스코바 협정을 그가 부인하고 있다는 사실을 언급하지도 않았고, 그가 서명했고 공동위원회 결의문 제12호에 수록된 공동위원회 합의서를 부인하고 있다는 사실도 언급하지 않고 있습니다."

(2) 미국 대표가 알고 있기로는, 소련 대표에게 몇 차례 언급한 바와 같이, 협의에 참가할 수 있도록 선언서에 서명한 단체 가운데는 1947년 6월 23일의 반탁 시위에 참가한 단체가 없다. 소련 대표로부터 비난을 받은 15개 단체가 서명했고, 1947년 8월 7일에 "미국 대표단장 브라운(A. C. Brown) 소장이 언론에 배포한 성명"에 인쇄된 편지가 이를 분명히 해주고 있다.

◇ 임시정부수립대책협의회[臨協]의 회원 단체가 발송한 편지 ◇

미소공동위원회 소련 및 미국 대표단장 귀하

우리는 임시정부수립대책협의회를 대표하여 한국의 독립을 위해 미소공동위원회에서 귀하와 귀하의 동료들이 어렵고도 훌륭한 과업을 수행하고 있는 것을 치하하고, 동시에 귀하와 우리에게 중대하고도 어렵게 느껴지는 과업을 성공적으로 매듭지을 수 있는 모든 방안에 대해 충심으로 협조하고자 이 편지를 씁니다.

우리가 아는 바에 따르면, 미국 대표와 소련 대표가 합의에 이르지 못하고 있는 쟁점 가운데 하나는 몇몇 우리 회원 단체가 만든 소위 반탁위원회의 회원에 관한 문제입니다. 언론에 보도된 바와 같이 지난날 반탁위원회에서 적극적으로 활동한 단체는 공동위원회와의 협의에서 배제되어야 한다는 것이 소련의 입장입니다.

모스코바 결정에서 어렴풋이 비쳤지만 구체적으로는 설명되지 않았던 신탁통치를 장차 반대한다는 견해를 가지고 반탁위원회가 결성된 것은 사실입니다. 그러나 금년 5월 21일, 서울에서 공동위원회가 재개되기에 앞서 마셜 미국 국무장관과 몰로토프 소련 외무장관 사이에 교환된 공식 편지에서 의사 표현의 자유라고 하는 기본권이 보장되었으며, 이에 관해서는 귀하께서 쉽게 동의하실 것입니다. 뿐만 아니라, 반탁위원회는 공동위원회의 활동에 적극적으로 반대한 바도 없고 적극적인 반대를 선동한 사실도 없음을 우리는 확인할 수 있습니다.

6월 초에 공동위원회의 참여 여부를 논의하고자 반탁위원회가 회원 단체의 전체 회의를 소집했고, 이 자리에서 각 단체가 합의에 이를 수 없음을 알게 되자 공동위원회의 참여 여부는 반탁위원회에 가입된 회원 단체들의 자유로운 선택에 맡겨야 하며, 공동위원회의 협의에 참여하는 단체와 참여하지 않는 단체 사이에 적극적인 반대가 없어야 한다고 결정했다는 사실로써도 그와 같은 사실은 잘 입증되고 있습니다. 뿐만 아니라 협의를 신청한 단체 가운데 어느 하나도 소위 6월 23일의 반탁 시위에 어떤 형태로도 참여하지 않았습니다.

5. 결과와 결론

39) 위에서 인용한 소련과 미국의 입장에 대한 구체적 결과는 다음과 같은 사실들을 고려함으로써 명백해진다.

1) 자칭 1,080만 명의 회원을 보유하였다고 주장하는 극우 단체, 곧 독립촉성중앙회, 조선독립노동당, 대한독립촉성전국청년총연맹, 조선여

공동위원회와의 협의를 신청한 반탁위원회의 회원 단체들은 그들의 첫 단계 과업인 임시 정부를 수립하면서 공동위원회와 전면적으로 협조하며, 그 두 번째 단계의 과업인 협조의 방법을 논의하면서 자신의 의견을 정직하게 표현하고, 만약 다른 단체가 한국의 주권을 침해하거나 한국의 내정을 방해하는 일이 있다면 그들의 수단에 대한 그러한 단체의 의견을 정직하게 표현함으로써 공동위원회에 전면적으로 협조한다는 것이 그들의 분명한 입장입니다.

이와 같은 권리를 유보하지 않는 한 그들은 공동위원회의 활동에 적극적으로 반대하도록 선동한 적이 없고, 앞으로도 그러한 일은 없을 것입니다. 공동위원회에 적극적으로 반대한다는 것은 공동위원회와 협의하겠다는 우리의 정책과 참으로 배치되는 것입니다.

1947년 7월 28일

임시 정부 수립대책위원회 부위원장 李 允 榮 ㊞
조선민주당 부위원장 李 允 榮 ㊞
한민당 張 德 秀 ㊞
대중당 심 의 성 ㊞
천도교 보국당 孫 在 基 ㊞
기미독립선언기념회 柳 鴻 ㊞
청년조선총동맹 柳 珍 山 ㊞
한국군사보급협회 徐 廷 禧 ㊞
전국여성단체총연맹 黃 愛 德 ㊞
독립촉성애국부인회 朴 承 浩 ㊞
광복회 崔 允 東 ㊞
대한독립노동총연맹 錢 鎭 漢 ㊞
한국광복청년회 薛 澤 龍 ㊞
한국청년회 崔 光 朝 ㊞
조선청년당중앙본부 李 瑄 根 ㊞

67) 각주 35), 50), 52), 53), 54), 55), 59), 63) 참조.

68) 각주 23)의 1947년 5월 7일자 몰로토프의 편지 및 각주 39) 참조.

자국민당 등 4개 단체의 지도자인 이승만(李承晩)과 김구(金九)의 요구에 따라 이들은 공동위원회와의 협의 신청을 거부했다. 더욱이 한독당은 협의 문제로 분열되었고, 약 45만 명의 회원을 보유하였다고 주장하는 김구의 파벌도 신청에 실패했다. 따라서 1,125만의 회원을 가진 우파들은 공동위원회의 활동에 참여하는 것을 거부함으로써 처음부터 배제되었다.

2) 협의에 참가를 신청한 460개 단체 가운데(미 · 소 양 대표 모두 기만을 이유로 배제하기로 합의한 3개 신청 단체를 제외한) 민주주의민족전선을 대표하는 38개 단체는 모두 북한 쪽이며, 정치적 견해를 표방하는 422개 단체는 모두 남한 쪽이다.

3) 이 460개의 단체는 대체로 다음과 같이 분류할 수 있다.

민주주의민족전선 : 136개 단체로서 회원 수는 자칭 2,729만6천 명이며 전체의 41%이다.

중도 : 72개 단체로서 자칭 회원 수는 1,478만5천 명이며 전체의 22%이다.

우파 : 252개 단체로서 자칭 회원 수는 2,492만 명이며 전체의 37%이다.

4) 소련은 협의의 적합성을 논의하고자 하는 단체로서 회원 숫자가 1만 명이 넘는 남북한의 146개 정당 · 사회단체의 명부를 제출했다. 이 명부에는 소련이 반탁위원회의 회원 단체라고 주장한 24개 정당 · 사회단체가 제외되어 있다. 이 목록을 접수하면 다음과 같이 정치적으로 정돈할 수 있다.

(1) 민주주의민족전선과 그 외의 좌익 : 75개 단체, 자칭 회원 수 3,241만7천 명.

(2) 우파와 중도파 : 71개 단체, 자칭 회원 수 1,858만7천 명.

(3) 제외된 우파와 중도 우파 : 24개 단체, 자칭 회원 수 1,528만6천 명.

(4) 제외된 좌파 : 없음.

5) 스스로 협의를 신청하지 않음으로써 제외된 1,125만 명의 김구와 이승만파에 소련이 배제를 주장한 24개 우익 단체의 자칭 1,528만6천 명을 더하면, 한국의 정당 · 사회단체 총회원의 약 40%인 총 2,650만 명의 우파가 임시 정부의 수립에 참여할 수 없게 된다.

6) 미국 대표단이 소련의 제안을 수용하게 되면 자칭 1,858만7천 명의 회원을 가진 71개 우익 단체의 대다수를 협의뿐만 아니라 공동위원회의 지지로부터 배제하게 될 것이며, 결과적으로 정부를 수립할 단체는 민주주의민족전선만 남게 될 것이다.

7) 소련 대표단은 우익 정당·사회단체를 배제하는 것이 자신들의 목표임을 계속 부인했지만, 미국 대표단이 그들의 제안을 동의한다면 임시 정부를 수립하면서 공동위원회는 공산주의가 지배하는 민주주의민족전선에 완전히 종속되는 결과가 초래될 것이다. 나머지 우파와 중도 단체들이 공동위원회와 계속 협조하였다고 하더라도, 민주주의민족전선이 다수파를 점유했을 것이다.

40) 만약 미국 대표단이 소련 대표단의 주장을 수용했다면 한국에 대한 국제적인 약속과는 반대로 다음과 같은 일반적인 결과들이 초래되었을 것이다.

1) 공동위원회가 체결한 구체적 협정들의 직접적인 파기.

2) 한국에 대한 모스크바 결정과 마셜-몰로토프 협정, 공동위원회 결의문 제12호 등에서 구체화된 폭넓은 협의 원칙의 부인.

3) 정당·사회단체 대표들에 대한 표현의 자유의 거부.

4) 한국 최초의 민주적 정부를 수립하면서 우익적인 관점에서 협의에 참가를 신청한 영향력 있는 모든 우파와 중도파 민족주의 단체들을 거의 제외함으로써 한국의 주요 정파 사이의 불공정한 차별을 야기함. 더욱이 한국인들의 염원과는 반대로 친소(親蘇) 경향의 공산주의자들이 이끄는 좌익 집단이 임시 정부를 완전히 지배하게 됨.

5) 한국의 국익과 모스크바 협정의 여타 서명국들의 이익에 해로운 방향으로 한국에서 소련의 영향력이 월등히 행사되는 결과를 인정하게 됨.

41) 소련 대표단이 미국 대표단의 입장을 수용한다면 다음과 같은

결과들이 야기될 것이다.

1) 공동위원회를 결속시키는 구체적 협정을 지지하게 된다.

2) 모스크바 결정과 마셜-몰로토프협정, 그리고 공동위원회 결의문 제12호 등의 문안과 정신에 따라 가능한 한 최대한 폭넓게 협의한다.

3) 위의 협정들에 따라 협의에 참여하는 대표의 표현의 자유를 보장한다.

4) 가능한 한 가장 폭넓은 한국의 여론에 따라서 조선 민주주의 임시 정부의 수립에 공정하고 조화로운 대표성을 확립한다.

5) 모스크바협정을 이행한다.

42) 소련 대표단 입장의 목표는 다음과 같다는 것이 미국 대표단의 의견이다.

1) 소련이 북한에 수립한 정부와 유사하도록 조선 민주주의 임시 정부에 대한 민주주의민족전선의 지배를 확실히 할 것.

2) 1946년 3월의 개막식에서 소련 대표단장이 말한 바와 같이, "소련에 대한 공격 기지가 되지 않고," 소련이 열망하는 만주(滿洲)의 공산화에 측면 지원이 될 수 있는 공산주의 위성 국가를 소련의 국경에 수립할 것.

43) 이 목표들을 실현하고자 소련 대표단은 다음과 같은 사실에 의존했다.

1) 민주주의민족전선의 가입 단체들만을 협의에 참여하도록 하고자 소련의 점령 정책을 통해 북한에서 민주주의민족전선에 대한 모든 반대를 억압한다.

2) 남한의 민주주의민족전선에 가입하지 않은 유력한 단체들을 협의에서 배제한다.

3) 공산주의의 지배를 받는 남한의 단체들을 전략적으로 원조한다. [오열(五列) 활동][69)]

44) 협의에 관한 합의를 달성하는 데 실패함으로써, 미국 대표단은 다음과 같은 제안을 통해서 공동위원회의 활동의 지속과 발전을 위한 기반을 찾고자 했다.

1) 1947년 7월 29일의 제48차 회의에서 "소련 대표단은 북한의 정당·사회단체들과 협의하고, 미국 대표단은 남한의 정당·사회단체들과 협의한다"고 제안했다.

2) 1947년 8월 1일의 제50차 회의에서, "38°선의 남과 북에서 소련 대표단이 협의하고자 하는 정당과 공동으로 협의를 진행하고, 미국 대표단은 38°선 남쪽에서 소련 대표단이 기피하는 정당들과 단독으로 협의한다. 미국 대표단이 하는 협의는 공동위원회와의 협의로 여길 것이다"라고 제안했다.

3) 1947년 8월 12일의 제53차 회의에서 "모스크바 협정에 따른 미국 정

69) (1) 공동위원회에서 소련이 민주주의 민족 전선을 지원한 것은 각주 10)의 (1), (3), (4)항에 잘 나타나 있다.

(2) 민주주의 민족 전선의 공식적인 당노선은 공동위원회에서의 소련의 입장을 일관되게 따르고 있는 것으로 공동위원회는 간주하고 있다.

(3) 소련 대표가 민주주의 민족 전선을 공공연히 정치적으로 지원한 것은 그 밖의 예에서도 나타나고 있다. 다음의 사례는 1947년 7월 27일 서울에서의 공동위원회를 지원하려는 군중 집회에서 소련 대표단장이 행한 연설이다.

"모스크바 결정을 전폭적으로 지지하는 데 도움이 되고, 대중에게 모스크바 결정의 의미와 역사적 의의를 설명하고, 여러 방면에서 공동위원회를 지원한 민주주의 민족 전선의 공적은 위대한 것입니다. 모스크바 결정을 이행하는 활동에서 공동위원회의 성공을 지원해 준 남조선민주주의민족전선 산하의 정당·사회단체에 대해 소련 대표는 깊은 감사를 드립니다."

(4) 주한미군 사령관이 1947년 7월 27일자로 태평양사령관에게 보낸 무선 통신문(ZGCG 957)의 요약문은 다음과 같다.

"…… 이곳에서 소련 대표와 함께 소득도 없이 끝없는 논쟁을 질질 끄는 동안에 우리는 소련 대표단의 임원인 약 100명의 고위직 인사와 그들이 수입한 한국인 꼭두각시들을 우리 곁에 두고 있다. 그들은 앞으로 이용하게 될 지방 조직과 선전, 그리고 간첩 행위에 온갖 심혈을 기울이고 있다."

부의 엄숙한 의무와 가능한 한 빨리 조선 민주주의 임시 정부를 수립한다는 한국 국민에 대한 의무를 유념하면서 미국 대표단은 협의에 관한 현재의 교착 상태를 극복하고자 다음과 같이 제안한다."

(1) 구두상의 협의는 필요하지 않으며, 한국의 정당 · 사회단체가 제출한 질의서는 모스코바 협정에 따른한 협의로 받아들인다.

(2) 조선 민주주의 임시 정부를 위한 임시 헌장과 정치 강령을 완성하여 공동위원회에 제출하라는 지시를 제2소분과위원회에 하달한다. 이 헌장에서 어느 직책은 지명(指名)이고 어느 직책은 선출에 따른 것인지를 구체화한다.

(3) 공동위원회는 4대 강국에 제안한 헌장 속에 국회의원과 헌장이 명시한 정부 요인을 선출하는 즉각적인 총선거를 포함한다. 이 선거는 국제적 감독을 받아 자유로운 선거 운동 비밀 투표 · 다당제 투표로 시행된다. 제2소분과위원회는 남북한에서 총선거를 위한 세부 계획을 작성하여 헌장안과 함께 이를 4대 강국에서 제출하도록 지시한다.

(4) 제3 소분과위원회는 조선 민주주의 임시 정부에 충원될 임명직 요원의 선발을 위한 계획과 남 · 북한의 기존 정부 기능의 통합을 위한 계획을 준비하도록 지시한다.

이러한 제안을 함으로써, 폭넓은 기반 위에 있으면서도 구두상의 협의를 통하여 획득할 수 없는 한국인의 여론이, 국제적 감독을 받아 깨끗하고 자유로운 선거가 보장되는 보통 선거의 매체를 통해 표출될 수 있으리라는 것이 미국의 느낌이다.

소련 대표단은 (1)항과 (2)항의 두 제안을 거절했다.[70] (3)항의

70) (1) 공동위원회 제48차 회의(1947년 7월 29일)에서 미국 대표가 제안한 것에 대하여 소련 대표단장은 다음과 같이 말했다.
"소련 대표는 북한에 있는 정당 · 사회단체와 협의하고 미국 대표는 남한에 있는 정당 · 사회단체와 협의한다는 미국 대표의 제안은 중요한 것이 아닙니다."
(2) 공동위원회 제50차 회의(1947년 8월 1일)에서 미국 대표가 제안한 것에 대하여 제51차 회의(1947년 8월 5일)에서 소련 대표단장은 다음과 같이 발언했다.

제안에 대해서는 아직 대답이 없다. 미국 대표단은 이 제안이 모스코바에 전달되었다고 생각한다.

45) 미국 대표단의 결론은 다음과 같다.

1) 소련의 목표는 1946년 3월 공동위원회 소련 측 대표단장이 표명했다. 그 목표는 다음과 같다.

(1) "모스코바 외상 회의의 결정을 지지하는 민주적 정당 · 사회단체"의 광범위한 통일을 통하여 조선 민주주의 임시 정부를 수립한다.

(2) 이렇게 구성된 정부를 통해서 "반동적이고, 친일적이며, 반민주적인 요소들을" 제거하고 "급진적인 경제 · 정치 개혁을 수행한다."

(3) "앞으로 한국이 소련에 대한 공격 기지가 되지 않도록 하고자" 한국을 "소련에 우호적인 국가"로 만든다.

2) 소련 정부와 그 요원들은 다음 기간에 위에서 지적한 소련의 목표를 추구했다.

(1) 공동위원회의 1946년도 회기.

(2) 사령관들 사이의 서신 교환.

(3) 공동위원회의 1947년도 회기.

3) 모스코바 협정과 마셜-몰로토프 교신, 그리고 공동위원회결의 제12호는 협의를 수행하고 조선 민주주의 임시 정부를 수립하고자 적절하고도 구체적인 조건들을 마련했다.

4) 공동위원회 1947년 회기까지 소련 대표단은 1946년 공동위원회의 개막식에서 소련 대표단장이 밝힌 목표에서 이탈할 의도를 보이지 않았다.

"이 문제에 대한 미국 대표의 제안은 공동위원회 결의문 제12호 및 제16호에 어긋날 뿐만 아니라 상식에도 어긋나는 것입니다. 미국 대표의 제안을 수락한다면 공동위원회는 협의를 신청한 정당 · 사회단체 가운데 미국 대표가 바람직하다고 생각하는 단체만을 초청하는 결과가 될 것입니다."

5) 소련의 목표로서 1946년 소련 대표단장이 밝힌 것이 아닌 다른 정책을 따르도록 소련 정부가 공동위원회 소련 대표단에 지시를 내릴 때까지, 또는 그러한 지시를 내리지 않는다면, 공동위원회라는 매체를 통해 한국의 독립을 성공적으로 전개할 수 있는 어떠한 협정을 소련 정부와 체결한다는 것이 불가능할 것이다.

1947년 8월 20일

작성자

공동위원회 미국 대표단장

육군 소장 브라운(Albert C. Brown)

공동위원회 미국 대표단

차석 대표 번스(Arthur C. Bunce)

공동위원회 미국 대표단

육군 준장 웩컬링(John Weckerling)

공동위원회 미국 대표단

존스(Owen T. Jones)

공동위원회 미국 대표단

육군 대령 워틀링턴(Thomas M. Watlington)

제6장

한국의 정치·군사 상황에 관한 보고서(1947)

- A. C. 웨드마이어 작성

한국의 정치 · 군사 상황에 관한 보고서

A. C. 웨드마이어 작성

1947

Korea :

Report to the President

by Albert C. Wedemeyer

USGPO, 1947

제6장

한국의 정치 · 군사 상황에 관한 보고서(1947)

웨드마이어 중장에게 보내는 지시 공문

작금(昨今)의 정치적 · 경제적 · 군사적 상황들을 조사 · 평가하는 임무를 위해 곧바로 중국으로 가십시오. 조사 기간에 그 지역의 미국 외교관이나 군요원(軍要員)들과 접촉하십시오, 중국의 고위 지도자들이나 관리들과 논의할 때, 귀관은 진상 조사의 임무를 띠고 왔음을 밝히고, 중국 정부가 중국의 본토 회복을 도모하는 효과적인 방법을 확실히 제시하고, 또한 모든 원조가 미국 정부 대표들의 관리(管理)를 받게 된다면, 미국 정부는 복구 계획에 도움을 줄 수도 있으리라는 점을 분명히 밝혀 두십시오.

조사할 때, 미국의 대중국 정책에 부합하지 않는 중국 정부의 계획들을 지지하거나 고무하리라는 사전의 의무감을 갖지 않기 바랍니다. 당신의 임무를 수행하면서 조사한 자료들을 제출할 때, 귀관이 추천하는 원조의 성격과 범위, 그리고 예상되는 결과와 원조가 주어지지 않았을 때의 예상되는 결과에 대한 평가를 가능한 한, 정확하게 언급해야 합니다.

중국에서의 임무가 끝나면 한국으로 가십시오. 거기에서 단기간 체류하면서, 특히 한국의 경제 원조 계획에 관한 상황과 일반 국내의 정치 · 경제 상황을 평가해야 합니다. 한국으로 출발하기에 앞서, 맥아더 장군이 귀관의 도쿄 경유를 바라는지를 확인하고자 그와 연락을 하십시오. 귀관의 임무 효과를 높이는 데 필요하다고 생각되는 전문가들이나 고문, 보좌관들을 대동하십시오.

1947. 7. 9.

해리 S. 트루먼

복명서

1947. 9. 9.

대통령에게 올리는 비망록

친애하는 대통령 각하

1947년 7월 9일자의 저에 대한 지시 공문을 준수하여 중국과 한국에 관한 별첨 보고서를 삼가 제출합니다. 각하의 지시에 따라, 국무성 · 재무성 · 전쟁성 · 해군성 출신 고문들이 극동에서의 두 달간의 진상 조사 임무에 동행했습니다. 중국과 한국의 주요 도시들과 몇몇 농촌 지역을 방문했습니다.

경제적 지위, 학식 및 정치적 견해 등으로 측정되는 모든 부류의 사람에 대한 접촉이 성공적으로 이뤄졌습니다. 공무원들뿐 아니라 모든 계층의 시민들과 협의를 했습니다. 개인이나 단체들로부터 약 1,200개의 메모를 접수했고 조사했습니다.

이 보고서에는 관련 정부 부처와 기관에 도움을 줄 수 있고 관심을 줄 수 있는 적절한 자료가 부록에 수록되어 있습니다. 이 보고서에는 국제적 상황을 배경으로 하여, 중국과 한국에서의 현재와 미래의 상황에 대한 저의 평가가 수록되어 있습니다. 아울러 극동에서 미국의 목적을 달성하는 데 적절한 방안이라고 생각되는 것들에 대하여 조언했습니다.

미국 육군 중장
A. C. 웨드마이어 근계(謹啓)

사절 단원 명단

1947년 7월 16일~9월 18일

보일(James J. Boyle) 대령	전속부관, 전쟁성 비서
엥(Horace Eng) 대령	전속부관, 전쟁성 통역관
허친(Claire E. Hutchin, Jr.) 육군 중령	군사 고문, 전쟁성
젱킨스(David R. Jenkins) 씨	재정 고문, 재무성
스프라우스(Philip D. Sprouse) 씨	정치 고문, 국무성
트렉셀(Carl A. Trexel) 해군 소장	기술 고문, 해군성
워커(Melville H. Walker) 씨	경제 고문, 국무성
왓슨(Mark S. Watson) 씨	언론과 공무 고문, 『볼티모어 선』

웨드마이어(A. C. Wedemeyer) 육군 중장　미국 대통령 특사

대통령에게 보내는 보고서 : 중국 - 한국

1. 개요

중국의 역사는 중국의 영토에 대한 주변 강대국의 침입, 독단적 행동, 특권, 착취, 약탈의 무수한 사례로 점철되어 있다. 만주와 대만을 포함한 전 중국에서 세력 범위를 쟁탈하려는 지속적인 외국의 침입과 시도는 중국의 주권을 직접적으로 침해하고 있으며, 국제연합헌장의 이념을 위반하는 것으로 해석할 수 있다.

국제연합헌장의 이념에 찬성한 미국뿐 아니라 그 외 다른 국가들도 인간의 존엄성과 인권을 인정하고, 나아가 인간들이 누구에 의해서, 또 어떻게 통치될 것인가를 자유롭게 표현할 기회를 부여하는 그러한 목표를 향해서 모든 사람이 방해받지 않고 나아갈 수 있도록 반드시 노력을 기울여야만 한다.

10년 동안 유럽과 아시아에서 발호하여 제2차 세계 대전의 원인이 되었던 세력들과 같은 사악한 무리에 의해서 오늘날 자유를 사랑하는 사람들의 고상한 목표와, 앞서 말한 인간의 존엄성과 인권 등에 관한 목표들이 위협받고 있다.

그 유형은 이미 잘 알려진 바와 같이, 파괴 분자들의 고용, 침투 전술, 그리고 정상적인 경제를 혼란케 하여 정부와 지도자들에 대한 대중적 신뢰를 저해하려는 목적에서 무질서와 혼란을 선동하거나 대중의 지지 없이 권력을 탈취하는 것 등이다.

이러한 방법들은 전체주의적 이데올로기를 도입하는 데 유리한 상황을 만들고자 교묘하게 계획되었고, 무자비하게 수행되었다. 이러한 유형은 극동에서, 특히 시베리아에 인접한 지역들에서 나타난다.

만약 국제연합이 세계 평화를 유지하고 경제적 안정을 확립하는 데 실질적 영향력을 가지고자 한다면, 이러한 사태들은 국제연합이 심의하고 결정할 의제 가운데 첫 번째 것이 될 가치가 있다. 지난 2년 동안의 사건에 비추어 볼 때, 강력하게 다져진 소련의 세력이 유화적이거나 협조적 태도를 보일지도 모른다는 기대에 근거한 회유 정책은 전술적인 편의를 제외하고는 쓸모없다는 것이 드러났다.

소련은 이미 점령했거나, 지배하고 있는 국가들에 대해 무자비하게 비밀경찰을 사용하고, 점점 더 그 국민을 정치적 · 경제적으로 노예화함으로써 침략적 팽창을 실제로 완수했다. 공산 지도자들에 의해 여러 차례 확인되었듯이 그 야망의 규모와 위험의 측면에서 나치즘의 계획을 훨씬 능가하는 팽창 계획이 소련의 문헌을 통해서 명백히 드러났다.

그러므로 세계의 다른 문제 지역에서와 마찬가지로, 극동에서 나타난 문제를 해결하고자 할 때, 자유의 방파제를 만들고 유지하도록 주도권을 잡으려면 사용 가능한 방법들을 모두 사용해야 할 것이다.

잘 알려져 있듯이, 중국 내의 온갖 부정과 무능에도 불구하고 대부분의 국민은 공산주의 정치 · 경제적 구조에 대해 마음 내켜하지 않는다는 것은 확실하다. 어떤 사람들은 억압적인 비밀경찰기구와 부패한 관습과 국민당 정부 공무원들의 실정(失政)에 대한 저항의 표시로 공산주의와 관련을 맺고 있다.

또 어떤 사람들은 현재의 지도층이 지배하는 중국에 대해 희망을 상실하여 절망적인 심정에서 공산주의에 의존한다. 또 그 밖에는 단순한 무기력으로 말미암아 새로운 지도층을 받아들인다.

미국은 얄타회담에서 소련이 만주를 다시 점령하는 것에 동의했고, 또 국민당에 대한 원조를 보류함으로써, 극동에서 소련의 계획을 간접적으로 도와주는 결과가 되었다. 이러한 정책에는 타당한 이유가 있었다. 그 이유 가운데 하나는 미국이 압도적인 승리를 이끌어 연합국의 생존을 확보하고자, 연합국의 힘을 최대한 결집하여 일본에 대항하려는 것이었다.

다음으로는 부정과 무능이 너무 만연해서 자국민의 지지를 상실해 가고 있던 정부에 부당한 지지를 유보하고자 했다. 또한 전후 복구를 위한 세계적 계획을 달성하는 데 소련이 협조하지 않을 것이라는 점을 미국은 미처 깨닫지 못했다. 우리가 그 계획에 참여한다는 것 자체가 이미 다른 국가들이나 민족들, 그리고 우방과 과거의 적들 모두에게 도움을 주는 것이었다. 이러한 사실은 인류사에서 전례를 찾기 힘든 경우이다.

모든 사람에게 막대한 희생을 강요했던 제2차 세계 대전의 목표들이 전혀 달성되지 못한 상태이고, 나치의 군인들과 일본의 주전론자들보다 훨씬 세계 평화에 위협이 되는 세력이 지구상에 남아 있다는 것이 점차 명백해졌다. 따라서 미국은 소련의 직접적이고 선동적인 행동으로 위협받고 있는 그리스와 터키의 주권을 보호하고자 1947년 봄에 이들 국가를 지원하기로 결정하였다.

국제연합의 일방적 행위와 회피에 대한 비난이 국제연합 회원국들에 의해 제기되었다. 국제연합의 목적과 원칙에 비추어 그러한 비판은 타당한 것처럼 보였다. 국제연합이 책임을 떠맡을 준비가 되었을 때 미국은 곧 이 기구에 대해 그 문제에 관한 자국의 의지를 선언했다.

국제연합은 중국에 관한 계획을 알았어야만 한다. 이 보고서의 권고가 승인되려면, 중국이 자신의 전후(戰後) 복구와 경제 회복을 촉진하기 위한 물질적 도움과 조언을 미국에게 요청할 때 이것을 중국이 국제연합에 통지하도록 미국은 그들에게 조언해 주어야 한다. 이와 같은 사실은 국제연합이 궁지에 빠지지 않고, 또 미국도 중국의 주권을 침해하지 않고 있다는 것을 보여 주는 것이고, 오히려 극동과 세계의 평화와 안정을 위해 구조적으로 협조하고 있다는 것을 보여 주는 것이다.

만주가 소련의 위성국으로 되는 것을 막으려면 시급한 조치가 필요할 정도로 만주의 상황은 악화해 있다. 중국 공산주의자들이 곧 만주를 군사적으로 지배할 것이고 정부 수립을 선포할 수도 있다. 그렇게 되면 이미 소련의 위성국인 외몽골는 만주를 인정할 것이고 실질적인 만주의 중국 공산주의 정부와 "상호 원조 협정"(Mutual Support Agreement)을 체결할 것이다.

그럴 경우, 소련은 공산주의가 지배하는 만주와 상호 원조 협정을 체결할 것이다. 왜냐하면 소련은 그 비슷한 협정을 외몽골와 맺고 있기 때문이다. 이러한 것은 중국이나 미국, 국제연합 모두에게 곤란한 상황을 초래하게 될 것이고, 궁극적으로는 공산주의가 지배하는 중국이 태어나도록 만들게 될 것이다.

국제연합은 만주에서 보호(guardianship)와 신탁통치를 실시하는 앞 단계로서 적대 행위를 중지할 수 있도록 즉각적으로 조치해야 한다. 그리고 중국 · 소련 · 미국 · 영국 · 프랑스가 보호의 임무를 수행하면 된다. 이것은 오직 중국이 곧 시도하고 주도해야 한다. 만약 만주를 보호하는 데 어느 한 나라가 참여를 거절한다면, 중국은 헌장 규약에 따라 신탁통치를 실시할 것을 국제연합총회에 요청할 수도 있다.

처음에는 중국이 보호나 신탁통치를 자국의 주권 침해로 여길 수도 있다. 그러나 상황이 다급하기 때문에 현상을 현실적으로 인식해야만 한다. 만약 중국이 이러한 조치를 하지 않는다면, 미국의 원조에도 불구하고, 만주는 소련의 영향권(影響圈)으로 들어가 아마도 영원히 중국은 만주를 잃어버리게 될 것으로 보인다.

중국의 정치 · 군사 조직의 무능과 부패, 그리고 경제 악화는 전체적인 배경에서 고려해야 하며, 부정적인 측면만이 지나치게 강조되어서는 안 된다. 의례상 다음과 같은 것이 인정되어야 한다.

> 대일(對日) 전승 기념일(VJ-Day) 이후 다른 강대국들과는 달리, 중국은 8년 동안의 전쟁 때문에 대단히 복잡해진 내부적 문제에 충분한 주의를 기울일 만한 여유가 없었다. 국민당 정부는 1927년부터 꾸준히 공산주의를 반대해 왔었다. 지금 국민당의 정치 지도자들과 관료들, 그리고 군인들은 그들의 조국이 공산주의 국가나 소련의 위성국이 되는 것을 무슨 일이 있더라도 막으려고 한다.
>
> 비록 일본이 전쟁 기간에 유리한 항복 조건을 제시했었지만, 중국은 동맹국들의 편에 서서 단호한 입장을 보였다. 만약 중국이 항복 조건을 수락했었더라면, 약 100만 명의 일본인들이 태평양에서 미국과의 전쟁에 참전하지는 않았을 것이다.

나는 중국이 극동의 안정을 위한 미국의 계획을 적극적으로 지지하리라는 것을 장개석(蔣介石) 총통으로부터 확인받았다. 미국으로부터 받은 정신적 · 물질적 도움과는 관계없이 그는 손문(孫文) 박사의 삼민주의(三民主義)에 부응하여 공산주의에 반대하고 민주적 형태의 정부를 만들겠다고 단호히 언명했다.

장개석은 또한 정부 내의 무능 · 부패한 공직자들을 숙정(肅正)할 전면적인 개혁을 단행할 예정이라고 선언했다. 그리고 이 지침에 따라 상당한 진전이 있기는 했지만, 솟구치는 인플레이션과 경제 침체, 그리고 내전으로 이러한 목표를 완전히 달성하기는 어렵다고 말했다. 이어서 그는 공산주의 문제가 해결된다면 철저히 군대를 감축시켜 정치·경제 개혁에 전력할 것이라고 강조했다.

장개석 총통이 이러한 목표를 달성하기를 진심으로 바란다는 것을 나는 지금도 확신한다. 그러나 만약 이러한 목표들을 달성하고자 자신의 주변에 있는 정치적·군사적 파벌을 완전히 지배해야 할 필요가 있다면, 그가 지금도 그렇게 할 굳은 결심을 하고 있는지 확신할 수 없다. 그러나 만약 미국의 현실적인 원조가 중국의 상황을 안정시키고 공산주의의 위험한 팽창에 대처하는 데 효과적이라고 판명된다면, 그러한 결심은 확고하게 지켜야만 한다.

국민으로부터 지지받지 못하는 억압적인 정부가 계속 존재하는 것과는 관계없이, 주로 공산주의의 팽창을 저지하는 방향으로만 미국이 정책을 추진한다면 어떠한 원조도 효과가 없을 것이다. 더욱이 극동에서의 미국의 위신은 크게 상처를 입을 것이고 혼란의 요소들 때문에 기존의 정부가 공산주의에 무너지게 될는지도 모른다.

중국과 한국에서 정치적·경제적·정신적 문제들은 난마(亂麻)처럼 뒤엉켜 있다. 그러한 모든 것들은 복잡하고 점점 더 해결하기 어렵게 되어 있다. 본관은 대통령의 명령에 따라 그러한 각개의 문제들을 주도면밀하게 조사했다.

이 보고서에서 그런 문제들이 논의될 것이다. 그러나 특정 지역에 대해 적실성이 없는 원조를 하지 않으려면 지속적으로 전 세계적인 차원의 평가가 필요하다. 다음과 같은 미국 외교 정책의 세 원칙은 이번의 조사·분석과 보고서의 배경을 나타내는 것이다.

(1) 미국은 소련이나 그 밖의 국가들이 앞으로는 적극적으로 참여하지 않으리라는 가능성을 인정하면서 국제연합의 지고한 목표를 달성하는 데 지속적으로 도움을 주어야 할 것이다.

(2) 우리 자신의 체제와 공존할 수 있는 정치적 · 경제적 구조를 확립해 왔고, 또한 확실하게 그렇게 하고자 하는 신념을 가지고 있는 국가와 국민에게는 도덕적 지지를 보내야 할 것이다.

(3) 전후 복구를 추진하고 경제적 안정을 유지하려면 그러한 국가나 국민에게 물질적인 원조가 제공되어야 할 것이다. 그러나 이 원조는 다음과 같은 조건에서 제공되어야 한다.

첫째로, 그러한 원조는 의도된 목적에 맞게 사용되어야 한다.

둘째로, 그들이 자조(自助)를 위한 효과적인 조처를 하고, 아울러 그렇게 할 것을 분명히 하는 지속적인 증거가 있어야 한다.

셋째로, 그러한 원조가 미국의 경제를 위태롭게 해서는 안 될 것이며, 그 밖의 국제적인 공약을 포함할 뿐만 아니라 국제연합의 정치적 · 경제적 · 정신적 목표의 달성에 기여할 수 있는 종합적 계획에 부합해야 할 것이다.

2. 한국

1) 정치

한국의 주된 정치 문제는 한국에 대한 4대 강국의 신탁통치에 뒤따라올 과도 정부의 수립을 위해 1945년 12월의 모스코바 협정을 수행하는 것이었다. 모스코바 협정에 따라 설립된 미소공동위원회는 그 협정을 이행하려고 노력하였으나, 1946년부터 교착 상태에 빠지게 되었다. 그 이유는 협정에 규정되었던 바와 같이 한국의 여러 민주 정당과 사회단체들이 공동위원회와 회담하는 것을 소련이 반대했기 때문이다.

소련이 이에 반대한 동기는 친미적 극우파를 회담에 참여하지 못하도록 하여 결과적으로 그들이 신정부에 참여하는 것을 배제함으로써 한국에서 공산주의 정부를 수립하고자 했기 때문이었다. 소련이 그 회담에 반대한 것은 우파 단체들이 공개적으로 신탁통치에 반대를 표명한 데에도 그 원인이 있었다. 반면에 많은 한국 국민은 미국이 이러한 단체들의 자격을 인정치 않는 것은 자신들의 정부에 관한 견해를 밝힐 기회를 박탈하는 것이라는 견해를 밝혔다.

미국 국무장관 마셜(G. Marshall)과 소련 외무장관 몰로토프(V. M. Molotov) 사이의 각서 교환에 따라 1947년 5월에 재개된 미소공동위원회는 문제가 되는 우파 단체들이 회담에 참여할 수 있다는 내약(內約)이 그들의 각서에 규정되었음에도 불구하고, 이 문제에 대하여 더 심한 교착 상태에 봉착하게 되었다.

위원회 명의의 공동보고서를 제출하거나 혹은 각 대표단 별개의 보고서를 작성하자는 마셜 장관의 8월 12일의 각서에 대해 소련 정부가 응답하지 않자, 미국 대표단은 8월 20일 워싱턴에 단독 보고서를 제출했다. 한국 문제를 토의하도록 4대 강국 회담을 개최하자고 중국과 영국, 그리고 소련에 보낸 미국의 제안을 중국과 영국은 수락하였으나 소련은 거절하였다.

소련이 북한에 공산 정권을 수립하고, 또 남한에서는 미국에 대해 공공연한 적대 행위를 자행하는 공산주의 단체들의 음모가 이루어짐으로써 한국 문제는 국내적으로 복잡하게 되었다.

(원문 삭제)*

---

* 미국의 정치 사료는 통상 25년이 지나면 공개(declassify)한다는 원칙(Freedom of Information Act, 1966)에도 불구하고, 이처럼 국익에 위해가 된다고 판단하면 원문을 공개하지 않는 경우가 흔히 있다. 그와는 달리, 정보의 가치가 많이 떨어질 경우, 그리고 공개할 당시에 검토해 본즉 상당한 오류가 있다고 판단될 경우에도 그렇지만, 그럴 경우는 드물다.(옮긴이 주)

미군정은 지령에 따라 정부 부처 내의 행정적 책임을 가능한 한 빨리 한국민에게 완전히 인계하도록 노력했다. 이 계획에 따라 그들은 남조선 과도입법의원을 조직했고, 남한 정부의 '한국화'(韓國化) 정책을 수행하려고 노력했다.

2) 경제

기본적으로 농업 지역인 남한은 외부의 원조가 없이는 경제를 유지할 전반적인 자원을 가지고 있지 않다. 토양은 고갈되었고, 비료는 물론 식품의 수입도 필요한 실정이다. 전기 · 목재 · 무연탄, 그리고 대부분의 기본적인 생산품들과 마찬가지로 비료도 일반적으로 북한에서 들여온다. 북한에 대한 남한의 경제적 종속과, 전쟁에 앞서 한국이 일본이나 만주와의 무역에서 경제적으로 종속된 것은 아무리 강조해도 지나치지 않는다.

북위 38°선에서 국가가 분단되고 남북한 사이에 밀무역 말고는 모든 것이 금지됨으로써 한국 경제는 몇 년 동안 최저 수준으로 감소했다. 상당한 정도로 수출을 발전시킬 전망은 아주 작다. 식량 수출은 당분간 도저히 생각할 수 없다. 다만 화학 비료의 사용을 증가시킨다면 식량 수출은 가능하다.

전쟁 이전에 생산량의 약 20% 정도 가동되던 남한의 취약한 제조 산업도 그나마 지금은 그 생산량이 감소하거나 폐쇄되었다. 이것은 어느 정도 몇 십 년 동안의 정비 불량과 전쟁으로 말미암은 피해의 당연한 결과이지만, 원자재와 필수 부품의 부족과 유능한 관리(管理)와 전문 요원의 총체적 결핍이 그 주요한 요인이다.

남한에서는 아직 폭발적인 인플레이션이 일어나지 않고 있는데, 이는 미군정이 정부의 재정과 점령비(occupation costs)를 합리적인 수준으로 유지함으로써 통화 발행을 억제했고, 폐품을 활용하고 일본의 재고품을 사용함으로써 산업이 계속 유지될 수 있었을 뿐만 아니라 풍작 때의 미곡 강제 징수와 미국에서 들여온 수입 양곡으로써 도시에 적정량으로 제공할 수 있는 충분한 식량을 확보할 수 있었기 때문이다.

원료의 고갈, 공공사업이나 수송의 점차적인 붕괴, 그리고 북한으로부터의 전력 공급의 차단과 같이 인플레이션의 성향이 높은 요소들은 동시에 일어날 수도 있다. 그러므로 남한의 경제 전망은 매우 어둡다.

1948년 7월에 시작하여 미국에 6억4,700만 달러의 경비를 요구한 5개년 복구 계획은 군정이 제안한 것이다. 잠정 평가에 따르면 예정된 매년 복구 경비는 1948년도의 재정에 잠정적으로 승인되었다가 뒤에 9,270만 달러로 감소한 1억3,700만 달러의 원조 계획보다 실질적으로 더 큰 것이라고 한다.

이러한 잠정적 비용 평가와 개별 계획에 대한 득실을 판단하려면 신중한 검토가 필요하다. 만약 미국이 남한에 계속 남을 경우 이 지역에 대한 지원은 원조에 그 기반을 두어야 한다.

3) 사회 · 문화

일본이 추방된 이후, 한국인들은 열렬하고도 끊임없이 자신들의 고대 문화의 복원을 추구해 왔다. 한국인들은 학교 교육에 대해서 특별히 열성적이다. 문맹을 퇴치하고자 하는 개인적이고도 집단적인 노력은 미군정 관리들의 칭찬을 받을 정도이다. 한국에 좀더 훌륭한 건물과, 훈련된 교사와 고문(顧問), 그리고 더 좋은 교재들이 있다면 굉장히 훌륭한 결과를 얻게 될 것이다.

현재 미국의 활동은 성인 시각 교육(adult visual education)을 목표로 하고 있는데, 비교적 소극적이긴 하지만 상당히 효과적인 규모로 이뤄지고 있다. 오늘날 남한의 보건과 공공복지 활동은 일제시대만큼이나 효과적이며 질병의 예방에서는 오히려 그때보다 더 효과적이다. 진보에 대한 한국인의 열망이 크긴 하지만 사회적 개선에 필요한 많은 재원을 즉시 염출할 수 없을 것이다.

4) 군사

북위 38°선을 따라 획정된 인위적인 장벽 때문에 생긴 정치적·경제적 분쟁에서 파생된 한국의 군사적 상황은 잠재적으로 미국의 전략적 이익을 위협한다. 남한에서 공산주의자들이 사주하고 선동하는 폭동과 혁명 활동은 꾸준한 위협이 되고 있다. 그러나 준(準)군사적인 한국 부대의 지원을 받는 미군은, 지금으로서는 있을 법하지 않지만, 완전히 소련이 조종한 침공의 경우를 제외하고는, 그러한 소요나 분쟁을 처리하는 데 적절하다.

남한과 북한에서 주둔의 의무를 맡고 있는 미군과 소련군은 각각 5만 명의 병력에 다소 못 미치는 숫자로서 대략 비슷하지만, 소련이 지원하고 훈련한 약 12만5천 명의 북한 인민(공산)군은 일본 소총으로 장비를 갖추고 있어 미국이 조직한 1만6천 명의 한국 국방경비대에 견주어 훨씬 우수하다.

소련이 그들의 점령군을 철수하면서 군사(美軍)의 철수를 유도할 가능성이 크므로 북한 인민군은 남한에 대해 잠재적인 군사적 위협이 되고 있다. 이것은 북한 괴뢰 정부와 소련이 창설한 북한의 무장 군대가 소련 병력의 실질적인 주둔이 없이도 소련의 목적을 수행할 수 있을 만큼 잘 교화되었거나 충분히 강력하다고 소련이 확신할 수 있을 때 아마도 그러한 위협적 상황이 발생할 가능성이 있다.

미국의 입장에서는 필리핀 경비대와 비슷한 한국의 경비대를 조직하여 장비를 제공하고 훈련하는 것이 바람직하다. 이 경비대는 미군 사령관의 통제를 받아야 한다. 그리고 장래 언제인가 한국인 장교들로 대체시킬 것을 전제로 하여 처음에는 미국인들로 전체적인 장교 배치가 이루어져야 한다.

이것은 북한으로부터의 위협에 대처하는 데 충분한 힘이 된다. 또한 이들은 미국과 소련 군대가 한국에서 철수할 때 북한 인민군을 상당히 좌절시킬 것이며, 아마도 공산 정부의 무력적인 수립을 배제할 수 있을 것이며, 궁극적으로는 자유 독립의 한국을 위해 기여할 수 있을 것이다.

3. 결론

세계의 자유를 사랑하는 국민의 평화적 목표는 오늘날 제2차 세계 대전을 일으킨 무리와 같은 불길한 세력들의 팽창으로 말미암아 위협받고 있다. 소련과 그 위성국들이 이러한 불길한 세력들의 성장에 우호적이고 협조적이라는 증거는 없다.

미국은 자유의 방벽을 치고 유지하며, 미국의 전략적 이익을 보호하려면 현실적인 행동 노선을 취해야 한다. 한국과 중국의 대부분의 국민은 공산주의의 경향을 보이지 않고 있다. 그리고 이데올로기에도 관심이 없다. 그들은 식량과 주거지와 평화로이 살 기회를 바랄 뿐이다.

1) 한국

정치적 · 경제적 · 정신적인 면에서 한국의 상황은 농업 지역인 남한과 비교적 더 공업화된 북한으로 갈라놓은 인위적인 북위 38° 선의 장벽 때문에 매우 불리하게 영향을 받는다. 남한의 경제 상황은 심각하다. 농업은 침체에 빠졌고, 다른 자원들은 거의 없다.

한국의 자급 경제 확립은 가능하지 않다. 따라서 미국의 원조는 최소한의 자본 투자를 포함해야 하며, 구제용 지원에 필요한 품목들로 주로 구성되어야 한다. 한국의 공산주의자들은 남한의 혼란을 야기하고 무질서를 조성하고 있다.

(삭제)

미소공동위원회 회담이 두 번째로 교착 상태에 빠진 채 끝났기 때문에, 이제는 국제연합이 4개국 신탁통치 하에서 기능하는 한국의 과도 정부가 수립되게 할 수 있는 적절한 중개자인 것 같다. 만약 소련이 주둔군을 철수한다면, 미국은 남한을 계속 점령할 것인지에 대해 어떤 결정을 내려야 할 상황에 직면할 수도 있다.

소련이 수립한 괴뢰 정부와 그 군대가 소련 병력의 주둔 없이도 공산주의의 목표를 충분히 수행할 수 있을 정도로 되었을 때 이러한 사태[소련군의 철수]는 당연히 발생할 수도 있을 것이다. 미군의 조종과 관리를 받으면서 북한으로부터의 위협에 충분히 대처할 수 있는 한국 경찰대를 창설함으로써 미국과 소련이 주둔군을 철수시킨 뒤 무력적인 공산 정부의 수립을 저지함이 필요하다.

4. 권고

다음과 같은 것들을 권고한다.

곧, 이미 선언한 국제연합의 원칙에 부합하여 세계 평화의 조기 정착에 기여하고, 지금 위협이 되고 있는 군사력에 대항해서 미국의 전략적 이익을 보호하려면 미국은 중국과 남한에 될 수 있는 한 빨리 실질적인 도덕적 · 자문적(諮問的) · 물질적 지원을 해야 한다.

또한 이 보고서에서 제안된 미국의 정책과 조치는 적절한 정부 기관에 의해 여타 국제적인 공약들과 완전히 통합되어야 한다. 마지막으로 인식해야 할 것은 미국 경제를 위험하게 하는 어떤 외국 원조의 확대도 회피해야 한다는 것이다.

1) 한국

미국은 모스코바 협정에 부응하여 한국에서 과도 정부를 조기에 정착하도록 지속적인 노력을 기울이는 한편, 남한의 정치적 · 경제적 · 군사적 상황에 필요한 지원을 제공해야 한다.

[부록 6-1]

정치적 측면 : 한국에 대한 미국 정책의 요약

1882년에 조인된 한·미 사이의 최초의 조약에는 양국 정부 가운데 어떤 정부를 여타 강대국이 부당하고 강제적으로 다룬다면, 다른 정부는 우호적인 의무를 발휘하여 "우호 협정"의 의무를 수행해야 한다고 규정되어 있다. 한·미 관계의 초기에는 한국이 비록 실질적으로 중국이라는 종주국 아래 있었지만, 조약 의무를 수행할 목적으로 한국을 독립국으로 취급했었다.

1895년 청일전쟁에 앞서 전쟁을 피하고자 한국이 미국의 지원을 받으려고 노력했을 때, 미국은 평화를 지지하기는 하지만 분쟁 해결에 대한 책임을 떠맡을지도 모를 어떠한 행동도 하지 않을 것이라는 입장을 취했었다.

종전 조약에 따라서 중국은 한국에 대한 종주권을 포기했고, 일본이 이를 떠맡게 되었다. 그러므로 미국은 한국 내부 문제에 대한 불간섭정책을 고수했고, 1899년에는 한국의 영토 보전을 보장하는 협정을 체결하는 데에 미국이 강대국들을 주도해 달라는 한국의 요청을 거절했다.

1904~1905년까지의 러일전쟁 당시에 루즈벨트(T. Roosevelt) 대통령은 한국은 "자신들의 방위에서 대적할" 힘이 없으므로 미국은 한국의 보전을 위하여 간섭할 수 없다고 선언하였다. 일본이 한국의 황제에게 한국의 행정에 대한 일본의 통제에 동의하도록 강요했을 때, 한국의 황제는 1882년 한미조약의 우호적 의무 조항을 들어 미국에게 호소하였으나 거절당했다.

그럴 뿐만 아니라 미국은 1910년의 한국에 대한 일본의 합병에 대해 항의도 하지 않았다. 따라서 그러한 상황 전개에 대하여 반대하는 미국측의 노력이 거의, 혹은 전혀 없이 한국은 중국의 속국에서 일본의 속국으로 넘겨졌고, 결과적으로 일본의 식민지 상태로 전락하였다.

파리 평화회담과 1912~1922년의 워싱턴회의에서도 한국의 입장을 알리려는 한국 망명자들의 노력은 무산되었다. 그러나 망명자들은 한국 독립의 대의(大義)를 더욱 촉진하려는 노력을 계속했다. 그들 가운데 몇몇은 미국에서 활동했다.

제2차 세계 대전의 발발로 한국의 독립 문제가 재론되었고, 미국과 중국에 있는 한국의 망명자들은 한국의 독립을 쟁취하고 공식 승인을 받으려고 활동하기 시작했다. 1943년의 카이로회담에 참여한 강대국들(뒤에 소련이 참여함)에 의해 한국은 "적절한 절차를 밟아"(in due course) 독립될 것이라는 협정이 체결되었다.

이 문구는 일본의 패배와 함께 즉시 독립이 되어야 한다고 믿었던 한국인들에게 굉장한 분노를 야기했다. 이 분노는 1945년 12월 모스코바회담에서 한국은 앞으로 5년 동안 4대 강국(소련 · 미국 · 영국 · 중국)의 신탁통치를 받아야 한다는 결정이 체결되었을 때 더욱 증가했다.

그 이전에 이 문제에 대한 임시 협정이 미국과 소련 사이에 합의가 있었고, 종전이 임박해지자, 미국 · 소련 · 영국 · 중국은 소련군이 한국의 북위 38°선 이북에서 일본의 항복을 접수하고 미군은 38°선 남쪽에서 항복을 접수할 것이라는 합의를 보았었다.

이 임시 분단선은 처음에는 군사적인 책임을 부여하는 것으로 작용했었지만, 곧 남한과 북한 사이의 자유로운 왕래를 막는 완전한 장벽이 되었다. 결국 이것은 한국을 두 쪽으로 분리하여 통일을 달성하려는 한국인들의 노력을 결정적으로 봉쇄하였고, 경제적으로 불안정한 분열을 야기했다.

현재의 정치적 상황

한국의 주된 정치 문제는 과도 정부를 수립하고자 1945년 12월에 체결된 모스코바 협정을 수행하는 문제이다. 모스코바 협정에 따라 설치된 미소공동위원회는 1946년 3월 8일에 첫 회담을 열었다. 그러나 한국에 관한 모스크바 협정을 이행하려는 합의를 보지도 못한 채 회의는 1946년 5월 28일로 연기되었다.

미소공동위원회가 실패하게 된 것은 소련 대표단이 모스크바 협정에 규정된 것처럼, 한국의 과도 정부 수립에 도움이 될 한국의 많은 단체가 위원회와 협의하는 문제에 대해 동의하기를 꺼렸기 때문에 야기된 것이다.

소련의 동기는 한국의 미국 점령 지역 대부분의 우파 단체들을 협의 대상에서 제외함으로써 결과적으로 새로운 정부에의 참가를 배제하자는 것이었다. 만약 소련 대표단이 성공했더라면 한국에서는 공산주의자가 지배하는 정부가 수립될 뻔했다.

소련이 이러한 우파 단체들과 협의를 반대한 것은 이 단체들이 공개적으로 신탁통치에 반대하였기 때문이었다. 미국 대표단은 신탁통치를 비판하는 것이 한국 단체들이 협의에 참여하는 자격을 박탈하는 이유가 되지 못한다는 태도를 보였다. 그 이유는 그렇게 했을 경우 한국의 과도 정부 수립에 관하여 한국 국민의 상당 부분이 참여의 기회를 박탈되기 때문이었다.

1947년 4월과 5월의 미국 국무장관과 소련 외무장관 사이의 각서 교환으로 모스크바 협정 수행과 공동위원회의 활동에 "적극적인 반대를 조장하고 선동하지 않는다"는 선언을 할 의향이 있는 모든 한국 단체들이 협의에 참여하는 방법으로 1947년 5월 21일 공동위원회 회담을 재개한다는 결실을 보게 되었다.

공동위원회는 몇 차례 반복된 회의 뒤 7월에 교착 상태에 이르렀는데, 소련 대표단은 그 전 해의 입장으로 다시 돌아섰고, 미국 대표단은 한국의 여러 민주 정당과 사회단체들이 협의에 광범하게 참여하는 것과 모든 한국인의 자유로운 의견 표시를 보장했던 마셜-몰로토프 서한에서 선언된 방법의 이행을 주장했다.

위원회의 회담이 더 진행되었으나 아무런 결과도 얻지 못했기 때문에 마셜 장군은 몰로토프 외상에게 8월 12일, 위원회가 1947년 8월 21일까지 공동 작성의 보고서를 제출하거나 각 대표단이 독립 보고서를 제출하자고 요청하는 또 다른 각서를 보냈다.

이 각서에 대한 아무런 응답이 없었고, 소련 대표단은 공동보고서에 참여하는 것을 거부했기 때문에, 미국 대표단은 8월 20일 워싱턴에 단독 보고서를 제출했다. 이 보고서를 수령한 뒤 국무장관은 한국 문제의 해결을 위한 4대 강국 회담을 제안하는 동일한 각서를 중국 · 영국 · 소련에 각각 보냈다. 중국과 영국은 그 회담에 참여할 의도를 보였으나 소련은 거절했다.

내부적으로 소련이 수립한 북한의 공산 국가와 그 사주를 받아 미국에 적대적인 공산주의자들과 그들이 조종하는 단체들로 말미암아 한국 문제는 복잡해지고 있다.

(삭제)

우파 단체들은 아마도 남한에서 가장 잘 조직된 정당일 것이다. 그들은 남조선 과도입법의원(Korean Interim Legislative Assembly)의 대부분을 장악하고 있으며, 만약 지금의 조건에서 선거가 실시된다면, 남한에서 수립되는 어떤 정부도 지배할 수 있을 것이다.

남한의 미군 당국은 미군정의 여러 부문의 행정 책임을 빠른 시일 안에 한국인들에게 인계하려고 노력하고 있고, 반(半)관선 · 반민선으로 임명된 입법의원을 조직하여 대체로 남한 정부의 "한국화"(Koreanization) 정책을 수행하려고 전력하고 있다.

*** 정책을 수행하고자 취해진 미군정의 지령과 조처들**

지금 미군정이 한국에서 활동하는 데 지침이 되는 지령에는 다음과 같은 세 가지 기본적인 미국의 목표가 있다.

(1) 모든 외국의 지배로부터 자유롭고, 국제연합의 회원 자격이 있고, 독립적이고, 주권이 있는 한국을 수립할 것.

(2) 그렇게 수립된 국민 정부가 자유스럽게 표출된 한국 국민의 의사를 충분히 대표하는 민주 정부가 될 것을 보장할 것.

(3) 민주 · 독립 국가에 필요한 건전한 경제와 적절한 교육 체계를 확립하도록 한국을 지원할 것.

대통령의 지시 공문은 모스크바 협정에 따라, 자주적인 한국 정부를 준비하면서 미소공동위원회를 지지하는 한국의 과도 정부를 수립한 뒤, 앞으로 5년 동안 미국 · 영국 · 중국 · 소련의 감시를 받아 한국에 신탁통치를 수립하고, 나아가 국제연합 회원국으로서 완전한 독립 한국을 빠른 시일 안에 수립하는 것이 미국의 외교 정책임을 지적하고 있다.

또 지시 공문에는 미군의 남한 주둔이 한국에서의 기본적인 미국의 목표 달성을 촉진하려는 것이고, 그 주둔이 그 목적에 기여하는 한 계속될 것이라고 지적하고 있다.

모든 한국인을 위해 수립되어야 할 새로운 정부에 우파 단체의 대부분을 참여시키지 않으려는 소련의 방해와 전술의 결과로, 남한의 미군 당국은 한국의 과도 정부 수립에 필요한 당초의 조처를 계속 수행할 수가 없었다. 지시 공문에서 요구된 것처럼, 미군정 당국은 지방의 행정직과 미군 주둔 지역의 전체 행정직에 자격 있는 한국인들을 배치하는 데 상당한 진전을 보였다.

미국인 직원들은 단지 자문(諮問) 역할로만 지방 행정에 참여했고, 모든 행정직은 한국인들로 충원했다. 남한의 전체 행정에서 모든 정부 부문의 기관장들은 한국인 공무원들이고, 미국인들은 자문 역할만 하였다. 그러나 중요한 논쟁적 문제들은 최종 결정에서 미군정장관이나 미국 점령군 사령관에게 송부한다. 군정 내의 미군 직원들은 신속히 미국의 민간인들로 대체되었다.

남조선 과도입법의원은 1946년 12월에 개원되었는데, 그의 절반은 한국의 단체들이 추천한 한국인들 가운데 미군 사령관이 선출하였고, 나머지 반은 여러 지역과 시 · 읍 등의 대표들로 선출되었다. 최근 남한의 농지 개혁 계획이 이 입법의원에서 고려하고 있다.

그리고 이 입법의원은 곧 특정 법규와 규정에 따라 한국 과도 정부 공무원 선출을 규정한 보통 선거법을 채택했다. 대통령의 지시 공문에 따라, 공산주의가 지배하는 어떠한 단체들의 활동이라도, 미군 점령의 안전에 분명히 해가 되는 경우가 아니면 모든 정치 단체에게 완전한 표현의 자유를 허용했다.

지시 공문에 나타나 있는 문화적 목표들을 달성하면서 미군정은 공업과 농업의 훈련 과정을 위한 기금을 마련하였고, 교사들의 재교육을 위해 하계 · 동계 강좌와 교사 훈련원의 설립을 장려하였으며, 또한 전반적으로 학교 복구와 새로운 교육 체제 확립, 그리고 학교 시설물의 확충에 전력하였다. 그럴 뿐만 아니라 한국 교육 행정을 민주화하려고 다양한 위원회의 설립을 추진했다.

이러한 계획들을 수행하는 데에 자금의 부족으로 곤란을 겪었다. 정치적으로뿐만 아니라 문화적으로도 자유롭고 독립된 한국을 향한 "한국화"의 과정을 수행하려는 시도들이 있었다. 대통령의 지시 공문 자체는 해석과 집행의 융통성을 반드시 허용하고, 미군정은 그 지시의 범위 안에서 활동한다는 것이 지적되어야만 한다.

(삭제)

또한 매우 필요했던 토지 개혁을 이행하지 못했던 것은 남북한 통일을 기대하는 열망 때문이었다. 통일되는 날 한국 과도 정부는 국가 전체를 위한 이런 종류의 단일 계획을 실행할 입장에 놓이게 될 것이다. 그러나 통일은 막연한 미래의 문제인 것처럼 보이기 때문에 그러한 계획들을 가장 빨리 시행할 구체적인 계획들이 만들어지고 있다.

*** 미국의 목표들을 실행하는 데 따른 저해 요인들**

한국에서 미국의 목표들을 실현하는 데 따른 가장 큰 저해 요소들은 이 나라가 북위 38°선으로 분할되었다는 사실과 한국에 대한 모스코바 협정의 규정을 실행하는 데 모스코바가 협조하지 않는 것이다. 북위 38°선 뒤에 소련은 소비에트 노선을 본뜬 민주 전선 정부(Democratic Front Government)를 수립하여 비(非)공산주의 성격의 모든 정당을 배제했다.

따라서 북한 공산 집단은 미국 점령 지역으로 첩자를 침투시킴으로써 미국에 적대적인 남한의 공산주의 좌익 집단과 민주 전선의 활동을 고무하고 지원할 수 있었다. 남조선 과도 정부 수립의 첫 단계로서 한국의 모든 정치 · 사회단체들이 미소공동위원회에 참여하는 것을 소련이 거부함으로써 한국에서의 미국의 목표, 즉 자치 정부의 수립, 외국의 통제로부터 독립된 주권 한국의 수립, 한국 국민의 자유로운 의사를 표시할 수 있는 충분한 대표 기구의 수립 등을 실현하는 것이 불가능해졌다.

한국에서의 미국의 목표를 실현하는 데 따른 또 다른 저해 요소는 미국 점령 지역 내부의 요인으로부터 파생된다.

(삭제)

2) 마찬가지로, 극좌파들은 미국에 대한 적대 감정을 조성하고 한국에서의 미국의 목표 달성을 저지하는 데 온갖 심혈을 기울인다. 이러한 단체들은 도시 지역의 충분한 식량을 확보할 목적으로 미군정이 제정한 미곡 징수 계획에 대하여 특히 한국 농민들에게 적극적으로 반대 활동을 전개하고 있다.

(삭제)

*** 미국의 모든 원조를 중지할 것인가, 아니면 현재의 미국 정책을 지속시킬 것인가에 대한 의견**

만약 남한에 대한 모든 원조가 중지된다면 미군은 이 나라에서 계속 주둔할 수 없다. 왜냐하면 모든 원조를 중지한다면 조기 경제 파탄과 미군 점령 지역의 폭동과 소요를 야기할 것이기 때문이다.

한국에서 미군을 철수한다면 곧이어 소련 병력이든, 아니면 더 그럴듯하게는 소련의 후원을 받아 북한에서 훈련된 한국 군대가 남한을 점령할 것이며, 궁극적으로는 한국의 전 지역에서 소련의 위성 공산 정권이 수립될 것이다.

이러한 결과를 수반할 미국 원조의 전면적 중단은 아시아 국민 사이에서 미국의 도덕적 위신에 대해 막대한 손상을 주게 될 것이다. 이렇게 되면 아마도 일본에 심각한 영향을 미칠 것이며, 일본에 대한 공산 첩자의 침투를 더욱 용이하게 할 것이며, 아시아에서의 소련의 위신은 증대될 것이다. 더욱이 소련과 국경이 닿은 변방 지역에서는 이러한 문제들이 더욱 심각하다. 따라서 소련과 인접한 국가들에 대한 소련의 팽창 기회는 더욱 확대될 것이다.

한국에 대한 모스코바 협정의 규정을 미소공동위원회가 이행하지 못함에 따라서 그 문제의 해결은 4대 강국에 위임되어야 한다고 현재 미국의 정책은 명시하고 있다. 또한 4대 강국이 한국 문제의 해결에 실패할 경우, 이 문제는 국제연합 총회에 회부해야 한다고 한다.

이것은 미국이 관련 강대국들과 협의를 통해서 문제 해결을 지속적으로 추구해야 할 것이나 만약 국제연합이 한국에 대한 합의에 도달하지 못할 경우, 미국은 앞으로의 경과, 곧 한국에서 철군할 것인지, 아니면 남한 단독 정부를 수립할 것인지, 그리고 어떤 조건에서 그 정부에게 경제적 · 군사적 원조를 할 것인지에 관한 결정을 내리는 것이 필요하다는 의미이다.

현재의 미국의 정책을 계속 수행하게 되면 이것은 미국이 소련의 비타협적 태도에 직면해서도 한국을 포기하지 않을 것임과, 한국에 관한 모스코바 협정의 수행을 계속해서 지원할 것임을 소련과 여타 국가들에 알리는 데 도움이 될 것이다.

또한 현재의 미국의 정책을 지속하는 것은 한국에 대한 소련의 직접적 · 간접적 지배를 막는 데 기여할 것이며, 소련이 남한 전체를 부동항(不凍港)과 같은 군사 작전 기지로 자유롭게 이용하지 못하도록 하는 데 도움이 될 것이다.

[부록 6-2]

경제적 측면

남한은 농지를 제외하고는 자원이 거의 없다. 그 이전, 남한은 무연탄·전력·목재·비료, 그리고 그 밖의 화학 제품들 대부분을 북한으로부터 구입했고, 역청탄과 식량은 만주로부터 수입했으나, 지금은 원자재나 산업에 필요한 수선 부품뿐 아니라, 필수품(전력 제외)도 다른 외국으로부터 수입해야만 한다.

석탄 : 한국은, 특히 남한은 석탄이 부족하다. 역청탄 광상(鑛床)은 발견된 것이 없고 기존 석탄 광상도 저질의 무연탄이다. 남한의 가장 큰 광산은 동해안의 삼척(三陟)에 있는데, 남한 생산량의 50%를 차지한다. 생산품은 값비싼 철로 - 해로 - 철로의 유통 분배가 필요하다.

이 석탄을 가루로 만들어 석유와 혼합시켜 화력발전소에서 사용할 수 있고, 또 사용하고 있다. 그러나 이것을 사용하는 데는 경비가 많이 들고, 보일러 장비의 유지가 힘들다. 어쨌든 역청탄은 철도 운행과 대부분 산업의 운영을 위해 수입해야 한다.

전력 : 불리한 석탄 사정 때문에 남한은 전력을 북한에 의지할 수밖에 없다. 왜냐하면 실질적인 모든 대규모 수력 발전 시설은 북한에 있기 때문이다. 1945년 총 124만 KW의 설치 용량이 있었는데, 그 가운데 90%는 수력 발전으로서 북한에 있었다. 북한에 있던 총용량 가운데 약간은 소련인들이 가져갔다.

현재 남한은 수력 발전용 물의 유입량이 적은 겨울에는 전력 필요량의 75%를 북한에 의존하고 물이 풍부한 여름에는 50~60%를 의존한다. 올겨울의 상황은 심각하다. 최소한의 필요량은 약 20만 KW이다. 그러나 북한으로부터 5만 KW(이것은 소련이 공급해 주겠다고 공언한 전부이다)와 남한 자체에서 생산해 내는 6만 KW(그것도 복구 물자를 받았을 때만 가능하다)를 포함해서 11만 KW만의 확보가 가능하다.

만약 북한의 전력 공급이 중단된다면 남한의 모든 산업 생산은 중지될 것이고, 군사용과 비상용으로 배급된 자체 생산의 에너지만 남게 될 것이다. 이러한 전력 부족을 해소하고 산업을 재생할 수 있게 하는 새로운 발전소를 설치하려면 완공까지 4~5년이 걸릴 것이다. 그래서 여전히 수입 석탄과 석유에 의존해야 하거나, 아니면 저질의 무연탄 생산을 확대해야 할 것이다. 남북한을 결합하는 길 이외에는 이 딜레마에 대한 그럴듯한 해결책이 없다.

임업 : 남한은 삼림(森林) 상황도 좋지 않다. 전쟁에 앞서 효과적인 조림 계획과 침식 방지 계획이 진행되고 있었다. 그러나 전쟁 동안에 매년 약 1억 1,300만 제곱피트의 삼림이 증식된 데 비해서 매년 벌채량은 평균 1억 6,800만 제곱피트에 이르렀다. 더욱이 지난날에는 남한의 재목과 땔감, 펄프 등의 필요량의 2/3 이상을 북한에서 공급받았었다.

이러한 자원의 중단과 석탄 수입, 그리고 급격한 생산량의 감소에 따라서 대도시 주변의 산과 언덕은 사실상 황폐해졌다. 만약 남북한이 결합하지 않거나 또는 실질적으로 자원이 수입되지 않는다면 남한은 땔감이나 재목 · 철로 · 버팀목, 그리고 전화 · 전신주 등이 필요하기 때문에 삼림지의 남벌과 황폐화는 계속될 것이고, 그 결과 농지에 대한 홍수 피해와 침식의 증가가 불가피하게 될 것이다.

광물 자원 : 한국의 광물 자원은 다양하고 다소 광범위하다. 그러나 몇몇을 제외하고는 저질품들이다. 한국 동북부 지역에 있는 무산(茂山)에는 전쟁 이전과 전쟁 동안에 일본이 대량으로 채굴한 광산이 있는데, 이것은 저질품의 큰 철광석(35%의 자철광)의 광상(10억 톤 이상)이다.

이곳에서는 80만 톤 이상의 선철과 35만 톤의 철강을 매년 생산하기 위해서 용량을 증가시켜 왔다고 한다. 그러나 만주와 일본에서 많은 역청탄을 수입해야만 가동이 가능하다. 남북한 전체 지역에서 금과 구리가 채굴된다. 구리는 금의 부수물로 생산되고, 약간의 납과 아연이 생산되며, 많은 양의 흑연이 생산된다. 그러나 흑연은 질이 낮다. 남한에는 중요한 수출품으로 잘 개발된 텅스텐 제품이 있다.

제조업 : 조기에 통일할 경우에도 한국의 산업에 대한 전망은 밝지 않다. 1931년 이전에 일본은 한국을 주로 원자재와 쌀과 값싼 노동력의 공급지로 이용했었다. 그 뒤 한국은 일본의 아시아 대륙 진출의 교두보가 되었고, 대륙의 일부로서 만주와 함께 일본의 전쟁 잠재력으로 성장하였다.

1938년까지 7천 개의 공장이 있었는데, 대개 규모가 작고 총 18만3여 명의 노동자를 고용하여 주로 화학 제품, 섬유, 가공식품 등을 생산했었다. 산업 지역은 북쪽의 수력 발전소와 큰 광물 광상 부근에 있었다. 이러한 산업 시설들은 폭격에 파괴되지 않았다.

그러나 그렇다고 해서 한국이 평화 시에 능률적으로 가동할 수 있도록 즉시 전환이 가능한 기존 산업 시설을 지니고 있다고 생각하는 것은 잘못이다. 용량의 20% 정도의 생산력이 점령 직후 복원되었다. 그러나 원자재 비축량이 모두 소비되고, 예비 부속품과 효율적인 유지와 운영 요원의 부족으로 말미암아 기계의 가동이 중단됨에 따라서 생산량이 감소했다.

유능한 행정 관리와 기술 요원들의 부족(실질적으로 그들 가운데 대부분은 지난날에 일본인들이었고 지금은 모두 철수했다)은 한국의 산업과 전력, 그리고 수송 체계에 굉장히 심각한 영향을 끼쳤다. 남북의 통일로 어느 정도의 필요 원자재는 이용할 수 있고, 예비 부속품들도 실제로 일본에서 구입할 수 있지만 유능한 인력의 부족은 해결될 수 없는 문제이다.

철로 : 한국 남동 해안의 부산(釜山)에서 만주 경계선의 안동(安東)까지 복선의 중앙선을 포함한 훌륭한 표준 규격의 철도 체계를 가지고 있

다. (이 선로는 강원 지역의 동쪽 반을 제외하고는 이 나라에 중요한 기능을 한다.) 그러나 철로와 기관차를 제외한 철도 차량과 철도 수송은 전쟁 기간의 물자 부족으로 말미암은 몇 년 동안의 관리 부실의 결과로 복구가 굉장히 필요한 상태에 있다.

전국의 모든 철도는 일본인 관리 · 감독관 · 기술 요원들의 철수로 말미암아 심각한 타격을 받고 있다. 노반은 다량의 콘크리트와 석조 구조로 우수하게 설계 · 건설하였지만, 남한에 있는 700만 개의 버팀목은 모두 앞으로 7년 안에 교체해야 할 것이다.

또한 다량의 철로와 이음판이 필요하다. 미군정은 2-8-0형의 신형 기관차 101량을 공급하였다. 그러나 다른 기차의 대부분은 정밀 검사가 필요하다. 철도를 통한 통신도 상당한 복원이 필요하다.

도로 : 한국에는 현대적인 도로가 없다. 남한의 도로는 서울에서 인천(仁川), 개성(開城), 춘천(春川)까지를 제외하고는 자동차 교통에 실질적으로 적합하지 않다. 실질적으로 모든 공급품은 기차로 보급될 수밖에 없다.

해운업 : 남한의 유일한 해상 운송은 미군정이 일본과의 교역을 위해 운영하는 발틱해안에 있던 8척의 선박과 12척의 전차 상륙용 주정(LST)으로 구성되어 있다.

항구 : 남한에는 중요한 항구가 두 개 있다. 그 가운데 하나는 부산인데, 반도의 남동쪽 끝에 있는 것으로서 굉장히 수심이 깊은 항구이며, 4개의 큰 부두를 가지고 있다. 또 하나는 서울의 서쪽에 있는 인천이다. 이곳은 내만(內灣)에 있는 독크 쪽에 3~4천 톤급 선박 4척을 수용할 수 있고, 정박지 바깥쪽에 좀더 큰 태평양 횡단 화물선과 여객선을 수용할 수 있는 작은 조수 도크 항구(tidal basin port)가 있다. 수심이 깊은 또 다른 항구로는 마산(馬山)과 여수(麗水)가 있는데, 훼손되어 지금은 거의 사용되지 않고 있다.

동쪽 해안에 있는 묵호(墨湖)는 남한의 가장 큰 무연탄 광산 지역인 삼척을 위한 수출 집하장이다. 그 밖에 다른 항구로서 목포(木浦) · 포항(浦港) · 진해(鎭海) · 군산(群山) 등이 있는데, 이곳들은 간만조(干滿潮)가 심한 지역이라는 불리한 요소와 정박지와 항구의 출항 시설들의 결핍으로 말미암아 사용이 제한되어 있다.

북한 동쪽 해안의 원산(元山)과 청진(淸津)에는 우수한 난류로 된 상업항구와 해군 기지가 있다. 청진은 특히 소련에 유용한 항구이다. 그리고 웅기(雄基) · 나진(羅津) · 성진(城津) · 진남포(鎭南浦) · 신포(新浦)가 있는데, 진남포와 신포는 황해의 25~30피트에 이르는 호수로 말미암아 지장을 받고 있다.

일본 관리의 철수

북위 38°선으로 한국인과 자원이 분할되는 것만큼 한국 경제에 미친 불행한 결과를 초래한 것은 대일전승기념일(VJ-Day) 이후 북한에 남아 있던 500명을 제외한 전 일본 인력들의 철수한 문제였다. 과거 70만 명의 한국 거주 일본인들은 모든 경제 요소를 지배하였는데, 경영과 전문 분야는 물론 기술자 계층까지도 인력을 공급하였다.

한국인들은 정치 · 경제 활동의 모든 부문에 중요한 지위나 기회를 보장받지 못했다. 과거 부산에서 역장을 지낸 한국인이 이제 철도청장이 되었다거나 직업학교를 졸업한 사람이 서울 근교의 대규모 수력 발전소의 책임 있는 지위에 있다는 것이 당사자에게는 전혀 비난할 일이 못 된다. 그러나 그것은 남한 경제가 거의 치명적인 부족 상태에 있다는 것을 보여주는 것이다. 궁극적인 해결책이 쉽게 떠오르지 않는다.

투자 회수

남한에서의 투자 회수 과정은 아마 일본이 새로운 자본을 모두 전쟁물자 생산에 투자하고 그 외의 시설을 감소하기로 결정한 30년대 후반부터 시작되었을 것이다.

남한의 유지와 발전을 위해 일본이 제공한 주요 물품은 거의 예외 없이 부산의 잠수함 제작소와 같은 군수 공장들이나 만주와 북한의 산업 지역과 일본을 연결하는 전략적 수송 사업에 사용되었다. 이것은 유용한 건설 자재의 대부분을 부산에서부터 만주의 경계선 안동(安東)에 이르는 남북 종단 철로와 같은 시설들에 사용하였음을 의미한다.

남한에 있는 다른 산업 시설들은 군수 산업으로 전환되었거나 그 상황이 악화했다. 남한의 논은 지력(地力)이 소모되었고, 농업에 꼭 필요한 비료의 공급은 북한의 질소 응고 시설이 화약 생산으로 전환됨에 따라 40년대 초에 급격히 감소했다. 남한의 빈약한 삼림 자원을 개발함으로써 개발은 홍수로 말미암은 농작물 유실과 그 외의 유익한 것들을 파괴하고 급격한 침식을 야기하는 결과를 초래했다.

또한 일본인은 한국의 축적된 자원을 고갈시켰으며 만주와 일본의 광산과 공장, 그리고 군 복무를 위하여 숙련된 노동자들을 징발했다. 군부 통치 아래에서 2년 동안 투자 회수의 과정은 계속되었다.

남한이 수출로써 투자와 복구 계획에 재정을 염출할 수 있게 될 가능성은 자세히 고려할 가치가 없다. 비록 남한이 원래 농업국이라고는 하지만 가장 좋은 상황에서도 식량을 수출할 수 있을 것 같지는 않다. 토양의 고갈과 침식의 누적으로 말미암은 농업의 쇠퇴와 1940년 이후 인구가 1,500만 명에서 2천만 명으로 증가함에 따라 앞으로 수년 내에는 어떠한 잉여 식량의 수출도 생각할 수 없을 것이다.

남한의 수출품은 텅스텐 · 금 · 구리와 같은 광석과 약간의 인삼, 그리고 우뭇가사리와 같은 수산물에 불과하다. 가장 낙관적인 평가에 따르더라도 1950년의 수출액은 1천만 달러 정도가 될 것이다. 수출로 벌어들인 1천만 달러보다 훨씬 많은 액수가 불요불급한 원료 수입의 재원으로 필요하다. 그리고 현재의 생산으로는 어떠한 자본의 증진도 기대할 수 없다.

인플레이션

한국의 인플레이션은 물가 상승률에서 중국의 인플레이션에 견주어 그리 심각하지 않다. 그러나 한국 내의 수단으로 그 요인을 통제하기는 더 힘들다. 물가 상승은 낮은 노동 생산성과 무절제한 화폐 발행 때문에 일어난다.

대부분 소비 제품의 물가는 1937년의 수준에 견주어 200~700배 상승했다. 그러나 쌀의 공정 가격은 단지 70배 상승하였으며, 도시 인구가 필요로 하는 칼로리 요구량의 약 80%는 공정 가격으로 이용할 수 있다.

심각한 인플레이션은 아직까지 다음과 같은 이유로 남한에서 발생하지 않고 있다.

(1) 군정이 정부 지출과 지역 점령비를 합리적인 수준에서 유지함으로써 통화 발행을 억제하였기 때문이다.

(2) 폐품 이용과 일본인들이 남겨 놓은 재고품의 사용으로 일부 산업을 계속 가동했기 때문이다.

(3) 추수기에 미곡을 강제 징수함으로써 농민들에게 통화 팽창의 지출을 하지 않고 "병적이고 불안정한" 수입(disease and unrest import)만으로도 도시에서의 적당한 식량을 보유할 수 있는 충분한 양을 확보했기 때문이다.

원자재의 소모와 공공사업이나 수송의 누적된 파행과 북한의 전력 공급의 차단 등과 같은 높은 인플레이션 요소들이 동시에 발생할 수 있다. 그러므로 낮은 생산성과 정부의 재정 정책이 인플레이션의 주요 원인이 되는 중국이나 일본보다 한국 경제의 전망은 더욱 심각하다.

한국은 원자재와 숙련 노동력이 부족하므로 정확한 정책 결정과 국민의 노력이 결합한다 해도 심각하고 혼란스러운 극도의 인플레이션에서 벗어날 상황이 되어 있지 않다. 외국으로부터의 대량의 소비자 제품의 공급과 수송 시설의 제공으로써만 파행을 막을 수 있다.

농업과 어업

농업 : 남한 전체 인구의 3/4 이상이 농부이다. 1946년도의 총 경지 면적은 603만3천 에이커였고, 농가 호당 경지 면적은 2.5에이커였다. 농경

지의 대략 15%는 과거 일본인의 소유였다가 그 이후 소유권이 군정에 귀속되었지만 결국 한국인에게 양도될 것이다.

계획 중인 토지 개혁에 소작 경영된 토지의 60%가 현재 추가로 포함될 것이다. 일본인 소유의 토지에 군정은 토지 개혁을 단행하지 못했는데 그것은 개혁이 한국의 과도 정부 수립에 앞서 시행될 수 없다는 견해 때문이었다.

일본이 패망한 이후 일본 · 중국 · 북한으로부터 약 250만 명의 한국인이 남한으로 유입되었고, 설상가상으로 대홍수와 상업 비료의 절대 부족까지 겹쳐 심각한 식량난이 초래되었다. 농부들은 비료 부족 때문에 이미 황폐한 토지를 2모작 하기를 꺼렸고, 환전 가치가 가장 높은 쌀 생산을 하고자 땅을 보존해 두기를 더 좋아했다. 1946년도 평균 경지 면적은 1935~1939년도 평균의 79%에 불과했고, 벼와 콩의 생산량은 71%에 그쳤다.

과거에는 북위 38°선 이북에 36%의 한국 인구가 거주했었고, 36%의 식량 생산이 이루어졌었다. 그러나 전쟁 이후의 인구 이동과 상업용 비료가 북한에서 더 많이 이용됨으로써 이 상황은 변화되었다. (한국의 모든 대규모 화학 공장이 북한에 있다.) 이제 한국 인구의 약 30%만이 북위 38°선 이북에 거주하고 있지만, 이 지역에서 약 38%의 식량을 생산하고 있다.

쌀은 한국의 주요 작물이며, 특히 농업 생산량의 전체 가치의 절반 이상을 계속 차지하고 있다. 1930년대의 쌀 수확은 매년 평균 약 1억 부셸(bushel, 1부셸=약 36리터)이었다. 그 가운데 40% 또는 그 이상이 일본으로 수출되었는데, 그것은 일반적으로 총수출액의 1/3에 해당했다. 이것은 결코 한국인의 자발적 의사가 아니었다.

일본의 정책 노선에 따라 1910년도에 40%에 못 미쳤던 소작지가 1945년도에는 75%를 상회하고 있다. 이것은 곡물 징수를 용이하게 했는데, 지주들이 대개 쌀로 토지 사용료를 받았고, 이것이 농작물의 평균 약 60%를 차지했기 때문이다.

따라서 한국인들이 비록 다른 곡식들보다 쌀을 좋아했지만 그들의 1인당 소비량은 1915~1919년의 3.62부셸*에서 1939~1945년에는 44%가 감소한 2.02부셸로 떨어졌다. 이와 같은 식량 부족을 일부는 만주에서 수수와 대두를 수입하여 보충했으나 소비량의 부족은 고질적인 것이었다.

미군정은 남한의 식량 위기를 해소하고 농업을 복구하고, 기아를 방지하고자 식량 수입 계획을 추진하였고, 최소한도의 필요 식량을 확보하려고 토지 생산량이 증가할 때까지 최소한의 생계를 유지할 수 있는 계획을 수립하였다. 그리고 비료 수입을 통하여 소모된 토양을 복구하고 적어도 과거에 달성했던 정도의 수준으로 농업 생산량을 증가한다는 계획을 수립하였다.

자급자족이 불가능한 빈민들에게 배급을 주도록 미곡 강제 징수 제도를 제정하려고 1945년 군정이 시도한 정책은 전반적으로 실패했다. 홍수로 흉년이든 1946년에 군정은 총생산량의 약 1/6에 해당하는 8만7,428톤의 쌀을 거둬들였다. 남한 빈민의 최소한의 요구량을 충족시키고 자체 생산량을 보충하고자 군정은 1946년 5월에서 12월까지 남한에 18만848미터톤의 밀 · 옥수수 · 밀가루 등을 수입하였다.

1946년 군정은 식량 상황을 개선하고 경제를 안정시키며 인플레이션의 소용돌이를 진정하려고 쌀 징수 계획에 우선권을 주었다. 이 계획은 전 미군정 기관의 충분한 지원을 받았다. 결국 총 54만8천 미터톤의 정제미(精製米)를 모으는 데 성공했다.

그런데 이 수량은 1946년 총생산량의 약 30%에 해당하는 것이다. 이러한 성공적인 수매 계획과 1947년 1월부터 7월까지 미국의 자금으로 구입한 27만5,962미터톤의 곡물(穀物) 덕분에 미군정은 1인당 하루 평균 300그램(1,050칼로리)이 조금 넘는 최소한의 적정한 배급을 지급할 수 있게 되어 남한의 식량 사정을 안정시킬 수 있었다.

어업 : 어업은 전쟁 이전 한국의 주요 산업 가운데 하나였고, 어획고에서 세계 6위였다. 어업은 이 나라의 경제 구조에서 농업에 이어 두 번째

* 1부셸(bushel)은 27.216kg임.(옮긴이 주)

로 중요하다. 그러나 어업은 물자 수입을 일본에 크게 의존하고 있었는데, 이러한 관계가 단절된 뒤 그 사정은 매우 악화하였다. 어류의 소비량은 전쟁 전에 매년 1인당 평균 47파운드에서 32파운드로 감소하였다.

한국은 어업 물자 · 선박 마닐라밧줄(manila line), 그물, 저인망 ,냉동용 암모니아, 통조림 제조용 생철, 저장용 소금과 설탕 등이 추가로 필요한 실정이다. 만약 이러한 물품의 공급이 이루어지지 않은 상태에서 어로 활동이 크게 확대된다면 일본은 지금 한국의 어로 지역에 대해 어업 활동의 권리를 주장할 것이라는 두려움이 생긴다.

대외 무역

한국의 총 대외 무역량은 1910년의 6천만 엔(¥)에서 1939년에는 24억 엔 이상으로 증가했다. 한국 무역의 주요 종류로는 식료품 · 직물 · 섬유 제품 · 광석 · 제조품 및 그 밖의 잡다한 품목 등을 꼽을 수 있다. 한국은 식료품을 제외한 모든 부문에서 수입만 하는 국가였다. 식량 수출은 직물과 섬유를 겨우 상쇄(相殺) 수입할 정도였다.

1910년부터 1945년까지 한국의 대외 무역은 거의 모두 일본에 편중되었고, 그 이전 최대의 수출품은 일본에 대한 쌀 수출이었다. 1936년, 순수 수출 균형을 보면 41개의 한국의 생산품 가운데 쌀은 대략 64%를 차지하고 있었다. 비록 1939년까지 쌀 수출의 중요성은 광석과 제조품의 호조로 상대적으로 감소했으나 그해 55개의 순수 수출 품목 가운데서 쌀은 여전히 전체 물량의 1/3을 차지했다.

전쟁 직전까지 어류와 수산물은 쌀에 이어 전체 수출 품목들 가운데 평균 7.5%에서 9%에 이르는 두 번째 수출품이었다. 그 밖의 다른 수출품들은 그리 중요하지 않았다. 역사적으로 볼 때 한국은 연료 · 중공업 제품 · 기계류 · 자동 장치 · 직물 · 섬유, 그리고 전문화된 생산품 등을 외국에 의존하였음을 보여주고 있다.

현재의 조건에서 볼 때 일반적인 의미의 대외 무역 거래량은 적은 편이다. 1945년 8월 15일부터 1947년 6월 30일 동안 한국의 총 대외 거래액은 대략 1억6,800만 달러였다. 그러나 이 액수 가운데 약 2,500만 달러만

이 개인 무역업자들의 활동으로 말미암아 한국과 아시아 대륙 간에 거래된 상품 가격을 나타낼 뿐이다.

나머지 1억4,300만 달러는 주로 대민 지원 계획의 일환으로 미군정 기관에 의해 수입되어, 전쟁성의 충당 자금으로 염출한 상품들이거나, 아니면 적하위탁대물(積荷委託貨物)로서 2,500만 달러의 대외청산위원회(對外淸算委員會)의 신용 보증으로 수입하였거나, 국제연합 구호복구처(UNRRA)의 지원으로 소량으로 수입된 상품들이다. 이 수치 안에 들어간 수출품들은 약 500만 달러의 가치에 이르는 정부 소유의 잉여 광석과 수산물 등이다.

군정은 이 지역이 미국의 자금에 대한 의존을 줄일 수 있는 무역을 신장하고자 노력하고 있다. 남한이 수출로써 얻은 자금은 필수불가결하다고 인정된 수입품이 아닌 한, 대민 지원 계획 목록에 있는 것과 유사한 상품들이거나 군정이 공인한 상품들을 구매하는 데 이용된다.

1947년 7월 15일, 미군정이 수립한 질서 속에서 무역을 희망하는 소수의 외국 기업인들에게 한국은 개방되었다. 한편 무역은 홍콩이나 마카오와 이뤄졌고, 절대로 필요한 자원들은 한국의 잉여물과 교환하여 바터제로 구입하였다. 최근 이집트 정부와 교섭을 통해서 730톤의 텅스텐 농축물과 전통적으로 이집트 명산물인 이집트 무명 3천 꾸러미(bale)*를 교환하는 협정을 체결했다.

일본과의 모든 교섭은 정부 차원에 한정되었고, 중국은 합법적 무역에 필요한 조건을 부과하였다. 실제로는 홍콩과 마카오를 통해서 일본이나 중국과의 밀무역이 점점 더 증가하고 있는 실정이다. 건전한 기반 위에서 한국의 무역을 추진하고자 하는 본질적인 조처는 관세 부문을 능률적으로 발전시키는 것이다.

한국의 복구를 위한 미국의 투자

한국에 대한 모든 재정적 · 경제적 계획에 내재해 있는 근본적인 정책

* 1베일(bale)은 500파운드임. 1파운드는 453.6그램.(옮긴이 주)

상의 문제가 하나 있다. 그것은 남한에 대한 점령이 일방적인 근거 위에 얼마나 오랫동안 지속될 것인가 하는 점이다. 이 문제에 대한 답이 나올 때까지는 이 지역에 대한 만족스러운 해결책이 절대로 나올 수 없다.

한국 경제의 특징이 이렇기 때문에 효율적인 달러의 이용을 규정한 절충안이 있을 수 없고, 동시에 점령 기간에 관한 결정을 해결하지 못한 상태로 놓아두는 절충안도 있을 수 없다. 생활 수준의 급격한 하락이나 경제적 파탄을 피하고자 남한은;

(1) 북한과 통일,
(2) 실질적인 원조 물자의 공급,
(3) 7년 동안 매년 20억에서 30억 달러의 원조와 복구를 위한 지원이 있어야 한다.

(3)안은 점령이 무한정 지속될 경우에 대비해 기반을 만드는 것이다. 영원히 분단된 상태의 남한에 자본 투자를 하는 것은 낭비일 것이다. 또한 원조가 있은 뒤의 몇 년 동안 경제적 안정의 가능성은 불확실한 실정이다.

남한은 중요한 광물을 보유하지 못했고, 농업은 질산소다비료에 의존하고 있으며, 국민은 퇴행적인 황폐한 국가이다. 동아시아 지역의 필요라는 견지에서 볼 때 산업화와 복구를 위한 투자는 남한이 최소한의 원조를 받아 자신의 산업 생산력으로 지난 10년 동안의 수준을 유지할 수 있겠지만, 이것은 최고 책임자들의 정치적 · 전략적인 고려에 따라 정당화될 수 있다.

한국의 점령 기간과 경제 계획의 유형에 영향을 미치는 것은 미국의 일본 점령 기간이 어느 정도 될까 하는 점이다. 맥아더 장군은 국제연합이나 다른 국제기구가 평화 협정 직후의 일본을 책임질 것을 희망한다는 의견을 제시한 적이 있다. 일본의 점령이 미국으로 이관되려고 했을 때 시작된 남한에 대한 장기 점령과 복구 계획에는 명백한 문제점이 있다.

한국 점령을 지원하도록 일본에 주둔하고 있는 전술 부대를 이용하는 방법의 문제점을 떠나서 생각하더라도 통신과 공급에 문제가 있다. 패전한 일본에 대한 미군의 점령 기간이 끝나게 되면 독립된 한국을 점령하는 것에 대해 정치적 반대가 있을 수 있다.

미군정은 6억4,700만 달러의 부족액을 미국의 재원으로 충당하는 5개년 복구 계획을 1948년 7월에 시작할 것을 권고했었다. 예상에 따르면 한국 경제의 복구 계획은 1947년 7월, 9,270만 달러로 줄긴 했지만, 1948년의 재정을 위해 잠정적으로 통과된 1억3,700만 달러의 원조 계획보다 초기 3년 동안은 매년 더 많은 경비가 소요된다고 본다.

지난날 남한에 비료를 공급해 준 북한의 시설들을 대충 모방한 보조 전력 시설과 화학 비료 산업에 충당될 3,500백만 달러의 경비가 이 복구 계획에 필요한 수치이다. 그리고 공장의 완공이 아직 미결인 상태이기 때문에 비료 수입 경비를 충당하고자 5개년 복구 계획에 대략 8,500만 달러의 추가 금액이 포함된다.

그 계획에 포함된 또 다른 사업은 연탄을 만들고자 저질의 무연탄을 공급하고, 수송 · 섬유 · 어업의 발전과 재건을 위해 사용될 석탄 광산에 투자하는 것이다. 그러나,

> (1) 3,500만 달러의 비료 산업이 주어진 시간 내에 예상 요구량을 충족시키고, 최대 용량 생산에 도달한다는 보장은 없다. 남한의 많은 산업 시설의 기본 에너지 자원으로 저질의 무연탄재가 적합한가의 여부는 아직 검증되지 않았다.
>
> (2) 이러한 연료 매장량에 대한 믿을 만한 조사나 확증도 없고, 광산과 철로를 예정된 시간 내에 개발할 수 있다는 확신도 없다.

몇 년 동안 남한을 어느 한 나라가 계속해서 점령하기로 결정할 경우에 전쟁 이전의 일본이나 앞으로 예견되는 북한의 생활 수준을 기준으로 보았을 때 만족스러운 수준의 경제를 안정시키려면 자본재를 제공할 것이 아니라 충분한 수량의 원자재와 비료를 제공하는 계획이 비용을 최소한도로 줄일 수 있을 것이다. 이런 방법으로 자원이 없이 추진하는 산업

화에 따른 모험은 피할 수 있을 것이다.

이렇게 예정된 원조 계획에 따르면 미국은 1년에 대략 2억 달러에 이르는 현재의 군사 주둔비에 추가로 1년에 약 1억5천만 달러의 경비를 제공해야 할 것이다. 그러나 이 계획이 재정적으로 환원될 전망이 없고, 또 남한을 자급자족의 경제로 성장시킬 전망도 없는 원조 계획이라는 것을 솔직히 인정하는 것이 필요할 것이다.

산업 조사

남한에 대한 포괄적인 산업 조사를 장담할 수 없다. 이 지역은 취약하면서도 산업적인 요소와 가능성도 분명히 있다. 만약 한국이 통일되고 미국이 이 지역에 대한 경제 복구에 책임감을 느끼고 있다면 자격 있는 미국 정부 요원이 전체적인 혹은 부분적인 산업 조사가 필요하다.

그러나 만약 조사가 사설 요원에 의해 실행된다면 이들의 조사가 현실적이어야 하고, 또 이 나라의 경제적 필요성과 가능성에 영향을 미쳐야 한다는 것을 명백히 이해해야 한다.

외국의 조사 요원들이나 이런 업무를 하는 회사들은 그들 자신이나 자신의 국가, 아니면 관련 국가에게 도움이 되도록 일한다. 이것은 경제적 정당성이 전혀 없는 추천으로서, 역효과를 볼 것이다.

[부록 6-3]

사회 · 문화적 측면

일본은 한국을 한국의 목적이 아닌 일본의 목적을 위해 관리하고 유지하였고 한국민의 전통 문화를 꾸준히 박해했기 때문에 한국민은 일단 해방이 되자 열정적인 활동으로 재한국화(再韓國化, re-Koreanization) 계획을 수행했다.

일본이 패망한 뒤, 미군정 당국의 기여와는 관계없이 교육에 대한 한국민의 노력은 확고했고 놀랍도록 효과적이었다. 그 짧은 기간 안에 전체 문맹률은 75%에서 44%로 줄었다고 평가되었으며, 매우 선진화된 지역에서는 25%로 줄었다.

이렇게 획득한 문자 해득률의 정도가 어떤 경우에는 투표용지를 읽을 수 있을 정도의 단순한 것에 불과하더라도 놀라운 기록이다. 일제의 전 통치 기간에 한국의 학교에 다닌 전체 학생 수보다 오늘날 더 많은 학생이 다니지만, 초등교육이든 중등교육이든 대중 교육은 이제 막 시작에 불과하다. 이러한 상황이 진전됨에 따라서 건물과 교재와 다른 시설들, 그리고 교사와 자문 위원들이 필요해진다. 그리고 이러한 필요에 따라 돈이 요구된다.

교육 단체에 대한 미군정의 계획은 훌륭한 것이긴 하지만 빠듯한 재정의 한계 속에서 추진되었다. 미국 민간정보국(US Offices of Civil Information)의 성인 교육 활동도 마찬가지이다. 소장하고 있는 사진 · 포스터 · 간행물, 그 밖의 다른 전시물 등이 많은 도시 주민들이 이용할 수 있는 지역 도서관을 통해서 활용된다.

또한 주기적으로 마을 사이를 운행해서 많은 사람에게 교육 영화를 보여주고 신문과 농업주보(農業週報)를 배달해 주는 특별 열차를 통해서 활동한다.

한국에는 신문이 많이 있지만 대부분 정치 기관지이다. 일본에 오랫동안 억압당했기 때문에 한국어의 교육을 촉진함으로써만 성인 교육의 빠른 발전이 있을 수 있다. 현재 불충분한 고용 상태에 놓여 있는 젊은이들의 주목을 끌 교육적 · 문화적 활동을 증진할 필요가 있다.

미국의 보건 고문들의 보고에 따르면 마마와 발진티푸스 같은 중병의 방지에 훌륭한 진전이 있었지만, 만성적 질병에 대한 치료에는 별로 진전이 없다고 한다. 제도적인 복지 활동은 불충분하지만, 일본의 지배를 받던 시기의 정도는 된다.

일반적으로 한국 지도자들에게는 넘치는 정열이 있고, 다른 분야도 마찬가지이지만 사회적 · 문화적으로 대중 생활의 향상에 대한 커다란 열망이 있음을 보게 된다. 이것은 여태까지의 그 어느 것보다도 더 큰 재정적 촉진제라 할 만하다.

[부록 6-4]

한국의 군사적 상황과 군사 원조 계획

군사적 상황

1945년 9월 연합군 최고사령관의 일반명령 제1호의 지령에 따라 미 육군은 북위 38선 남쪽의 한국에 주둔하여 일본 군대의 항복을 접수했다. 미국과 소련 점령 지역 사이의 임시 경계선은 농업적인 남한과 더 산업화된 북한의 자유로운 이동을 막아 버리는 완전한 장벽이 되었다.

정치적 · 경제적인 분쟁과 사건들이 점령 2년 후에도 계속해서 많이 발생했다. 극동군 최고사령관은 제24군단 사령관 하지(John. R. Hodge) 육군 중장에게 남한의 군사적 책임과 권한을 부여했다. 2개 사단의 이 군단은 합계가 4만1천 명의 미군으로 구성되어 있으며, 한국에 있는 미국의 점령군이다.

이러한 미국 점령 부대의 활력을 증진할 남한 군대는 없다. 그러나 제복을 입고 활동하는 공식적인 단체들, 또는 준군사 조직이 세 종류 있는데, 그것은 2만8천 명의 국립 경찰과 1만6천 명의 수비대, 그리고 3천 명의 한국 해안 경비대이다. 이러한 세력들은 비상 시국에 미군정에 충성할 것으로 예상된다. 국립 경찰은 한국의 법과 질서를 지키는 기관이고, 주요 도시와 마을에 있는 경찰서에 지역 본부와 그 하부 지역 본부로 조직되어 있다.

(삭제)

수비대는 소요가 극심할 경우에 경찰을 지원하기로 되어 있으므로 미국의 국립 경찰과 목적에서 유사하다. 수비대는 현재 미군 군사 시설에 대한 미국의 경비를 도와주는 데 이용되고 있다. 경찰은 노획된 일본 소총과 휴대용 무기로 무장하고 있는데, 그 효율성은 미국의 기준에서 볼 때 낮은 수준이다.

북위 38°선 이북에 있는 소련 군대의 예상 인원은 약 4만5천 명이다. 이 군대는 두 개의 주요 단위로 조직되어 있는데, 제40소총사단과 제19기계화사단이 그것이며, 여기에 공중 지원 부대, 해군 그리고 기지창(基地廠)이 있다. 지금 진행 중인 소련군의 철수가 더 계속될 것이라는 증거가 있다.

소련이 훈련하고 장비를 제공해 준 조선인민군(공산군)의 전체 조직의 정확한 실태는 아직 파악할 수 없지만, 병력이 12만5천여 명이라는 것은 일반적으로 정확한 것으로 인정되고 있다. 이 부대는 국경을 통제하는 소련을 도와주고 만주에서 중국 공산주의와의 연락을 유지하고 있으며, 남한에 대한 잠재적인 군사 위협이 되고 있다.

남한의 현재의 정치적 · 경제적 혼란은 점령 지역에서의 공산주의 테러와 공산주의자가 사주한 선동과 혁명 활동으로 더 가중되고 있다. 그러한 무질서는 경찰과 수비대와 미국 점령군에게 추가로 군사적인 부담이 되었다.

더욱이 먼 훗날의 일이기는 하지만, 소련군이 사주한 북한 인민군의 남한 침공의 가능성이 있다. 만주에서 온 최근의 보고에 따르면, 상당한 북한군이 전투 상황을 익히고자 중국 공산군과 더불어 작전을 전개하고 있다고 한다. 그뿐만 아니라 소련의 장교와 장비가 북한군을 훈련하는 데 이용된다는 증거도 있다.

비록 가까운 시일 내에 소련과 소련의 위성국인 북한이 남한을 침공할 것이라는 예상은 극히 의심스럽긴 하지만, 남한에서 공산주의가 사주하고 선동한 대규모의 폭동이나 반란을 이용하여 공산주의자와 대규모의 북조선 인민군이 공격할 위험은 항상 있다. 만약 이러한 상황이 벌어진다면 완전히 소련이 지시하고 통제하는 침공의 경우를 제외하고는 현재의 부대만으로도 어떠한 상황에서나 질서를 유지하는 데 적합할 것이다.

전략적 중요성

남한의 정치적 · 경제적 · 군사적 상황은 매우 복잡하게 엉켜 있다. 소련의 한국 지배는 만주 · 북중국 · 유구열도 · 일본에 심각한 정치적 · 심리적 위협이 되고 있으며, 극동에서의 미국의 전략적 이익에도 위협이 될 것이다.

그러므로 한국의 영구적인 군사적 중립화(中立化)를 보장하는 것이 미국의 가장 큰 관심사이다. 한국이 미래에 완충국으로서 독립이 확실시될 때까지는 군대의 주둔에 의해서만이 중립화가 보장될 수 있다.

소련군이 북한을 점령하고 있는 한 미국은 남한에 군대를 주둔시키든지 아니면 세계에 "이데올로기적 후퇴"를 시인해야 한다. 결과적으로 미국의 군사적 위신은 극동에서뿐 아니라, 전 세계를 통해 쇠퇴할 것이다.

한국에서 미국 점령군을 철수하게 된다면 일본 국민에게 점점 더 불안을 주게 될 것이다. 왜냐하면 그들은 극동에서 미래의 미국 정책에 대해 확신을 갖지 않고 있고, 그 결과로 팽창하는 소련의 영향력에 대한 두려움을 갖고 있기 때문이다.

이것은 일본에 대한 점령의 필요성을 증가시킬지도 모른다. 한반도에 군대를 주둔함으로써 위에서 지적한 바와 같이, 일본을 안심시키고 한반도의 난류 항구의 사용과 강력한 해 · 공군 기지의 설치 기회를 잠재적인 적국에게 주지 않는다는 것을 제외하고는, 미국이 한국에 군대를 주둔시키거나 기지를 설치해서 얻을 수 있는 경우 군사적인 이익은 거의 없다.

극동에서 전쟁이 일어날 경우, 현재 한국에 주둔하고 있는 부대가 현재의 군사적 능력만으로 유지될 수 없으므로, 이 부대는 매우 큰 군사적 부담이 될 것 같다. 미군의 한국 점령에 관해서는 세 가지의 가능성이 있다.

(1) 부대를 즉시 철수하는 것인데, 이 경우는 조선인민군(공산군)이 가하는 압력을 통해서 남한을 소련에게 넘겨주게 될 것이다. 그러므로 이것은 전략적 관점에서 볼 때 받아들일 수 없는 과정이다.

(2) 무한정 점령하는 것인데, 이 경우는 소련이 철수한 뒤에는 미국 측에서 받아들일 수 없는 것이다. 그뿐만 아니라, 미국은 국제적인 비난을 받게 될 것이다.

(3) 소련 점령군과 동시에 철수하는 것이다.

북한에 있는 소련군은 자신들이 창설한 북한 괴뢰 정부와 군대가 자신이 주둔하지 않고도 자신의 목적을 수행할 수 있을 정도로 충분히 이념화되고 강력해질 때까지 북한에서 철수하지 않을 것이다.

소련의 목적 가운데 하나는 폴란드 · 외몽골 · 유고슬라비아 · 알바니아의 경우처럼 미군이 철수한 뒤 압력을 통하여 북한 공산군을 이용해서 남한에 대한 지배를 확립하는 것이라는 점은 의심할 여지가 없다. 소련은 그러한 조건들이 성숙하였을 때 자신의 점령군을 철수시키고, 그로써 우리의 철군도 유도할 것이라는 가능성이 강하게 있다.

한국에 대한 군사 원조

현재 한국과 미국의 민간인들에게 양도하고 있는 한국의 군정은 남한의 유일한 정부이다. 한국에 있는 미군 사령관의 직접적이고도 우선적인 목표는 미군 점령 지역에서 파괴적인 폭동이 일어날 경우, 법과 질서를 유지하고, 미국의 비전투 요원과 재산을 보호하며, 한국의 경제적 · 사회적 복구와 함께 미래의 정치적 독립을 지향하는 군정을 운영하는 것이다. 이러한 목적에 비추어 볼 때 어떠한 미군 원조라도 그 직접적인 목적은 앞에서 지적한 목표들의 실현을 촉진하는 것이어야 한다.

한국에 대한 군사 원조의 장기적인 목표는 남한, 그리고 앞으로의 전체 한국이 군사적 공산주의 팽창에 대한 저지 작전에 참여할 수 있도록 하는 것이어야 한다. 그러므로 남한에게 카빈총이나 경기관총 · 수송차량 · 전화기 · 무선 통신 등을 포함한 미군 장비와 훈련 고문 등을 공급함으로써 한국의 군사적 · 준군사적 요원들을 지원하는 정도 최소한의 원조를 해야 한다.

우리 사절단은 이전의 필리핀 경비대의 노선을 본떠 강력한 한국군을 만들고자 조직과 훈련과 장비에 대해 고려하였다. 이 부대는 미군 사령관의 통제를 받아야 한다. 그리고 궁극적으로는 한국의 관리들로 대체할 계획에 따라 처음에는 미국인이 전체적으로 관리 · 충원해야 한다. 그리고 북한으로부터의 위협에 대처할 충분한 힘을 길러야 한다.

한국의 미군 사령관이 이 부대를 설치하고 통제할 수 있는 확실한 권한을 가져야만 이 부대는 진실로 효과적일 것이다. 서로 극단적으로 다른 이데올로기와 정책을 가진 두 나라가 한국을 점령하고, 그로 말미암아 경제적으로 두 부분으로 분리되었기 때문에, 한국이 비록 자유스러운 나라가 되었을 때조차도 자신의 상황을 개선하고자 할 수 있는 일은 거의 없다. 남한은 자신의 군대를 창설할 수 있는 경험과 산업적 잠재력이 결여하고 있다.

미국이 조직하고 장비를 지급해 준 한국군은 미국과 소련이 한국에서 철수했을 때 조선인민군(공산군)에게 대적하는 데 상당히 기여할 것이다. 또한 한국군은 아마도 공산 정부의 강제적 수립을 배제할 수 있을 것이며, 따라서 자유 독립된 한국을 수립하도록 유리한 상황을 조성하는 데 기여할 것이다.

결론

남북한에 주둔하고 있는 미군과 소련군의 규모는 엇비슷하다. 그러나 소련군이 지원하고, 장비를 대주고 있으며, 지리적으로 동부시베리아와 국경을 맞닿고 있는 소련이 분명히 더 강력한 군사적 위치에 놓여 있다. 남한이 정치적으로 매우 불안하지만, 하지 장군은 질서를 지키고 다룰 만한 인물이다.

비록 매우 불완전하다고는 하지만, 맥아더 장군으로부터 최대한 받고 있는 지원으로 소련의 지시를 받고 있는 북한군의 침략을 감당할 수 있다. 미군이 철수하면 한국이 소련군의 통제를 받게 될 터인데, 이는 중국은 물론 만주와 일본에게 정치적으로나 심리적으로 심각한 위협이 될 것이다.

소련은 소련군이 실질적으로 주둔하고 있지 않더라도, 그들의 목적을 완성할 수 있을 만큼 교조화되고, 충분한 강군을 갖춘 북한 괴뢰 정권을 세웠다고 확신이 설 때 점령군을 철수할 것이다.

권고

(1) 미국의 철군은 한국의 자유와 독립을 지킬 수 있는 보장이 확립될 때 상호 비례에 맞게 이루어진다는 소련과의 합의에 기초를 두어야 한다.

(2) 미국은 위와 같은 보장의 실현을 지원할 수 있으며, 다음과 같은 사항을 유념하면서 한국에 군사 원조를 제공해야 한다.

(가) 한국의 경찰과 해안경비대에게 지속적으로 무기와 장비를 제공한다.

(나) 미국이 훈련한 한국의 정찰병을 창설하여 북한의 위협을 감당할 수 있을 만큼 충분한 병력으로 대체한다.

(다) 한국에 미군의 잠정적 주둔을 지속한다.

(라) 기술적 전문가와 전술 부대의 훈련에 자문한다.

제7장

한국의 군정에 관한 잠정 지침(1947)

– 민정합동위원회 작성

한국의 군정에 관한 잠정 지침

민정합동위원회 작성

1947

Interim Directives for

Military Government in Korea

by JCAC

1947

제7장

한국의 군정에 관한 잠정 지침(1947)

작성자 노트

1947년 2월 7일 민정합동위원회(Joint Civil Affairs Committee, JCAC)는 합동전략조사위원회(Joint Strategic Survey Committee, JSSC)와 합동으로 위와 같은 제목의 보고서를 승인하여 합참(JCS)이 이를 검토하도록 송부했다. 이 보고서는 그 뒤 합참 문서 번호 1483/37로 회람되었으며, 이의 부본(副本)은 민정합동위원회의 문서를 정규적으로 수령하는 모든 부서에 발송되었다.

1947년 12월 17일

담당자 마이터(Frank F. Miter)

참조 : (1) JCS 1483/15

(2) JCS 1483/36

(3) SM-6546

한국에 관한 성간(省間) 특별위원회 보고서
(정보보고서 제75호에 대한 비망록)

작성자 노트

3성조정위원회(SWNCC)의 국무성 측 요원의 요청에 따라 3성조정위원회의 정보를 위해 별첨의 『한국에 관한 성간(省間) 특별위원회(Special Interdepartmental Committee on Korea)의 보고서』를 송부한다.

1947년 3월 31일
작성자
3성조정위원회 모슬리(H. W. Moseley)
슐겐(W. A. Schulgen)
로렌스(V. L. Lowrance)

1. 개요

한국에 관한 성간 특별위원회는 한국에서의 상황이 만족스럽지 못하다는 국무장관과 전쟁성장관 사이에 있었던 대화의 결과에 따라 수립된 기구이다. 이 위원회는 현재 한국 문제에 직접적인 관련이 없으나 극동 문제에 관여했던 그 밖의 전문가들과 합의한다는 데 두 장관은 동의했다. 전 국무차관 그류(Joseph C. Grew) 씨는 위원회가 밝혀낸 사실들을 검토해 주기로 동의했고, 예산국장보 존스(J. Weldon Jones) 씨는 위원회의 한 임원으로 활약해 줄 것을 수락했다.

이 밖의 임원으로서는 국무성 극동국차장 펜휠드(J. K. Penfield)

씨, 미소공동위원회의 미국 측 대표단장과 군정장관을 역임한 바 있는 아놀드(A. V. Arnold) 소장이 있다. 그밖에 이 위원회의 활동에 참여한 국무성과 전쟁성의 인사로서는 국무성의 마틴(E. M. Martin) 씨와 전쟁성의 헨드릭(E. W. Hendrick) 중령 및 듀퍼이(T. N. Dupuy) 중령이 있다.

애당초 이 위원회는 현재 한국에서의 불만스러운 상황을 연구하고 그에 기초하여 한국에 관한 정책안을 국무장관과 전쟁성 장관에게 권고하라는 지시를 받았다. 이 위원회는 한국의 상황을 연구하는 동안 1945년 12월의 모스코바 협정을 수행할 방법에 관하여 정부 차원에서 소련과 합의에 이르지 않는 한, 한국에서 미국의 목적을 달성하기는 어렵다는 결론에 즉시 이르렀다.

이와 같은 미국과 소련의 의견 접근은 다가오는 모스코바회의가 종결되기에 앞서 이루어져야 한다는 것이 위원회의 의견이었다. 그러므로 국무장관이 모스코바로 조기에 출발한다는 사실에 비추어 볼 때 이 위원회는 국무장관과 전쟁성장관에게 그들의 잠정적 견해를 제출하기로 결정했다.

이들의 입장은 2월 25일에 이 보고서의 2 · 3 · 4 · 5장의 요약문을 담은 비망록의 형태로 그들에게 제출되었다. 위원회는 한국의 상황을 고려하면서 국무성 · 전쟁성 및 그 분야에서 이미 마련된 여러 가지 타당한 보고서들을 참조했다. 위원회는 다음과 같은 인사들과 면담했다.

해리만 각하(The Honorable A. H. Harriman) : 상무장관
하지 중장(Liut. Gen. J. R. Hodge) : 주한미군사령관
더브로우 씨(Mr. E. Durbrow) : 소련 주재 미국 대사관 고문
톰슨 씨(L. E. Thompson) : 국무성 동유럽국장

2. 한국의 상황

A. 개관

[1] 한국에 대한 미국의 정책은 다음과 같은 기본 목표에 기초를 두고 있다.

(1) 가능한 한 빨리 외국의 통제로부터 독립되어 국제연합의 회원국이 될 수 있는 자치 정부를 수립한다.

(2) 그와 같이 수립된 국민 정부는 자유롭게 표현된 한국민의 의지를 완전히 대표할 수 있도록 보장한다.

(3) 독립되고 민주적인 국가의 본질적인 기초로서 한국민이 건전한 경제 체제와 적절한 교육 제도를 수립할 수 있도록 지원한다.

[2] 일본의 항복을 받고자 한국은 두 개의 군사 점령 지역으로 분할되어 38°선 이남은 미국이 점령하고 38°선 이북은 소련이 점령하고 있다. 이 분할은 지금도 지속되고 있다. 그러나 미국 · 영국 · 중국은 카이로선언과 포츠담선언을 통하여 전체 한국의 궁극적인 독립을 약속하고 있으며, 소련은 1945년 8월 8일자 대일 선전 포고를 통하여 포츠담선언에 동참했다.

[3] 점령 초기에 미군 점령 사령관 하지 장군은 북한에 주둔하고 있는 소련 사령관과 만족할 만한 관계를 수립할 수 없었다. 인위적인 남북 분단으로 말미암아 야기된 정치적 · 경제적 문제들은 첨예한 것이었다. 1945년 12월, 모스코바회의에서는 이와 같은 분단의 심각한 결과에 대한 논의가 있었고, 미국 · 소련 · 영국은 한국에 관한 합의에 이르렀다. 그 뒤 중국이 추인한 이 합의는 다음과

같이 규정되어 있다.

(1) 첨예한 경제적 · 행정적 문제를 해결하고자 한국에 주둔하고 있는 미군 측 대표와 소련군 측 대표 사이에 즉각적인 회담을 개최한다.

(2) 한국에 주둔하고 있는 미군 사령관과 소련군 사령관은 공동위원회를 구성한다. 이 위원회는 한국의 민주적인 정당 · 사회단체와 협의하여 과도 정부의 수립을 위한 계획을 마련한다.

(3) 공동위원회는 한국의 과도 정부가 수립될 경우, 이들과 더불어 민주적인 정당 · 사회단체가 참석한 가운데 "한국민의 정치적 · 경제적 · 사회적 발전과 민주적 자치 정부의 수립과 한국의 민족적 자주를 이룩할 수 있도록 돕고 후원하기 위한" [신탁통치] 방안을 마련하여, "한국에 5년간의 4대 강국 신탁통치에 관한 합의를 수행하고자" 미국 · 소련 · 영국 · 중국 정부의 공동 숙의에 회부한다.

[4] 위의 (1) 항에 따라 1946년 초에 회담이 있었지만, 본질적인 결실을 얻지 못했다.

[5] 모스크바 협정에 따라 마련된 미소공동위원회는 1946년 3월 20일에 첫 모임을 열었다. 한국의 과도 정부를 수립하려는 계획을 세우는 것이 이 위원회에 부과된 우선적이고도 가장 절박한 과업이라고 미국은 생각했다.

그러나 신탁통치 조항을 포함한 모스크바 협정에 전적으로 찬성하는 정당 · 사회단체들과의 협의를 거친 연후에야 한국의 과도 정부는 수립되어야 한다고 소련은 처음부터 주장했다.

소련의 그와 같은 입장은 공산당을 제외한 모든 정당과 그의 뜨내기 당원들을 제거하고, 비록 남한의 공산주의자들이라고 할지라도 북한의 공산주의자들과 마찬가지로 원초적으로 신탁통치에 반대한 사람들을 "당의 노선"에 교화될 때까지 제거하는 효과를 가지고 있었던 것 같다. 결국 미소공동위원회는 다음과 같은 민주적 정당·사회단체와 협의하기로 합의했다.

(1) 목적과 수단에서 순수하게 민주적인 단체

(2) 모스코바 결정의 목적을 지지한다는 선언에 서명한 단체

(3) 한국에 민주적 과도 정부를 수립하면서 모스코바 결정 제2항을 수행하려는 공동위원회의 결정을 준수하는 단체

(4) 모스코바 결정 제3항에서 예시된 수단과 관련한 제안을 수행하면서 공동위원회에 협조하는 단체

만약 모스코바 협정에 반대 의사를 표명하거나 특히 신탁통치 조항에 반대한 개인이 이와 같은 정당·사회단체를 대표할 경우, 이들은 미소공동위원회의 협상 대상이 될 수 없는 것으로 선언해야 한다는 것이 소련 측의 주장이었었다.

그러나 그런 식으로 그들을 배제한다는 것은 민주적 대표 원리와 특히 언론의 자유를 침해하는 것이라는 근거에서 미국은 소련의 제안을 받아들이지 않았다. 더 이상의 진전이 없으리라는 것이 확실하게 되자 1946년 5월 8일에 위원회는 무기한 정회되었다.

[6] 미소공동위원회가 정회된 직후 미군사령부는 협상을 재개하고자 소련군 사령부에 압력을 가하기 시작했다. 몇 차례의 공문이 교환되었지만, 소련의 기본적인 입장을 바꾸지 못했다. 더구나 소련은 분명히 회담을 지연시키려는 책략에 몰두했다.

다음에 보여주는 공문의 발송 접수 상황은 하지 장군이 모스코바 협정의 수행을 위해 뭔가 일을 진척시키려고 최선을 다했으며,

치스차코프 상장(Col. Gen. I. M. Chistiakov)은 그와 같은 진척을 저지하고자 최선을 다했음을 잘 보여주고 있다.

1946. 5. 9.	하지 장군이 치스차코프 장군에게 편지 발송
1946. 7. 15.	하지 장군이 치스차코프 장군에게 편지 발송
1946. 8. 6.	치스차코프 장군이 하지 장군에게 답신
1946.8. 12.	하지 장군이 치스차코프 장군에게 답신
1946. 9.	번스(A. C. Bunce) 씨가 북한을 방문하여 미소공동위원회의 재개를 설명하는 대화를 가짐
1946. 10. 26	치스차코프 장군이 하지 장군에게 답신
1946. 11. 1.	하지 장군이 치스차코프 장군에게 답신
1946. 11. 20	치스차코프 장군이 하지 장군에게 답신
1946. 12. 24.	하지 장군이 치스차코프 장군에게 답신
1947. 2. 28.	치스차코프 장군이 하지 장군에게 답신

B. 남한

1) 정치적 진보와 상황

미국의 점령 지역에서 미군 사령관의 참모 직책을 가지고 있는 군정사령관의 휘하에 미국 군정청이 수립된 것은 점령 초기인 1945년 9월 9일이었다. 군정은 미군과 미국의 민간인, 그리고 한국인으로 운영되었으며, 이들에게는 상당한 책임이 부여되었다. 한국인을 자유민으로 처우해야 한다는 사실이 강조되었고, 건설적인 정치적 · 경제적 · 문화적 계획에 한국인이 참여할 수 있는 방안이 채택되었다.

남조선 과도입법의원이 개원된 것은 1946년 12월 12일이었다. 이 기구는 한국인들이 민주적인 정치 절차에 훈련을 쌓을 수 있도록 마련된 것으로서, 미국의 점령 지역 안에서 정치적 · 경제적 · 사회적 개혁을 위한 기초로서 법안(法案)을 만들어 미군 사령관에게 제출할 의무를 지고 있었다.

입법의원은 90명으로 구성되었는데, 그 가운데 45명은 민선(民選)이었고, 나머지 45명은 하지 장군이 임명했다. 민선의원 가운데 30명은 우익이었고, 13명은 중도파였고, 2명은 좌익이었다. 그리고 임명된 사람 가운데 41명은 극우에 속하지 않는 각 직능과 종교 단체로부터 뽑은 사람이었고, 4명은 우익이었다. 입법의원의 의장은 온건파의 저명한 지도자인 김규식(金奎植) 씨였다.

1947년 1월 20일, 과도입법의원은 신탁통치에 대하여 소련군사령관에게 보낸 공개 서한에서 나타난 바와 같이, 하지 장군의 입장에 반대하는 극우적인 결정을 44 : 1로 통과시킴으로써 혼란에 빠진 채 막을 내렸다. 34명의 우익과 10명의 중도파가 이 결의안을 지지하였다.

그러나 이러한 결의안을 지지하지도 않았고 정치적인 이유를 들어 이러한 문제는 투표로써 결정할 일이 아니라고 느꼈던 45명의 의원이 퇴장했거나 불참한 가운데 이러한 결의가 통과되었다는 것은 의미심장한 일이었다.

김규식 의장도 그 회의에 참석하지 않았다. 우익들은 신탁통치에 반대하지 않은 사람들을 추방함으로써 입법 기구를 새로이 조직하겠노라고 선언함으로써 입법의원의 성격은 위협을 받았다. 그러나 군정 당국은 온건파를 고무했으며, 가까운 장래에 이 온건파들이 의회를 지배하게 되리라고 희망하고 있다.

한국인들은 즉각적인 독립을 원할 뿐만 아니라, 미국과 소련 사이의 합의 전망에 대한 비관론이 증대하고 있기 때문에 남한의 정세는 상당히 불안하다. 미국이 상당한 물자를 원조하지 않고서 경제 상황이 개선될 수 없으므로 이러한 불안은 증폭되고 있다. 우익분자들은 신탁통치에 대한 그들의 반대 목소리를 높이고 있고, 전국적인 시민 소요를 선동하겠노라고 협박하고 있다.

공산주의자들은 정치적 반대파들을 약화·혼란시키려고 테러와 전통적인 공산주의 전술을 쓰고 있다. 그들은 미국이 머지않아 남한으로부터 철수해야 하며, 소련이 후원하는 공산주의가 반드시 전국에서 승리할 것이라고 주장하고 있다. 그때가 되면 지금 공산주의적 목표에 반대하는 사람들은 가혹한 징벌을 받게 될 것이라고 그들은 협박하고 있다.

한국인이 40년 동안 일본의 지배를 받으면서 한국인의 국민 생활과 자기 표현을 무자비하게 탄압을 받았으며, 일본식 틀에 자신들을 적응하며 살았는데, 이와 같은 정치적 경험의 부족은 어려운 정치 상황을 더욱더 복잡하게 만들고 있다.

그러나 이와 같은 사태의 추이에도 불구하고 일본에 합병되기에 앞서 한국인들에게 보여준 미국인들의 우의(友誼)와 합병 전후의 미국 선교사들의 폭넓은 활동은 미국에 대한 한국인들의 보편적인 호의의 밑거름이 되었다.

그뿐만 아니라 많은 한국인이 스스로 외국의 지배로부터 자유로워지고 싶어 하는 것과 마찬가지로, 미군의 철수는 더 가혹한 외국의 속박으로 빠지게 되는 것을 의미할 뿐이라는 점을 인식할 만큼 지적(知的)이다.

그러므로 한국에서 즉각적인 독립을 쟁취하고 "제국주의적 압제자"를 몰아내야 한다고 신경질적이리 만큼 감정적으로 호소하는 효과는 여타의 통상적인 식민지 지역에서 나타날 수 있는 상황보다 덜 위협적이다.

2) 경제적 상황

일본제국의 중요한 한 부분으로서의 한국은 일본의 전쟁 수행 능력에 도움이 되도록 마련된 것이지 자생적 경제 단위로 조직된 것은 아니었다. 태평양전쟁이 끝나고 일본의 통치가 종식함에 따라 한국의 모든 제조업은 완전히 도산하였다.

일본인들이 물러감에 따라 나타난 공백을 메울 수 있는 기술 훈련을 받은 한국인은 거의 없었다. 전쟁 물자를 생산하려고 건설한 공장은 평화 시의 한국 경제에 적합하지 않았다. 전쟁이 끝날 무렵 일본인들이 남기고 간 제한된 비축 물자는 곧 없어졌다.

한국이 전쟁 이전에 물자의 거의 95%를 수입하던 만주와 같은 엔화권(元貨圈)과의 경제적 · 재정적 단절은 한국의 국내 경제의 붕괴를 가속화했음은 더 말할 나위도 없다. 이와 같은 타격으로부터의 회복은 이 나라가 남북으로 분단됨으로써 심각한 어려움을 겪었다. 북한의 수력 발전과 화학 · 금속 공업은 남한의 농업 · 섬유 산업의 필수적 보조물이었다.

소련과 경제 협정이 체결될 때까지 남한은 북쪽에서 생산되는 중요한 석탄 · 비료 및 전력의 결핍을 계속 겪게 될 것이다. 군정은 남한의 산업을 재건하고자 기술 협력과 몇 가지 훈련된 기술자들을 제공하고 지역적으로 온갖 노력을 기울였지만, 최근 들어 대규모 공장의 생산성은 20%가 넘지 못하고 있다.

다른 나라로부터 귀국하는 한국인과 북한으로부터의 난민 유입으로 말미암아 남한의 인구는 200만 명이 증가했다. 이러한 현상은 고용과 식량 공급의 어려움을 유발했다. 전쟁 기간에 에는 일본인들이 적정량의 비료를 생산하지 못했고, 일본이 항복한 뒤에는 소련과 그 밖의 지역으로부터 수입을 할 수 없었기 때문에 한국 경제의 기본 생필품인 쌀의 공급이 부족했다.

더구나 1946년에는 삼림 벌채로 말미암은 홍수 때문에 곡물 생산이 심각한 타격을 입었다. 1946년 동안에는 이와 같은 곡물 부족을 메우려고 65만 톤의 양곡을 수입했다.

한국은 산악 지대가 많다는 점에서 철도 운송은 특히 불가결한 요소인데, 이도 또한 일본인들로 말미암아 심각한 타격을 입었다. 일본인 기술자와 운전수가 떠나자 군정청으로서는 그 자리를 채울 수가 없었다. 이와 같은 기본적 운송 수단의 완전한 마비를 막으려면 새로운 객차와 도로의 보수가 필요했다.

조선은행권(朝鮮銀行券)의 통화량은 1945년 12월의 86억 2,100만 원에서 174억 원으로 증가했고, 물가도 폭등하여 1946년 12월 동안에 약 30%가 상승했다. 정부의 경상비도 매달 약 7억 원씩 초과했다. 북한에 견주어 양호하다고는 하지만 남한의 경제는 심각한 지경에 빠져 있으며 건전한 경제 상황을 조성하려면 본질적인 지원이 필요하다. 이는 한국의 건강한 정치적 · 사회적 발전을 위한 본질적 요구이다.

3) 문화적 · 교육적 상황

거의 반세기에 가까운 기간에 일본의 지배를 겪은 한국인을 재훈련 · 재교육시키는 일은 초인적인(Hercules) 일이다.

(1) 빈곤이 만연되어 있다.
(2) 통계가 정확하지 않지만 문자 해득률은 20~45%가 된다.
(3) 교원 · 학교 시설 · 교육 기자재가 너무도 부족하다.

한국의 교육자들은 미국의 도움을 받아, 1910년 이래 일본의 통치 목표에 도움이 되도록 교묘히 구상된 일본의 교육 제도와 시설을 대체하려고 노력하고 있다. 일본이 항복한 이래 학교 입학생이 급속히 증가함에 따라 이미 부적절하거나 낡은 교육 시설은 이제 커다란 부담이 되고 있다.

1946년 6월 현재 6~18세의 학령 아동 165만 명이 취학했지만, 실제 수용 능력은 138만7천 명이었다. 결국 대부분의 경우에 2부제 수업이 필요했고, 즉각적으로 전 학년에 의무 교육을 실시하려던 문제는 아마도 1952년까지 연기될 것으로 예상된다. 각 분야에서 그야말로 몇 천 명의 교사가 필요했다.

1946년에는 2만6,500명의 교사가 남한에 있는 것으로 추산되었지만, 교육자로서의 자격이나 수련이 매우 부족했음에도 불구하고 단순히 교사가 부족하다는 이유로 교직에 있는 상당수의 사람이 이 숫자에 포함되어 있었다. 과학이나 실험 기자재는 사실상 없었고 교재나 교실도 터무니없이 부족했다. 한국 교육의 미래를 위해 가장 필요한 것, 곧 미국의 기술과 충고가 절실히 필요하다.

C. 북한

1) 정치적 진보와 현재의 상황

소련군은 전쟁이 끝날 무렵 한국에서 조직되어 좌익들의 거의 모든 행위를 지배한 "인민위원회"를 기초로 하여 북한에 정권을 수립했다. 몇 차례의 재편(再編)을 거친 후인 1945년 10월, 지방인민위원회를 제도화하고자 도(道) 차원에서 일련의 선거를 실시했으며, 특히 평양에서의 선거는 주목할 만한 것이었다.

1946년 2월부터 평양인민위원회는 소련에 반대하거나 아니면 중립적인 인사들을 지방인민위원회로부터 추방하는 작업을 포함하여 숙청 작업을 지원한 바에서 볼 수 있는 것과 같이, 위와 같은 일련의 선거는 소련의 입장에서 볼 때 분명히 성공적인 것은 아니었다.

이러한 작업은 공산주의자들이 지배하고 있던 보안대(保安隊, Peace Preservation Corps)의 지원을 받았고, 소련은 이들에게 지난날 일본인들이 장악했던 경찰의 무기와 권한을 부여했다. 지방인민위원회가 만족할 만한 정치적 모양새를 요구함에 따라 소련군 사령관은 지방인민위원회에게 지방의 통치권을 부여함으로써 지방 자치 정부의 모양을 갖추게 되었다.

북한에서 지방인민위원회에 대한 통제를 중앙집중화하고 정부의 윤곽을 잡기 시작한 것은 1946년 초였다. 2월이 되자 정치 단체 · 노동조합 · 농민, 그리고 기타의 사회 문화 단체를 대변한다는 "의회"는 북한의 중앙통치 기구로서 "과도인민위원회"를 선출했다.

단지 2명의 비공산주의자가 포함된 것으로 알려진 이 기구는 지난날 소련 당국의 승인을 받았거나 선택된 지도자를 대외적으로 공표하고 합법화하려는 확인 과정에 지나지 않는다는 것은 의심할 나위도 없다.

그들의 공표된 계획에 따라 과도인민위원회는 이제 "임시인민위원회"로 이름이 바뀌어 소련이 점령하고 있는 지역에서 토지 개혁 · 산업 발전 · 수송 · 통신 · 기업은행 · 사법(司法) · 교육 · 노동, 그리고 치안에 관한 권한을 장악했다.

1946년 11월에 다시 도(道) 수준에서 인민위원회의 위원을 뽑는 선거를 실시했다. 이 타율적인 위원회는 후보자를 추천할 수 있는 주요 기관이었다. 어떤 직책이든 오직 한 사람만의 후보자 명단이 제시되었으며, 대부분의 선거는 공식적인 후보자에게 반대투표를 하는 데 쓰는 독립된 투표함을 갖춘 '공개 투표'였다.

20세 이상의 모든 사람에게 투표권이 부여되었지만, 친일분자로 판정받은 사람, 시민권이 없는 사람, 해외나 남한에 가족을 둔 사람은 제외되었다. 소련의 자료에 따르면, 투표자 수는 420만8,551명이었는데, 이는 투표를 할 수 있는 사람의 96.9%였다. 1,800명의 공식 입후보자 가운데 99%가 당선되었다.

인민위원회 의회는 2월 17일에 1947년도 회기를 개원하였다. 이제까지 접수된 보고에 따르면, 이 기구는 소련의 기구와 마찬가지의 기능을 수행하는 것으로 보인다. 예컨대 이들은 중앙위원회나 과도위원회가 제안한 법률에 관한 보고를 듣고, 정부의 조치를 지지하는 연설을 듣고, 제출된 법률이나 정책을 만장일치로 가결한다. 소련군은 민간 행정에서 손을 떼고 있으며 소련의 군정은 동원을 해제하고 있다.

북한에서 소련은 일차적으로 공산당 조직을 수평화하는 방법으로 한국인들의 정부 구조를 장악하고 있는데, 이러한 방법은 정부 위원회의 위계 질서를 분간하기 어렵게 하고 그것이 항상 그 위계 질서 안의 분파처럼 보이게 만든다.

정부의 조치를 제안하거나 수행하는 일을 지원하는 방법도 마찬가지여서 농민·노동조합·여성 단체·청년 단체 또는 그 밖의 경제·사회·문화 단체를 끌어안고 있는 일련의 조직들을 통하여 이루어지고 있다.

이 모든 단체는 "민주주의인민연합전선"(Democratic People's Coalition Front, 민전)과 연계되어 있다. 모든 개인을 이와 같은 조직 가운데 어느 하나에 강제로 집어넣으려고 압력을 가함으로써 불만에 찬 개인의 목소리는 그 자신을 위해 말하고 있는 조직 속에서 묻혀 버리고 만다. 공식적인 위계 질서 밖에 존재하는 조직들은 침투와 탄압의 방법으로써 다룬다. 소련이 한국의 군인들을 충원·무장·훈련하는 것으로 알려져 있으며, 그 병력의 규모는 최대 50만 명까지 다양하게 추산되고 있다.

오늘날 한국인을 행정직에 채용하고 있음에도 불구하고 북한의 실권은 계속 소련 사람의 수중에 있으며, 반대파를 제거하려고 시도하고 있음에도 불구하고 아직도 다소의 반대파가 존재하고 있다. 지난날의 민주당원들, 기독교 신자, 그리고 청년 집단들이 소련의 지원을 받는 제도에 저항하고 있는 것으로 알려져 있다.

그 밖에 정부의 특별한 정책에 대해서도 반대가 나타나고 있는데, 이를테면 신탁통치 문제, 각종의 중과세(重課稅), 그리고 소련군의 처사가 그런 것들이다. 그러나 농지법이나 노동법에서 규정된 바와 같은 개혁들이 일반적으로 공감을 얻고 있고, 통치 방법이 권위주의적이며, 경찰 제도가 엄혹하고, 북한에 소련군이 주둔하고 있다는 사실 때문에 전면적인 폭동이 일어날 것 같지는 않다.

2) 경제적 상황

한국 천연 자원의 주요 부분인 수력 발전과 금속, 석탄은 그에 상응하는 중공업과 함께 북한에 있다. 애당초 소련은 일본의 기술자들을 몰아냈지만, 한국인의 도움만으로는 공장을 가동할 수 없게 되자 일본인들을 다시 불러들였다.

오늘날 소련 점령 지역에서의 경제 상황은 미군 점령 지역보다 더 나은 것처럼 보이지는 않는다. 1946년에 북한에서는 상업 비료를 얻기가 훨씬 수월했고 홍수도 적었기 때문에 농업 생산량은 남한보다 비교적 좋았다. 그러나 1947년의 농업 전망은 적어도 남한

이 북한보다 호전되고 있다. 왜냐하면 북한에서는 소련의 곡물 수집 정책이 생산 의욕을 떨어뜨리는 경향이 있기 때문이라고 믿어진다.

그러나 전반적인 식량 상황을 보면 최근에 이르러 남한이 훨씬 더 좋은 것으로 보인다. 왜냐하면 남한에서는 식품이 좀더 공평하게 분배되고 있고, 해외로부터의 수입 물량이 더 많으며, 미·소 두 점령군 사이에 계약이 맺어져 있는 반면에, 북쪽에서는 소련군이 주로 북한의 양곡에 기식(寄食)하고 있고, 또 각종 보고에 따르면 심지어는 곡물을 수출하고 있기 때문이다.

북한의 공장과 탄광은 전체 생산 능력의 10~15%를 넘게 가동하지 못하고 있는 것으로 나타나고 있으며, 적절한 정비와 수선을 하지 못한 탓으로 발전량도 상당히 떨어졌다. 철도 사정은 북한이 남한보다 훨씬 더 심각하다. 낡은 철도 시설을 교체하고 수선하는 일이 거의 없으며, 임시변통의 정비만을 하고 있을 뿐이다. 철도 운행의 완전 정지를 막으려면 일본인 기술자들을 다시 철도 기지로 불러들이는 일이 필요하다.

3. 미국에 대한 한국의 중요성

A. 전략적 중요성

미국이 한국에 군대나 기지를 유지할 전략적 이해관계는 거의 없다(little). 극동에서 적대 행위가 발생할 경우, 현재 한국에 주둔하고 있는 군대는 미국에 대한 군사적 부담(liability)이 될 것이다. 적대 행위가 개시되기에 앞서 이들을 근본적으로 보강하지 않고서는 그들은 지탱할 수가 없다. 그렇다고 해도 그러한 보강 조치는 군사적으로 이익이 되지 않는다. 왜냐하면 미국이 아시아 대륙에서 수행하고자 하는 공격 작전은 어느 모로 보나 한반도를 빗겨가게(bypass) 될 것이기 때문이다.

그러나 만약 우리의 적이 한반도에 강력한 공군 기지를 설치·유지한다면 그들은 동(東)중국·만주·황해·동해 및 연안 도서에서 미국의 통신과 작전을 방해할 수 있을 것이다. 적대 행위가 발생할 경우, 위와 같은 상황은 평소 전략적 공세 작전에 이용될 수도 있던 공군력을 적의 기지를 무력화시킬 수 있는 전략적 수세 작전으로 전환할 필요성을 유발할 수도 있다. 그러나 이러한 작전은 대규모의 지상 작전을 감행하는 것보다 훨씬 더 효과적이며 비용도 적게 들 것이다.

한국의 상황에 대한 위와 같은 간단한 전략 분석은 이 보고서에서 고려되고 있는 여러 가지 문제와 직접적인 관련이 있다. 현재로서 미국은 한국에 군대를 유지하면서 단지 부정적인(negative) 이해관계만을 가지고 있을 뿐이다.

그러나 막상 소련이나 또는 소련이 지배하는 군대가 한국 전역을 장악한다면, 당장 심각한 것은 아니라고 할지라도 극동에서의 미국의 이해관계에 위협을 초래할 수도 있다. 그러므로 이와 같은 전략적 견해로 볼 때 한국을 군사적으로 영원히 중립화(中立化)할 수 있는 방법을 확보하도록 노력하는 것이 미국의 이해관계에 최선의 길이 된다.

미국의 전략적 이해관계에 영향을 미칠 수 있는 또 다른 중요한 정치적·군사적 요인으로서 우리가 고려해야 할 상황은 한국에 공산주의의 영향력이 파급되면 그것은 주변 지역에도 영향력을 미칠 수 있게 된다는 점이다. 현재 북한에서의 소련의 입장은 요동반도(遼東半島)의 점령과 관계가 있는 것으로서 만주와 더 나아가서는 중국에 엄청난 정치적 압력을 가할 수 있도록 만들어 준다.

마찬가지로 한국 전역에서 아무런 장애를 받지 않으면서 공산주의가 통제권을 장악할 경우의 정치적 영향력은 일본에 대한 심각한 정치적·군사적 의미를 함축할 수도 있다. 일본인들은 모든 동양인과 마찬가지로 우왕좌왕하는 정책의 징조를 가까이에서 주시하고 있다.

극동에서의 미국의 장래 정책이 불확실하고 소련의 영향력이 증대되리라는 두려움 때문에 일본인들 사이에는 불안감이 고조될 수도 있다. 특히 시베리아에서 공산주의에 교화된 일본인 포로들이 귀환한다는 사실과 관련하여 볼 때 위와 같은 사실은 일본에서 미국의 인력 증가를 심각하게 요구할 수도 있다.

B. 정치적 중요성

[1] 극동에서 예속되고 억압받는 민중을 진보적으로 발전시키는 문제에 관하여 미국은 오랫동안 관심을 가져 왔다. 이와 같은 기본 정책은 1946년에 필리핀의 독립을 허용하고, 국제연합헌장에 국제 신탁통치의 조항을 포함하도록 동의한 1945년의 샌프란시스코회의를 주도하게 되고, 자유롭고 독립된 한국을 보장하는 약속을 수락하는 동기가 되었다.

이와 같은 정책은 미국에 살고 있는 예속 민족들의 신뢰를 증진했고, 태평양에서의 미국의 지위가 향상했다. 한국에 대한 책임을 전적으로 감당하지 못하고 실패한다면 그것은 식민지 지역에서의 미국의 입장에 즉각적인 상처를 줄 수 있으며, 이러한 지역들은 즉시 소련의 압력에 굴복하게 되는데, 이와 같은 사태의 전개는 전 세계를 통하여 미국의 이해관계에 심각한 영향을 끼칠 것이다.

[2] 한국은 미국이 정치적으로 매우 중요한 이해관계를 가지고 있는 중국과 일본에 연접되고 있고, 동북아시아의 전략적인 위치에 자리 잡고 있을 뿐만 아니라, 소련 국경에 면접해 있어 소련의 영향을 받기 쉽다. 앞에서 지적한 바와 같이 한국에서의 사태 발전은 그 인접 지역에서의 미국의 정치적 이해에 중요한 관계를 맺고 있다.

한국이 소련의 지배를 받게 되면 그것은 만주와 중국과 일본에 대하여 정치적으로나 군사적으로 매우 심각한 위협이 될 것이다. 이미 인지된 바와 같이 이 지역에서 미국의 이해관계가 중요하다는 사실에 비추어 볼 때 위와 같은 상황 전개가 미국에게 얼마나 심각한 위협이 되는가에 대해서는 깊이 생각해 볼 나위도 없다.

[3] 지금으로서 한국은 세계에서 미국과 소련이 얼굴을 마주 대하고 있는 유일한 지역이다. 한국은 소련의 이념에 대한 비교 개념으로서의 미국 민주주의의 효과를 위한 시험 장소이다. 앞으로 한국에서 미국의 민주주의가 좋은 평가를 얻을 수 있도록 충분히 지원해 주지 않는다면 전 세계의 국민과 국가는 미국 민주주의의 효과와 그 굳건함, 그리고 정부의 형태에 대하여 본능적으로 의심을 품게 될 것이다.

[4] 미국에 대한 한국의 정치적 중요성은 아마도 한반도에서의 전반적인 미 · 소 관계에 미치게 될 발전의 효과일 것이다. 미국이 소련을 봉쇄하면서 우리의 굳건한 정책에 틈이나 취약점을 보여서는 안 된다는 점이 중요하다. 왜냐하면 우리의 지역에서 취약점

을 보이면 소련은 틀림없이 우리의 정책이 전 세계적으로 부드러워지고(softening) 있는 신호로 해석할 것이기 때문이다.

미국이 한국에서 소련으로부터 등이 밀리거나 스스로 회피하게 되면, 독일이나 또는 미국에게 매우 중요한 의미를 가지는 그 밖의 지역에서 소련의 경직된 태도를 매우 쉽사리 유발할 수도 있다. 그 반면에 한국에서 우리가 "지켜야 할 선을 굳게 지킨다면" 그 밖의 지역에서 우리가 소련을 다루면서 우리의 입장을 실질적으로 강화할 수 있다.

C. 경제적 중요성

한국은 미국에게 중요한 경제적 의미를 가진 나라는 아니지만 부흥하는 통일된 경제를 누리고 있는 한 독립 국가로서의 한국은 미국의 수출, 특히 면화와 기타 공산품의 작은 시장이 될 수 있다. 미국은 한국으로부터 소량의 흑연 · 수산물 · 수공품 등을 수입할 수 있지만, 전략적 중요성이란 아무것도 없다(nothing). 안정된 한국은 또한 제한된 양의 미국 자본을 투자할 수 있는 영역을 마련해 줄 수도 있다.

소극적 시각에서 본다면 수력 발전 · 중금속 · 화학 제품과 같은 한국의 자원은 중요한 것이기 때문에 그러한 것들이 다른 나라의 공격적이고도 팽창적인 영향권에 들어가는지의 여부에 대하여 미국은 관심을 가져야 한다. 같은 견지에서 어떤 비우호적인 국가가 한국 · 만주 · 극동 시베리아 · 일본의 부대 산업 시설을 연결하는 한국의 철도를 점유하거나 이 지역을 장악하는 것은 위험성을 내포할 수도 있다.

4. 가능한 조치

A. 소련과 협조가 이루어지지 않을 경우

1) 현재의 정책과 계획의 지속

[미군정의 감독을 받아 정치적 · 행정적 · 기술적 위치에 한국인을 고용하고 질병과 사회 불안을 막으려고 식량과 기타의 필수품을 제한적으로 수입한다는] 남한에서 현재 미국의 계획은 모스크바의 결정이 곧 수행되리라는 가정에 기초를 두고 있다. 따라서 이와 같은 계획은 단지 과도기적임을 의미하고 있었다.

그러나 이와 같은 제한적인 계획은 자금의 부족과 한국인의 비협조로 말미암아 성공할 수가 없었다. 결국 현재의 한국 상황은 진보하고 있다기보다는 퇴행하고 있다. 만약 이와 같은 상황이 지속한다면 한국에서의 미국의 입장은 머지않아 지탱할 수 없을 정도로 약화할 것임이 분명하다. 한국인들은 날이 갈수록 군정과 한국에서의 미국의 목표와 미국 자체에 대하여 적대적인 태도를 보여주고 있다.

이와 같은 적대감은 이미 인명 피해를 포함하는 폭동과 소요를 불러일으켰다. 세계의 여론이 나빠질지라도 전술 부대를 이용할 가능성이 커지고 있다고 예상할 만한 이유가 충분히 있다. 그러므로 현재와 같은 비효율적인 계획에만 의존한다는 것이 매우 어리석다는 것은 분명하다.

2) 남한 단독 정부의 승인

주로 이승만(李承晩) 집단은 미국과 한국에서 미국이 남한의 독립을 승인해야 한다는 압력을 고무시키고 있다. 독립을 열망하고 있고, 신탁통치안에 분노하고 있으며, 미국과 소련이 계획한 일들을 착수하지 못한 데 대하여 철저하게 낙심한 많은 한국인은 독립을 외치고 있다. 피상적으로 볼 때 이와 같은 현상은 적어도 미국이 그토록 성가신 짐을 다소는 벗어버릴 수 있는 계기인 것처럼 보일 수도 있다.

그러나 독립이나 어떤 단 하나의 조치가 한국과 미국의 모든 현안을 해결할 수 있는지는 의심스럽다. 오히려 미국의 철수를 수반하든 수반하지 않든, 남한에 즉각적인 독립을 허락하는 것은 새로운 어려움을 유발하리라는 것이 확실하다.

정치적 독립을 승인한다고 해서 남한의 경제가 해결되는 것은 아니며, 오직 통일과 외국으로부터의 복구 원조만이 이를 해결할 수 있을 것이다. 그와 같은 원조를 할 수 있는 유일하고도 실질적인 원천이라고 할 수 있는 미국은 한국이 한 독립 국가여서라기보다는 이곳에 직접적인 책임이 있어서 이 민족을 더 도와 줘야 할 것 같다. 그러나 어떠한 투자 기관도 남한을 "감당할 수 있는 모험"(acceptable risk)이라고 고려할 수 없다.

물론 미국의 입장에서 볼 때 남한의 독립은 경제적 지원을 중단하는 구실이 될 수도 있지만, 그러나 그것은 남한의 굶주림과 경제적 혼돈을 의미하며, 아무리 좋은 의미로 보더라도 한국의 발전을 위해 한국이 스스로 책임지도록 내버려 둘 수는 없다.

더구나 그렇게 되면 미국은 우리의 우방과 한국인들에게 통일되고 완전 독립된 한국을 수립하겠다는 우리의 약속을 정면으로 파기하는 것을 의미할 수도 있다.

이와 같은 약속은 해방된 한 민족에 대한 중요한 선언이기 때문에 전 세계의 모든 약소 민족과 피압박 민족은 미국이 한국을 어떻게 처리하는가를 주시하고 있다. 이와 같은 약속을 지키는 것은 미국의 외교 정책이 결코 포기할 수 없는 원칙에 기초하고 있다는 것을 보여주는 중요한 증거가 되고 있다.

거듭 강조하거니와 미군의 철군과 관계없이 미국이 남한의 독립을 승인한다면 그것은 한국의 행복을 증진하기보다는 오히려 불가피하게도 소련과 협조적인 이해관계에 있는 정치 집단의 통제에 한국 전체를 떠넘기는 데 협조적인 노력의 신호가 될 것이다. 그와 같은 노력에 대응하는 미국의 능력은 아무리 좋은 상황에서도 쉬운 일이 아니며, 남한이 독립할 경우에 심각한 장해를 받게 될 것이다.

물론 만약 미국이 한국의 독립을 승인하고 이어서 철군한다면, 그것은 미국이 미·소가 대결하고 있는 유일한 지역에서 소련과의 힘겨루기에 정치적으로 완전히 패배한 것으로 세계에 비쳐질 수도 있다. 미국은 독립된 남한이 소련의 지배하에 떨어지지 않도록 보장할 수 있는 일방적인 보호자가 되리라고 장담할 수도 없다.

남한이 소련에게로 넘어갈 경우, 그것이 세계의 역학 관계에 미치는 영향은 단순히 남한이 미국으로부터 소련에게 넘어갔다는 사실보다 훨씬 더 심각한 것이다. 미국이 명예와 영향력을 상실하고 그에 따라 소련의 영향력이 증대한다는 것은 극동에서의 미국의 이해관계뿐만 아니라 전 세계에서의 미국의 위상에 편협한 반향을 불러일으킬 수도 있다.

그와는 달리, 만약 미국이 군대를 주둔시킨다는 조건에서 남한의 독립을 승인한다면 자존심이 강한 한 독립 국가에 외국 군대를 주둔했을 경우에 불가피하게 나타나는 적대감과 반발로 말미암은 결과를 피할 수 있으리라고 기대하기는 어려울 것이다.

한국인뿐만 아니라 그 밖의 많은 민족이 미국을 비난할 것이다.

그뿐만 아니라 미국이 남한의 독립을 승인함으로써 나타나는 위와 같은 불이익을 미군의 주둔이 어떻게 효과적으로 상쇄할 수 있겠는가 하는 문제도 판단하기 어렵다.

3) 한국 문제를 외상 회의나 국제연합에 이관함

미국이 한국 문제를 일방적으로 모스크바회의에 참석했던 각국 외상이나 국제연합으로 이관하는 것은 다음과 같은 이유로 만족할 만한 해답이 되지 않는다.

(1) 그것은 사실상 미국이 한국에서 실패했음을 시인하는 것이며, 따라서 미국의 명예에 가장 치명적인 상처를 줄 것이다.

(2) 미국은 스스로 신탁통치를 약속했음에도 불구하고 한국인들이 거부함으로써 가장 어려운 입장에 빠져 있는데, 소련은 미국이 신탁통치를 약속한 사실에 대하여 이의를 제기하는 사태에 직면할 수도 있다.

(3) 미국이 한국 문제에 관한 추가적인 어떤 주창자(主唱者)를 일방적으로 끌어들이려고 노력하더라도 그것이 한국 문제를 신속하게 해결해 주리라고 여겨지지는 않는다. 한국 문제를 국제 기구에 이관하고자 소련과 사전에 어떤 협약을 맺을 경우에 생기는 여러 가지 요인에 관해서는 다음 [4-B]에서 논의하고자 한다.

그러나 만약 한국 문제를 해결하려는 모든 노력이 실패한다면 결국 그것은 국제연합에 이관하는 것이 바람직하게 될 것이다. 소련이 한국 문제의 해결을 교묘히 방해하고 있다는 사실을 명료하게 보여줄 수 있을 때까지는 이와 같은 방법이 이루어질 수 없다.

물론 국제연합에서 미·소가 또 다른 공개적 다툼을 벌이는 과정에서 나타날 수 있는 반발에 관하여 한국 문제가 어느 정도 중요성을 갖는지 조심스럽게 측정하지 않고서는 그와 같은 조처를 할 수 없다.

4) 남한을 위한 공격적이고도 적극적인 계획을 채택함

위[4-A-1]에서 이미 지적한 바와 같이 본질적으로 과도적이며 비효과적인 현재 미국의 계획은 불만스러운 것이다. 아래[4-B-1]에서 논의된 바와 같이, 한국의 난국을 해결하고자 소련에 접근을 시도한다면, 그것은 미국이 남한에서의 책임을 수행하려는 의지가 박약한 것처럼 보일 뿐만 아니라, 그것은 어느 모로 보나 소련으로부터 거절당할 것이다.

그러므로 우리가 한국에 머물면서 한국 문제를 성공적으로 해결하고자 한다면 공격적이고 적극적이며 장기적인 계획을 주도하는 것이 필요하다고 여겨진다. 설령 미래에 한국 문제에 관하여 소련과 기본적인 합의에 이른다고 할지라도 우선은 그러한 합의를 기다리는 동안이라도 남한에서의 적극적인 조치를 미룰 수는 없다. 그와 같은 적극적인 정책은 다음과 같은 잇점을 가져올 수도 있다.

(1) 그러한 적극적인 조치는 우리가 의무를 태만함으로써 한국 문제를 소련의 손에 넘겨 줄 뜻이 없다는 것을 보여 줄 수 있다.

(2) 그러한 적극적인 조치는 앞으로 소련과의 어떤 협상에서 우리의 위치를 강화해 줄 수 있다. 예컨대 미국은 앞으로 몇 년 동안 한국의 독립을 보장하려고 자금과 노력을 제공할 결심이 되어 있다는 것이 분명해지면, 소련은 한국에서 지금과 같은 상황을 지속하려고 하다가는 자신들도 마음 내키지 않게 자금과 노력을 제공해야 할 것이고 그렇지 않으면 지금의 입장에서 후퇴할 수밖에 없다는 사실을 인식하게 될 것이다.

(3) 그러한 적극적인 조치는 미국과 소련이 철수한 뒤에도 한국이 자신의 독립을 유지할 수 있는 발전의 건전한 기초를 마련해 줄 수 있다.

(4) 한국에서 적절한 민간 구호나 재건을 마련해 주는 어떤 새로운 정책을 추구한다면 그것은 어떠한 상황에서도 한국인들이 미국에 대하여 협조하도록 만들어 줄 것이고 한국에서의 미국의 입장을 강화해 줄 것이다.

그와 같은 계획이 성공하려면 그것이 의회가 승인하는 예산에서 충분한 자금을 지원받음으로써 남한의 경제 재건에 필요한 본질적인 정치적 · 경제적 · 문화적 조치를 재정적으로 뒷받침해야 할 뿐만 아니라 이 나라가 조속히 완전한 독립을 누릴 수 있는 여건을 마련해 주어야 한다.

그러한 자금이 부족하다면 미국은 한국에 대한 국제적 약속을 감당할 수 없을 것이다. 그러한 계획의 본질적인 내용은 이 보고서의 〈부록 A〉*에 개략적으로 다루어져 있다.

이 계획을 이루려면 1948 회계년도에 2억3천만 달러의 예산 배정이 필요하다. 현재의 의회의 분위기로 볼 때, 이 예산이 승인되리라는 전망은 밝지 않다. 그러나 반드시 의회의 승인을 받아야만 한국에서의 미국의 입장을 크게 강화할 수 있다. 권위 있는 법안을 통과시킴으로써만 커다란 심리적 효과를 얻을 수 있다. 2억3천만 달러의 액수에는 한국에 대한 지원금 1억3,700달러와 전쟁성의 점령 지역 예산 9,300만 달러의 증액이 포함된 것이다. [이것의 승인은 희망적이다.]

* 여기에서는 〈부록 A〉를 생략했음. 원문은 신복룡(편), 『한국분단사자료집』(Ⅳ), (서울 : 원주문화사, 1991), pp. 457~481 참조.(옮긴이 주)

B. 소련과의 협조가 이루어질 경우

1) 정부 사이 협상의 필요성

(1) 현지 협상의 상황

앞[2-A-6]에서 지적한 바와 같이, 하지 장군은 미소공동위원회를 재개하는 형식에 관하여 합의에 이르고자 소련 사령관과 의견을 교환하고 있다. 그러나 소련은 그들의 입장을 바꿀 뜻이 없는 것이 분명하고, 미국으로서도 표현의 자유에 관한 기본적인 신념을 포기할 수도 없다.

그뿐만 아니라 전체 한국을 소련의 지배 아래 두는 모험을 할 수도 없는 입장에서 미국은 1946년 12월 24일자 하지 장군의 편지에서 피력한 입장으로부터 더 이상 양보할 수 없기 때문에 현재 상황에서는 양측이 어떤 합의에 이를 것 같지는 않다. 따라서 현재와 같은 상황에서는 한국에 있는 현지 사령관의 수준에서 이루어지는 협상을 통하여 한국 문제의 해결을 위한 진전이 있으리라고는 기대할 수가 없다.

그러나 이러한 협상마저도 파기한다고 해서 얻을 것이라고는 아무것도 없다. 만약 우리의 적극적인 계획을 계속 추진하고 한국에서 다른 진전이 이뤄져 소련이 그들의 현재의 비타협적 입장으로부터 후퇴하는 것이 득책이라고 그들을 확신시켜 주리라는 기대 속에 현재의 노선에 따라서 상황을 이끌어 가도록 내버려 둠으로써 소련의 양보를 얻어 내도록 문호를 개방해 두고 있다.

한국에서 더 이상의 협상은 모스코바 협정의 범위 내에서 엄격히 유지해야 하며, 그것을 신중히 수정하는 일은 정부의 차원에서 논의해야 한다.

(2) 정부 간 협상의 불리한 점

현재 상황에서 정부가 소련에 접근하는 것은 다음과 같은 불리한 점을 가지고 있다.

(1) 한국에 대한 미국의 책임을 완전히 이행하리라는 미국의 굳은 결의를 보여줌이 없이 소련에 접근한다면 소련은 그것을 "나약함의 단서"라고 생각하리라는 것은 의심할 나위도 없으며, 따라서 한국 문제의 해결에 대한 진전을 가져오리라고 기대할 수 없다.

자신이 비타협적인 태도를 지속하면 미국의 양보를 받아 낼 수 있으리라고 예상하고 있는 소련은 우리의 접근을 거절하리라고 예상되며, 대답을 지체하거나 아니면 아예 대답을 하지 않을 수도 있다. 그와 같은 접근으로 말미암아 야기되는 연약한 인상은 미국이 남한에서 적극적인 계획을 주도한 뒤에도 어느 정도 지속될 수 있으며, 따라서 소련과 합의에 이르고자 하는 앞으로의 노력을 저애(沮礙)할 수도 있다.

(2) 지금 당장 접근하거나 아니면 가까운 미래에 접근하는 것은 소련에 대한 미국의 전반적인 입장을 저애할 수도 있다. 본 위원회는 이와 같은 요인을 평가할 만한 상황에 있지 않다. 그러나 그 밖의 문제에서도 소련에 대한 정부 차원의 접근이 이루어져 왔고, 설령 그러한 접근의 실패가 운명적으로 예견되었다 하더라도 미국은 국제적 언약을 지키고자 한다는 것을 소련과 세계에 분명히 해두는 것이 중요하다고 느껴진다는 점이 지적되고 있다.

C. 정부 간 협상의 유리한 점

정부 수준의 접근은 다음과 같은 유리한 점을 가질 수 있다.

(1) 가장 중요한 점은 정부 차원의 접근이 점령군의 입장을 매우 편하게 해줄 것이라는 점이다. 미국 정부가 어떤 본질적인 조치를 취하지 않는다

면 그것은 미국이 한국 문제에 큰 관심이 없을 뿐만 아니라 하지 장군의 충고를 저버렸다는 인상을 한국인들에게 줄 것이며, 소련 사람들도 이러한 인상을 받을 것이다.

정부가 조기에 소련에게 접근한다면 그것은 미국이 한국의 조기 독립을 바라고 있다는 증거가 될 수도 있다. 그와 같은 증거가 지금 보이지 않는다면 한국인들의 끝없이 끓어오르는 불만에 직면하여 미국의 입장을 유지하는 것이 점점 더 어렵게 되리라는 것은 의심할 나위도 없다.

(2) 의회는 미국이 한국 문제와 관련하여 소련과 협상한 기록을 면밀히 분석하지 않고서는 한국에 관한 특별법안을 승인하지 않을 것이며, 그러한 특별법을 승인하기에 앞서 소련과 합의에 이르고자 가능한 모든 조치가 취해졌는가를 확인하고 싶어 할 것이다.

정부 차원의 접근이 이루어진다는 사실은 모스크바 협정을 이행하고자 미국이 얼마나 노력했는가를 보여주는 증거를 제공할 수도 있다. 그러한 증거가 보이지 않는다면 의회는 그러한 특별법안이 과연 필요한지 의심하게 될 것이며, 적어도 정부 차원의 접근에서 오는 결과에 대한 평가를 유보한 채 법안의 승인을 연기할 것이다.

그와는 달리 정부 차원에서 접근하게 되면, 우리에게 만족스러운 해결책을 확보할 수 있다는 희망 속에 우리가 충분히 공격적인 입장에서 소련에 접근하고자 의회의 3개년 법안의 통과로써 한국에서의 미국의 굳건한 목표를 천명할 필요가 있다고 의회를 설득할 수도 있을 것이다.

만약 우리가 한국 문제를 해결하고자 할 경우에도 소련이 비록 1~2개월이지만 회의를 지연시키려고 한다는 사실은 의회에게 특별법안의 필요성을 선명하게 보여 주는 증거가 될 것이다.

이상과 같은 수지 계산에서 볼 때 장차 소련에게 정부 차원에서 접근하여 얻을 수 있는 잇점은 불리한 점보다 더 많으리라고 믿어진다.

2) 접근의 시기

남한에서 적극적인 계획이 실질적으로 추진되지 않고서는 소련과의 대화에서 한국 문제의 해결을 위한 본질적인 진척이 있을 것 같지는 않다. 그러나 만약 대통령이 한국원조법안을 의회에 제출하면서 강력한 성명을 발표하는 것과 같은 방법으로 한국에서 우리가 문제를 해결하려는 강력한 의지의 표현이 뒤따른다면 소련과의 회담은 매우 효과적인 기회를 포착할 수도 있을 것이다.

그러므로 소련에 대한 접근을 부당하게 지연시키지 않고서도 이와 같은 일이 이루어질 수만 있다면 소련에 접근하는 시기는 그와 같은 방법에 따라 조정되어야 한다고 생각된다. [한국이나 대(對)의회 활동에서] 이와 같은 목적을 효과적으로 수행하려면 어느 모로 보나 모스코바 외상 회의가 종결되기에 앞서 그와 같은 조치가 이루어져야 한다.

3) 접근의 내용과 방법

미국이 취할 수 있는 행동 전략은 그것이 부분적이든 전체적이든, 한국에서의 미국의 약속을 성공적으로 마무리하는 데 매우 중요한 일이다. 이를 성공적으로 이행하려면 미국이 나약하거나 아니면 소련의 압력 때문에 우리가 공식적으로 표명한 국제적 약속을 포기하는 모습을 세계에 보여 주는 일이 없어야 한다.

더 나아가서 모스코바 협정을 벗어나는 어떤 제안을 직접 소련에게 먼저 제시하는 것은 우리가 모스코바 협정을 지키지 못했다는 소련의 격렬한 비난을 유발할 수도 있다. 그러므로 이와 같은 상황에서 소련에 대한 미국의 주도적 접근은 모스코바 협정이 이행될 수 있는 공식적이고도 굳건한 내용의 요구를 제시하는 방법이어야 할 것으로 보인다.

이와 같은 접근 방법으로부터 기대되는 결과는 일반적인 것이지만 결과는 선명한 것으로서 그 합의는 한국의 독립을 향한 분명한 진전을 가져올 것이다. 가능하다면 이러한 합의는 세부적인 문제를 다루게 될 협상자, 곧 아마도 그것은 미소공동위원회에 특별한 지침을 마련해 주어야 한다.

미국이 모스코바 협상에서 달성하도록 모색해야 할 최소한의 소득은 양국 정부가 (1) 미소공동위원회를 즉시 재개하도록 명령하고, (2) 미소공동위원회의 진전을 정부에서 검토할 수 있도록, 예컨대 1947년 8월 1일이든 아니면 다음 외상 회담과 같이 분명한 날짜를 잡을 수 있도록 합의를 끌어내는 일이어야 한다.

모스코바 협정의 궁극적 목적을 달성시키고자 미국이 제시할 수 있는 특별한 제안은 아래에서 논의되고 있다. 물론 협상의 진행과 세부적 제안, 그리고 매일매일 있을 협상의 진전에 비추어 제기될 수 있는 반대 제안에 따라서 우리의 제안을 상당히 변형시킬 필요성도 있을 수 있다.

(a) "민주주의적 단체"라는 개념을 쓰지 않고 미소공동위원회를 두 개의 회의체로 나누어 북한(소련)에서는 북한에 있는 단체와 상담하고 남한(미국)에서는 남한에 있는 단체와 상의하되, 두 회의체는 그 나름대로 진행 규정을 정함으로써 모스코바 협정에 명기된 "협의 조항"(consulting provisions)의 뜻을 실행할 수도 있을 것이다. 양측은 인구 규모에 따라 의석을 배정하고 북한 측 집단을 남한 측 집단과 통합시킴으로써 임시 정부를 구성할 수도 있다.

(b) 모스코바 협정을 축소하여 의안을 삼을 수도 있다. 이러한 방법은 협의나 임시 정부 수립의 단계를 삭제하거나 단순화함으로써 신탁통치를 조기에 실시할 수 있다. 혹 기회가 생길 경우에

쓸 수 있도록 〈신탁통치협정 초안〉(부록 C)*을 말미에 첨가해 두었다.

이것은 우리로서도 받아들일 만한 것이고, 소련의 동의를 얻을 수 있으리라고 믿어진다. 이와 관련하여 만약 한국인들에게 협의를 구하지 않고 신탁통치를 실시한다면 한국인의 분노를 비껴갈 수 없다는 사실을 고려해야 할 것이다. 그러므로 위(a)에서 제기된 바와 같은 협의 방법을 고려해 보아야 한다.

(c) 일정한 기간 안에 남북으로부터 상호 철군함으로써 양국의 점령군을 [각기 4만 명 이하의 선으로] 감축하는 것이 바람직하다. 다음 (d)에 논의된 바와 같은 이유로 그와 같은 제안을 구체적으로 논의함에 상당한 주의를 기울여야 한다.

(d) 한국으로부터 군대를 철수하고 한국인의 자치 능력에 따라 가능한 한 조속히 한국을 독립시키는 것이 우리의 궁극적 목표인 반면에, 미국은 한국으로부터 완전한 철군이나 모스코바 협정에 명시된 신탁통치 규정의 폐기를 먼저 제안해서는 안 된다고 믿어진다.

소련은 미국이 한국인에게 신탁통치는 필요하지 않을 수도 있다고 제안·암시한 우리의 동기를 이미 의심하고 있다. 그뿐만 아니라 한국에서 신탁통치를 실시하지 않을 경우, 한국에서는 전면적인 내란과 혼돈이 일어날 것 같다.

그러나 아래 [4-B-4]에서 논의된 바처럼 소련이 양측으로부터의 조기 철군을 주장할 가능성이 매우 높다. 미국은 그와 같은 제안을 거부함으로써 정치적 부담을 져야 할 이유가 없으며, 따라서

* 여기에서는 〈부록 C〉를 생략했음. 원문은 앞의 『한국분단사자료집』(Ⅳ), pp. 486~503, 또는 본서, pp. 252~261 참조.(옮긴이 주)

한국의 정치적 · 영토적 존엄을 보장할 수 있는 선에서 그러한 제안에 원칙적으로 즉각 동의해야 한다.

(e) 소련과 합의 아래 한국 문제를 국제연합 안전보장이사회로 이관하는 문제를 고려해야 한다. 그와 같은 조치에 대하여 소련의 동의를 얻어 내려고 노력하는 것은 아무리 적게 잡아도, 위 [4-A-3]에서 논의된 바와 같은 노선에 따라서 일방적인 조치를 할 경우와 마찬가지로 다소 불리한 점이 있다. 따라서 미국으로서 달리 조치할 수 있는 어떤 방도가 보장된다면 한 그러한 노력은 바람직하지 않다.

4) 상호 철군을 위해 소련이 제기할 수 있는 제안들

현재의 한국의 교착 상태를 타개하면서 주도권을 잡으려는 선전적 움직임이든 아니면 위 [4-B-3]에서 논의된 미국의 접근에 대한 반대 제안이든 간에 소련은 한국에서 소련과 미국의 동시 철군을 제안할 수도 있다. 위 [2-C]에서 지적한 바와 같이 북한의 경제 상황은 남한보다 악화하여 있는데, 이는 주로 소련군이 북한의 지방에서 기식(寄食)하고 있기 때문이다.

그럼에도 불구하고 소련군은 동부 시베리아의 자원과 인력을 끝없이 소모하고 있다. 그러므로 지금 구성하고 있는 북한의 허수아비 정권과 군대가 소련군이 실질적으로 주둔하지 않는 상태에서 소련의 목적을 수행할 수 있을 정도로 강력해지고 충분히 교화(敎化)되었다고 그들이 확신하게 될 때 그들은 즉시 점령군을 철수할 가능성이 있다.

소련군은 미군이 철수한 이후 남한을 장악하거나 가능하다면 점령할 수 있는 압력 수단으로서 믿을 만한 조선공산당의 군대를 활용하는 것이 남한을 장악할 수 있는 가장 빠르고도 정치적으로 가장 현실성 있는 방법이라는 점을 잘 알고 있다.

소련은 이와 같은 방법으로써 오늘날 그들이 폴란드·외몽골·유고슬라비아·알바니아 등을 장악하고 있듯이, 노골적인 침략 행위로 말미암아 야기되는 부담이나 위험을 겪지 않으면서도 한국을 실질적으로 장악할 수 있을 것이다.

그러한 제안이 적절한 선전을 수반할 경우, 한국으로부터의 미군 철수를 요구하는 미국 내의 대중적 요구도 상당히 유발할 수 있다는 것을 소련은 또한 잘 알고 있다. 대부분의 대중 사회에서뿐만 아니라 의회에서도 많은 미국인은 그와 같은 제안에서 미국의 국고를 줄이고 감군할 수 있는 기회를 찾게 될 것이다.

소련이 한국으로부터 미·소 양국이 상호 철군하면서 취할 수 있는 방법은 다음의 두 가지 가운데 하나이다.

(a) 모스코바 협정의 이행을 유보한 채 남한과 북한에서 미국과 소련의 현재의 행정 체제를 지속하면서 철군하는 방법 :

소련의 제안은 모스코바 협정을 깨뜨리지 않으려고 적어도 첫 단계에서는 이와 같은 형태를 취할 가능성이 크다. 소련의 선전은 이러한 측면을 강조할 것이며, 미국은 모스코바 협정의 이행을 지연시키고 있는 반면에 소련은 적어도 한국 인민들로부터 점령군의 짐을 덜어내려고 노력하고 있다는 점을 지적할 것이다.

만약 그들의 제안이 받아들여진다면 남한의 군정은 조선공산당의 군대 침투를 막는 데 무력해질 것이고 그렇게 되면 공산군은 선거에 영향을 미치거나 아니면 노골적인 군사 활동을 통해서 어느 때라도 남한을 장악할 수 있으리라는 사실을 소련은 계산에 넣고 있다.

물론 소련의 그와 같은 제안을 받아들인다면 군사적 지원 없이 민간 정부를 지탱해야 할 책임을 지고 있는 미국으로서는 가장 어려운 상황에 빠지게 될 것이다. 미국에서 과연 여론이나 정치적 압력이 그러한 제안을 받아들이도록 용납할 것인가에 관해서는 본위원회 위원들 사이에도 의견이 각기 다르지만, 가능하다면 그러한 결과는 나오지 않아야 한다는 데에 전적으로 공감하고 있다.

그러므로 미국은 되도록이면 빠른 철군이 바람직하며, 본질적으로 상호 비례가 맞는 철군을 즉시 단행해야 하며, 모스크바 협정의 조속한 이행을 위해 온갖 노력을 경주해야 하며, 만약 현재로서 그렇게 하는 것이 전술적으로 바람직하다고 판단되면 한국에서의 군사적 책임은 물론 민정의 조속한 종결을 위해 모스크바 협정을 수정하는 데 동의함으로써 소련의 제안에 대응해야 한다.

(b) 통일된 한국의 독립과 동시에 미 · 소 양군이 철수하는 방법 :

위에서 지적한 바와 같이 이러한 식의 방법이 본래의 소련의 복안인지 의심스럽지만, 토론이 진행되다 보면 이러한 의안이 하나의 제안으로 발전될 가능성도 있다. 위에서 지적한 바와 같이 이러한 방법은 소련을 위해서도 보편적인 이점을 줄 수도 있으며, 더 나아가서는 미국인의 대중적인 지지를 받을 가능성이 높다.

그러나 이러한 방법은 3개년 원조법안이 의회를 통과하는 데 위험을 줄 수도 있다. 왜냐하면 경제에 마음을 쓰고 있는 반대파들은 소련이 그와 같이 제안한다면 굳이 원조 계획이 불필요하다고 말할 수 있기 때문이다.

미국은 상호 철군과 한국의 조기 독립이라는 원칙에 즉시 따르면서 이것이야말로 한국에서의 미국의 계속적인 목표였다고 지적해야 한다. 그러나 이와 같은 제안은 모스크바 협정의 수정을 의미하는 것이기 때문에 미국은, (1) 이 제안을 토의하고자 4대국 대표의 회담이나 아니면, (2) 두 강대국(영국과 중국)에게 보여 줄 세부 계획안을 작성할 미 · 소 대표의 회담을 제의해야 한다. 현재로서는 이 문제가 비록 전략적인 점을 고려하여 결정되어야 할 것이지만 본 위원회는 후자를 선호한다.

상호 철군과 한국의 조속한 독립을 이행하는 계획은 한국인의 정치적 자유와 민족적 독립을 보장할 수 있는 조항을 되도록이면 많이 포함해야 하는데, 그러한 보장 조항으로서는 다음과 같은 점들이 포함될 수 있다.

(1) 보통 선거에 따라 한국 정부를 구성하는 조항 : 남북한은 각기 인구 비례로 대표권을 갖는다. 이것은 미국의 기본적인 입장이다. 만약 어떠한 방법으로도 소련의 동의를 받아 낼 수 없다면 이 문제는 토의 과정에서 다소 수정될 수 있다.

(2) 국제연합에 의한 모종의 보장

(3) 효과적인 권리장전(權利章典)의 보장

(4) 세계은행(World Bank)의 재정 지원과 감독

(5) 국내 치안 · 경찰 · 해안 경비에 필요한 한도로 한국의 군사력을 제한하도록 감시하고, 대표권을 기초로 하여 충원한다.

만약 소련의 제안이 순수하다면 원조법안에 명시된 비용을 집행할 필요가 없다는 점을 의회에 지적해야 한다. 그러나 더 나아가서 법안의 통과보다는 소련이 그들의 제안을 수행하도록 만들 필요는 없을 것 같다는 점을 지적하지 않을 수 없다.

만약 소련과의 협상에 성공한다면 그때 가서 의회는 원조 자금을 철회할 수도 있다. 만약 우리가 제안한 보장의 방법에 대하여 소련이 동의하지 않는다면 원조법안은 계속해서 필요하다.

5. 권고

본 위원회는 다음과 같이 권고한다.

A. 〈부록 A〉에서 개관된 계획을 수행하려면 다음과 같은 조치를 해야 한다.

(1) 대통령이 한국원조법안을 의회에 제출하도록 요구한다. 이를 수행하려면 1948 회계 연도에 필요한 예산은 2억3천만 달러이다.

(2) 한국에 대한 1947 회계 연도의 잔여분을 위해 전쟁성의 부족액 8,500만 달러를 할당한다.

(3) 한국의 군정을 점차로 민정화한다. 대사급 정치 고문을 임명하되 그에게 적절한 참모를 제공하면서 국무성과 전쟁성이 협조한다.

(4) 한국에서 극동군사령관(CINCFE)의 책임을 종식한다.

(5) 주한미군 사령관에게 새로운 지침을 시달한다.

(6) 한국인을 군정에 참여시키는 문제에 관해서는 현재의 정책을 강화한다.

(7) 하지 장군이 한국에 귀임하는 문제에 대하여 대통령이 성명을 발표하는 등을 포함하여 미국 내에서 한국 문제를 주지시키는 운동을 전개한다.

(8) 한국에 고위급 기업 · 사업가들을 파견하여 경제적 · 재정적 재건에 관해 권고토록 한다.

(9) 한국에서 공공 정보와 교육을 위한 계획을 강화한다.

(10) 한국을 위해 지체 없이 화폐를 발행한다.

B. 현재 한국에서 진행 중인 미 · 소 협상을 지속하고자 문호를 개방한다.

C. 소련에 대한 정부 차원의 접근을 조속히 추진하며 소련이 모스코바 협정의 수행을 저애(沮礙)하고 있는 데 관한 우리의 관심을 표명한다.

D. 독립되고 통일된 한국의 정치적 · 영토적 존엄성을 보장하는 적절한 방책을 수립한다는 것을 전제로 하여, 한국으로부터 상호 철군한다는 소련의 제안을 원칙적으로 수락해야 한다.

제8장

주한 미군정(USAMGIK)의 구조(1948)

- 후랭켈(Ernst Fraenkel) 작성

주한 미군정의 구조

후랭켈(Ernst Fraenkel) 작성

Structure of United States Army Military Government in Korea(USAMGIK)

G-2, XXIV Corps

Ernst Fraenkel, Ph. D.

22 May 1948

제8장

주한 미군정(USAMGIK)의 구조(1948)

주한미군 24군단 사령관 귀하

24군단 정보참모(G-2)
1948년 5월 22일

(1) 에른스트 후랭켈 박사(Dr. Ernst Fraenkel)가 작성한 아래의 「주한 미군정(USAMGIK)의 구조」는 기본적으로 국제연합 한국임시위원회(UNTCOK, United Nations Temporary Commission on Korea)의 위촉으로 작성된 것입니다.

그러나 시간이 지나자 우리는 이 보고서를 임시위원회에 보내지 않기로 결정했습니다. 왜냐하면 이 보고서가 완벽함이라는 점에서 한국에 있는 임시위원회에 지속적 의미를 제공할 것 같지 않았기 때문입니다.

(2) 그럼에도 이 보고서는 역사를 남긴다거나 그 밖의 목적을 위해 유용할 것입니다. 따라서 부본을 보내 드리는 것이 장래를

위해 유용할 것입니다.

24군단 사령부 정보참모부장
미국 육군 준장
존 웨컬링(John Weckerling)
(sign)
참조 : 민정국 현대사과

주한 미군정의 구조

1. 서론*

주한 미군정의 통치 구조는 이 나라에서 일찍이 그 유례가 없는 국제법상의 지위를 가지고 있다. 1945년 7월 26일에 이루진 포츠담선언 제8조에는 다음과 같은 구절이 있다.

> "일본의 영토 주권은 혼슈(本州), 홋카이도(北海道), 규슈(九州), 시고쿠(四國) 및 그 밖의 부속 도서임을 우리는 선언한다."

[1945년 9월 2일자로 일본 천황이 일본 국민에게 칙어로 항복을 발표한 바와 같이] 일본은 포츠담선언의 이 조항을 받아들임에 따라서 한국에 대한 주권을 포기했다. 이로써 일본의 항복에 따라 조선은 일본 영토로부터 사실상 분리되었다.

* 절(節)의 이름은 옮긴이가 단 것이며, 원문에는 번호만 있다.(옮긴이 주)

적대 행위가 종식되었다고 해서 한국이 합병 이전의 국가로 되돌아간 것도 아니고 새로운 국가로 창설된 것도 아니었다. 한국이 일본으로부터 분리된 것은 1910년 8월 29일의 한일합방조약의 무효에 따라서 이루어진 것이 아니고, 한국의 해방은 한국 인민의 혁명적 투쟁에 의해 성취된 것도 아니었다.

한국에서 일본의 지배가 종식된 것은 전승 국가들의 결정에 따른 것이며 미국과 소련의 결정으로 이뤄진 것이다. 미국과 소련의 병력이 1945년 8월과 9월에 걸쳐 한반도를 점령하고 전토를 차지했을 때, 국제법으로 보면 한국은 "국민이 없는 땅"(no man's land)이었다.

전승 국가들은 "적당한 절차를 거쳐" 자유롭고 독립된 국가를 창설한다는 1943년 12월 1일의 카이로선언(Cairo Declaration)을 준수할 뿐이었다. 1945년 12월 27일자의 모스코바선언과 미소공동위원회 대표단의 활동은 카이로선언을 이행하고자 할 뿐이다.

그러나 미소공동위원회가 실패한 이래 지금의 한국의 국제법적 지위는 일본의 항복이 실효를 보이기 시작한 때의 상황과 기본적으로 달라진 것이 없다. 한국이 국제 사회에서 독립 국가로 인정을 받기 이전에는 한국의 독립은 정지된 것이다.

2. 한국은 주권이 없는 국가

일본으로부터 독립됨으로써 나타난 사실상의 분단으로 사실상의 무정부 상태가 되자 군정의 형태가 나타났는데, 이는 정상적인 군정의 유형에서 다소 빗나간 모습이다. 주권이 점령 국가의 정부에 의존한다고 여기는 국제법의 일반적인 규정은 스스로 정부를 갖추고 있지 못한 국가의 군사 점령에 적용되지 않는다.

한국처럼 주권이 없는 경우에 주한 미군사령관은 이제까지 남한의 주권을 대리로 행사한 것이다. 그 자신의 주권을 가지고 있지 못한 국가를 사실상 군사적으로 점령하여 주권을 행사하는 문제에 관하여 국제법에는 명시적인 특수 조항이 없다.

남한의 통치에 대한 최종 책임은 결국 주한 미군사령관에게 있다. 더 나아가서 주한미군령관은 군사 점령의 권한도 행사하고 있다. 사령관은 주한미군사령부의 최고책임자이자 남한 정부의 최고 수반인 군정장관에게도 통치권을 행사한다.

미군정 당국은 1907년에 체결된 해그 협약(The Hague Convention)을 포함하여 점령군의 국제법에 따라 점령군의 전통적 기능을 행사하며, 주한 미군정은 정규적인 지방 통치 기능을 행사할 뿐만 아니라 이 나라를 다스리면서 법이 허용하는 범위 안에서 남한을 통치하는 데 필요한 조치를 자유롭게 취할 수 있다. 남한의 통치에 "법치"(rule of law)를 적용하고자 할 때 주한 미군정은 그 권한을 행사하면서 한국의 전통적인 법과 국제법을 준수한다.

3. 군정의 상륙과 탈(脫)일본화 정책

하지 장군(General Hodge)과 그의 부대는 1945년 9월 8일에 한국에 상륙했다. 나흘이 지나 조선 총독이 해임되었다. 1945년 9월 14일에 주한 미군 사령부는 군정청을 설치했다. 1946년 초에 미군정청을 재편함으로써 드디어 주한미군정청이 정착하였다.

미군정청이 처음 취한 조치는 일본 관료를 해임하고 일본 국민을 철수시키는 것이었다. 전쟁이 종식하기 직전에 공무원의 대부분이 일본인이었고, 행정직에 고용된 관리들은 거의 모두가 일본인이었다.

얻어볼 수 있는 최신 통계(1936)에 따르면 한국에 머무르고 있는 일본인의 숫자는 전체 인구의 5%를 넘지 않았지만, 7만1천 명의 공무원 가운데 4만4,941명 이상이 일본인이었다. 조선총독부에는 1,638명이 일본인이었고, 321명이 한국인이었다. 1936년의 통계를 보면 일본인 관리의 통계는 다음과 같다.

《중앙 정부》

총독부	1,648명	정치 고문	5명
지방과 지부	35,850명	도청	4,132명
향촌 공무원	3,306명		

전쟁 기간에 한국인 공무원의 숫자가 증가했다는 것은 주목할 만한 일이다. 그 중요한 이유는 일제 말엽 10년 동안에 일본 관리의 숫자 비율은 기본적으로 바뀌지 않았기 때문이라고 추정하는 것이 옳을 것이다.

탈(脫)일본 정책의 결과로 "행정 공백"이 나타났다. 남한에서 공공 질서와 치안을 유지하려고 애쓰다 보니 미군정청은 행정 공백을 채워야 하는 문제에 직면하게 되었다. 이 나라에서 배타적 통치권으로서의 군정으로 온갖 통치 차원에서의 법을 집행하는 데 필요한 행정 기구를 수립하기에는 또 다른 어려움이 있었다.

실무 차원에서 예외 없이 일본인을 대체한다는 것이 불가능하다는 것은 보지 않고서도 알 수 있는 결론이었다. 비용과 정책을 고려하다 보니 지체 없이 최소한의 실무자들을 일본인에서 한국인으로 대체하면서 미국인의 활동을 제약하는 것이 불가피하게 되었다. 지난 2년 반 동안에 남한의 역사는 여러 계층의 통치 차원에서 점진적인 "한국화 과정"(Koreanization)이라고 특징지을 수 있다.

미군정의 초기 단계에서 미군 장교들을 여러 가지 직책에 임명하였다. 장교들은 도지사나 군정의 행정 업무를 수행했다. 이런 전환기에 미군이 하는 일은, 일본군의 무장 해제와 일본인의 귀환, 무정부 상태와 기아(飢餓)를 모면하는 일, 한국인을 채용하여 훈련하는 일, 미국 군정으로부터 한국인에게 통치 기능을 이양하는 일 등이었다.

1945년 12월 17일부터 군정법령 7호에 따라 사법부의 기본 업무와 군정청의 형사과 업무가 한국인 관리에게 이양됨으로써 한국의 행정은 새로이 임명된 한국의 관료에게 점차로 이관되었다.

1946년 가을에 결정적인 조처가 시행되었다. 1946년 8월 31일에 점령사령관 하지에게 하달된 비망록에 따르면, "여러 방면에서 일본의 통치 구조를 한국의 행정으로 이관하여 그것을 인수할 상대역을 훈련하고," 아울러 "이제 우리는 우리가 할 수 있는 한, 한국 문제를 '직접' 다루지 않고, 통상적인 업무에서 물러나 좀더 높은 단계에 이르러 거의 전적으로 자문(諮問)과 지도의 역할을 하고 있다."(AG Old TFGG)

이러한 지침을 이행하면서 군정 사령관은 보조적인 한국인 관리를 지휘하는 책임에서 각종 부서의 미국인 관리를 해임하였으며, 그 자리에 한국인 관료를 임명했다. 이제 미국인 인사들은 한국 관료의 고문 역할도 맡지 않았다. 그와 동시에, 한국인들이 각지 도지사로 임명되었으며, 이른바 민정관(Civil Affairs Officer)으로 일하던 미국인들은 도지사의 고문관으로 활약했다.

한국화 과정은 군정청의 행정부서와 사법 부서에만 국한되지 않았다. 1946년 8월 24일자로 발표된 군정법령 11호에 따라서 남조선 과도입법의원이 구성되어 정치적 · 경제적 · 사회적 개혁을 위한 현행법을 제정하는 입법권과 정부의 고위 관리를 임명하는 데 참여할 권리를 주었다. 일부는 선출하고, 일부는 군정법령 118호에 따라서 임명된 과도입법의원은 1946년에 개원하여 그 이후로 입법 고문 회의의 역할을 수행했다.

4. 한국의 경제 상황

제2차 세계 대전이 끝나기 이전에 한국에서의 산업 80~85%와 농지의 대략 25%를 일본인이나 일본 기업이 소유하고 있었다. 일본인들은 한국의 은행과 금융업을 완전히 장악하고 있었다. 일본의 재산은 광업과 사실상 모든 중금속산업 그리고 약간의 예외를 둔 모든 섬유 산업을 포함하고 있었다.

한국의 경제는 일본 산업의 일부였으며, 대부분이 소수의 유력한 일본 재벌들이 장악하고 있었다. 한국에서 가장 유력한 지위에 있는 사람들이 한국 경제를 완전히 장악하고 있었다. 따라서 일본의 경제권을 완전히 빼앗는 것이 한국을 해방하는 중요한 전제 조건이었다.

한국에서 일본이 물러난 뒤, 일본인 재산의 불법적인 취득으로 말미암아 정치적 · 법적으로 공백기가 나타나자 미군정은 이를 막고 사령관의 직권 아래에 있는 일본인 재산을 법률적으로 장악하고자 적산을 관리하는 신한공사(新韓公社 : New Korean Company)를 설립했다.

1945년 10월 30일에 미군정청은 토지 문제의 처리에 주목하여 군정법령 19호를 발표하고, "가능한 한 조속히 일본인의 모든 재산을 전용하여 한국인의 복리를 위해 쓰겠노라"고 선언했다. 이로써 군정이 한국에 있는 일본인의 모든 재산을 처리하는 책임을 맡게 되었는데, 이는 군사점령군의 전통적 기능으로 보나 한국의 고유법제로 보나 정상적인 통치 행위는 아니었다.

한국의 경제를 장악한 것이나 다름없는 이와 같은 적산(敵産) 압류는 미국의 승전과 함께 한국이 일본으로부터 사실상 분리됨으로써 이뤄진 불가피한 결과였다. 한국에서 일본인의 경제권을 장악함으로써 결과적으로 한국 국민이 최종적인 수혜자가 되자 미군정은 아직 탄생하지 않은 이 나라의 정부를 위해 이 나라 국부의 거의 모든 부분을 차지하게 되었는데, 이러한 사실은 전례가 없는 일이었다.

미군정은 수탁국으로서의 기능이라는 점에서 미군정은 압류 재산의 유지와 적절한 관리를 책임지게 되었다. 성격상 선의의 수탁자가 된 이러한 미국의 책임은 신의를 깨트리지 않는 한, 미국이 아닌 제3의 나라로 이전될 수 없는 것이다.

수탁의 본질로 미루어 볼 때 미군정은 "한국화"라는 일반적인 원칙의 예외 조항이 되었다. 비록 한국의 인사들이 신한공사에 광범위하게 활약하고 있었지만, 그 최고 책임자는 미국인이었고, 그가 적산에 관한 모든 문제를 정책적으로 결정했다.

5. 주한미군사령부(관)의 지위

미래를 예측해 본 결과 주한미군사령부(USAFIK)는 미군정청(USAMGIK)을 포함하여 다음과 같은 네 가지의 서로 다른 기능을 수행하고 있다.

(1) 주한미군사령부는 남한의 통치에 주권자로서 배타적 권한을 갖는다.

(2) 주한미군사령부는 미국 정부의 대리자로서 한국의 군사 점령의 권한을 행사한다.

(3) 주한군사령부는 한국의 사실상 통치 기구이므로 지방 정부의 합법적인 통치 기능을 수행한다.

(4) 주한미군사령부는 적산의 소유자이자 관리자로서 한국의 미래 정부의 수탁자이다.

미군정은 광범위한 사법권과 함께 한국의 합법적 통치대리자라는 것이 미국의 정책이었다. 주한미군의 최고사령관은 계엄령과 이 나라의 최고 수반에게 전통적으로 부여된 권한의 해임을 포함하여 예외적인 권한을 행사한다. 그렇다고 해서 주한미군사령관은 군사점령권자로서의 모든 권한을 행사하는 것은 아니다.

입법과 행정이라는 점에서 지방 정부에 미치는 권한과 마찬가지로 군정의 활동은 남한의 점령군이라는 능력의 면에서 가려 있었다. 그러나 사법부의 측면에서 보면 한편으로는 한국의 사법부와 공존해야 하고, 다른 측면에서는 미군정 법무실과 한국인 사이에 한국인의 형사 사건과 재판 관할이라는 군정청의 이중성이 노출되었다.

6. 주한미군정청의 위치

우리는 아직 미군정청이 남한에서의 주권을 수립하거나 적산을 처리하는 문제에 권한이 없다는 점을 언급하지 않았다. 그러나 미군정은 한국인의 행정부를 수립함으로써 한국 정부의 구성을 위한 기반을 마련하고, 남한의 지방 정부를 점차로 미군 장교가 운영하는 제도에서 한국 관리가 운영하는 자율 행정으로 바꾸고, 군정장관과 그 참모들로써 본질적인 문제만을 감독하였다.

1947년 3월 25일에 미군정청은 정책 성명을 발표하여, 다음과 같은 지침을 시달했다.

> 일본에서는 애당초에 일본 국민이 주권을 행사했다. 그러면서도 일본 국민은 미국 점령군사령관의 자유로운 거부권 행사와 강력한 통치에 순응했다. 한국에서는 애당초부터 한국 국민을 조직화하여 일본에서와 꼭 같은 방법으로 운영하며, 미국인이 행사하는 제한된 통제에 따르도록 하는 것이 목표였다. 미국의 정책은 통치의 참극이 일어나지 않도록 점차로 통제권을 행사하며 상대적으로 중요하지 않은 문제에는 미국식의 생각이나 방법을 적용하지 않는다는 것이 목표였다.

생각 없는 독자라면 위의 글을 읽으면서, 미국이 점령 당초부터 "정복된" 일본에서 점령 체제를 즐긴 것과 비교하여, 한국에서는 "해방시켜준" 나라에서 점령 체제를 수립하는 데 왜 1년 반이나 걸렸을까? 하고 의아하게 생각할 것이다.

그러나 일본과 한국은 비교하기에는 사정이 많이 다르다는 점을 지나쳐서는 안 된다. 미군정은 비록 일본의 전범(戰犯)과 군벌을 숙청했지만, 통치 기구를 사용하면서 일본인들과 친밀했다. 그러나 일본이 항복하기에 앞서 한국의 통치 기관은 점령 초기부터 친밀하지 않았다. 이는 탈일본 정책을 과격하게 강행한 탓이었다.

한국은 지난날의 압제자로부터 "해방되었기 때문에" 일본의 점령보다는 좀더 부드러운 권력으로 다스리는 잠정 기간이 필요했다고 말하는 것은 조금도 역설적이 아니다. 점령군이 순수하게 한국의 통치 기구를 정착하려면, 군정이 점령 체제 아래에서 전통적인 통치 기구를 채택하기에 앞서 어느 정도의 예비 기간이 필요했다.

한국에서 행정 구조의 기본적인 변화는 1947년 5월 17일자로 발표된 군정법령 141호의 제1조에 잘 나타나 있다.

> 남조선과도정부 법령 제141호 남조선과도정부의 명칭
> 남조선 과도입법의원에서 법률을 제정할 때까지 아래에 따름.
> 제1조 정부 기구의 명칭 : 북위 38° 이남 조선을 통치하는 입법 · 행정 · 사법 부문 등 재(在)조선 미군정청 조선인 기관은 남조선과도정부라 칭함.

남조선과도정부(South Korean Interim Government, SKIG)의 성립은 주한미군정청의 한국화 정책이 인사(人事) 문제에서 제약을 받지 않는다는 점을 분명히 적시하고 있다. 미국의 관리를 한국인 관리로 대체하는 문제는 통치 단위로서의 모든 한국의 기구(institution)와 기관(agency)과 조직(organization)의 협조를 받아 진행했다. 남조선과도정부는 그 명칭에도 불구하고, 좁은 의미로서 정부가 아니었다.

남조선과도정부는 남한의 배타적 통치를 대표하는 도구로서, 미군정청의 내부 기관에 지나지 않았다. 남조선과도정부의 구성은, 정상적인 정부가 이뤄질 때 "미군정의 한국적 요소들은" 여타의 점령 국가에 실시되고 있는 자치 정부가 한국에서는 어떻게 자치를 누렸는가를 보여주는 이상형을 보여주고 있다.

남조선과도정부와 군정의 미국적 요소와의 관계는 요약해서 설명할 수가 없다. 현재 운영되고 있는 남조선과도정부에 관한 설명은 한국의 전통적인 삼권 제도에 대한 분석을 필요로 할 뿐만 아니라, 더 나아가서는, 입법권과 행정권과 사법권을 갖지 않으면서도 미군정이 어떻게 수탁국으로서의 기능을 수행했는가를 보여주는 분석이 될 것이다.

7. 군정법령의 제정

전쟁이 종식되자마자 미국태평양사령부는 한국에서의 점령군의 지위를 결정하고 그들을 보호하려는 조처를 담은 몇 가지 포고령을 발표했다. 군사 점령에 관한 국제법에 기초하고 있는 이 포고령은 한국에서의 기본법을 잘 보여주고 있다.

군정의 초기 과정에서 군정장관은 "주한미군사령관의 지침에 따라" 몇 가지 군정법령을 발표했는데, 이들은 주로 일본의 무조건 항복을 수행하는 문제와 관련된 것이었다. 조선 총독이 해임된 뒤, 점령군의 고유한 법인 주한미군사령관의 "입법권"은 남한 정부의 최고 수반에게 부여된 입법권의 도움을 받았다.

1945년 11월 2일에 발표된 군정법령 21호에 따르면, 최고사령부의 지침에 따라 이제로부터 조선 총독의 모든 권한은 군정장관이 집행할 수 있게 되었다. 일제 시대에 조선 총독이 행사하던 입법권은 사실상 무제한한 것이었다.

조선 총독의 권위를 이양 받은 군정장관은 점령사령관의 지시를 받아 모든 분야의 입법에 걸쳐 군정법령을 자유롭게 발표할 수 있다. 군정장관은 비록 군정법령 118호(1946. 8. 24.)에 따라 제한될 수 있지만, 잠재적으로 무한한 입법권을 행사할 수 있다. 이 조항에 따라 남조선 과도입법의원이 설립되었기 때문이다.

군정법령 118호는 남조선 과도입법의원에게 "정치적 · 경제적 · 사회적 개혁의 기로가 되는 문제에 관하여 군정장관에게 그 초안을 작성하여 제출할 수 있다."(제2조) 입법 기구로서의 남조선 과도입법의원의 성격은 군정법령 11호 제6조*에 다음과 같이 명시되어 있다.

* 본문에는 "12조"로 잘못 표기되어 있다. 내용도 조금 다르다.(옮긴이 주)

남조선과도정부입법의원의 모든 의무와 권한은 한국에 민주적 임시 정부가 수립될 때까지 군정청의 권리 안에서 행사할 수 있다.

남조선과도정부입법의원에서 통과한 법령은 군정장관이 추인하여 서명하고 『관보』(*Official Gazette*)에 발표된 뒤에야 효력을 발생한다.(5조) 입법의원에서 통과하고 합법적으로 시행될 때 이를 "공법"(Public Acts)이라고 부른다.

일반 복지나 이해 관계 그리고 군정장관이 언급한 사항에 관하여 입법의원이 통과한 법안들은 모든 입법 분야에서 군정장관이 법령으로 통과시킨 것에 대해 아무런 효력을 갖지 못한다.(1949년 1월 19일자 군정 장관의 지침)

군정장관이 입법권을 행사할 때는 모든 분야에 걸쳐 한국 관리의 조언을 들어야 한다. 1947년 3월 이래 군정장관이 발표한 각종 군정법령은 군정장관의 재가를 받아 한국의 최고 관리인 민정장관의 권고에 따른 것이다.

오늘날 한국에서 입법의원이 대표하고 있는 활동을 보여주는 것으로는, 입법 명령의 일차적인 근거가 "입법의원이 미결로 남겨둔 주제이거나 입법을 거쳐 실행되고 있는 문제"라는 점이다. 공법은 입법의원이 설립되기에 앞서 군정장관이 발표한 군정법령을 근본적으로 바꾼 것도 들어 있다.

지금 한국에서 시행되고 있는 법은 다음과 같은 것들을 포함하고 있다.

(1) 미국태평양총사령관이 발표한 포고령

(2) 일본 통치의 영향을 받지 않고 아직 남아 있는 범위 안에서 통용되는 관습법

(3) 1945년 10월 9일자로 군정청이 폐기한 일본 법(1945년 11월 2일자 군정법령 21호 및 1945년 10월 9일자로 1945년 8월 9일자로 실시된 일본 법)

(4) 군정청에서 발표한 군정법령

(5) 입법의원을 통과한 공법

8. 행정 업무

군정장관이 "행정부"의 최고 수장이다. 행정부는 민정장관실을 포함하여 13개 부(部, Department)와 6개 국(局, Office)으로 나뉘어 있다. 민정장관(Civil Administrator)은 남조선과도정부(SKIG)의 수장으로 흔히 알려져 있다. 그는 한국인으로서는 최고위직이며, 민정장관실의 국장 회의를 주재한다. 민정장관실은 한국의 행정을 관장하는 부서로서 주요 업무를 조정하고 감독한다.

민정장관실의 기능은 다음과 같다.

(1) 연락 업무를 포함하여, 법의 시행과 서명과 발표를 위해 군정장관에게 기획이나 의안을 상신하기에 앞서, 참모들의 업무가 완벽한지를 검토한다.

(2) 군정청의 모든 요소와 기구에서 작성된 기획과 정책과 활동을 조정하고, 그 각자를 군정장관에게 보고한다.

(3) 군정청의 모든 요소와 기구의 일반적인 활동을 위해 군정장관이 승인한 정책들을 요식화하고, 발표하고, 집행한다.

(4) 군정장관이 숙려할 수 있도록 기획 의안을 준비하는 세부 작업을 각 부서에 할당한다.

(5) 공표된 모든 지시와 규제가 군정장관의 정책과 기획에 부합하는지를 확인한다.

(6) 군정장관의 기획과 정책이 적절하고도 효과적으로 집행되고 있는지를 확인한다.

업무의 측면에서 군정장관과 군정부(副)장관(Deputy Military Governor)은 남한 행정부에 소속된 미국인이어야 한다. 각 부와 국에는 여러 직업의 고문관이 배속되어 있고, 그 여러 미국인 고문들은 미군 참모의 도움을 받는다. 점령 초기와는 달리, 각 부처에 배속된 인사나 장교들은 한국 관리들의 활동을 지시하거나 확인하지 않는다.

미국의 고문관들에게는 한국의 기관장을 지휘할 권한이 없었다. 만약 기관장과 고문관 사이에 의견의 일치가 이뤄지지 않으면 군정장관이 그 사건을 최종적으로 결정했다. 고문관에게 배속된 참모들은 일차적으로 감사팀으로서 한국 행정의 효율성을 높이는 방안을 권고했다. 고문관들이 이러한 권고를 한국인 기관장에게 제출하면 개혁은 물론 과오의 시정은 한국의 조직을 통해서 시행되었다.(Memorandom of 25 March 1947, "Statement of Policy," (3) 참조)

군정장관과 민정장관이 각종 부서의 기관장의 행정을 지시하고 감독하고 조정한다는 국내법의 규정 안에서 기관장들이 독자적으로 기능을 행사했다. 미군고문관과 한국인 기관장 사이의 권한 관계는 1946년 9월 13일자 군정장관 러취 장군의 연설에 잘 나타나 있다. 결국 이 연설은 비망록의 형태로 출판되었는데, 그에 담긴 일관된 요지는 다음과 같다.

> 한국인 기관장이 그 부서의 업무를 총괄하고 고문관은 고문의 역할만 할 때가 왔다. …. 물론 … 주한미군사령관이 미국 대통령을 대신하여 군정의 최고 통치 행위를 한다. 그러나 앞으로 한국의 군정은 한국인 자신들이 행사할 것이다. …. 바라건대, 실현이 가능하다면 미국인들은 통치권의 적극적인 행사에서 물러나고 각 부서의 편의에 따라 모여 고문관으로서 봉사할 뿐 행동하지 않기를 바란다.

몇 주 안에 정부의 모든 정규 부서와 하위 집행부에서 실행되었으며, 그 이래로 군정청의 한국인 인사와 미국의 고문관들이 이를 준수했다.

통치 구조의 모든 부서에서 한국화 과정은 관리의 임명과 해임을 포함하고 있다. 민정장관은 군정장관이 임명하여 과도입법의원의 인준을 받는다. 각 부장이나 관료, 도지사, 서울시장과 같은 행정부의 고위직은 민정장관의 추천을 받아 군정장관이 임명한다.

기관장 대부분은 과도입법의원의 인준을 받았다. 각 부장과 관료, 그리고 (서울시장을 포함하여) 도지사는 인사 규정에 따라 자기 부서의 하위직 관리를 임명하고 해임할 권한을 가지고 있다. (1947년 3월 15일자 군정법령 135호 및 1947년 12월 30일자 군정법령 159호 참조)

1947년 3월 25일자 비망록, 「정책 성명」에서 군정장관은 최근에 실시된 군정법령 135호를 언급하면서 분명히 지적하기를 "내가 바라건대, 미국인들은 한국 관료의 권한 행상에 간섭하지 않는다."라고 했다.

모든 경제 정책에 관해서 군정장관은 1946년 5월 28일자 군정법령 90호에 따라 중앙경제위원회(National Economic Board)의 자문을 받았다. 지금의 중앙경제위원회는 미국인이 회의를 주재하며, 상무부 · 재무부 · 농무부 · 운수부 부장 및 한국과 미국의 관리로 구성되어 있다.[자세한 것은 1947년 1월 18일자 존스(J. Weldon Jones) 씨의 비망록 「중앙경제위원회의 재구성」(중앙경제위원회 문서 040 참조)]

중앙경제위원회는 재정 · 경제 분야에 관한 자료를 모아 분석하고, 원자재의 분배, 생활필수품의 분배와 사용, 수입과 수출, 물가 안정, 소비재 반응 그리고 경제 통제와 관련된 비슷한 문제에 관한 경제적 대책을 군정장관에게 권고한다. 중앙경제위원회는 또한 연간 예산안을 준비한다.

9. 사법부

군정청 사법부는 지방법원, 지방법원 지원, 두 개의 재심원 그리고 대심원으로 구성되어 있다. 한국의 법원은 독립적이며, 한국 국민만으로 배타적으로 구성되어 있다. 판사와 검사는 과도입법의원의 추천을 받아 군정장관이 임명한다.(1946년 9월 30일 군정법령 151호 및 1946년 8월 24일 군정법령 118호)

한국이 미국에 점령된 사실로 말미암아 한국 재판에서의 민사 문제가 영향을 받지 않지만, 주한미군사령부의 군인이나 점령군에 소속된 미국인은 국제법에 따라서 한국의 재판권으로부터 예외가 된다. 형사 사건의 경우에도 마찬가지이다.

주한미군사령부의 구성원이나 미군에 소속된 민간인이 그 재산에 관한 범죄를 저지르는 경우에 군정 재판을 받는다. 미군의 명예나 안전에 관한 한국인의 형사 사건도 마찬가지이다. 군정 당국은 개별적인 경우를 고려하여 한국인이 군정 재판을 받을 것인지 아니면 한국 법정에서 재판을 받을 것인지를 결정한다.(1946년 3월 15일자 검사에 관한 지시 공문 제4호) 미군정은 살인죄를 포함하여 가능한 한 많은 사건을 한국의 법정에 이관한다는 것이 미군정의 정책이다.

군정장관이 판단하기에 어떤 특별한 사정에 따라 한국의 법정이 이를 적절하게 판결할 수 없다고 여길 경우에 그는 그 사건을 미군 법정에서 심문하도록 결정할 수도 있다. 군사위원회와 군사법정을 포함하여 미군의 군법 회의는 군사 점령의 범위 안에서 주한미군사령부의 요원이 맡는다. 군사 법정의 구성과 관할권은 점령군에 관한 국제법의 전통에 따른다.

10. 귀속 재산의 처리

미리 예측해 보면, 주한미군은 남한에서 행정을 수행하면서 다음과 같은 구성원을 둘 수 있다.

1) 주한 미군정청의 군정장관과 부군정장관
2) 남조선 과도입법의원은 다음과 같은 조직을 둔다.
   (1) 남조선과도입법의회
   (2) 법원
   (3) 민정장관과 그 참모
   (4) 부(部)와 그 부속 기관
   (5) 도(道)와 시의 행정 부서
3) 미국의 고문관 : 수석 고문관, 각 부와 그 하급 부서의 고문관, 민정 관리와 그에 딸린 미국인
4) 중앙경제위원회

적산의 수탁자로서 활동하면서 미군정은 군정청과 과도입법의원의 요원을 이용할 수 없다. 적산의 관리는 미군을 책임자로 하는 신한공사(新韓公社, Office of Property Custody)*에서 맡는다.

과도입법의원과 미군정청의 긴밀한 협조를 보장하고자 군정청은 1947년 3월 3일에 귀속재산자문회(Advisory Board of Vested Property)를 설립하여 미국인과 한국인으로 구성하였다. 민정장관, 미고문

---

* 신한공사는 1945년 12월에 설립되었다가, 2차로 1946년 3월에 다시 설립되었다. 여기에 혼란이 있을 수 있다.(옮긴이 주)

단장, 상무부장, 재무부장, 법무부장, 이들에 소속된 미고문단, 과도입법의원 대표 그리고 귀속재산자문회의 임원이 이 위원회의 당연직 위원으로 활동했다.

귀속 재산의 처리와 관련된 법적 문제를 다루고자 1946년 8월 31일자 군정법령 103호 및 그 수정안인 군정법령 125호로 재산소청위원회(財産訴請委員會)가 설립되었다. 귀속재산자문회는 귀속재산의 운영과 관련된 각종 기관과 기구를 지휘 감독했다.

귀속 재산의 관리와 관련하여 가장 중요한 부서는 중앙토지위원회(National Land Administration)이었다. 이 기구는 주한 미군정청의 농지 개혁 업무를 수행하고 있었다.(1948년 3월 22일자 군정법령 173호 참조). 중앙토지위원회의 수장과 관료는 한국인 관료로서, 귀속재산자문회의 지시를 받았다.

제9장

미국의 대한 정책(1948)

- 4성조정위원회 작성

Top Secret

United States Policy in Korea

Report by

Far Eastern Subcommittee of SANACC

(State-Army-Navy-Air Force Coordinating Committee),

SANACC 176/35, 14 January 1948,

Record Group 165, ABC 014 Japan,

WNRC, Suitland

제9장

미국의 대한 정책(1948)

참조 : (1) Para. 5, f, SWNCC 176/30
(2) SANACC 176/33

작성자들의 노트

(1) 이 부속 문서는 위 부서가 참조하도록 4성조정위원회의 극동소위원회가 작성한 것으로서 4성조정위원회에서 "우선적인" 문건으로 회람한다.

(2) 이 문서는 군사적인 입장에서 "우선적인" 문서로 검토하도록 합동참모본부(JCS)에 제출되었다.

작성자 : 4성조정위원회 서기
모슬리(H. W. Moseley)
슐겐(W. A. Schulgen)
로렌스(V. L. Lowrance)
휠드(V. F. Field)

1. 문제점

이 문서는 제2절의 (1)에 명시된 지시에 따라 UN의 결정에 대하여 미국이 취할 조처와 그에 대응하여 소련이 취할 법한 태도에 유념하면서 한국에 관한 정치적 · 군사적 · 경제적 본질에 관한 권고안으로 작성된 것이다.

2. 문제의 실상

[1] 한국에서의 소련의 우위에 영향을 줄 수도 있는 상황에서 미군이 한국에서 철수할 경우, 그 파급 효과에 관하여 언급한 3성조정위원회 의결(SWNCC 176/30)의 결론 제4항은 다음과 같이 언급하고 있다.

> 그러나, 한국에서 소련에 대한 우위를 포기하지 말고 가능한 한 빨리 인력과 자금을 끊거나 감축하도록 모든 노력을 기울여야 한다.

1947년 9월 29일에 우리는 국무성 회의실에서 만나 다음과 같은 사실에 합의한 바 있다.

> (1) 미국은 한국에서 아무리 많은 돈과 노력을 기울여도 한국에서의 미국의 지위를 끝내 지킬 수 없다.
> (2) 그렇다고 해서 미국이 극동과 전 세계에서 위신과 정치적 입지를 크게 잃지 않으면서 "종종걸음을 치며 달아날"(scuttle and run) 수 있는 길도 없다.
> (3) 나쁜 결과를 최소화하면서 미국이 한국으로부터 철수하면서도 한국 문제를 안정시킬 수 있는 적절한 수단을 마련할 수 있도록 정부는 노력해야 한다.

[2] 미국 정부는 1947년 9월 17일자 3성조정위원회 의결 176/3호의 권고에 따라 한국 통일 문제를 UN 총회 제2회의에 부의했다. UN 총회는 원래 미국이 제출한 의안을 찬성 43표, 반대 0, 기권 6표로 통과시켰는데 그 내용은 다음과 같다.

(1) 1948년 3월 31일에 한국민의 의회를 선출하되, 한국인의 자유와 독립을 신속하게 구축하는 문제와 관련하여 UN한국위원회(UNTCOK)가 자문한다.

(2) 선거 제도에 따라서 국회를 구성한다.

(3) 국민이 의회를 구성하고, 헌법에 따라서 군대를 조직하며, 그 밖의 군사 조직이나 준(準) 군사 조직을 해산한다.

(4) 새로이 구성된 전국적인 정부가 남북한 정부로부터 통치권을 인수한다.

(5) 가능하다면, 90일 안에 한국에서 모든 외국군이 철수한다.

(6) 한국위원회는 한국에서의 관찰과 자문에 따라 한국의 독립을 이룰 수 있는 미래의 계획을 신속히 처리한다.

(7) 한국의 발전을 제시하는 결의안의 채택과 관련하여 한국위원회는 UN 총회나 UN임시위원회에 보고서를 제출한다.

[3] 미국이 한국의 독립 문제를 UN에 상정하자 1947년 9월 25일에 미소공동위원회 소련대표단은 1948년 초에 상호 철군한다는 조건 아래 점령군의 지원이나 도움이 없이 한국인 스스로가 그들의 정부를 조직하도록 하자고 제의했다.

소련은 UN 총회에서 한국 문제를 논쟁하면서, 1947년 9월 25일의 미소공동위원회에서 소련의 제안에 협조적인 결의안의 채택을 분명히 선호했다. 소련은 또한 한국위원회에 협조할 수 없다는 뜻을 분명히 드러냈다. 이것은 한국위원회가 북한에 들어가는 것을 소련이 허락하지 않으리라는 뜻을 담고 있었다.

소련이 UN의 결의와 관계없이 일방적으로 철군할 것이 분명해지자 미군정 사령관은 1947년 10월 10일에 다음과 같이 발표했다.

> 북한에 주둔한 소련군의 숫자는 2개 사단으로 감축한 것으로 보이는데, 이는 보수적 전략으로 생각할 때 30일 이내에 철군하기에 가장 적절한 숫자이며, 이러한 상황은 또한 소련이 북한에서 철군하고 북한군을 장차 재배치하려는 것으로 보인다.

더 나아가 1947년 11월 1일에 더 명료한 증조가 나타났다.

> 소련은 계속하여 잉여 물자와 다급하지 않은 장비를 옮기고 있는데, 이는 미국이 일방적으로 철군하거나 아니면 상호 철군을 받아들일 경우에 자기들도 신속히 철군할 것을 보증하려는 뜻이었다.

[4] 남한에서는 극좌와 극우가 갈라서는 정치적 성향을 보이고 있는데, 이는 그와 같은 극단적인 성향으로부터 한국의 정부를 자유롭게 수립하려는 노력을 분위기로 몰아가고 있다. 그와 같은 극단적인 요소가 대개의 경우에는 그들의 목표를 폭력과 테러리즘으로 몰고 간다는 점에서 정치의 불안을 초래하고 있고 결과적으로 미군사령부를 어렵게 만들고 있다.

한국의 대부분 지역에서 그와 같은 극좌 세력이 지하로 숨었다고는 하지만, 일부 직접 행동하는 극우 단체는 들어서 내놓고 불법적인 테러리즘의 활동을 계속하고 있다. 그리고 대부분의 경우에 미군의 영향력이 미치지 못하는 원거리 지역에서 그들은 경찰권까지 이용하고 있다.

[5] 한국의 정치와 경제를 관통하고 있는 하나의 문제점은 인구

유입이 사회 문제를 유발하고 있다는 사실이다. 일본과 비공산권에서 귀국하는 대량 인구는 남한에서 빈곤의 문제를 야기함으로써 극좌파로 그들이 쏠리는 현상에 직면하고 있다.

점령 이후에 한국에 들어온 인구는 200만이 넘는다. 소련 치하에서 공산주의를 직접 체험한 무리는 오히려 극우파에 쏠리고 있다. 위의 두 무리는 극우와 극좌로 갈렸기 때문에 미군정의 과업을 더욱 어렵게 만들고 있다.

한국의 복구에 중요한 위치를 차지하고 있는 무리는 전통적인 시각을 가진 인물들이다. 이들은 아직도 유교 사상에 집착하고 있으며, 실제의 생활에서도 양반의 행세를 과장하는 모습을 보여 주고 있다. 이러한 무리는 직업, 기술, 행정 훈련에서 마음으로부터 우러나는 협력을 얻기 어렵기 때문에 일본인이 물러간 뒤에 상업, 산업, 공공 행정의 분야를 채울 일이 난감하다.

[6] 1945년 12월에 나온 3성조정위원회[*sic*] 결정서 232/1의 문건에 따르면, 한국의 경찰권이 비록 미국의 장비를 받아 조직되었다고는 하지만, 이 싯점에서 군대를 창설하는 데에는 어려움이 있다.

[7] 현재 한국에 주둔하고 있는 미군의 숫자는 3만6천 명이다. 거기에 남한에는 미군이 훈련하고 장비를 제공한 국방경비대 1만7천 명, 해안경비대 3천 명이 넘고, 민병대가 2만5천 명을 살짝 넘는다.

[8] 북한에는 소련군이 대략 4만5천 명이며, 거기에 소련군이 훈련하고 장비를 제공한 "조선인민군"이 적어도 12만5천 명이다. 믿을 만한 소식통에 따르면, 토착 조선인민군과 인접한 만주의 중국인 사이에 긴밀한 연락이 있다고 한다.

[9] 보도된 바에 따르면, 지금 미국의 병력은 통상적인 문제점이나 무질서를 적절히 다룰 수 있다고 한다. 만약 지금의 한국에 먼

저 병력을 증가하지 않고 미국이 철수한다면 빠른 시일 안에 공산화가 이뤄질 것이다.

이런 맥락에서, 보도에 따르면, 남한의 청년들에게 군사 훈련과 장비를 빠른 시일 안에 제공할 수 있다고 하지 장군(Gen. Hodge)은 믿고 있다고 한다. (SANACC에 보낸 공문, 곧 이 글의 다음 절을 참고할 것)

더 나아가서, 하지의 말에 따르면, 주한 미군이 활동할 경우에 그들의 장비로 30일 안에 한국 청년 10만 명을 무장할 수 있다고 한다. (SANACC에 보낸 공문, 곧 이 글의 다음 절을 참고할 것)

그러나 맥아더 장군(Gen. MacArthur)이 그러한 세부 제안을 읽고 문서를 전달하면서 말한 바에 따르면, 하지의 구상은 1년 안에 이루기도 어려우며, 현재의 병력 부족을 감안할 때 무엇보다도 국방경비대의 증원보다 더 좋은 방안이 없다고 한다.

잉여 무기 이상의 장비와 그의 지속적인 정비 기술을 이양하려면 의회의 승인이 필요하다. 더구나 그러한 장비들은 미국 점령 지역 구제 기금(Government and Relief in Occupied Areas : GARIOA Fund)으로 구입할 수 없다.

[10] 군사 전략의 견지에서 볼 때, 미국은 지금의 병력과 기지를 한국에 유지할 가치가 없다는 것이 합참(JCS 1483/44)의 결론이다.

[11] 한국은 기본적으로 농업국가여서 해외 원조가 없이는 경제를 지탱할 수 있는 전반적인 경제적 자원을 가지고 있지 않다. 일제 시대에 쌀은 대부분 수출되었기 때문에 한국인들은 만주에서 들여오는 곡물로 살 수밖에 없었다. 전쟁 기간에 여러 해 동안 땅을 가꾸지 않아 곡물과 비료를 수입할 필요가 있다.

남한의 전력과 목재와 석탄이 그렇듯이, 비료도 정기적으로 북한으로부터 공급되었다. 현재로서 한국이 소련 지역으로부터 공급받을 수 있는 유일한 품목은 전력이다. 전력은 대상(代償) 무역으로 충당되고 있지만 언제든지 소련이 단전할 수 있다. 38°선에서의 남북 분단은 무역 장벽이 되어 현재 한국의 경제는 최악의 상태이다.

지금 남한의 연간 무역 적자는 1억 달러이며, 통일되지 않는 한 무역 수지가 호전될 전망은 어둡다. 미국에서 수입하는 물자는 일차적으로 치안과 점령을 마비시키는 광범한 질병과 사회불안정을 무마하는 것이다. 한국의 산업을 재건하는 데 필요한 수입 물자는 필요량의 20%를 넘는 정도이다.

수입과 대체 부품을 늘리지 않고서는 앞으로도 이 수준을 넘기 어렵다. 이제까지 이뤄진 복구의 대부분이 농업 분야였다. 이와 같은 현실과 공격적인 미곡 수집 정책과 곡가 조절과 배급 제도에도 불구하고, [5]에서 언급한 바와 같이, 한국의 양곡 생산은 엄청난 인구 증가를 감당하지 못하고 있다.

[12] 미군정은 귀속 재산[敵産] 상업 시설과 도시 주택 문제를 해결하고자 점진적인 계획을 진행하고 있다. 귀속 재산 농지의 매각을 위한 권한이 과도입법의원에게 부여되었으며, 신한공사(新韓公社)를 통하여 현재 군정이 영농하고 있는 귀속 재산 농지를 처분하는 문제에 관한 법안을 과도입법의원이 논의하고 있다. 이 농지는 논이 50만 에이커이며, 밭이 15만 에이커인데, 남한의 경지면적은 국토의 15%이다. 그럼에도 정치적 파급 효과로 말미암아 대지주에 얽혀 있는 소작농에 관한 조치를 취하지 못하고 있다.

[13] 남한에서는 1947년 6월 15일 이래 제한된 개인 거래가 허용되었지만, 기대하던 제품의 적정한 보급이 이뤄지지 않기 때문에 거래량은 적다. 개인 무역을 원활하게 하고자 한국외환은행(Korean Foreign Exchange Bank)이 설립되었다.

[14] 남한의 기술자를 훈련하는 계획이 시작되었지만, 그 속도는 미미하다. 남한의 예산에 이를 위한 자금이 배정되었으나, 아직 집행되지 않고 있다.

[15] 육군성은 한국의 1948년 회계 연도에 1억1,800만 달러를 국회의 승인을 받아 주한미군정에 배당했다. 1949년 회계 연도에는 1억2,800만 달러가량을 요구할 것이며, 이에 더하여 1948년 4월 1일부터 집행할 복구 비용이 추가될 것이다. 따라서 1949년 6월 30일에 종료되는 남한의 최대 원조액은 3억2,100만 달러가 될 것이다.

[16] 지금 남한에서 일하는 미국의 민간인과 군인의 총계는 대략 3,200명이다. 이제까지 남한에서 일할 정치·경제 분야의 훈련된 관료와 기술자의 숫자는 충분하지 않았다.

3. 논의

[1] 한국에서 1948년 3월 1일에 의회와 정부를 구성하고, 가능한 한 90일 안에 점령군을 철수한다는 UN 결의안이 통과되었으므로, 미국은 한국에서 조기에 선거를 치를 준비를 해야 한다. UN 총회에서 각국 대표들이 한국 문제를 논의하면서 한국에서 정부를 수립하고 12개월 안에 한국에서 외국 군대가 철수할 수 있기를 기대한다는 것이 분명했다. 만약 UN 결의안의 정신을 이행하려는 노력을 기울이지 않는다면, 미국 정부는 1948년 UN 총회의 1948년 회의를 심각하게 비판하지 않을 수 없다.

[2] 비록 소련 측이 UN 결의안에 따라서 설립된 한국위원회의 구성을 거부할 의사가 있음을 언명했다 하더라도, 그 밖의 각국 대표단은 UN 결의안에 대한 호의적 찬성 결정을 바꿀 뜻이 없었다.

그러므로 비록 소련이 북한에 한국위원회의 입국을 거절한다고 할지라도 미국은 남한에 한국위원회의 입국을 환영한다.

[3] 소련이 한국위원회의 활동을 거부할 의사를 철회한다고 할지라도 UN 위원회의 감시에도 불구하고 자기들에게 우호적인 투표 결과가 확실하게 보여 주는 충분한 안전 장치를 확보한 뒤에야 북한에서의 선거 실시를 동의하리라는 가능성을 배제할 수 없다.

그러한 정책의 목적은 북한에서 친소 정권을 수립하고 그러는 과정에서 남한에 있는 다수의 좌파와 협조하여 UN 결의의 최종 목표인 앞으로 다가올 통일된 정부를 위한 선거에서 우월적인, 아니면 적어도 효과적인 영향력을 행사하려는 것이다.

만약 그러한 전략이 성공한다면, 소련의 그러한 전략은 궁극적으로 한국의 공산화를 위한 길을 열어 주는 잇점이 있으며, 아울러 한국인의 자유로운 의지에 따라 통치권을 얻었다고 그럴싸하게 구실을 댈 수 있을 것이다.

한국 국민의 진정한 자유와 표현의 자유를 효과적으로 보장하는 조건 아래에서 북한의 선거가 실시되지 않는다면, UN 한국위원회는 그러한 선거의 인정을 거부함으로써 선거가 그렇게 진행될 가능성을 제거할 것이다.

[4] 북한에서 UN 결의를 수행한다는 불가능함이 예상되고, 남한의 정치 상황을 관찰한 결과 UN 위원회에서 어떤 조처를 해야 할지를 고려한 다음, UN 결의안이 효과적으로 수행될 수 없는 데 대한 책임은 누구에게 있으며, 그렇게 됨으로써 UN 총회나 아니면 그 임시 기구에서 이를 전면적으로 실시할 수 있는 방안조차 없으리라는 문제에 대하여 고려해 보아야 한다.

이러한 결정 과정에서 앞으로 일어날 수도 있는 결정에 대하여 아무런 편견을 갖지 말고, 의원 총원의 절반을 관선으로 뽑는 현재의 과도입법의원보다는 좀더 대표성이 완벽한 임시 정부를 구성하고자 1948년 3월 31일에 남한에서 UN이 지방선거를 실시함으로써 미결된 문제의 해결을 제안한 것이라는 점을 미국이 한국위원회에 알려주어야 한다.

이와 관련하여 총선거를 뒤로 미루는 것은 남한에서 비민주적 요소를 강화할 뿐이며, 자유롭고 민주적인 한국의 점진적인 건국의 실현을 더욱 어렵게 만든다는 것이 미국의 생각이라는 점을 한국위원회에 분명히 지적해야 한다.

[5] 남한에서 선거를 실시할 시기가 언제라든가, UN이 참여한다거나 참여하지 않는 문제와 관계 없이, 그러한 선거가 중도 정당의 참여에 용기를 불어넣어 줄 뿐만 아니라 중도 정당이 참여할 수 있는 분위기를 조장하기에 앞서 [그에 대한 믿음이 가도록] 짧은 시간 안에 어떤 선행 조처를 해야 한다.

이와 관련하여 적절한 선전 기구나 교육 매체를 통하여, 이번의 민주 선거와 특히 즉각적인 선거가 한국인에게 의미 있는 이해(理解)를 가져다 줄 수 있도록 진지한 노력을 기울여야 한다.

극단적인 테러 집단의 접근을 우회시키고, 질서 있는 방법으로 절차에 따라 실시되는 선거에 참여하고 싶어 하는 음지의 정치 집단과 정치인들에게 증대된 참정권과 불편부당한 경찰권을 보장하도록 결정적인 절차를 밟아야 한다.

그러한 참정권의 보호가 없다면 선거 선전과 교육이 바라던 결과를 가져오리라고 기대할 수 없다. 선거 이전의 기반 조성이나 토지 개혁과 같은 문제는 이 보고서의 결론의 제4항과 제3절의 14항에서 적절히 다루고 있다.

[6] 소련의 일방적인 철군이 일어난다면, 한국이나 그 밖의 나라에서 벌어지는 소련의 조처는 한국에 좀더 중대하고도 즉각적인

영향을 끼치게 될 것이다. 소련의 선전 매체는 미국을 겨냥한 즉각적인 비난으로 온갖 잇점을 얻게 되리라는 것도 예상할 수 있다.

미국이 한국에서 정부를 수립하는 방안을 모색하면서 주도권을 잡은 사실과 이미 가시적으로 철군이 이뤄지고 있다는 사실은 소련이 일방적으로 철군할지도 모르는 저들에게 반사효과를 주고 있음이 눈에 띈다. 소련의 실질적인 철군은 UN 결의와 먼저 타협하지도 않고 그와 비슷한 조치를 취한 미국의 조치에 대하여 미국이나 국제 사회에서 즉각적인 압력이 들어오리라고는 믿어지지 않는다.

소련이 이와 비슷한 상황에서 철군한 사실이 있었다는 점에 비춰볼 때 소련의 철군이 곧 정책의 이완을 수반하고 있다는 점이 특별한 진실로 느껴지고 있다. 소련이 북한을 옥죄고 있는 현실이 철군을 통하여 이완되고 있다는 사실을 한국인들이 간파할 때까지는 남한의 국민이나 특히 점증하는 공산주의의 도그마에 고무된 무리가 미국의 동시 철군을 내세우며 소란을 피울 것이다.

[7] 북한에 "조선인민군"이 존재하고 있으므로 소련군의 일방적인 철군과 함께 즉각적인 남침을 할 수도 있다는 점을 무시할 수 없다거나, 그럴 가능성이 존재한다고 말하는 사람들이 있는데, 그렇게 믿어지지는 않는다. 그럴 경우에 아마도 미국은 소련의 철군으로 빚어진 상황에 대하여 UN 위원회에 주의를 환기함으로써 그 가능성을 최소화할 것이다.

소련의 활동에 비춰보면, 미국 정부는 한국에 관한 UN 결의에 따라 문제를 처리하거나 아니면 남한의 과도 정부가 한국의 통일을 위해 북한 정부와 협상하리라는 점을 미국의 성명은 분명히 해야 한다.

[8] 극동에서의 미국의 위치는 심각하며, 미국이 한국에서 철수

한 직접적인 결과로 소련에 함락되지 않으리라는 가능한 안전판을 마련하지 않고 점령군을 철수할 경우에, 미국은 전혀 다른 문제로 역효과를 겪을 수 있다고 우리는 믿는다.

이와 같은 안전판은 북한이 소련의 고무를 받아 남침할 야심을 꺾고 소련으로부터 고무된 공산주의자들의 야심을 좌절시키고자 모든 방법을 동원하여 한국의 경제와 군사력을 키우도록 구상해야 한다.

한국의 전역에 소련의 지배가 거침없이 팽창한다면, 중국과 일본에도 정치적·군사적으로 소련의 위치가 크게 강화될 것이다. 그렇게 되면 극동에 대한 미국의 향후 정책이 불확실해지고, 소련의 영향력이 거침없이 팽창하는 데 대한 불안감이 증대하게 될 것이다. 더욱이 시베리아에서 교육을 받은 일본인 공산주의자들이 귀국하게 되면 미국은 일본에 인력을 증강해야 할지도 모른다.

[9] 지금 당면하고 있는 인력 부족에 비춰볼 때 주한 미군은 일본으로 이송되어 일반예비군으로 복무할 수도 있다. 그러므로 앞서 말한 안전판을 포함하여 철군에 앞서 정치적 안정이 이뤄진다면 가능한 한 빨리 한국에서 미군을 철군하는 것이 매우 바람직하다.

4성조정위원회 결정서 176/33에서 논의한 바와 같이, 미군이 무기를 제공한 통합된 한국군의 조직이 의회에서 조속히 입법·집행되는 것이 바람직하지만 이번 회기에 그런 문제가 해결되지 않고 있다.

더욱이 예정된 인력 수준으로 군사를 훈련하고자 주한 미군을 증강한다는 것은 지금의 전 세계적인 병력 부족 상황으로 비춰볼 때 다른 기지에서 최소 병력을 차출해야 함을 의미하는 것이다. 더 나아가서 한국에서의 병력 증강의 부담을 떠안는다는 것은 계속적인 경제 지원을 광범위하게 증대한다는 것을 의미한다.

그러나 지금 남한에서 국방경비대를 증원하는 데에는 미묘한 어려움이 있다. 위에서 제시한 고려 사항들에 비춰볼 때, 남한의 병력을 증가한다는 것은 미군이 철수할 경우에 소련이 명백하게 침공한다는 사실을 우리 쪽에서 대변해주는 일이 될 것이다.

[10] 증원된 한국 국방경비대의 증원된 병력을 훈련하고 장비를 제공하는 문제는 애당초에 마련된 충원을 유지한다는 도덕적 책무를 유발하는 경향이 있다. 미국의 잉여물자제공법(Surplus Property Act)은 한국에서 무장한 미군을 유지하는 데 적절하지 않으므로 미군 장비로 한국군을 유지함은 물론 잉여 물자 이외의 것으로 장비를 마련하려면 의회의 입법이 있어야 할 것이다.

그러려면 외국의 군사 원조를 위한 일반 예산의 요구에 남한을 포함하는 협조적인 조항을 마련하든가, 아니면 미군이 철수한 뒤에 남한을 군사적으로 지원하도록 특별법을 만들어야 가능할 것이다. 그러한 입법은 철군 이후의 경제 지원을 확대하느라고 시간이 걸릴 것이다. 왜냐하면 군사 원조만으로 남한의 장래가 스스로 보장되는 것은 아니기 때문이다.

[11] UN 결의안에 담긴 조건들이 우리가 예상한 방법대로 이뤄진다면 본질적으로 다음과 같은 사항들이 의제에 포함되어야 할 것이다.

(1) 1948년 3월 31일에 선거를 실시한다.
(2) 1948년 5월 15일에 의회를 연다.
(3) 1948년 8월 15일에 정부를 수립한다.
(4) 1948년 8월 15일부터 1948년 11월 15일 사이에 점령군을 철수한다.

[12] 한국인에게 정부를 이양하고 미국의 점령군이 철수한 뒤, 한국에서의 미국의 지속적인 이해 관계를 책임져야 할 부서는 미국 외교사절단이 될 것이며, 가능하다면 여기에는 강력한 경제 부서, 정보 · 문화 부서 그리고 무관부가 포함되어야 한다.

그러한 임무를 맡는 부서는 미군이 철수한 뒤에 재정적이든 아니면 그 밖의 무엇이든, 한국과 관련하여 남게 되는 미국인의 범위에 충분히 넉넉할 정도를 필요로 하게 될 것이다.

[13] 한국 정부에 통치권을 이양하에 앞서 남은 기간에 미국은 이 지역에서 정치적 · 경제적 안정을 증진하고, 남한이 소련의 영향권에 빨려 들어가는 것을 지연시키고자 시간과 자금이 허락하는 한, 한국에 강력한 경제적 기반을 수립하는 것이 미국의 이해 관계에 부합한다. 이러한 목적을 위해 지금의 경제 계획을 지속해야 한다.

경제적 지원, 경제적 · 사회적 개혁과 함께 경제적 안정과 외국 무역의 장려, 귀속 재산 처리가 이제까지 소망하던 정치적 · 군사적 수단의 짝을 이룰 것이다. 귀속 재산 농토를 한국의 소작농에게 돌려주는 문제를 둘러싼 선거를 치르기에 앞서 입법 활동에는 특히 남한에서 중도적 정치 세력을 강화하는 데 기여해야 한다.

더 나아가서 그러한 입법 활동은 소련이 펼치는 선전의 과실(果實)을 제거하고, UN 위원회(UN Commission)에 의한 점령을 비판할 구실을 제거할 것이다.

[14] 미군의 점령 기간이 지난 뒤에도 미국이 경제 원조를 연장한다고 약속할 필요는 없다 하더라도, 그런 원조가 없이 통일조차 이뤄지지 않는다면 남한의 정치적 · 경제적 안정은 더 이상 지속되지 못하리라는 점을 시인하지 않을 수 없다.

그러므로 1949 회계 연도 이후 몇 년 동안, 한국을 위해 가장 본질적인 경제 계획, 그를 증진할 수 있는 길과 수단, 그리고 그러한 지원이 점차 끊어지면 한국은 소련의 영향권에 진입할 가능성이 있다는 점을 기억하는 일이 긴요하다.

미국이 1949 회계 연도 이후에도 남한의 경제 지원을 지속할 경우에 그러한 지원을 어떻게 관리하고 통제할 것이냐의 문제가 남는데, 이를테면, 그러한 목적으로 배당된 자금이 외부의 감독이 없이도 남한 정부에게 자유롭게 배당될지의 문제가 남는다.

또다른 한편으로 보면, 미국이 직접 어떤 특별사절단을 통하든 아니면 법적으로 믿을 만한 외교사절단을 통하든, 아니면 아시아/극동경제위원회(Economic Commission for Asia and the Far East : ECAFE)의 조직을 통하든, 그런 재정의 사용이 외부 감독을 받아야 하는 문제 등이 남아 있다.

남한에 대한 미국의 가능한 원조가 어떤 정도로, 어떤 형태로 이루어져야 하는 문제를 결정하면서, 그러한 자금이 미국에 우호적이지 않은 어떤 정부나 정치 집단으로 전용되는 일을 막을 수 있는 효과적인 보장책을 마련해야 한다는 점을 마음 깊이 새기는 것이 가장 긴요한 일이다.

[15] 남한에서 기계 · 산업 · 행정 분야에 적절히 필요한 인원의 미국인 전문 기술자를 얻는다는 것이 어려웠다. 이런 문제를 실질적으로 해결할 수 있는 유일한 길은 워싱턴 당국이나 연합군사령부(SCAP)로부터 세부 지침을 받아 인물을 단기 고용하는 것이라고 우리는 느끼고 있다.

4. 결론

이 보고서의 결론은 다음과 같다.

[1] 1947년 11월 14일자 UN 총회 결의안으로 통과된 바와 같이, 그리고 그 하위 단체인 UN 한국위원회의 결정을 수행하는 것과 관련하여, 미국의 대한 정책은 다음과 같은 선택의 기로에 서게 되리라고 예상된다.

(1) 한국위원회는 위의 결정에 따라 남한과 북한에 입국하여 주어진 임무를 수행하도록 허가를 받을 수 있다. 그러한 임무를 수행하면서 미국은 위의 결정에 따라 한국에서 선거를 실시하고 정부를 수립하는 후속 사업에 한국위원회에 협조한다.

(2) UN 결의에 명시된 선거를 실시하면서 소련은 그들이 점령하고 있는 지역에 한국위원회의 입국을 거절하고 있으므로 한국위원회는 남한에서만이라도 선거를 실시하는 절차를 수행할 수 있다. 그 과정에서 선거를 실시하고, 그 결과에 따라서 UN 결의의 목적에 가장 근접한 것으로 미국과 한국위원회가 고려했던 바와 같은 정부를 구성하면서, 미국은 한국위원회에 협조한다.

(3) 북한에서 UN 결의를 수행하면서 결과적으로 소련의 반대로 UN이 구상한 전국 선거가 불가능할 경우에 한국위원회는 달리 UN 총회와 과도위원회가 재고하는 동안 한국위원회는 UN이 제시한 선거 절차의 조건을 남한에 억지로 실시하지 않는다.

그럴 경우에 미국은 UN의 재고와 그에서 나오는 편견 없는 절차에 따라 1948년 3월 31일까지 남한의 가능한 지역에서만이라도 선거를 실시하거나, 아니면 선거가 가능한 즉시 남조선과도정부보다는 좀더 전국적인 대표성을 갖는 임시 정부를 구성할 것을 한국임시위원회에 통보한다.

남한에서만 선거를 실시하고, 그에 따라 새로이 구성된 의회와 정부에 기초하여 현재 점령군과 남조선과도정부가 수행하고 있는 임시 통치권을 점차로 이양한다.

[2] 미국이 남한에서 철수한 이후에 소련이 북한에서 점령군을

일방적으로 철수하거나 아니면 잔류하는 일이 이어진다면 미국은 이 보고서에서 구상된 바에 따라 남한에서 정부를 구성한 다음 이어서 미국의 점령군을 철수한다.

그러한 과정에서 소련의 조치가 한국의 안정에 위협이 된다고 판단되면 미국은 UN의 능력 있는 기관에 영향을 미칠 수 있는 적절한 의사 표현(notification)을 제공해야 한다.

[3] 남한에서 그러한 선거가 실시될 수 있는지의 상황에 관계 없이, 그러한 선거를 준비하는 과정에서 적절한 정보와 교육 매체를 통하여 민주적 선거 절차를 이해하고 선거에 참여하는 것의 의미를 한국인에게 가르쳐 주는 진지한 노력을 기울여야 한다.

그러한 선거 참여가 가능한 한 광범하고도 대표성을 갖는 것이라고 독려하려면, 지나친 극단주의의 테러리즘 집단의 접근을 우회시키고 선거의 방법과 선거 운동의 진행에서 질서 있는 참여를 바라는 정치적 음지의 개인이나 집단에게 경찰권이 효과적이고도 불편부당하게 확장될 수 있도록 보장해야 한다.

[4] 계획된 목표와 적실하다고 여겨지는 과도적 준비 단계로서 미국 점령군은 제3절 11항에서 제시된 일정에 따라 철군할 것이다.

[5] 극동이나 전 세계 어디에서라도 미국의 명예에 치명적인 상처를 주고 결과적으로 미국의 국익을 침해하는 지역에서 소련이 직접 지배권을 지배하는 데도 미군이 남한에서 철수하는 경우, 그러한 사태의 가능성을 최소화하도록 미국은 재정과 인력과 장비가 허락하는 범위 안에서 현재 남한 국방경비대의 충원을 위해 어떤 절차를 밟아야 한다.

이러한 조치는 국가의 차원에서 남한의 안보를 지키려는 UN 결의 4/a에 반영된 바와 같이, 한국에 관한 UN 결의의 정신이나 이미 구상된 사태의 추이에 배치되는 것이 아니다.

[6] 남한 정부에 정권을 이양하기에 앞서 남은 기간에 재정과 시간이 허락하는 한, 남한의 정치적 · 경제적 역량을 키우고자 남한 정권의 수립하고 그렇게 함으로써 남한이 소련의 영향권으로 빨려들어 가는 것을 막는 것은 미국의 국익에 부합하는 일이다.

이와 같은 목적을 위해 시간이 허락하는 한, 최소한의 식량, 비료, 석유 및 생활필수품을 공급하고, 교통, 통신 기구를 도와주고, 광산, 어업, 전력, 섬유 공업을 키워줘야 한다.

지금으로서는 장기적인 자본을 제공해서는 안 된다. 1948년 3월 31일 이후에 미국이 경제 원조를 확대하리라고 약속을 해서도 안 된다. 지금과 같이 입법과 세출입에서 무능한 입법부의 부실 현상으로 말미암아 경제 원조 계획은 앞으로의 계획에 따라서 가능한 한 빠른 시일 안에 미국 의회에 의안으로 회부해야 한다.

[7] 적절한 방법으로 남한의 경제를 안정시킬 수 있는 노력을 계속해야 한다. 미국이 한국을 책임지고 있는 동안에 물가 통제, 곡물 수집, 배급, 수출입 허가, 외환 관리 등을 계속 살펴야 한다. 현실적으로 가능한 시간 안에 화폐 개혁을 위한 계획을 원활히 하고, 그에 수반되는 보조적인 안정 대책에 대하여 숙고해야 한다.

[8] 한국인의 통제를 받지 않고, 대외 무역을 다루는 기관을 설립해야 한다. 가능한 한 빠른 시일 안에 통상(通商) 환율 제도를 수립하도록 숙고해야 한다.

[9] 소규모의 일본인 상업이나 도시의 주거를 처리하는 지금의 계획은 새 정부의 수립과 함께 처리될 수 있도록 민감하게 지속적으로 다루어야 한다. 대규모의 귀속 재산이 새 정부에 넘겨지는 적절한 시간이 언제인지에 대한 공식적인 발표를 해야 한다.

[10] 일본인의 토지를 처리하는 방법으로서의 토지 개혁은 지속적으로 추진해야 하며, 가능하다면, 그러한 계획은 선거를 치르기

에 앞서 발표해야 한다.

[11] 앞 절에서 구상한 바와 같은 예비 선거 제도에 대한 부차적 방법인 동시에 공산주의자들의 감언이설에 대한 한국인의 저항을 강화하는 방법으로서 정권을 최종적으로 이양하기에 앞서, 가능하다면 남은 기간에 훈련된 요원을 부가적으로 배치하고 더 속도가 빠른 자료를 더 많이 들여옴으로써 현재의 홍보 기능을 개선하고 증강하는 노력을 집중해야 한다.

[12] 미군이 철수함과 함께, 입법, 행정, 지원 통제(control of assistance)를 포함한 미국의 경제적 · 군사적 지원을 가능케 하는 계획을 수립해야 한다. 그러한 미국의 원조가 미국에 우호적이지 않은 정부나 집단을 위해 전용되지 않도록 효과적인 보장책을 마련해야 한다.

[13] 시간과 자금이 허락하는 한, 한국을 부흥시키는 데 필요한 한국인 전문 기술자의 양성을 위한 계획을 수립해야 한다.

[14] 실현 가능한 시간 안에 한국에 있는 미국 외교관 업무를 수행할 수 있는 인물을 충원해야 한다. 그들은 미국의 점령군이 철수한 뒤에 한국에서의 미국의 이해 관계를 수행하는 데 효과적으로 가교 역할을 수행할 수 있는 인물이어야 한다.

그들의 임무는 강력한 경제 부서와 정보 · 문화 부서는 물론 사정이 허락한다면 군사 부서의 일을 수행해야 한다. 한국에서 그를 위한 자산을 확보하고, 그 사절단과 인력이 쓸 수 있는 적절한 공간을 마련하는 문제를 당장 고려해야 한다.

[15] 지금 한국에서 주권과 민주주의를 갖춘, 통일되고 독립된 국가를 수립하는 것이 정치적 현실로 볼 때 어려운 상황이라 할지라도, 그러한 과업을 이루는 것이 한국에서 미국이 지속적으로 추구해야 할 목표이다.

5. 권고

[1] 군사적 입장에서 볼 때, 합참이 위에서 제시된 계획에 반대하지 않는다면, 4성조정위원회는 이 보고서를 승인한다.

[2] 4성조정위원회가 이 보고서를 채택하면 이 결론을 국무성·육군성·해군성·공군성에 이첩하고, 합참은 정보와 지침과 의의 적절한 수행을 위해 극동군사령관과 주한미군사령관에 이첩한다.

[3] 이 문서를 조기에 공개하는 것은 여기에서 제시된 계획을 성공적으로 수행하는 데 매우 심각한 장애가 될 것이므로, 4성조정위원회의 결정에 따라 그 수행 과정에서 이 문서의 비밀 해제를 유보해야 한다.

제10장

아시아의 위기 :
미국 대외 정책의 시험

- 애치슨의 National Press Club 연설문

아시아의 위기 : 미국 대외 정책의 시험

애치슨의 National Press Club 연설문

Crisis in Asia : An Examination of U.S. Policy

By Dean Acheson,
Secretary of State
Speech Before the National Press Club,
January 12, 1950

제10장

아시아의 위기 : 미국 대외 정책의 시험

1. 정책의 기조

나는 오늘 여러분과 함께 미국 국민과 아시아 국민 사이의 관계에 관하여 토론하고자 하며, "미국 국민과 아시아 국민의 관계"(relations of the peoples of the United States and the peoples of Asia)라는 용어를 조심스럽게 쓰고자 합니다. 나는 지금 여러 민족이나 그들의 그 정치를 이야기하려는 것이 아닙니다.

내가 생각하기에, 내가 여러분과 이야기를 나누고자 하는 것은 나의 느낌입니다. 이를테면 국가의 관계는 1억 5천만 명의 미국인과 몇백만 명인지 인구도 알 수 없는 아시아 국민의 태도, 기본적인 이해 관계, 그리고 기본적인 목표에 달려 있습니다. 이러한 요소들이 미국 정부의 정책과 우리 우방과의 관계를 결정하고 또 그런 관계를 생성하고 있습니다.

자, 이제 모두에 다른 이상과 더 이상 갈등을 일으키지 않는 어떤 사상을 다루어 봅시다. 그것은 다름이 아니라 미국의 정책은 국무성과 백악관과 의회의 추상적인 원칙에 따라 결정되고 있습니다. 만약 이런 정책들이 잘 되어 간다면, 그러한 정책들은 우리 국민 양쪽의 기본적인 태도로부터 나온 것임이 틀림없습니다.

만약 그러한 정책들이 효과적이라면, 그들은 국민 생활의 모든 기관을 거쳐 다듬어진 것임이 틀림없습니다. 그런 정책이 신문과 방송과 교회와 노동조합과 산업체와 우리 국민 생활의 모든 집단을 통하여 이루어진 것으로서, 우리 국민의 태도와 우리가 따르자고 제안했던 정책을 잘 다듬은 것임이 틀림없습니다.

내가 보건대, 이해(理解)는 지혜의 출발점이므로, 우리가 장차 무엇을 할 것이고, 우리 사회에서 그토록 이단으로 취급받던 것을 발표하기에 앞서 그 본질을 이해하려고 노력하는 데에서부터 출발해야 할 것입니다. 그러나 나는 지금 그 길을 가면서 멈칫거리고 있습니다.

자, 이제 아시아와 미국 양쪽의 태도를 결정짓고 있는 몇 가지 기본적인 요인들을 생각해 봅시다. 내가 자주 질문하는 것이 있습니다. 국무성은 아시아 정책을 가진 적이 있었던가? 내가 보기에 그런 질문은 무지의 깊이를 잘 보여주고 있습니다. 이런 무지는 참으로 다루기 시작하기가 어렵습니다.

아시아 민족들은 믿을 수 없을 만큼 다양하고, 따라서 그들의 문제는 믿을 수 없을 만큼 다양하여 아무리 뛰어난 사기꾼이라 할지라도 모든 민족을 다루는 단일한 정책을 가지고 있다고 어찌 믿을 수 있겠습니까?

그와는 달리, 아시아인들 사이에는 이념과 문제점에서 대단히 중요한 동질성을 가지고 있습니다. 따라서 우리는 그들의 다양성과 마음에서 우러나는 공통된 태도를 이해하고 나면, 그들에게 접근하는 데에는 어떤 동질성이 있지만 그들의 처신에는 엄청난 이

질성이 있다는 사실을 깨닫게 됩니다.

잠시 이런 문제의 사례를 들어 보고자 합니다. 만약 여러분이 아시아에서, 특히 준(準)대륙이라 할 수 있는 인도와 파키스탄의 경우를 들어 보면, 여러분은 대충 그 크기와 인구를 유럽과 비교하게 될 것입니다. 그리고 그런 준대륙의 여러 다른 국가와 지방을 유럽 국가들과 크기에서 대충 비교해 보다가 끝내는 인종, 이상, 언어 종교, 문명을 살펴본 다음에서야, 그래도 유럽은 거의 동족에 가까운 민족임을 알게 될 것입니다.

이를테면 꼭 같이 아시아 지역에 있는 일본과 인도네시아의 인종과 문제점에서 어떤 차이가 있나 살펴봅시다. 일본의 경우를 보면, 그들은 산업화된 복합성에도 불구하고 많이 진보된 국가이면서도, 좁은 섬나라에서 폭발하는 인구, 원자재를 찾아야 하는 필요성, 그리고 그들이 잡은 해산물의 판로를 찾아야 하는 문제 등을 볼 수 있습니다.

그러나 인도네시아의 경우를 보면, 애당초부터 인종은 매우 다양한 역사적 경험을 가지고 있고, 국민은 개발을 기다리고 있는 엄청난 원자재를 가지고 있고 영토도 광활합니다.

2. 독립 국가의 출현

이제 아시아가 공통으로 안고 있는 문제들을 살펴봅시다. 이 광활한 영토에는 우리가 이른바 아시아 개발 의식이라는 것이 있고, 개발 모형도 있고, 내가 생각하기에, 거의 모든 아시아인이 공통되게 경험한 다음과 같은 두 가지 요소가 있습니다.

(1) 규범적 조건처럼 되어 있는 비참한 삶과 빈곤입니다. 이 넓은 대륙에 정신과 믿음에서 그들은 기본적으로 혁명의 요소를 가지고 있습니다.

(2) 그들이 외국인 지배에 공통적으로 혐오감을 가지고 있다는 점입니다.

그것이 식민지 지배의 형태였든, 아니면 제국주의 지배의 형태였든, 이제 그들은 그러한 지배를 벗어났습니다. 그들은 그러한 지배를 겪을 만큼 겪었고, 이제는 더 이상 그런 지배를 받고 있지 않습니다.

이와 같은 두 가지 생각을 광범하고 공통되게 지니고 있는 아시아 민족들은 대부분 외국의 지배를 몰아내고 독립을 쟁취하면 당연히 빈곤과 비참에서 벗어나리라는 생각을 하고 있습니다. 그것은 사실이 아니며 그것이 사실이 아니라는 것을 그들도 잘 알고 있다는 점을 나는 지적하고 싶습니다.

어느 인간이나 어느 정부도 다른 인간의 생각과 행동을 지배할 만큼 지혜롭지도 않고 그렇게 관심을 갖지 않는다는 것은 사실입니다. 바꿔 말해서 어느 민족이나 인간도 다른 민족을 위해 오랫동안 책임을 감당하고 다른 민족의 기회를 통제할 만큼 지혜롭지도 않고, 남의 일에 그렇게 관심을 가지지도 않습니다.

인간들은 그러한 위대한 진실을 잘 알고 있으며, 그러한 진실에 따라 행동하고 있습니다. 그들은 이제로부터 영원히 그들의 삶이 자신들의 것이라고 말하면서 또 그렇게 믿고 있습니다. 그들은 스스로의 운명을 개척할 것입니다. 그들은 자신의 운명이 좀더 나아지도록 노력하겠지만 실수도 저지를 것입니다. 그러한 실수는 그들 자신이 저지른 것이며, 다른 민족이 그런 실수를 그들에게 저지르도록 하지는 않을 것입니다.

이런 개념이 하나의 상징으로 나타난 것이 곧 민족주의입니다. 민족의 독립은 외세로부터 자유를 되찾고 빈곤과 비참의 원인인 독재에서 벗어나는 상징이 되었습니다. 아시아에서 전쟁이 멈춘 이래 5억 명이 독립하였으며, 7개국의 독립 국가가 창설되는 것을 보았습니다. 우리는 2천만 명의 필리핀과, 파키스탄 · 인도 · 실론 · 버마의 4억 인구와, 2천만 명의 한국인과, 몇 주 안에 7,500만 명의 인도네시아인이 독립하는 것을 보고 있습니다.

이러한 모습은 아시아 국가의 내부에서 부글거리는 겉모습입니다. 그러나 이렇게 부글거리는 모습은 이제 곧 독립한 나라에서만 나타나는 현상이 아닙니다. 이러한 현상은 모든 나라에서 나타나는 것으로서, 조금 전에 지적한 바와 같이 순수하게 정치적 의미만을 갖는 것이 아닙니다. 이는 그들의 일상 생활의 문제를 해결하고자 근본적이고도 아무 곳에서나 볼 수 있고 깊숙이 자리 잡고 있는 현상입니다. 이는 그들의 일상 문제를 다루고자 하는 민족주의의 새로운 형태입니다.

그들의 일상의 문제는 인간과 토지와의 관계이자 국가의 세금 징수가 얼마나 정확히 이뤄지고 있는가의 문제입니다. 그들의 문제는 이와 같은 이상에 깊이 뿌리박고 있으며, 그들은 이러한 이상을 밀고 나가고 있습니다. 아시아에서 면직(免職)은 이제 더 이상 전형적인 감정의 문제가 아닙니다. 이제 면직은 희망과 노력하는 의지와, 대부분의 경우에는, 분노의 진정한 모습으로 바뀌고 있습니다.

3. 최근 중국의 발전

자, 이제 나는 아시아에서 누그러지고 있는 혁명 세력을 이해하는 데 실패함으로써 중국에서 최근에 벌어지고 있는 개발의 문제를 두고 우리가 얼마나 당황하고 있는지의 문제에 관하여 나의 의견을 여러분에게 제시하고자 합니다. 세상 사람들은 국부군(國府軍)의 몰락한 원인에 정신을 쏟고 있습니다. 온갖 이유가 난무하고 있습니다.

그 가운데에서도 연설이나 발간물에서 가장 빈번하게 제기되는 것은 미국이 실수했으며, 우리가 무능했고, 우리가 사태를 똑바로 이해하지 못했고, 미국의 원조가 부족했고, 우리가 잘못된 시점에 잘못을 저질렀다는 것입니다. 그와는 달리 어떤 사람들은 이렇게 말하고 있습니다.

> "아니다. 그렇지 않다. 미국의 장군들이 장개석(蔣介石)을 좋아하지 않았고, 무엇보다도 그들의 관계가 문제를 어렵게 만들었다. 그리고 중국의 권력 주변에는 너무 많은 여인이 바보처럼 설쳐댔다는 점을 덧붙여야 한다."

국부군이 감당할 수 없이 많은 압도적 적군을 만나 무너졌다고 말하는 사람은 아무도 없다고 나는 생각합니다. 제정신을 가지고 그렇게 말하는 사람이 없다는 것은 분명합니다. 자, 이제 내가 여러분에게 부탁하건대, 한순간이라도 침대 밑에 숨어서, 의자 밑에 들어가, 또는 방석을 뒤집어쓰고 그런 말을 하지 말고, 넓게 보며 우리가 미처 보지 못한 부분이 있는가를 살펴보는 것이 옳을 것입니다.

전후(戰後)의 사정을 넓게 보면 이렇습니다. 장개석이 중국 인민의 지도자로 부상하는 데에는 논란의 여지가 없었습니다. 다만 한 무리, 곧 공산주의자들이 누더기옷을 입고 산으로 들어가 아주 작은 규모로 단호하게 장개석의 지위에 반대했습니다. 그는 막강한 군대를 거느렸는데 그 규모는 중국의 전 역사상 가장 강력한 것이었습니다. 그는 재정도 풍부했고, 미국으로부터 군사적 지원도 받았습니다.

장개석은 모든 국가로부터 승인을 받았는데, 진심이었든 진심이 아니었든, 소련만이 중국 문제에 관해서는 진정한 존재가 아니었습니다. 장개석의 처지는 그랬습니다. 그런데 4년 이 지나자 어떻게 되었습니까?

우리는 그의 군대가 흐물거렸음을 지금에서야 알았습니다. 그의 나라에서 그를 지원하는 세력도 흐물거렸습니다. 외국에서 엄청난 지원을 받고서도 나라는 흐물거렸고, 그는 패잔병을 이끌고 중국 해안에 있는 자그마한 섬으로 도망간 신세가 되었습니다.

내가 앞에서도 말한 바와 같이, 엄청난 공산군이 산에서 내려와 그를 무찔렀다고 말할 사람은 없습니다. 미국의 원조가 적절하지 않아 그가 패주했다고 탓하는 것은 잘못 계산된 것이거나 무시를 겪은 국부군의 깊이와 세력을 지적하는 것에 지나지 않습니다.

내가 판단하기에, 비참한 생활을 하던 중국 인민의 거의 무진장한 인내가 끝난 것이었습니다. 그들은 장개석 정권의 붕괴에 신경도 쓰지 않았습니다. 그러니 패망할 수밖에 없지요. 전국적으로 중국 인민은 장개석 정권을 무시했습니다.

중국 인민은 당장 다급한 농촌 문제를 껴안게 되었습니다. 정부의 대표자와 다툼이 생기거나 그들이 간섭하면 민중은 그들을 그냥 쓸어버렸습니다. 그들은 국부군에 대한 지원을 완전히 철회했고, 그러자 모든 국부군은 허물어졌습니다. 유능한 사령관으로부터 훈련을 받은 경험이 없어 민중과 촌락으로부터 지원을 받지 못하게 되자 모든 일이 허무하게 무너졌습니다.

공산주의자들은 그런 실수를 저지르지 않았습니다. 공산주의자들은 이런 조건을 만들지 않았습니다. 공산주의자들은 이런 혁명정신을 불러일으키지 않았습니다. 그들은 장개석으로부터 도망해온 무리로 거대한 군대를 조직하지도 않았습니다. 그들은 상황 판단이 빨랐고, 교활하게 그런 상황에 올라타 이를 승리로 이끌고 권력을 잡은 것입니다.

내가 여러분들에게 말씀드리건대, 제 설명은 이렇습니다. 그러한 현실의 뿌리는 복잡한 실험을 거친 설명도 필요 없고, 적실하지 않은 세부 설명을 늘어놓을 필요도 없습니다. 아시아 민족의 태도가 문제의 핵심입니다.

4. 아시아에 대한 미국의 태도

이 문제와 관련하여 나는 또 다른 중요한 문제를 생각해 보고자 합니다. 다름이 아니라 아세아에 대한 미국 국민의 태도입니다. 우리의 정책이 근거하고 있는 기본적인 태도는 무엇이며, 그 역사적 뿌리는 무엇일까요? 역사는 매우 중요하여, 한편으로는 현실에 대한 신념을 제공하며, 다른 한편으로는 우리 태도의 진실이 무엇인가를 보여줍니다.

아시아의 국민에 대한 우리의 태도는 무엇일까요? 내가 여러분에게 묻건대, 우리는 아시아에 관심이 있고, 개인으로서의 미국인들도 아시아 민족에게 관심이 있는 것이 아닐까요? 우리는 그들을 장기판의 졸(卒)로 여긴 적이 없고, 수탈의 대상으로도 생각하지 않고, 그저 한 민족으로 관심이 있을 뿐입니다.

지난 백 년 동안 우리는 그들이 가장 가치 있다고 여기는 것을 가지고 아시아를 찾아갔습니다. 그것은 그들의 신앙이었습니다. 미국인들은 자연이나 신과 인간의 관계에 관하여 그곳 주민에게 말하고 싶어 했습니다.

또 다른 사람들은 그들의 교육과 관련된 것을 가지고 갔습니다. 어떤 사람들은 의술을 가지고 갔습니다. 많지는 않지만 어떤 사람들은 그곳 주민들이 누리는 문명의 깊이와 아름다움을 공부하고자 갔고, 어떤 사람들은 무역을 위해 찾아가 실제로 그들과 교역했습니다.

그 교역은 극동에서 미국이 차지하는 교역의 아주 작은 일부였고, 미국이 그 교역을 통하여 얻을 수 있는 이익은 매우 적은 부분이었습니다. 그러나 그러한 이익은 효과적이고도 유익한 것이었습니다. 이런 점에서는 잘못된 것이 없었지만, 아시아에서 미국이 차지하는 이해 관계의 총량 가운데 비교적 작은 부분이었습니다.

이 시대를 통하여 우리는 아시아에 커다란 관심을 가졌고, 지금도 마찬가지입니다. 그러나 저는 이제 아시아에서의 미국의 이해관계에 관하여 매우 중요한 점 한 가지를 여러분에게 지적하고자 합니다. 다름이 아니라 우리의 이해 관계는 아시아 민족의 이해관계와 함께 간다는 사실입니다.

지난 50년 동안 이는 미국인의 기본적인 믿음이었습니다. 나는 지금 미국 정부의 입장을 발표하고 있는 것이 아니라, 미국의 전역에 있는 작은 도시와 마을, 교회와 선교 단체, 그리고 노동조합의 믿음을 말하고 있는 것입니다. 외국이 중국의 운명을 좌우한다는 것은 미국의 이해 관계에 배치된다는 것이 그들의 깊은 신념이었습니다.

우리의 이해 관계는 중국 인민의 이해 관계와 배치되지 않았습니다. 우리 사이에는 갈등이 없으며, 이해 관계에서 늘 함께했습니다. 그러므로 UN 총회에서 최근에 9개국 조약을 통하여 중국의 문호 개방 정책을 발표할 때부터 우리는 그런 뜻을 표시했고, 또 그렇게 믿고 있습니다.

그리고 아시아에서의 다른 나라들, 이를테면 필리핀, 인도, 파키스탄, 인도네시아 및 한국의 경우와 마찬가지로 미국 전역을 통하여 우리의 이해 관계는 몇 년을 두고 그들의 독립에 우호적입니다. 그들의 독립과 사회와 그들의 애국 단체들은 재정 지원과 동정을 바라며 우리에게 옵니다.

우리가 필리핀에 책임이 있는 한, 우리 정부의 모든 정책은 필리핀이 완전한 독립을 이루도록 우리가 동정과 도움을 베푸는 것입니다. 우리가 아시아의 그 밖의 나라에게 준 진정한 도움은 그러한 방향으로 이뤄졌으며, 그러한 방향은 지금도 변함이 없습니다.

5. 공산주의의 요소

이제 제가 강조하려는 것은 이런 문제들입니다. 이런 문제는 너무도 중요하여 이를 거론하는 것조차 진부하다고 여러분은 생각할 수 있습니다. 우리의 진정한 이해 관계는 공산주의의 확산을 막는 것이라고 말하는 것을 저는 거의 매일 듣습니다. 이 문제보다 더 앞뒤가 뒤바뀐 일은 없다고 나는 생각합니다.

공산주의의 저지가 우리의 관심사라는 것은 더 말할 나위도 없습니다. 그러나 우리는 더 깊은 이유로 미국과 소련 사이의 갈등에 관심을 두고 있습니다. 우리는 도무지 유쾌하지 않은 이념이 곧 공산주의이기 때문에 그의 전파를 막는 데 관심을 쏟고 있습니다.

공산주의는 소비에트의 정책 가운데 가장 교묘한 도구입니다. 공산주의는 러시아 제국주의의 첨병으로서 그들이 승리한 국가로부터 될 수 있으면 더 많은 것을 빼앗으려 합니다. 그런데 그들이 빼앗고자 하는 것은 곧 우리가 그 나라에서 가장 지켜주고 발전시키고자 했던 것으로서, 이를테면 그들의 독립과 그들 개인의 자율과, 소비에트공화국의 종속국으로서가 아니라 그들의 복리를 위한 자원의 개발과 같은 문제들입니다.

자, 그러나 다행히도 제가 지금 지적한 문제들이 두 나라의 진정한 어떤 갈등을 나타나고 있지는 않습니다. 이것은 대단히 중요한 일입니다. 왜냐하면 아세아에서의 우리의 이해 관계는 단순히 어느 다른 것보다도 공산주의의 전파를 막는 것이라고 말함으로써 우리 국민은 장차 더 많은 상처를 입고 극동에서 더 많은 오해를 불러일으킬 것이기 때문입니다.

우리의 진정한 관심은 우리 국민과 마찬가지로 저들의 국민은 어찌 되느냐 하는 데 있습니다. 공산주의는 우리가 종식하고자 하는 관심사에 적대적인 것이 다행입니다.

그러나 우리의 목전에서 벌어지고 있는 현상을 보면, 두 가지 일을 한꺼번에 하려면, 아시아 민족들이 하고 싶어 하는 것을 정확히 하고, 우리가 그들이 도움을 바라는 바를 하는 것입니다. 이를테면 그들이 세운 새로운 행정부의 건전성을 어떻게 이뤄주며, 그들의 자원을 어떻게 개발하며, 그들에게 어떻게 기술을 전수하느냐의 문제입니다.

그리하여 저들이 무지한 탓에 공산주의의 침투에 복종하지 않도록 하는 것입니다. 그들은 공산주의의 거짓 약속을 믿고, 그럼으로써 그들의 영역에서 참혹한 고통을 받고 있기 때문입니다. 만약 우리가 그들의 개발을 도와줄 수 있고, 그들과 함께 진보할 수 있다면 그때 우리는 공산주의의 전파를 막는 방법을 알 수 있도록 해주는 최선의 길을 그들에게 제공하게 될 것입니다.

공산주의에 대한 수동적 반발로서가 아니라 우리가 가지고 있는 가장 긍정적이고 가장 적극적인 태도를 보이는 것이 중요합니다. 이러한 방법은 품위를 지킬 수 있고 모든 민족과 모든 국민과 모든 개인이 권리를 누리며, 그들이 실수를 저지르고서도 승리를 쟁취하여 자신의 책임 아래 행동할 수 있게 해 줍니다.

이것이 바로 우리가 극동에서 추진하고 있는 방법이며 우리가 추구해야 할 길이다. 이럼으로써 우리는 매우 부정적인 요소와 하찮은 성명이 뒤섞이지 않도록 할 것입니다.

6. 소비에트의 태도

자, 이제 우리의 대외 관계를 결정짓는 요인들, 바꿔 말해서 아시아의 여러 민족과 우리의 관계에서 어떤 점이 중요한가를 이야기해 봅시다. 이번의 주제는 아세아에 대한 소련의 정책, 그 가운데에서도 소련과 접경하고 있는 나라에 대한 정책인데, 이를테면 오늘 밤에는 중국의 북쪽 국경 지대에 관한 이야기를 해보고자 합니다.

북중국[만주]에 대한 러시아의 태도와 이해 관계는 이 지역의 다른 나라들과 마찬가지로 공산주의가 출현하기 이전부터 있었던 오래된 문제입니다. 이 문제는 전적으로 공산주의로 말미암아 일어난 일이 아닙니다. 그 뿌리는 매우 깊습니다. 그러나 공산주의 체제는 러시아 제국주의의 방법과 새로운 기술과 새로운 개념을 덧붙였습니다.

이러한 공산주의의 개념과 기법은 새롭고도 매우 은밀한 무기로 러시아를 무장했습니다. 이 새로운 무기로 무장한 러시아가 러시아에 일으킨 현상은 소비에트 병력을 중국의 북부 지역의 이곳저곳에 파병하여 그 지역을 러시아에 떼어 붙이고 있다는 점입니다. 이런 작업은 외몽골(外蒙古)에서 완벽하게 진행되었으며, 만주(滿洲)에서도 거의 완벽했습니다.

내가 확인한 바로는 신강(新疆)과 내몽골(內蒙古)에서도 요원들의 희소식이 연달아 모스코바로 들어가고 있습니다. 이런 일이 지금 벌어지고 있습니다. 중국인들이 살고 있는 이 광대한 지역에 중국인들은 무심한 반면에 소련의 집착은 집요합니다.

내가 말하고 싶은 것은, 나의 이와 같은 비(非)독단주의적인 나의 교의에 대하여 벌어지고 있는 죄상이며, 소련이 중국의 북방 4개 주를 접수하고 있다는 사실은 아시아와 이해 관계를 가지고 있는 열강의 입장에서 볼 때 가장 의미심장하고도 중요하다는 것을 어떤 형태로든 세상에 알리고 싶다는 점입니다.

7. 미국 정책의 두 가지 원칙

이와 같은 사실이 우리에게 무슨 의미가 있습니까? 나는 그것이 매우, 매우 주요한 일이라고 생각합니다. 우리가 이러한 현상에 대하여 아무 말도 하지 않고 손을 놓고 있다는 사실이 이와 같은 현실을 더욱 모호하게 만들고 있다는 사실입니다. 아무리 선전해도 현실을 호도(糊塗)할 수는 없습니다. 이렇게 사태를 모호하게 만드는 이유는 단 한 가지인데, 그것은 우리가 자신에게 잘못된 모험심을 갖게 하는 어리석음입니다.

이러한 어리석은 모험은 쉽게 일어납니다. 그러므로 제가 그와 같은 어리석은 모험을 하고 있는 우리 국민에게 강력히 주장하건대, 러시아가 애써 얻은 보잘것없는 위치를 우리가 차지하려고 해서는 안 된다는 점을 기억해야 합니다. 우리는 겪어야 할 당연한 분노와 격정과 반드시 일어날 중국의 증오가 우리를 향하도록 해서는 안 됩니다.

그러한 분노를 우리에게 쏠리도록 하는 것은 어리석은 짓입니다. 중국의 통일을 깨트리는 무리는 우리의 이해 관계에 손상을 입히는 것이라는 종전의 입장을 지켜야 합니다. 오늘 밤에 제가 여러분에게 제안하는 바는 미국이 아시아에 대하여 취해야 할 가장 우선적이며 중요한 정책입니다.

제가 말씀드리건대, 우리가 지켜야 할 두 번째 법칙은 첫 번째 법칙과 매우 비슷합니다. 우리의 두 번째 법칙은 매우 일관되게, 매우 순수하게 그리고 매우 공명정대하게 우리의 목표를 견지해 나감으로써, 법적 다툼이나 어떤 목표를 시도하면서 실제로는 다른 것을 추구하도록 우리를 몰아가지 말아야 합니다.

중국에 대하여 러시아가 보여준 태도와 처사는 엄청난 일입니다. 러시아는 중국에 이런 모든 짐을 지웠으며, 중국은 모스코바에 충성을 맹세하고 모스코바의 꼭두각시가 되기를 자청함으로써 가장 끔찍스러운 짐을 스스로 걸머졌습니다.

그뿐만 아니라 러시아의 행동은 어떤 연설이나 발언보다도 더 명백해지고 있으며, 러시아는 무엇이든지 입법할 수 있고, 러시아의 진정한 목적이 무엇이며 러시아 제국주의의 요원으로서 공산주의의 진정한 기능이 무엇인가를 명료하게 보여주고 있습니다. 이런 문제들이 제가 여러분들에게 보여주고 싶은 기본적인 요인들이며, 기본적인 태도이므로, 우리의 관계와 정책은 이를 기초로 하여 나와야 합니다.

8. 태평양에서의 군사 안보

자, 이제 이와 같은 정책 가운데 몇 가지를 밝혀 봅시다. 먼저 군사 안보 문제를 다뤄 봅시다. 내가 그 문제를 먼저 다루는 것은 그것이 그만큼 중요할 뿐만 아니라, 이 분야에서 우리의 정책을 언급할 때 저들의 군사적 위협이 가장 시급한 문제가 아니라는 것을 분명하게 이해해야 하기 때문입니다. 그렇다면 태평양에서의 군사 안보의 상황은 어떠하며, 그에 대한 우리의 정책은 무엇인가?

첫째로 일본의 패망과 무장 해제는 미국의 책임 때문이었습니다. 미국의 안보나 전 태평양의 안보로 볼 때 일본의 방위를 미국이 떠안게 되었습니다. 우리는 일본에 병력을 주둔하고 있고, 호주의 병력도 주둔하고 있습니다.

내가 호주 국민을 위하여 이러니저러니 할 처지는 아니지만, 여러분에게 장담하건대, 일본 방위가 취약해지게 하거나 그 방위를 포기할 뜻은 없습니다. 그리고 영구적인 방법이든 아니면 그 밖의 어떤 방법으로라도 일본의 방위를 유지해야 합니다.

우리의 극동방위선은 아류산열도(Aleutians)에서 시작하여 일본을 거쳐 오키나와(Ryukus)에 이르는 것입니다. 오키나와는 우리의 방어에 중요한 위치이기 때문에 우리는 계속하여 이를 장악해야 합니다. 오키나와 주민의 이해 관계를 생각하여 우리는 적절한 시기에 UN의 신탁통치에 맡기려 합니다. 그러나 오키나와는 태평양 방위선의 중요한 부분이며, 당연히 그래야 하고 앞으로도 그럴 것입니다.

우리의 방어선은 오키나와에서 필리핀으로 내려갑니다. 우리와 필리핀과의 관계, 곧 미국과 필리핀과의 방위 관계는 우리 사이의 합의에 근거하고 있으며, 두 나라 사이의 상호 방위의 치명적인 필요성은 우리 두 국민이 뼈저린 경험을 통하여 서로 잘 알고 있습니다.

이에 대하여 우리 두 국민은 의심할 나위가 없으며, 필리핀에 대한 공격은 있을 수도 없는 일이고 미국이 좌시하지 않으리라는 것은 여기에서 새삼 말할 필요도 없습니다. 그러나 그러한 공격이 가까운 시일 안에 있으리라고 예상할 수 있는 사람은 아무도 없다는 것을 나는 힘주어 말하는 바입니다.

태평양의 그 밖의 지역의 안보에 관한 한, 이들에 대한 군사 공격은 누구도 막아 주리라고 보장할 수 없음이 분명합니다. 그러나 그러한 안보 보장이 실제적 관계의 영역 안에서 필요하거나 분별력 있는 조치가 아니라는 것도 또한 분명한 사실입니다.

그러나 그러한 군사 침공이 일어날 경우, 그러한 침공이 어디에서부터 시작할 것인가에 관하여 사람들은 말하기를 주저할 것입니다. 그러한 침략이 벌어진다면 일차적 책임은 침략을 겪는 국가에 저항할 의무입니다.

그런 다음에 UN 헌장 아래 전 세계의 문명 국가가 언약한 바에 의존할 수밖에 없습니다. UN은 밖으로부터의 침략에 대하여 독립을 지키고자 결연히 싸울 국민이 의지할 만한 기구로서, 적어도 지금까지는 약한 갈대(weak reed)가 아님을 입증하였습니다.

그러나 내가 생각건대, 태평양이나 극동의 문제를 군사 문제만으로 좁혀 고려하는 것은 실수입니다. 그들의 문제가 중요하기 때문에 이곳에서 벌어지는 여러 가지 문제들은 군사적 수단만으로 풀 수가 없습니다. 이 지역과 태평양의 많은 국가에서는 전복과 침투를 둘러싼 의혹으로 그 밖의 문제들이 많이 일어납니다. 이런 문제들은 군사적인 수단만으로 풀 수가 없습니다.

9. 침투의 민감성

이러한 침투의 의혹을 갖게 되는 원인은 여러 지역에서 신생 정부가 통치의 경험이 없고, 자신의 국가를 강대국으로부터 넘겨받을 만큼 굳은 기반 위에 서 있지 않기 때문입니다. 어떤 경우에는 심각한 경제 문제 때문에, 어떤 경우에는 전쟁의 막판에, 이를테면 세계의 다른 지역과의 무역 조정의 실패로 말미암아 그런 의심이 일어납니다. 여러 해에 걸쳐 신용과 경영을 통하여 무역이 이루어지는 것인데, 현실은 그렇지 못합니다.

그런 탓에 경제의 노력이 어그러지고 관계된 국민 사이에 엄청난 고통을 겪게 됩니다. 부분적으로 그와 같은 침투가 있으리라는 의혹은 거대한 사회 변혁에서 일어나는데 이에 대해서는 내가 이미 말한 바 있습니다. 그러한 사회 변혁은 대부분 일본의 점령으로 말미암아 일어나거나 제2차 세계 대전 이후 소련으로부터 흘러들어간 선전 때문에 일어납니다.

그러면, 이제 우리의 입장에서 정책을 세워야 할 필요가 있는 다른 지역에서의 문제점들을 살펴보고자 합니다. 나는 이와 관련하여 두 가지 사실을 지적하여 이들 지역에서의 몇 가지 문제를 좀더 자세하게 논의해 보고자 합니다.

첫 번째 문제는 태평양의 남쪽 지방과 북쪽 지방에서 우리의 책임과 기회가 많이 다르다는 점입니다. 태평양의 북쪽에서 우리는 일본에게 직접적인 책임이 있고, 우리가 직접 활동할 기회가 있습니다. 좀 정도가 낮기는 하지만, 우리는 한국에서도 같은 문제점을 가지고 있습니다. 한국에 대하여 우리는 책임이 있고, 우리가 할 일이 있으며, 우리가 태평양의 남쪽에서 할 일보다 더 효과적으로 일할 기회를 많이 얻고 있습니다.

태평양의 남쪽에서 우리는 더 이상 도와줄 수 없는 국가들이 많이 있습니다. 우리가 직접 책임져야 할 부분은 그곳의 관계된 주민들입니다. 여러분은 워싱턴이나 런던이나 파리나 해그에 앉아, 이 지역에서 어떤 정책을 실시해야 하나를 결정할 수 없습니다. 여러분은 그들을 효과적으로 도와줄 수 있는 조건과 권리가 갖춰졌을 때, 여러분은 기꺼이 도우려 할 것입니다.

10. 미국 원조의 한계

그러다 보니 나는 이제까지 기다리고 있던 문제를 지적하지 않을 수 없는데, 그것은 효과적인 미국의 원조에는 한계가 있다는 점입니다. 미국의 원조는 다른 방법으로 해결할 수 있는 상황에서 결여한 부분을 도울 때 효과적일 수 있다.

그러나 미국은 이렇게 결여된 부분을 모두 지원할 수는 없습니다. 미국은 그러한 나라에 결단력을 제공할 수 없고, 그들의 의지를 도와줄 수 없고, 그 국민에게 국가에 대한 충성심을 불러일으킬 수도 없습니다.

그러나 그 국민에게 의지가 있고, 결심이 존재하고, 그 정부를 밀어준다면, 늘 그렇다고는 할 수 없지만, 매우 좋은 기회가 올 것입니다. 그러한 상황에서 미국의 원조는 효과적이며 다른 어떤 방법으로도 이룰 수 없는 것을 성취하도록 국민을 이끌 것입니다.

일본의 경우

이제 그런 이야기를 하면서 좀더 짧게 문제를 설명해 보겠습니다. 왜냐하면 시간이 많이 흘렀고, 상원에 가서 할 일이 꼭 같이 남았기 때문입니다. 따라서 문제를 간단하게 다루어 보고자 합니다. 먼저 일본의 경우를 잠시 살펴보고자 합니다. 일본 문제에서 우리는 세 가지 문제에 직면하게 됩니다.

안보 문제는 이미 언급했습니다. 그 문제를 떠나 이제 경제 문제와 정치 문제가 남아 있습니다. 정치적인 분야에서 맥아더(D. MacArthur) 장군은 매우 성공적이었으며, 일본 국민도 열심히 노력을 기울이고 있습니다. 퇴행하다가도 다시 진보하고, 정치 제도는 군벌 제도를 벗어났습니다.

경제 분야에서 우리의 정책은 그리 성공하지 못했습니다. 그 대부분은 일본 경제가 안고 있는 태생적인 어려움 때문입니다. 일본은 원자재를 구입하여 가공해서 해외에 파는 경제 구조입니다. 일본이 지난날에 대륙이나 몇몇 섬나라와 맺었던 경제 관계는 단절되었습니다. 이것이 어려움을 불러왔습니다. 전쟁 이후 일본 제품을 받아들이려던 다른 나라들의 의지는 매우 낮아졌습니다.

여기에 통화 문제가 사태를 더 악화시켰습니다. 그런 문제가 어떤 조약에 따라서 해결되든 아니면 무역의 절차상의 어려움이 어떤 체제 아래에서는 더 무거운 것이든 간에, 이는 일본의 자유, 곧 좀더 완벽한 자유로만 해결될 수 있습니다. 여기에서 완전한 자유라 함은 아세아 대륙이나 동남아시아나 세계의 다른 지역에서 그들이 필요한 것을 수입하고 팔 수 있음을 뜻합니다. 이것이 문제의 본질인데, 다루기가 매우 어렵습니다. 그것은 점령 당국, 일본 정부, 미국 그리고 다른 나라들 앞에 함께 놓여 있는 문제입니다. 이를 해결해 줄 요술 단지는 없습니다.

한국의 경우

한국에서 우리는 군정을 종식하는 획기적인 조처를 했으며, UN의 협조를 받아 독립 주권 국가를 이룩하여 세계 거의 모든 나라로부터 국가 승인을 받았습니다. 우리는 그들의 국가 창설에 많은 도움을 주었습니다. 우리는 한국이 굳건히 설 때까지 계속하여 도움을 주어야 한다고 의회에 요구하고 있고, 그 의안은 지금 의회에 계류되어 있습니다.

우리가 그들의 국가 창설의 모든 문제를 쥐어야 한다거나 이 국가 창설의 중간에 지원을 멈추어야 한다는 생각은 내가 보기에 심각한 패배주의이며 아시아의 이해 관계로 볼 때 매우 넋 나간 짓입니다.

그러나 한국에서의 우리의 책임은 더욱 직접적이며, 우리의 기회는 더욱 분명합니다. 여러분이 남쪽으로 가보면 우리들의 기회는 더 가벼워지고, 필리핀을 제외하고서는 우리의 책임이 간접적이고 매우 빈약하다는 것을 보게 됩니다. 이 문제들은 매우 복잡합니다.

필리핀의 경우

필리핀에서 우리는 그들을 독립된 주권 국가로 만들고자 노력과 속도를 서둘러 끝내 과업을 마쳤습니다. 우리는 개전 이후 이제까지 10억 달러의 직접 경제 원조를 필리핀에게 제공했습니다. 우리는 재향 군인의 복지와 그 밖의 문제에 달리 10억 달러를 제공했습니다.

그런 원조의 상당 부분이 우리가 바라는 만큼 그리 지혜롭게 사용되지 않았지만 우리는 여기에서도 책임의 문제에 직면하고 있습니다. 일이 이렇게 된 것은 필리핀 정부의 책임입니다. 우리가 할 수 있는 일이라고는 충고하고 강변하는 것입니다.

그럼에도 불구하고 이런 실수가 지속된다면 더 이상의 원조를 중단해야 합니다. 우리는 그들에게 명령할 수도 없고 또 그래서도 안되며, 그럴 마음이 추호도 없습니다. 필리핀이 심각한 경제 위기에 직면하리라는 지표(指標)들이 있다고 나는 믿습니다.

그들은 열정적이고도 단호한 조치로서 그러한 위기에서 벗어나거나 아니면 최소화할 수 있습니다. 그것이 사실이든 아니든, 나는 그런 말을 할 수 없고, 우리 정부에도 그럴 권한도 없습니다. 우리는 그들을 돕고 조언할 준비가 항상 되어 있습니다. 그것이 우리가 할 수 있는 것의 전부이며 우리가 해야 할 일입니다.

아시아의 경우

그 밖의 아시아 지역에서 우리에게 도움을 바라는 곳에서 우리가 할 수 있는 데에는 한계가 있습니다. 우리는 그러한 도움을 효과적으로 수행할 수 있는 조직과 기구를 가지고 있습니다. 우리는 그들이 필요로 하는 모든 기술을 가지고 있습니다.

우리는 이 신생국의 정부들이 바라기만 하면 이들을 도울 수 있는 모든 경험을 가지고 있습니다. 그러나 그들이 바라지 않으면 도울 수가 없습니다. 우리는 행정 기술도 알고 있습니다. 우리는 교육과 도로와 세제(稅制)를 조직하는 기술도 알고 있습니다.

우리는 그들에게 도움이 될 수 있는 농업과 산업의 온갖 기술을 가지고 있으며, 그들이 원한다면 그들이 원하는 곳에 그들의 기회를 성공적으로 이룰 수 있는 환경에서 그들을 도울 준비가 되어 있습니다. 그러나 우리는 단지 우리가 우리의 일감을 찾느라고 이런 일을 하지는 않을 것입니다.

우리는 그저 좋은 일을 하느라고, 또는 운동장이나 뛰어 돌아다니듯이 일삼아 돕지는 않을 것입니다. 우리는 그들이 갖지 못한 일을 돕고, 그들이 아직 다 그리지 못한 그림의 남은 여백을 채워 완성하는 일을 하고 싶을 뿐입니다.

동남아시아에 있는 여러 나라의 상황은 어렵습니다. 다섯 개 부족으로 이뤄져 있는 버마는 즉각적인 정부의 구성을 막고 있어 상황이 매우 혼란스럽습니다. 프랑스인들이 활동하고 있는 인도지나반도에서는 비록 느리기는 하지만 진보가 이뤄지고 있습니다. 행정 업무를 지방 정부로 이양하고 인구를 지방에 정착시키는 작업에서도 주목할 만한 진보가 보입니다.

나는 프랑스인들이 좀더 잘 할 수 있도록 상황이 바뀌기를 바라지만, 프랑스 외무장관은 여러 가지 어려움에 직면해 있다는 것을 나는 잘 알고 있습니다. 나의 이와 같은 찬사와 존경이 그가 수행하고 있는 업무에 작은 부담이라도 주지 않기를 바랍니다.

말레이에서는 영국인들이 현지 주민과 조화를 이루면서 그들의 책임을 잘 이루면서 진보하고 있습니다.

인도네시아의 경우

인도네시아에서는 겨우 몇 주, 몇 달 만에 위대한 성공을 이뤘습니다. 해그에서 열린 원탁회의에서 위대한 정치가들이 자제력을 보여 네덜란드인과 인도네시아인 사이에 새로운 정부의 탄생이 합의되었습니다. 네덜란드 정부와의 관계는 잘 유지될 것이며, 많은 원조와 조언이 제공될 것이며, 그들이 무엇이 필요하든, 우리도 정당하고 유익한 도움을 줄 것입니다. 여러 가지로 어려움이 많지만, 많은 격려가 쏟아지고 있는 상황입니다.

인도와 파키스탄

아세아 반구(半球)의 저쪽 끝으로 가면 인도와 파키스탄이 있는데, 참으로 세계가 직면하고 있는 어려움을 볼 수 있습니다. 두 나라 사이에는 카슈미르(Kashimir)를 둘러싼 분쟁이 있어나고 있고, 통화의 평가 절하와 우왕좌왕하는 재정 정책 등으로 말미암아 최악의 어려움을 겪고 있습니다.

그들은 이러한 어려움을 해결하기에 서로 너무 고집스러우며, 그렇다고 해서 전쟁을 일으키지는 않으리라는 것에 서로를 믿고, 전세계에도 그렇게 믿음을 주었습니다. 그러한 소식을 들은 우리는 전 세계와 함께 기뻐하며, 아울러 우리는 그러한 상황에 놓인 그곳이 곧 화약고와 같다는 것을 잘 알고 있으며, 그들의 약속에서 본 바에서 더 나아가 가능한 한 빨리 그러한 결과에 이를 어떤 방안 있으리라고 믿습니다.

인도와 파키스탄에서 우리는 할 수 있는 한, 최대로 도울 것입니다. 그러나 다시 말씀드리건대 우리에게 그런 책임이 있는 것은 아닙니다. 거듭 말씀드리지만 우리는 다만 우방을 돕고자 할 뿐입니다. 자유를 찾는 데 성공하고 그 자유를 자랑스럽게 여기는 국민에게 우리는 책임을 질 것입니다.

11. 아세아의 새로운 시대

이와 같이 살펴본 결과, 우리가 내릴 수 있는 결론에 따르면, 아시아에는 새날, 새 아침이 밝아오고 있다고 나는 믿습니다. 이 날은 그 국민의 아침이며, 그들은 이것을 알고, 그들의 것으로 지켜나갈 것입니다. 동양과 서양의 오랜 관계는 사라질 것이며, 지난날 가장 사악했을 때의 착취와 가장 좋아봤자 가부장주의와 같았던 그 날이 사라지고 있습니다. 그런 시대는 갔습니다. 이제 동양과 서양의 시대는 서로 돕고 존경하는 극동의 시대가 온 것입니다.

우리는 그들의 친구이며, 다른 국가들도 그들의 친구입니다. 우리는 그들을 도울 것입니다. 그러나 우리는 그들이 바라고, 우리가 도와줄 수 있는 조건이 확실히 보이고 가능할 때만 도와줄 것입니다.

우리는 지금 그 새날을 보고 있지만, 그 새날은 여명을 지나 영광스러운 정오에 이를 수도 있고, 어두워지며 부슬비가 내릴 수도 있습니다. 그러한 일은 아시아 국가에서 아세아 국민의 능력에 따라 결정될 것입니다. 이는 밖에 있는 친구나 적국이 내릴 수 있는 결정이 아닙니다.

제11장

북한군 노획 문서(1950)

- UN군 사령부 작성

(1) 인민군 제4사단 정찰 명령 제1호

(2) 인민군 제4사단 전투 명령 제1호

(3) UN 주재 미국 대리 대사 그로스(E. A. Gross)의 감정서

Captured Documents from NK

(1) The Reconnaissance Order No. 1,
From General Staff, North Korean Army
To the Chief of the 4th Division
18 June 1950

(2) The Battle Order No. 1,
From Lee Kwon Mu,
Com. 4th Infantry Division, North Korean Army
14 : 00, 22 June 1950, Okke-ri

(3) Establishing the Authenticity of the Enemy Document
Ambassador Ernest A. Gross,
Acting U.S. Representative to the UN,
To the Secretary-General of the UN
May 31, 1951

in

The Conflict in Korea :
Events Prior to the Attack on June 25, 1950
U.S. Department of State
1951

제11장

북한군 노획 문서(1950)

UN 주재 미국 대사 오스틴(W. R. Austin)의 공한

발신 : UN 주재 미국 대사 오스틴(Warren R. Austin)*
수신 : UN 사무국장
일자 : 1951년 5월 2일

UN 주재 미국 대사는 UN 사무국장의 노고에 치하의 말씀을 드리며, 1950년 6월 7일자 안전보장회의의 결정 제6절에 따라 UN군 사령부가 취한 조치에 관하여 미국 대표가 적절한 보고서를 작성하여 안전보장회의에 제출할 것을 제청합니다.

이 결의에 따라 1951년 5월 2일자로 UN군 총사령관[Douglas MacArthur]이 작성한 특별보고서를 안전보장이사회 이사국에 회람해줄 것을 바라며, 여기에 부속 문서를 제출합니다. 두 개의 부속

* 발신자는 오스틴(Warren R. Austin)으로 되어 있고, 작성자는 그로스(Ernest A. Gross)로 되어 있는데, 그 무렵에 오스틴이 병중이어서 그로스가 직무 대행을 하고 있었기 때문이다.(옮긴이 주)

문서를 담고 있는 이 특별보고서는 UN 한국위원회와 합작으로 1950년 6월 25일의 전쟁은 남한이 도발한 것이 아니라 북한 체제가 미리 철저하게 계획한 것임을 보여 주려고 작성한 것입니다.

1951년 5월 2일자 UN군 총사령관이 제출한 공한

저는 아래와 같이 한국에서 벌어진 UN 군사령부 작전처의 특별보고서를 제출합니다. 문서는 두 건인데, 하나는 북한군 정찰 명령 1호로서 북한인민군 참모본부가 1950년 6월 18일자 각 예하 부대 참모장에게 내린 지시 공문이며, 다른 하나는 북한 인민군 전투 명령 제1호로서 1950년 6월 22일 14 : 00, 옥계리(玉溪里)에서 노획된 것인데 북한 인민군 제4보병사단장 이권무(李權武)가 내린 전투명령서입니다. 원본은 한글로 쓰여 있으며, 미국 정부의 재산입니다.

이 두 문서는 각기 1950년 6월 18일과 1950년 6월 22일에 하달된 것으로서, 1950년 6월 25일에 전개된 북한의 남침은 대한민국을 정복하고자 마련된 심모한 사전 계획에 따라 용의주도하게 준비하고 자행한 전쟁임을 분명하고도 확실하게 보여 주는 문서입니다.

1950년 6월 18일자로 하달된 정찰 명령 1호는 남한의 주력 부대가 어디에 주둔하고 있음을 확인하고, 그 부대의 정확한 목표 지점을 정확히 파악하고자 개전 직전에 정찰하도록 북한군 제4사단장에게 발송된 것입니다. 더 나아가서 이 정찰명령서는 서울로 향하는 길목의 방어선에서 저항 지점이 어디인가를 지속적으로 관찰하여 “공격을 개시하기 직전에” 보고할 것을 제4사단 참모에게 지시하고 있습니다.

작전 명령 제1호는 북한군 보병 제4사단장 이권무가 1950년 6월 22

일자로 하달한 것으로서, 제4사단의 목표는 서울-의정부 지역으로 진출하도록 1950년 6월 23일까지 전투 준비를 완료하라는 것입니다.

1950년 6월 25일자로 주한 UN군 사령부 작전국 안보실에 접수된 첫 보고서에 따르면, 중부 전선의 남침은 이 작전명령서에 명시된 바에 따라 정확히 수행되었음을 보여 주고 있습니다. 작전 명령 제1호에는 남한에 대한 공격을 수행하는 데 필요한 특별하고도 세부적인 군사 지침이 담겨 있습니다.

1. 북한 인민군 정찰 명령 제1호
북한 인민군이 각 예하 부대 참모장에게 내린 명령(*mimeo*)
1950년 6월 18일

수신 : 북한군 제4사단 참모장
정찰 명령 제1호
발신 : 북한인민군 참모장
일자 1950년 6월 18일
지도 1/50,000(1949)

[1] 적군 제7사단 1연대는 포병과 함께 임진강으로부터 538.5(0634)[1]고지까지의 분계선을 방어하고 있다. 이 전방 부대는 38°선의 능선을 따라 북쪽으로 경사를 이루며 펼쳐져 있다. 적군의 전선은 217.0(0622)고지 → 석교리(0622) → 411.3(0628)고지의 북쪽 경사 → (0620-0632)고지의 서북쪽과 북쪽 경사로 이어지고 있다.

1) (괄호) 안의 숫자는 이름 없는 산봉우리를 표시하고자 북한군이 지도 위에 임의로 적어넣은 번호이다.

간사리(9823)와 통진(通津)으로 이어지는 좁은 길은 방어선이 매우 튼튼하다. 7사단 예비대 병력은 아마도 249.7(0626)고지에 주둔하고 있을 것으로 보인다. 7사단 좌측으로 제1보병사단 13연대가 방어하고 있으며, 13연대 우측으로 7사단 9연대가 방어하고 있다.*

[2] 사단이 공격 위치에서 준비가 완료되면 공격을 시작하기에 앞서 전날 밤까지 관측과 정찰을 하면서 다음과 같은 점을 유념해야 한다.

적군의 저항선의 주요 전선의 최전방이 어디인지, 지뢰 매설 지역의 위치와 배열, 철조망과 각종 저지 시설의 위치, 저지 시설이 없어 통과가 가능한 지점의 위치 등을 최종적으로 확인할 것.

참호의 배열과 교통호, DOT(TN : task number : 군사 과업 번호 - 콘크리트로 강화된 참호) DZOT(TN : 흙과 목재로 된 참호) NP (TN : 관측소), 엄호 사격 지점과 화력 체계에 대해서 정교하게 확인할 것.

적군의 주력 부대의 위치와 공격 당일의 계획을 확인할 것.

적 포병대의 포대 위치와 현재 운용 중인 포의 숫자와 포의 구경들을 정확하게 확인할 것.

대전차포의 배열 위치를 확인하되 특히 좁은 접근로에서의 대전차포 배치를 유념할 것.

공격 둘째 날에 대비하여 공격 지점을 결정한 뒤 정확한 목표 지도와 적군의 공병이 매설한 장애물 시설의 위치를 표시한 지도를 작성할 것.

---

* 좌측과 우측에 대한 착오가 있는데, 이는 아마도 미군측 번역관의 입장에서 보며 착오를 일으킨 것으로 보인다.(옮긴이 주)

일단 공격이 시작되면 :

소로를 막고 있는 새로운 소총 부대의 출현에 대비하여 계속적이고도 집요하게 관찰하고, 적군이 저항하는 핵심 지점과 강력한 위치를 시간별로 찾아내고, 적군의 퇴로를 감시할 것.

최전선 부대가 촉성고지(0416)*2) - 통진 전선에 도착하면, 촉성고지 - 신재리* - 가내리 방향으로 추가 정찰조를 조직하여 기세포*의 철로를 따라 시간에 늦지 않게 적군의 방어선을 마주하여 후비 부대가 도착 전선을 지킨다.

희개리*(8614)에 도착한 뒤, 희개리 - 일양 - 이후군*(7414)을 잇는 양주*(8426) 전선의 정찰을 실시한다. 그 다음에 가내리* - 후곡리 - 교각리*(7416)를 정찰하고, 이어서 여수 - 지세부* - 소도리(7226)를 정찰하여 서울로 진격하는 중도에 만날 수도 있는 저항군을 정찰한다.

온갖 수단을 동원하여 서울로 진군하면서 서울을 중심으로 집중된 적군의 정보를 수집하고, 그 도시의 방어를 위한 대비 태세를 정찰한다.

[3] 매일 19 : 00시에 1일 정보 요약을 정보국에 무선과 전화로 보고한다. 매일 08 : 00시와 20 : 00시에 문서로 작성한 보고서와 노획 문서와 심문서를 정보국에 제출한다.

[4] 진격로를 따라 각 초소에 1/3이 넘지 않는 인력을 배치하고,

2) *의 표지(標識)는 현지음을 영어로 옮기는 과정에서 표기에 틀림이 있을 수 있다는 뜻임. 이 정찰명령서는 한글 판본이 존재하지 않아 영문판본만을 볼 수밖에 없어 번역 과정에서 표기와 내용이 원본과 다를 수 있음.(영문 주)

2/3가 넘지 않는 인력을 적군이 방어하는 요지를 정찰할 수 있도록 대비해 두어야 한다. 각 연대에는 23~25명의 인원으로 정찰대를 구성하여 전장터에서 적의 문서를 노획할 수 있도록 작은 단위의 집단을 구성해야 한다.

[조선인민군] 참모본부 정보국장

2. 북한 인민군 제4사단 사단장 이건무의 수기(手記) 작전 명령 제1호* 1950년 6월 22일

극비 문서
1950년 6월 24일, 05 : 12
연필로 씀

북한 인민군 제4보병사단 작전국
(1950년 6월 22일, 14 : 22, 옥계리)
1949년 작성 1 : 50,000 지도
노획 문서(*mimeo*)

[1] 아군의 공격 전선에는 적의 7사단 1연대가 가로막고 있다.

---

* 이 작전 명령서의 한글 수기(手記) 원본이 동학(同學)들 사이에 흔히 배포되어 있다. 그러나 원본의 지질(紙質)이 너무 떨어지는 데다가 철필(鐵筆, 일제 시대의 가리방)로 작성된 것이어서 상당 부분을 판독할 수가 없다. 여기에 수록된 판본은 원본을 최대한 이용하되 끝내 판독이 불가능한 부분은 영문판을 참고하여 문장이 되도록 짜 맞추었다.(옮긴이 주)

[2] 본 사단이 최전방에서 맡아야 할 가장 중요한 임무는 관동(05 : 18) - 안장동(05 : 18) 전선을 돌파한 다음, 마지리(03.16),* 535.6고지(03.33), 평마을(95.13), 내회암(91.32)을 점령하고 의정부 - 경성 방향으로 진격한다. 공격 준비 완료는 1950년 6월 23일까지이다.

[3] 우리 사단(인민군 4사단)의 우익은 적 1보병사단이 막고 있다. 사단 우익의 경계선은 막대동(23.18), 노공리(18.18) 방중리(88.11)와 피봉(67,18)이다. 4보병사단은 막대동을 제외한 어느 지역도 관할 하에 두지 않는다. 본 사단의 좌익은 인민군 3보병사단이 공격을 맡을 것이며, 사단 좌익은 부흥동(20.35), 583.5고지(06.34), 535.6고지(03.33), 519고지(93.32)와 337.1고지(82.99)를 경계로 하며 4사단은 이곳 역시 책임지지 않는다.

[4] 사단의 주공은 적 좌측 측면의 넓은 도로에서 행해질 예정이다. 전투는 (판독 불명)3) 두 개의 제대로 시작될 예정이다.

[5] 18연대는 1개 포병대대, 1개 45mm 대전차포 중대, 1개 자주포 대대, 1개 공병중대, 1개 전차중대, 2개 대전차 제대와 함께 관동(05.18) - 사항리(09.30)의 적군의 방어선을 돌파한 뒤 구읍리(14.18) - 통명천 전선(06.27)을 지나 마지막으로 마지리(03.16)와 262고지(24.27) 지점을 점령한 다음 이제부터는 향동(31.24) 방향에 공격을 집중할 것.

---

* (괄호) 안의 숫자는 이름 없는 산봉우리를 표시하고자 북한군이 지도 위에 임의로 적어넣은 번호이다.(옮긴이 주)

3) ○○의 표지(標識)는 현지음을 영어로 옮기는 과정에서 표기에 틀림이 있을 수 있다는 뜻임.(영문 주)

앞으로의 작전은 13보병사단 예하 13포병연대의 대전차포 대대에서 차출한 1개 대전차포 중대와 1개 76mm 포중대, 보병 5연대에서 차출한 1개 45mm 대전차포 중대와 같은 연대에서 차출한 1개 82mm 박격포 중대의 지원을 받아 작전을 수행할 것이다.

16보병연대의 좌익은 읍내리(19.30), 새칩(12.27), 사랑리(19.30), 289고지(06.27), 탕내(00.27), 중파(97.26), 송암리(94.27)를 잇는 전선이 될 것인데, 읍내리를 제외한 그타의 ○○은 18연대에 포함된다. 좌익 인접 지역의 치안은 18연대장의 관할이 될 것이다.

[6] 보병 제16연대 2대대와 3대대, 사단포병연대 예하의 1개 45mm 대전차포중대와 자주포 대대 예하의 2개 중대, 대전차 소총중대의 2개 제대, 45mm 대전차포 대대, 공병 대대에서 차출한 1개 공병중대가 사랑리(09.30) - 패기리(10.34) 지역을 돌파한 다음 일차적 목표로 양원리(05.27)과 패하리(05.33)를 장악하고, 이차 목표로 362고지(04.27), 535.8고지(03.33)를 장악한 다음 의정부 지역을 공격한다.

연대의 작전 행동은 13보병사단 포병연대 2대대, 본사단 대전차포 대대의 2개 중대, 2개 76mm포 중대, 2개 45mm 대전차포중대, 보병 5연대에서 차출한 76mm 포중대, 120mm 포중대, 2개 82mm 박격포 중대의 지원을 받아 수행될 것이다. 사단의 좌익 분계선은 사단분계선에 준하며 해당 접경 지역의 책임은 16연대장의 지휘하에 둔다.

[7] (1개 대대의 규모도 못 되는) 5연대는 사단의 제2제대가 되어 16연대의 뒤를 따라 362고지(4.27) - 535.6고지(03.33) 전선에서 전투 진입을 준비할 것. 5연대 1대대장은 1개 대전차포 제대와 2개 대전차소총 분대, 2개 중기관총 분대, 1개 공병 소대에 1개 보병

소대를 추가하여 습격조를 편성하고 해당 제대의 지휘는 보병 소대장이 맡도록 한다.

[8] 5연대 2보병대대는 대전차포 중대와 함께 18보병연대의 뒤를 따라가며 마지리(03.16) - 통평촌(06.27) 전선에서 전차 진입을 준비할 것.

[9] 군 포병대대의 지휘는 나[리권무]의 지휘 하에 두며 포병사격은 30분간 수행된다. 15분은 일반 포격 15분은 속사 포격이다.

포격의 기본 역할은 다음과 같다

사격은 …분이다.

공격 준비 시에는

가) 방어선은 적 전력의 무력화하고 파괴한다.

나) 적군의 포병 진지를 압도하며 소방대는 물론 영구 소화 시설을 파괴할 것.

다) 적군의 방위선을 따라 설치된 장애물에 도로를 개설할 것.

라) 점방(06.20) - 부림동(06.25) - 초촌리에로의 적의 접근을 불허할 것.

마) ○○의 적의 ○○을 불허할 것.

출격 지원 시기 :

가) 보병, 전차, 자주포에 대한 군수 지원은 마지리(03.16), 마차방(02.20), 535.6고지(03.32)에서 군수를 지원할 것.

나) 서울로 통하는 좌우 대로변의 좌우에 있는 적을 영구히 소멸할 것.

다) 적군의 포병 진지에 반사 사격을 할 것.

라) 고사용(02.14), 호사리(?, 97.25), 의정부로 향하는 도로에서 발생할 수도 있는 적군의 반격을 막는다.

마) 동두천 한산리(97.24)에서 집결하는 것을 막을 것.

바) 적군의 지휘 체계를 무너트릴 것.

전투의 마지막 단계 :

가) 퇴각하는 적군의 퇴로를 차단할 것.

나) 대포병(對砲兵) 사격을 계속할 것.

다) 적의 후송로와 수도로를 차단할 것이며 동원된 사람을 주의할 것.

라) 이와 같은 사단의 과업이 완수되면 태천(98.15), 태천사거리(97.20), 요곡리(87.20), 한산리(97.25) 및 교혼(97.32) 지역의 인접 도로에서 적군의 집결을 주의할 것.

마) 의정부 방향으로부터 적군이 반격하고자 집결하는 것을 막을 것. 포격 준비는 1950년 6월 23일 04시 00분까지 그 준비를 마쳐야 한다.

[10] 항공대의 임무

가) 가능한 한 적군의 공격으로부터 아군을 엄호한다.

나) 적군의 군사 시설과 역전을 파괴한다.

다) 적군의 집결과 예비대의 접근을 불허한다.

라) 적군의 도로를 파괴하여 집결을 불허한다.

[11] 적군의 공습을 막을 수 있도록 각 연대는 각자 반격 무기를 갖추어 손으로 그 장비를 사용하며, 만약 적기의 내습 시는 보병 무기의 30%를 동원한다. 항공감시연락초소는 ○○○○(공백)과 각

○○○○(공백)에 의하여,

보병 18연대는 ○○○○(공백)

보병 16연대는 ○○○○(공백)

보병 5연대는 ○○○○(공백)

고사기관총중대는 화기 진지와 포대와 사단 지휘소를 엄호할 것.

[12] 반전차 예비대는 45mm 포병대대와 공병중대로 하며 제2대대의 지휘에 따라 공격하면서, 중심으로 침입하는 적기계화 부대의 침입을 불허할 것. 타 부대에서 자체의 반전차 화력 기계로서 반전차 계획을 수립할 것.

[13] 사단 군의소는 1950년 6월 20일까지 지도 23.30L에 위치하며, 교장소(交場所)는 1950년 6월 21일부터 지도 위의 23.31L 구역에 위치한다.

[14] 사단 지휘소는 협곡(13.28)이며, 관측소(03.31)인바, 1950년 6월 23일부터 전개하며 이동 축은 의정부로 통하는 도로 방향이다.

[15] 보고는 ;

가) 공격 준비 완료 후

나) 공격 개시 후

다) 현재와 다음 날 또는 일일 업무가 완료될 때마다 연락병, 무선 또는 문서로 보고할 것.

라) 그타 보고는 매 2시간마다 1차씩.

마) 서면 보고는 매일 7시와 19시 적각(的刻)에 도착할 것.

[16] 표준 신호 :

번호	신호	색깔	전화	무선
(1)	공격 개시		폭풍	244
(2)	○○* 개시	풀색신호탄	염천	224
(3)	포병 공격 개시	붉은 신호탄	폭풍	333
(4)	○○** 지원 개시	녹색신호탄	눈보라	111
(5)	사격 중지	백색신호탄	사격 중지	222
(6)	화력 지원	적색과 녹색***	베락	444

*** 목표물을 향하여 발포할 때는 이것저것 섞어서 신호를 보냄.

[17]

제1부참모장

제2부참모장

이권무 보병 제4사단장

최봉학[북한인민군 참모장]

(3부 작성)

3. 노획 문서의 감정서

UN 주재 미국 대리 대사 오스틴
1951년 5월 31일

1951년 5월 1일, UN 주재 미국 대리 대사 오스틴은 같은 날짜로

* 원판에는 "플격"이라고 쓴 듯하나 판독할 수 없다. 영문판에는 "장전"(charge)이라고 번역했다.(옮긴이 주)

** 원판에는 "플격"이라고 쓴 듯하나 판독할 수 없다. 영문판에는 "장전 지원"(supporting charge)이라고 번역했다.(옮긴이 주)

UN군 사령관이 올린 특별보고서를 제출하오니 UN 안전보장이사회 회원국 대표들이 회람하시기 바랍니다.

이 특별보고서에는 한국위원회(UN Commission on Korea)와 협력하여 발견한 두 건의 문건이 포함되어 있는데, 이는 남한이 사전에 도발하지 않았음에도 북한이 미리 철저하게 계획하여 1950년 6월 25일에 공격하였음을 보여 주고 있습니다. 두 문건은 1950년 6월 18일과 22일에 북한군이 하달한 명령서(S/2112)입니다.

*****

1951년 5월 28일에 이 자료(S/2167)가 러시아어로 번역되어 나왔을 때 그 의미 전달에 관하여 북한이 이의를 제기했다. UN 안전보장이사회 국가에 이 부속 문서가 전달되자 그 진위(眞僞)를 둘러싸고 다음과 같은 부정적인 의견이 제시되었다.

첨부 (1) 문서 S/2122의 pp. 3~4에 실린 정찰명령서 1호에 대한 이의 :

이 문서의 원본은 러시아어로 쓰여 있으며, 1950년 10월 4일 UN군이 서울에 입성했을 때 발견되었다.

첨부 (2)[4] 문서 S/2122의 pp. 3~4에 실린 작전명령서 1호의 사진에 대한 이의 :

작전명령서는 한국어로 쓰여 있으며, 1950년 7월 20일에 대전(大田) 근교에서 노획한 것이다. 작전 명령 1호에도 역시 사진판으로

4) (1)과 (2)는 한글 원문이 아니며, 전단 형태로 [러시아어로] 번역된 것이었다.

된 계획서가 달려 있었는데 영어로 번역된 것이었다.

첨부 (3) 북한에서 나온 S/2167의 의심스러움에 비추어 정찰명령서 1호와 작전명령서 1호를 분석한 결과에 관하여 :

위의 세 가지 점에 비춰볼 때 1951년 5월 2일자 릿지웨이 장군(General Ridgeway)의 특별보고서는 몇 가지 사소한 점에서 오류가 발견되었다. 그 번역에서의 오류로 볼 때 이 두 문서는 모두 한국어로 쓰여 있었다는 점이 논의되었다. 작전명령서는 분명히 그렇다. 그러나 위에서 지적한 바와 같이 정찰명령서 1호의 원문은 러시아어로 쓰여 있었다.

부록 (3) : 문서 S/2167에 실린 북한의 속임수에 비추어 볼 때 정찰명령서 1호와 작전명령서 1호를 분석한 결과에 관하여 : 한국에서 미군이 노획한 두 문건의 사진판에 관하여 :

1950년 6월 18일자 정찰명령서 1호(첨부 1호)는 조선인민군 육군정보국장이 4사단 참모장에게 보낸 문서이다. 이 문서는 UN군이 서울을 탈환한 직후에 서울에서 발견된 것으로서 한국어를 러시아어로 번역한 것이다.

작전명령서 1호(첨부 2호) 1950년 6월 22일 14 : 00, 옥계리에서 하달된 것으로서, 한국어로 쓰여 있으며, 보병 제4사단장 이권무(李權武)가 하달한 것이다. 1950년 7월 20일 대전 근교에서 발견된 작전명령서의 하달 일자는 1950년 6월 20일이다.

조건인민군 4사단을 포함한 여러 문서를 분석해 보면, 1950년 6월 18일 이전에 북한 정권이 남한을 침공할 세부 계획을 이미 세웠음을 알 수 있다. 작전명령서는 정찰명령서에서 암시된 기존 계획을 보조한 것이다.

이 문서들은 1사단, 3사단, 4사단의 최전선인 의정부 회랑을 향하여 북한군이 남침하게 되어 있었다. 5연대, 16연대, 포병대로 구성된 4사단은 1사단을 오른쪽에 끼고, 3사단을 왼쪽에 끼고 의정부 회랑을 쳐내려오게 되어 있었다.

문서에 지명이 일본명으로 표기된 것도 문제가 되었다. 북한에서는 1947년 3월 24일부터 일본어를 쓰지 못하도록 했는데, 그 뒤에 쓰인 작전명령서에는 일본 지명이 없지만, 러시아어로 된 정찰명령서에서는 일본어가 묻어나오기 때문이다. 정찰명령서를 러시아로 번역하여 쓴 것은 한국어보다는 러시아어에 익숙한 장교들의 편의를 위한 것이었다. 러시아어로 쓴 문건에 한국의 지명을 일본 발음으로 표기하는 것은 흔히 있는 일이었다.

이를테면 1948년에 소련 해군성 수로국에서 발행한 지도의 해안선으로 보면, Tuman-Uta River라는 지명이 보이고, 1950년 10월 31일에 원산에서 노획한 문서를 보면, 일본어 발음을 러시아어로 표기했다. 그들이 정찰명령서와 작전명령서에 첨부하여 가지고 온 5만분의 1 지도를 보면, 한글과 한자로 지명이 표기되어 있다. 통역관 최일야(Tsoi Ilya)는 이 지명을 읽는 사람이 편하도록 일본 발음으로 썼음이 분명하다.

또 다른 문제는 1950년 5월 2일자의 특별보고서(S/2112)로 UN에 보낸 정찰명령서 1호에서 사용된 "북한군"(North Korean Army)이라는 용어이다. 정찰명령서를 보면, 러시아어로 쓴 Koreiskoi Narodnoi Armii라는 용어가 있는데, 이는 "조선인민군"을 그렇게 번역한 것이다. North Korean Army(북한군)이라는 용어는 UN군 사령관이 흔히 쓰는 용어이다. 그런데 위의 문서에는 "북한군"이라는 용어에 해당하는 러시아 용어가 없다.

정찰명령서는 존재하지도 않는 조선인민군 총참모부 제2국이라는 용어를 번역해 넣은 것으로 보인다. 정찰명령서 어디에도 미국식의 "정보 참모(G-2)"라는 용어가 보이지 않는다.

정찰명령서의 사진판을 보면 그것은 조선인민군에서 하달한 것으로, 육군정보국장이 배포한 것이다. G-2라는 용어가 보이는 유일한 대목은 번역자가 이 문건들의 출처를 설명하면서 미군에서 통상적으로 흔히 쓰는 이 용어를 쓴 곳뿐이다. 이 이는 문서 S/2112의 p. 3, 맨 위쪽에 보인다.

제4보병사단을 구성하고 있는 연대의 번호와 명칭에 대해서도 문제점이 드러나고 있다. 작전 명령 1호를 보면 4사단에는 4개 연대가 배속된 것을 알 수 있다. 그러나 우리가 문건을 자세히 살펴보고 난 뒤의 결론에 따르면, 5연대, 16연대, 18연대, 그리고 포병대가 4사단에 배속되어 사단장의 지휘를 받고 있다. 북한군의 통신문 어디에도 6연대에 관한 언급이 없다.

더 나아가서 남침할 당시의 인민군에는 군단(Corps)이 없으며, 따라서 작전명령서의 제9항의 번역문에 언급된 "군단포병대대"(Corps Artillery Battalion)는 존재할 수가 없다.

문제가 된 군단이라는 용어는 한국어로 기록되어 있으며(작전명령서 제9항), 번역문에는 "GUN DAN"이라고 적혀 있다. GUN DAN이라는 용어는 번역에 따라서 다양하며, 사단에 배속된 포대의 충원을 의미하는 것으로 허술하게 번역되어 있다.

작전명령서는 중앙에 집중된 화력이 남침을 준비하기에 충분한 시간을 두고 하달되지 않았다고 비난함으로써 문제를 혼란스럽게 만들려는 시도가 있었다. 이 작전명령서는 손글씨로 쓴 것으로서 3부를 등사했으며(S/2112, p. 9), 많은 예하 부대에 배포하려면 더 많은 등사본이 필요했을 것이다.

우리가 노획한 특별 문서는 반드시 포병대대에 하달된 바로 그 문건이 아니었음은 분명하다. 작전명령서의 옆 빈칸에 연필로 적어넣은 것은 나중에 하달된 것으로서 아마도 수령자가 자기의 살길을 찾느라고 적어넣은 것으로 보인다.

S/2112를 둘러싸고 북한이 비난하는 것의 핵심은 작전명령서가 조선인민군의 야전 수칙의 정신에 정확히 일치하지 않는다는 것이다. 일반적으로 우리가 알고 있는 바에 따르면, 전투 지침은 정보와 판단에 따라서 바뀌지 않으며, 야전사령관은 흔히 사태의 긴박성에 맞추어 야전 수칙을 변용하여 쓴다.

이와 같이 이 문건의 정황 증거들을 일반적인 군사 관행에 따라 객관적으로 분석해 보고, 1950년 6월 25일에 일어난 사건의 정황에 비춰볼 때 침략은 사전에 치밀하게 계획되었으며, 한국전쟁의 발발은 북한군의 침략 행위의 결과였다는 한국위원회의 결론을 굳게 신뢰할 수밖에 없다.

찾아보기

ㄱ

ㄴ

ㄷ

ㄹ

ㅁ

ㅂ

ㅅ

ㅇ

ㅈ

ㅊ

ㅋ

ㅌ

ㅍ

ㅎ

신복룡 申福龍, 1942년생

건국대학교 정치외교학과 · 동 대학원 수료(정치학박사, 1977)
건국대학교 교수/석좌교수(1979~2012)
Georgetown University 방문 교수(1985~86)
한국정치외교사학회 회장(1999~2000)
건국대학교 중앙도서관장(1988~91) · 대학원장 역임(2000~01)
한국정치학회 학술상 수상(2001)
한국 · 동양정치사상사학회 회장(2007)
한국정치학회 인재(仁齋)저술상 수상(2011)
국가보훈처 독립유공자심사위원(장)(2009~2022)

〈저서〉

『한국분단사연구 : 1943~1953』(한울, 2001)
『大同團實記』(선인, 2003)
『동학사상과 갑오농민혁명』(선인, 2006)
『서재 채워드릴까요?』(철학과 현실사, 2006)
The Politics of Separation of the Korean Peninsula(Edison, NJ : Jimoondang International & Seoul : Jimmoondang, 2008)
『한국정치사상사』(지식산업사, 2011)
『해방정국의 풍경』(지식산업사, 2017)
『전봉준 평전』(들녘, 2019)
『한국사에서의 전쟁과 평화』(선인, 2021)
『잘못 배운 한국사』(집문당, 2022)
『이방인이 본 조선의 풍경』(집문당, 2022)

〈번역서〉

『외교론』(*Diplomacy*, 평민사, 1998)
『군주론』(*The Prince*, 을유문화사, 2006)
『칼 마르크스』(*Karl Marx*, 평민사, 1982)
『현대정치사상』(*Political Ideologies*, 평민사, 1984 : 공역)
『모택동 자전』(*Red Star over China*, 평민사, 2001 : 부분)
『묵시록의 4기사』(*Four Horsemen*, 평민사, 1988)
『林董秘密回顧錄』(건국대학교출판부, 2007 : 공역)
『정치권력론』(*Political Power*, 선인, 2006)
『入唐求法巡禮行記』(선인, 2007)
『갑신정변 회고록』(건대출판부, 2006, 공역)
『한말 외국인 기록』(집문당, 2021, 11책/23권, 일부 공역)
『삼국지』(집문당, 2021, 전5권)
『플루타르코스 영웅전』(을유문화사, 2021, 전5권)

김원덕 金沅德, 1959년생

건국대학교 정치외교학과 · 동 대학원 수료(정치학박사, 1996)
자유민주연합 전문위원, 정책국장, 국회정책연구위원(2001)
한국건설관리공사 사장(2014~17)
건국대학교 겸임교수(2016~17)
한라대학교 전문초빙교수(2017~20)
강릉고등학교 총동문회장(2021)

〈저서〉

『여운형의 민족통일전선 운동 연구』(박사학위 논문, 1996)
『마음 경영 연금술』(서울 : 사색의 나무, 2021)